普通高校经济管理类应用型本科系列规划教材

社会调查方法

主　编／陈慧慧　方小教
副主编／周阿红　刘冬萍
编　委／卞淑贤　方小教　刘冬萍
　　　　陈慧慧　宋玉军　周阿红
　　　　钟玉文

中国科学技术大学出版社

内 容 简 介

本书包括调查课题的选择、调查方案的设计、调查资料的收集方法、调查资料的处理与分析、调查报告的撰写等内容，在每章后面附加了本章小结、即测即评、本章实训等模块，并附有大量的图表，帮助学生掌握基本知识和基本技能。

本书从应用型人才培养实际需要出发，根据经济管理类专业课程的特点和教学要求，摒弃传统教材偏重理论的缺点，重基本知识、基本技能、基本流程的传授。

图书在版编目(CIP)数据

社会调查方法/陈慧慧，方小教主编. —合肥：中国科学技术大学出版社，2019.1(2023.8重印)

ISBN 978-7-312-04605-6

Ⅰ.社⋯　Ⅱ.①陈⋯　②方⋯　Ⅲ.社会调查—调查方法　Ⅳ.C915

中国版本图书馆CIP数据核字(2018)第271287号

出版	中国科学技术大学出版社 安徽省合肥市金寨路96号,230026 http://press.ustc.edu.cn http://zgkxjsdxcbs.tmall.com
印刷	安徽省瑞隆印务有限公司
发行	中国科学技术大学出版社
经销	全国新华书店
开本	787 mm×1092 mm　1/16
印张	19.25
字数	493千
版次	2019年1月第1版
印次	2023年8月第2次印刷
定价	49.00元

前　　言

　　随着社会的发展和科技的进步,信息的产生多元且复杂,人们对信息的重视程度日益加深。面对复杂多变的信息化和智能化社会背景,很多社会问题的解决,更需要多学科渗透和整合,从系统的角度对问题进行设计和研究。要客观、准确及时地了解社会、认知社会,就必须深入地进行社会调查研究。社会调查已成为现代社会研究的一种基本研究方式,也是现代社会管理和社会工作的一项基础工作,可以说"没有调查,就没有发言权"。

　　社会调查面对的是缤纷复杂的现实生活、如江河流水般涌来的各种形式的数据,需要从多学科的角度去考察和设计,才能把问题从系统的角度、长远的角度去看清楚和解决好。20世纪中期以来,实证研究和计量分析成为社会科学研究的主流,而随着抽样调查、多元统计等统计学现代理论框架的不断完善和统计软件的推广应用,社会调查理论和方法在量表设计、数据采集、数据分析等方面的表现日趋出色,已成为一种收集和处理社会信息的基本工具和有效手段,在社会研究和社会管理的各个领域得到广泛应用。

　　社会调查方法是一门实践性较强的方法性课程,强调理论与实际的联系,要求在教学过程中,使学生在掌握社会调查的基本原理的基础上,注重调查方法的具体运用,这就对教材的编写提出了很高的要求。本书的编写立足于社会调查实践的需要,突出实用性和可操作性。在内容的选取上,侧重于使读者能够通过学习完成对社会调查理论知识向社会调查实践能力的转换,最大限度地满足理论服务于实践的要求。

　　本书采用统一的体例格式,力求使结构体系更合理,知识内容更丰富,实用性、操作性特点更鲜明。每一章首先是对教学目标、本章重点和本章难点的梳理,简明扼要,便于学习者有针对性地选择学习内容。知识结构图的构建使得学习者掌握各章内主要知识点的逻辑关系,从整体上把握知识点之间的关联。导入案例引导读者通过对各章重要知识点的案例进行思考,从而更有针对性地解决学习者的实践困惑。章节内容中通过知识小贴士和拓展阅读的设计拓宽了相关知识点的范围和视野,丰富了学习内容。章末的本章小结、即测即评和思考题的设计便于学习者对各章的知识总结与回顾。实训练习给予该章节实践练习的指南和具体操作要求,有利于提高学生的综合能力和素质,调动学生的实践积极性。

　　本书是在编写组认真讨论的基础上,由各位编者共同努力完成的。本书由陈慧慧、方小教统稿，具体分工（按章节编写顺序）如下：陈慧慧编写第一、二、三、五、八章，刘冬萍编写第四、九、十章，周阿红编写第六、七、十一章；卞淑贤参与编写第三章，钟玉文参与编写第七章，宋玉军参与编写第十章。

本书适合作为高等院校经管类专业的教材或参考用书，也可作为企事业单位员工的培训教材或学习资料。

本教材部分内容为安徽省教育厅教研项目（2016jyxm0849,sh2018A0543）及合肥师范学院教改项目（2017jy07）研究成果。

在编写过程中，我们参阅了大量国内外同类教材和专家学者的研究成果，在此特别说明，一并表示感谢！由于本书涉及知识范围广，限于编者水平，书中难免有不足之处，敬请读者批评指正。

编　者
2018年10月

目　录

前言 ·· （ⅰ）

第一章　导论 ·· （1）
 一、认识社会调查 ·· （2）
 二、社会调查研究方法体系 ·· （3）
 三、社会调查的类型 ·· （4）
 四、社会调查的一般流程 ·· （8）
 五、网络调查的发展 ·· （10）
  本章小结/12　本章实训/12　延伸阅读/13　思考与练习/13
  思考与练习参考答案/13

第二章　选择调查课题 ·· （14）
 第一节　选择调查课题的途径与方法 ································· （15）
  一、调查课题的概念 ·· （15）
  二、调查课题的分类 ·· （16）
  三、选择调查课题的重要性 ·· （16）
  四、选择调查课题的标准 ··· （17）
  五、选择调查课题的基本技巧 ······································· （20）
 第二节　调查课题的明确化 ·· （23）
  一、调查课题明确化的概念 ·· （23）
  二、调查课题明确化的基本方法 ···································· （23）
  三、查阅文献与选择课题 ··· （25）
  本章小结/27　即测即评/27　思考与练习/28　本章实训/30　延伸阅读/30
  即测即评答案/31　思考与练习参考答案/31

第三章　调查方案的设计 ·· （33）
 第一节　明确调查目的 ·· （34）
  一、探索性研究 ·· （35）
  二、描述性研究 ·· （36）
  三、解释性研究 ·· （37）
 第二节　确定分析单位 ·· （40）
  一、分析单位的概念 ·· （40）
  二、分析单位的类型 ·· （40）
  三、与分析单位有关的两种错误 ···································· （42）
 第三节　建立假设 ··· （44）

一、研究假设的形成途径 …………………………………………（44）
　　二、研究假设的陈述形式 …………………………………………（45）
　　三、提出研究假设的原则 …………………………………………（46）
第四节　操作化 ………………………………………………………（46）
　　一、概念、变量与指标 ……………………………………………（46）
　　二、概念的操作化 …………………………………………………（48）
　　三、假设的操作化 …………………………………………………（51）
第五节　调查的组织管理 ……………………………………………（53）
　　一、调查员的挑选 …………………………………………………（53）
　　二、调查员的培训 …………………………………………………（53）
　　三、联系被调查者 …………………………………………………（54）
　　四、调查过程的质量监控 …………………………………………（54）
第六节　调查方案的制订 ……………………………………………（55）
　　一、如何设计调查方案 ……………………………………………（55）
　　二、调查方案的内容 ………………………………………………（55）
本章小结/59　即测即评/59　思考与练习/60　本章实训/60　延伸阅读/61
即测即评答案/62　思考与练习参考答案/62

第四章　社会测量及量表 ……………………………………………（64）

第一节　社会测量 ……………………………………………………（66）
　　一、什么是社会测量？ ……………………………………………（66）
　　二、社会测量的四个要素 …………………………………………（66）
　　三、社会测量的特点 ………………………………………………（67）
　　四、测量层次 ………………………………………………………（68）
第二节　量表 …………………………………………………………（70）
　　一、量表的含义 ……………………………………………………（70）
　　二、量表编制的方法 ………………………………………………（75）
第三节　社会测量的信度与效度 ……………………………………（78）
　　一、信度 ……………………………………………………………（78）
　　二、效度 ……………………………………………………………（80）
本章小结/87　即测即评/88　思考与练习/89　本章实训/89　延伸阅读/90
即测即评答案/90　思考与练习参考答案/90

第五章　抽样设计 ……………………………………………………（92）

第一节　抽样调查的概念与步骤 ……………………………………（93）
　　一、抽样调查的含义 ………………………………………………（93）
　　二、抽样调查的特点 ………………………………………………（93）
　　三、与抽样有关的术语 ……………………………………………（94）
　　四、抽样的步骤 ……………………………………………………（95）
第二节　概率抽样 ……………………………………………………（97）
　　一、简单随机抽样 …………………………………………………（97）

二、系统抽样 ……………………………………………………………… (98)
　　三、分层抽样 ……………………………………………………………… (99)
　　四、整群抽样 ……………………………………………………………… (101)
　　五、多段整群抽样 ………………………………………………………… (101)
　　六、PPS抽样 ……………………………………………………………… (102)
　第三节　非概率抽样 …………………………………………………………… (102)
　　一、方便抽样 ……………………………………………………………… (102)
　　二、配额抽样 ……………………………………………………………… (103)
　　三、判断抽样 ……………………………………………………………… (104)
　　四、雪球抽样 ……………………………………………………………… (104)
　第四节　样本量 ………………………………………………………………… (106)
　　一、样本量的影响因素 …………………………………………………… (106)
　　二、样本量的确定方法 …………………………………………………… (107)
　本章小结/110　即测即评/110　思考与练习/111　本章实训/113　延伸阅读/113
　即测即评答案/114　思考与练习参考答案/114

第六章　资料收集(一):问卷法 …………………………………………………… (115)
　第一节　问卷的性质与基本结构 ……………………………………………… (116)
　　一、问卷及问卷法 ………………………………………………………… (116)
　　二、问卷的基本结构 ……………………………………………………… (119)
　第二节　问卷设计的原则与步骤 ……………………………………………… (122)
　　一、问卷设计的原则 ……………………………………………………… (122)
　　二、问卷设计的步骤 ……………………………………………………… (125)
　第三节　问卷设计的具体方法 ………………………………………………… (129)
　　一、题型设计 ……………………………………………………………… (129)
　　二、问题设计 ……………………………………………………………… (135)
　　三、答案设计 ……………………………………………………………… (139)
　第四节　问卷设计的注意事项及问卷法的优缺点 …………………………… (140)
　　一、问卷设计的注意事项 ………………………………………………… (140)
　　二、问卷法的优缺点 ……………………………………………………… (144)
　本章小结/146　即测即评/147　思考与练习/148　本章实训/149　延伸阅读/149
　即测即评答案/150　思考与练习参考答案/150

第七章　资料收集(二):访谈法 …………………………………………………… (152)
　第一节　访谈法的概念与类型 ………………………………………………… (153)
　　一、访谈法概述 …………………………………………………………… (154)
　　二、访谈法的类型 ………………………………………………………… (156)
　第二节　访谈法的基本程序 …………………………………………………… (169)
　　一、确定访谈的目的、必要性与可行性 ………………………………… (169)
　　二、做好访谈准备 ………………………………………………………… (169)
　　三、进入访谈现场 ………………………………………………………… (172)

四、正式进行访谈 ·· (174)
　　五、实时结束访谈 ·· (174)
　　六、再次访谈 ··· (175)
　　七、处理访谈结果 ·· (175)
　第三节　访谈法的运用技巧及注意事项 ··· (175)
　　一、访谈法的运用技巧 ··· (175)
　　二、访谈法的局限性 ··· (178)
　　三、访谈法的优缺点 ··· (179)
　　四、访谈法的注意事项 ·· (180)
　　五、访谈法的适用范围 ·· (181)
　本章小结/181　即测即评/182　思考与练习/183　本章实训/184　延伸阅读/185
　即测即评答案/185　思考与练习参考答案/185

第八章　资料收集(三):观察法 ·· (187)
　第一节　观察法的类型 ··· (189)
　　一、参与观察与非参与观察 ··· (190)
　　二、结构式观察与无结构式观察 ·· (191)
　　三、直接观察与间接观察 ·· (192)
　　四、实验室观察和实地观察 ··· (192)
　第二节　观察法的一般程序 ··· (194)
　　一、明确观察目的 ·· (194)
　　二、做好观察准备 ·· (194)
　　三、进入观察现场 ·· (195)
　　四、进行观察活动 ·· (196)
　　五、做好观察记录 ·· (197)
　　六、撤离观察场所 ·· (197)
　第三节　观察法的应用评析及注意事项 ·· (199)
　　一、观察法的优点 ·· (199)
　　二、观察法的局限 ·· (200)
　　三、注意事项 ··· (201)
　本章小结/201　即测即评/202　思考与练习/202　本章实训/203　延伸阅读/203
　即测即评答案/204　思考与练习参考答案/204

第九章　资料处理 ·· (205)
　第一节　原始资料的审核与复查 ·· (207)
　　一、原始资料的审核 ··· (207)
　　二、原始资料的复查 ··· (207)
　第二节　原始资料的录入 ·· (208)
　　一、问卷资料的编码与录入 ··· (208)
　　二、问卷数据的清理 ··· (211)
　　三、其他资料的录入 ··· (212)

第三节 统计表与统计图 …………………………………………………… (213)
　　一、统计表 ……………………………………………………………… (213)
　　二、统计图 ……………………………………………………………… (218)
　本章小结/226　即测即评/226　思考与练习/227　本章实训/228　延伸阅读/228
　即测即评答案/229　思考与练习参考答案/229

第十章 资料统计分析 …………………………………………………… (230)
第一节 单变量描述统计 …………………………………………………… (232)
　　一、集中趋势分析 ……………………………………………………… (232)
　　二、离散程度分析 ……………………………………………………… (234)
第二节 单变量推断统计 …………………………………………………… (240)
　　一、抽样误差 …………………………………………………………… (241)
　　二、参数估计 …………………………………………………………… (244)
第三节 双变量相关分析 …………………………………………………… (246)
　　一、相关关系的概念和特点 …………………………………………… (246)
　　二、相关关系的种类 …………………………………………………… (247)
　　三、相关分析 …………………………………………………………… (248)
第四节 质性分析 …………………………………………………………… (251)
　　一、概念及层次 ………………………………………………………… (252)
　　二、质性分析的实施过程 ……………………………………………… (252)
　　三、质性分析的主要方法 ……………………………………………… (253)
　本章小结/254　即测即评/254　思考与练习/255　本章实训/256　延伸阅读/256
　即测即评答案/257　思考与练习参考答案/257

第十一章 调查报告的撰写 ……………………………………………… (259)
第一节 调查报告概述 ……………………………………………………… (261)
　　一、调查报告的概念和特点 …………………………………………… (261)
　　二、调查报告的类型 …………………………………………………… (263)
　　三、调查报告的作用 …………………………………………………… (266)
第二节 调查报告的结构 …………………………………………………… (267)
　　一、标题 ………………………………………………………………… (267)
　　二、概要 ………………………………………………………………… (268)
　　三、正文 ………………………………………………………………… (269)
　　四、附录 ………………………………………………………………… (274)
第三节 调查报告撰写的一般程序 ………………………………………… (274)
　　一、确定主题 …………………………………………………………… (274)
　　二、取舍材料 …………………………………………………………… (275)
　　三、拟定提纲 …………………………………………………………… (276)
　　四、撰写内容 …………………………………………………………… (277)
　　五、修改报告 …………………………………………………………… (281)
第四节 调查报告撰写的基本要求 ………………………………………… (283)

一、调查报告撰写的基本原则 …………………………………………………（283）
二、调查报告撰写的基本技巧 …………………………………………………（284）
三、调查报告撰写应注意的问题 ………………………………………………（286）
本章小结/290　思考与练习/290　本章实训/292　延伸阅读/292
思考与练习参考答案/293

参考文献 ……………………………………………………………………………（294）

第一章 导 论

本章知识结构图

知识目标：掌握社会调查的含义和社会调查研究的一般程序，熟悉社会调查的基本类型，了解社会调查的应用领域和网络调查的发展。

能力目标：通过对社会调查概念的理解，认识到社会调查的意义，初步理解如何做一项完整的社会调查研究，学会区分社会调查的类型，了解社会调查的发展方向。

实训目标：掌握社会调查的一般程序，理解其逻辑过程。

本章重点：社会调查的含义和社会调查研究的一般程序。

本章难点：理解量化研究和社会调查研究方法体系。

 **案例导入**

"没有调查,就没有发言权"是毛泽东同志的名言。习近平总书记进一步深化了调查研究的思想,赋予了调查研究以时代意义,提出"调查研究是谋事之基、成事之道。没有调查,就没有发言权,更没有决策权"。

让思想照亮实践,以认识推动发展。在 2017 年 12 月 25 日至 26 日召开的中共中央政治局民主生活会上,习近平总书记进一步指出,要在全党大兴调查研究之风,推动全党崇尚实干、力戒空谈、精准发力,让改革发展稳定各项任务落下去,让惠及百姓的各项工作实起来,推动党中央大政方针和决策部署在基层落地生根。"拜人民为师,向人民学习"的价值指向,"'身入'更要'心至'"的方法要求,"抓住老百姓最急最忧最怨的问题"的问题意识,为新时代我们党的调查研究工作指明了方向,提供了遵循。

资料来源:光明日报评论员.调查研究是谋事之基成事之道:论贯彻落实习近平总书记关于在全党大兴调查研究之风的重要指示精神[N].光明日报,2018-2-24.

思考:认真学习掌握社会调查方法的意义是什么?

案例解读:

新时代要有新气象,更要有新作为。要满足人民日益增长的美好生活需要,就要问情于群众、问需于群众、问计于群众;要打赢防范化解重大风险、精准脱贫、污染防治三大攻坚战,就要把情况摸清楚、把问题摸清楚,求实、求细、求准;要实现艰苦奋斗再创业、改革开放再出发,就要提高思想的开放度、敏锐度,敢于闯新路、出新招。唯有持续提升我们看问题的眼力、谋事情的脑力、察民情的听力、走基层的脚力,才能在新时代里有力推进理论创新、实践创新、制度创新。

一、认识社会调查

社会调查(或调查研究)是社会研究方法中最为常见且运用得最多的一种方式,不同的学者对其有不同的定义。有的认为它只是一种收集资料的方法,有的认为它是了解各种社会情况的不同形式活动的统称,有的认为它就是一种以自填问卷和结构式访问为主的社会研究方法。

我们在此所说的社会调查,指的是采用特定的方法和手段,从取自总体的样本那里收集系统的、量化的资料,并通过对这些资料的统计分析来认识社会现象及其规律的社会研究方式。

社会调查包括三个要素,即抽样、问卷、统计分析。抽样,是从总体中抽取样本的过程,因为现代社会调查通常是通过样本来研究总体的。由于抽样的运用,研究者的研究效率大大提高,研究者解决社会现实问题的能力也提高了。问卷是用来收集资料的工具,问卷的运用,规范了资料收集的过程与形式,使社会研究变得更易于操作。统计分析主要是借助计算机和相应的统计软件进行数据分析并得出调查结果的过程,也是定性研究向定量研究转变的一个过程。[1]

---

[1] 赵淑兰.社会调查方法[M].北京:机械工业出版社,2015:2.

这里我们来看一个案例以加深对社会调查的理解。

假设我们对某所大学的学生在职业选择方面的态度很感兴趣,于是你从全校1万多名学生中抽取出300名(或更多一点)学生作为调查的样本,然后你设计出一份与你所关注的主题高度相关的调查问卷。这份调查问卷由若干个可以直接对样本中的每个学生进行询问和测量的具体问题所构成。将问卷打印好后,你采用面对面访问的方式(或者通过邮寄问卷的方式,或者通过电话询问的方式,或者采用直接发到他们手中让他们自己填写的方式),收集被调查学生的各种特征、行为与态度等方面的资料。在问卷完成和回收后,再将每个学生的答案进行量化编码,并按统一格式录入到计算机中,形成调查资料的数据库。在专门的统计分析软件的帮助下,你对这一数据库中的资料进行整理、汇总、统计分析。于是,来自样本的300名学生的各种结果被一一推广到一万多名学生所构成的整个总体。你可以成功地展示全校学生在职业选择方面的现状,呈现全校不同专业、不同性别、不同年龄的学生在职业选择方面所具有的不同特点,还可以进一步解释和说明家庭背景、价值观念、同辈群体等因素与大学生职业选择倾向之间的关系。最后,你将自己的研究结果用调查报告的形式加以总结、概括,并在有关刊物上发表或在有关会议上进行交流,从理论上或实践上为人们正确认识和处理这一现象提供新的材料和观点。

在上述这个案例中所应用的重要的研究方法就是社会调查方法。

【知识小贴士】1.1

社会科学研究的三个基本原理

第一个原理叫变异性原理(Variability Principle)。变异性是社会科学研究的真正本质。我们不是研究类型的,而是研究变异和差异的。

假如说男女收入是一样的话,我们就不会认为性别在研究收入这个现象中是一个有趣的、重要的东西。我们之所以要研究性别收入差,就是因为有差别的存在。虽然这是一个组间差别,但是我们的重点还是在差异上,比如说种族之间的差异、家庭背景之间的差异、教育的差异、家庭欢欣的差异等等。

第二个原理是社会分组原理(Social Grouping Principle)。为什么要分组?因为社会分组可减少组内差异。个体之间是很不一样的,但是个体可以分成组,比如分成年龄组、性别组、家庭背景情况组等。分组显示了组与组之间的差异,这意味着每个组里面有相对组外来说更高的共同性。如果一个组当中没有共同性的话,那么组和组之间就没有差异性。社会分组能够解释社会变异越多越好,但是组内差异永远是存在的,你永远不能把组内差异解释穷尽,这是社会分组所不能解释的差异性。

第三个原理是社会情境原理(Social Context Principle)。群体性变异的模式会随着社会情境的变化而变化,这种社会情境常常是由时间和空间来界定的。也就是说,社会情境不一样,变异性就不一样。

资料来源:谢宇.社会学方法与定量研究[M].北京:社会科学文献出版社,2012.

二、社会调查研究方法体系

科学研究的方法可以分为方法论(Methodology)以及研究方法(Research Method)两个层次。方法论是指指导研究的一般思想方法或哲学,包含对研究理论基础的假设、逻辑以及原理,研究人员所主张的明确规则与程序等。研究方法指的是从事研究工作所实际采用的程序或步骤,主要指收集资料的工具或研究技巧等。

社会调查研究活动已经形成了比较成熟的方法体系,可用图1.1概括。

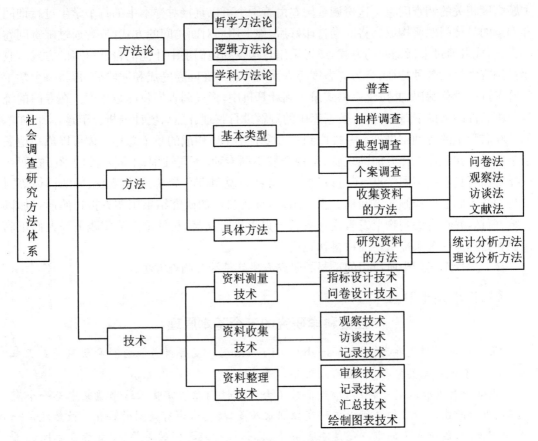

图1.1 社会调查研究方法体系

三、社会调查的类型

由于调查研究的目的、对象、方式与性质等因素的差异,调查研究可分为不同的类型。不同的调查研究有各自的特点,各有其适应性,认识这些,有助于调查研究者在研究过程中,选择适当的调查类型。

(一) 按调查对象的范围分类

1. 普遍调查

普遍调查,也称普查、全面调查,是对研究对象的全体进行无一遗漏的调查。普遍调查是一种一次性调查,其目的是把握在某一时点上,一定范围内的研究对象的基本情况,如全国人口普查。全面调查工作量大、时间性强、涉及范围广,其优点是对所调查的内容能全面了解、准确度高,不足的是难于对某些情况进行深入细致的了解,获得的材料通常是调查对象的基本情况,一般只适于做描述性研究,且花费较多人、财、物、时间等成本。

普遍调查按照调查对象系统的层次高低和范围大小可以分为宏观普查、中观普查和微观普查。宏观普查一般是指全国性的普查或大区性的普查,比如全国人口普查、全国工业普查、全国农业普查都属于宏观普查,宏观普查通常属于国情国力调查,由国家统一实施。

2016年12月31日24时是第三次全国农业普查统一的调查时点,按照国家的统一部署和要求,全国经过培训的数百万名普查指导员和普查员整装待发,于2017年1月1日起正式进行第三次全国农业普查现场登记。此次普查将对全国所有的农业经营单位、农业经营户、行政村和乡镇进行调查,涉及3万多个乡镇、60多万个村委会、2亿多农户,通过普通农业经营户普查表、规模农业经营户普查表、农业经营单位普查表、行政村普查表、乡镇普查表、农作物播种面积遥感测量6张普查表,全方位描绘出我国"三农"事业的10年"巨变"。通过普查,获取了丰富的农业农村农民基础信息和最新情况,对深入分析全国农村发展特点,找准研透我国"三农"工作的问题,对如期全面建成小康社会意义重大而深远。

中观普查所调查的对象系统相对宏观普查层次要低,范围要小,一般是指对省、市、县之类的层级或某一中等地区范围的普查。微观普查的对象系统层次更低,范围更小。它可以是乡、镇、村甚至一个具体的单位。[①]

普遍调查的方式有两种:一种是统计报表,它主要是由普查部门制定普查表,由下级有关部门根据所掌握的情况进行填报。例如,国家统计局关于全国工农业总产值的数据,就是由涉及这一项目的每个具体企业、乡镇和单位根据统一的报表汇总得来。另一种是建立专门的普查机构,组织专门的调查员,制定专门的调查表,对总体中的每个成员进行直接的调查登记。例如,全国人口普查采取的就是这种方式。

2. 抽样调查

抽样调查,就是按照特定的方法,从所研究的总体当中选取一部分个体进行调查,并将从这部分个体中的研究所得的结果推广到总体中。抽样调查的基本思想是通过部分来反映总体。

与普遍调查相比较,抽样调查节约时间、人力、财力。由于抽样调查所涉及的对象远远少于普遍调查,因此整个调查工作量要比普遍调查少得多。工作量的减少自然意味着所投入的人力、物力和财力的减少,时间也相应地减少。

普遍调查因为调查涉及的对象非常多,工作量非常大,所以对每个调查对象所提出的问题就不能多,因而获得的信息相对少。抽样调查因为调查涉及的对象相对较少,所以在调查项目上就可以设置得相对详细,获得的资料也就相对丰富。

由于抽样调查具有方便、快捷、省时、省力且获取信息丰富等特点,所以,抽样调查被广泛地应用于社会生活的各个领域,如人口、经济、教育、卫生、居民生活、劳动就业等。

3. 典型调查

典型,即同类社会现象或社会事物中最具代表性的某些单位,或者说对研究总体具有代表性的某些单位。代表性,就是同类社会现象或社会事物的共同属性和一般趋势。典型调查是认识社会现象或社会事物的共同属性和一般趋势的一种简化途径和便捷方式。典型调查的目的在于通过调查少量典型来大体估计研究总体的情况,从而发现共同属性和一般趋势。在通常情况下,很多研究不需要调查所有人,只需要调查一部分具有典型代表的个例,就能大致掌握所研究问题的现状和动态,如调查某乡学前教育发展的情况,可以选择人口多、学前儿童人数比例高的几个村庄进行调查,从而大致掌握某乡学前教育的基本情况。

典型选择得好不好,直接关系到典型调查的成败。要正确地选择典型可以从以下几个

---

① 谢俊贵.社会调查理论与实务[M].北京:清华大学出版社,2014:101.

方面入手①：

（1）了解全局。为使所选的典型单位在总体中具有一定的代表性，必须在选典之前，对研究对象的全局情况有一个初步了解。了解全局，可以收集一些统计资料、背景资料，广泛听取领导、专家、群众的意见。

（2）具体选择典型。① 根据调研目的选择典型。任何典型都有其特定的内涵，必须在明确调查目的和研究主题的前提下确定典型的内涵，才能够选择出具有代表性的典型。典型常有如下几种类型：全面典型、新型典型、先进典型、一般典型、后进典型、定点典型。② 通过比较筛选典型。选典一般不要一次选好，最好先选出一批，然后通过对待选单位进行各方面比较，再确定典型，这样选出的典型比较可靠。

选典数目视情况而定。典型数目的确定，取决于总体单位之间的差异程度。一般地说，在总体各单位发展较平衡的情况下，选取一个或几个有代表性的单位即可；而当总体各单位发展不平衡，彼此差异较大时，选择几个单位不能满足研究的要求，需要将总体按照一定的标准划分为几个类型，然后在各类型中选取少数有代表性的典型单位，这就是"划类选典"的方法。

选择典型的具体形式：第一种是依靠有关组织选典，即调查者直接按照有关组织的意见确定典型，它适用于调查时间不长，而调查者又不了解该地区的情况，其优点是省时省力，但所选典型的代表性完全依赖于有关组织或某些接待人。第二种是有关组织与调查者协商选择，它适用于调查者对调查内容和对象有一定了解时采用，优点是可避免由有关组织单方面选典带来的偏差。第三种是调查者选典，它在调查者对被调查对象已比较熟悉时采用。

典型调查的方式易于组织，调查方法比较灵活，需要的人力、物力和财力不多，同时能够在短时间内对某一问题进行深入细致的了解，既能查明过去，又能分析现状，所获得的材料生动具体。尤其是在基层工作中，要发扬深入基层调查研究的好作风，把调研成果融合到各项工作中。比如，采用典型调查法对贫困地区的精准扶贫现状进行了详细的描述和分析，归纳出目前精准扶贫、精准脱贫政策实施过程中的问题及难题，深入探讨未来五年我国全面脱贫的政策创新与对策建议，为十九大报告提出的更好地推进精准扶贫工作的论述提供指导，为实现精准脱贫和全面建设小康社会目标提供理论参考。

但必须注意的是，对典型调查的结果需要深入的研究和探讨其独特性，不能草率地推导到总体上去。

4. 个案调查

个案调查是指为了解或解决某一具体的问题而对特定的个别对象所进行的调查。这里所讲的个别对象，可以是一个个的人，可以是一个个的小型团体，还可以是一个个的社会产物、社会产品、社会事件。它在社会调查研究中应用较广，尤其适用于：① 社会经济活动的个案研究，比如城市建设个案、农村社区个案、企业个案、学校个案等；② 对社会福利工作有关的专门机构的个案调查，诸如相关问题的老年个案、青少年个案、妇女个案、伤残人员个案、医疗个案等；③ 对社会生活中的各种专门问题的个案研究，诸如离婚问题、犯罪问题、交通问题、吸毒问题、自杀问题等；④ 了解某一调查对象的生活史或发展过程的调查。

个案调查往往作为抽样调查的探索研究或作为抽样调查的补充，可以使抽样调查的研究结果更深入、更丰满。但个案调查对象的选取往往受主观因素的干扰，如果选取的对象不

---

① 周德民,廖益光.社会调查原理与方法[M].武汉：中南大学出版社,2012：185.

具备典型特征,其调查结果的代表性就得不到保证,且在综合个案研究资料进行一般意义的推论时也要力求避免主观性和片面性。

个案的确定有两种形式:一种是无选择的,一种是有选择的。无选择的是调查者应前来请求帮助的个案的要求立案,它常用于个案工作中。有选择的是,研究者根据调查的课题与目的以及调查者的需要与条件选择个案。例如,研究青少年网瘾问题,调查者要找一些对网络上瘾的青少年及其家人朋友进行调查,选择个案的时候可以考虑就近比较方便接触的个案,也可以考虑找网瘾特别严重的个案,这就要视调查者的目的及能够具备什么研究条件而定了。有选择个案确定,既用于个案工作中,又用于理论研究中。[①]

在个案调查中,选取的个案是否具有代表性是我们进行研究的可信度和科学性的关键。在一项关于农民旅游需求现状的个案调查中,研究者选取了中部省份湖北省和西部的广西壮族自治区。洞庭湖以及周边地区自古以来就被称为鱼米之乡。湖北省是农业大省,经济发展水平属于中等,取其作为调查地点不会使结果倾向于两极化。广西壮族自治区属于欠发达地区,是旅游大省,有一定的典型性。在这项研究中,个案是一个个普通的农民,他们的经历是中国广大农民的一个浓缩,具有很强的代表性。从旅游消费的角度来说,他们身上体现出了其所在年龄层次农民群体潜在和现实旅游者的特性。

【知识小贴士】1.2

个案研究法的哲学基础

个案研究法作为质化研究方法中重要的一种,它的哲学基础主要是现象学与阐释学。个案研究法强调的是收集一切与研究对象相关的资料,从中发现个案发展的过程及原因,进而找出问题的解决方法。也就是说,个案的发展是个连续有机的复杂过程,而不是单个部分间的简单组合,研究强调要注意研究对象的整体性、情境性和关联性,不能孤立地看问题。根据现象学的立场,在研究中要收集多方面资料,对现象要进行"深描",以发现管理或社会行为的实际发生过程以及事物各种因素之间的复杂关系。描述越具体,越"原汁原味",就越能够显示现象的原貌,因为对"问题"本身构成的展示就包含了对问题的解决。

阐释学也深刻地影响了个案研究法。首先,理解是个案研究中的一个主要目的和功能,也是解决问题的基础。但这种"理解"不是对某一个"客观实在"的事物的直接观察或即时辨认,而是通过研究者的解释把该物"作为某物"的结果。个案研究不是通过实验证实,而是强调通过研究者对个案资料的"理解",对个案进行分析、推论,从而提出研究发现、结论及解决问题的途径。此外,阐释学的解释过程不是完全客观中立的,它本身与研究者的态度、倾向有着密切的联系。研究者本人对研究对象所持的态度很大程度上影响到研究问题的提出、理论框架的设计、资料的分析和对结果的解读。

资料来源:胡中锋.教育科学研究方法[M].北京:清华大学出版社,2011:238.

(二) 其他划分类型

根据调查研究的任务性质划分,调查研究可划分为应用性调查和理论性调查。

1. 应用性调查

应用性调查是指为解答各个实际工作部门、各个社会领域中的具体问题而进行的调查。

---

① 蔡高强.社会调研:法学实践教学的方法与成果[M].湘潭:湘潭大学出版社,2013:50.

它通过社会调查来了解不断出现的新现象和新问题,并运用社会理论对这些问题做出科学的说明和解释,提出解决问题的方案或政策性建议。

应用性调查的适用范围很广,这里大致分为以下三个大的应用领域:

第一,政府部门。相关职能部门在制定社会政策前,通过社会调查了解社会现状,以了解社会发展变化及存在的问题,为制订可行的社会发展计划提供信息;在政策实施后进行反馈调查,以提供给相关部门评估政策的实施效果等。十九大报告中强调要坚决打赢脱贫攻坚战,坚持精准扶贫、精准脱贫,做到脱真贫、真脱贫。西宁市在对所属湟中、湟源、大通三县的调研发现,随着精准扶贫的不断深入,存在扶贫产业同质化、干群热情差异化和脱贫成效反复化等深层次的问题亟待研究解决。通过调研发现的问题,为后续的精准扶贫工作起到了调整工作思路和指引扶贫路径的作用。

第二,工商企业。如现在很多企业在市场营销部都配备有专门的市场调查人员,在进行营销决策之前先调研市场情况,以做出科学、有效的营销策略。

第三,专门从事市场调查的单位或组织。市场调查机构的类型大致分为综合性的市场调查公司、咨询公司和其他的调查公司。不同的调查研究机构,研究专长和侧重点会有所不同,比如央视市场研究股份有限公司专长于媒介调查,盖洛普(中国)咨询有限公司专长于民意测验和商业调查,明思产业研究专长于行业研究、竞争对手调研、产业研究、营销咨询。

2. 理论性调查

理论性调查通过对社会现实问题的调查来发展和丰富理论,并提供有关社会发展一般规律的知识。它的主要任务在于解答社会科学领域和各个实践领域中的理论问题。

理论性调查注重分析社会现象的规律性,而且是通过大量现象或大量样本的归纳和比较得到的。它的研究范围不仅涉及社会结构、生活方式、人的现代化等领域,而且还涉及社会科学各学科,如经济学、政治学、社会学、人类学、社会心理学、行政学、法学、教育学等。

理论性调查不限于建立学科理论,还包括建立指导各种实践活动的理论。例如,毛泽东在《湖南农民运动考察报告》《寻乌调查》《兴国调查》等研究中对中国社会的阶级状况进行了调查和分析,由此建立了指导中国革命的阶级理论。

除了上述划分角度,还可以根据收集资料方法,将社会调查分为问卷调查和访问调查;根据调查的目的和作用,分为探索性调查、描述性调查、解释性调查;根据调查的应用领域,分为行政统计调查、生活状况调查、社会问题调查、市场调查、民意调查和研究型调查等。

四、社会调查的一般流程

社会调查研究流程大体可以分为五个阶段,如图 1.2 所反映的就是社会调查从选择调查问题开始,直到形成调查报告的全部过程,每个环节有相应的主要工作任务。

(一)选题阶段

选择调查问题的水平高低,在一定程度上决定着整个研究工作的成败,决定着研究成果的好坏优劣。选择研究问题的过程包括以下几个步骤:① 确定研究问题;② 阅读相关文献;③ 提出待答问题或研究假设;④ 确定并界定研究变量。

(二)准备阶段

准备阶段的主要工作是要做好研究设计,研究设计是指研究者对整个研究工作进行规划和安排。研究设计所涉及的内容相当广泛,但最主要的包括明确研究目的与研究性质、确定研究对象与分析单位、确定研究的具体内容以及选择研究方式和具体的研究方法、选择或编制研究工具等。

图 1.2　社会调查的基本过程和主要阶段

不同类型的研究,其研究设计是不同的,就量化研究中常见的描述性研究、相关性研究和实验研究来说,其研究设计比较如表 1.1 所示。

表 1.1　三种主要的量化设计的比较[①]

	描述性研究	相关性研究	实验研究
主要目的	由样本推论总群体, 对总体描述与解释	探讨变量间关系, 建立通则与系统知识	探讨因果关系, 建立通则与知识系统
样本特征	大样本 具有群体代表性	中型样本 立意或配额抽样	小样本 随机样本、随机分配
研究工具	结构化问卷	测验或量表	实验设备、实验量表
测量题目	事实性问题 态度性问题 行为频率	态度性问题 心理属性的测量	反映时间 行为频率 心理属性的测量
研究程序 (学理基础)	抽样与调查 (抽样理论)	测验编制与实施 (测验理论与技术)	实验操作 (实验设计)
测量尺度	类别变量为主	连续变量为主	类别自变量 连续因变量
统计分析	描述统计	线性关系分析	平均数差异检验
常用统计技术	次数分布 卡方检验 无总体统计	相关 回归 路径分析	t 检验 变异数分析 共变数分析

(三) 调查阶段

调查阶段中收集资料的直接方法主要有观察法、访谈法、实验法等;收集资料的间接方法主要有文献法、网上调查、电话调查等。

(四) 分析阶段

(1) 整理资料。整理资料包括文字资料的整理和数据资料的整理,包括对相应资料进行编码、数据录入等工作。

---

① 邱皓政.量化研究与统计分析[M].重庆:重庆大学出版社,2009.

(2) 分析资料。资料分析包括量化资料分析和质性资料分析。

（五）总结阶段

总结阶段的主要工作是撰写研究报告,侧重说明调查结果或研究结论,并对研究目的、调查过程、调查方法、调查成果等进行系统的叙述和说明,同时提出政策性建议和解决问题的方式。

社会调查方法的传统与现代

之所以对上述两个来源作如此的区分(即传统的和现代的区分),除了时间上、空间上的原因外,更主要的是由于两者所具有的内在差别。这些差别比较突出地体现在以下几个方面:

其一,从调查的方式上看,前者(指传统调查)以典型调查和个案调查为主要特征,而后者(指现代调查)则以抽样调查为主要特征。

其二,从调查对象的选取方式上看,前者往往选取少数几个个案或典型作为调查对象,并且这种选取所依据的也主要是研究者的主观分析和判断;而后者则往往采取从总体中随机抽样的方法,抽取一定数量的个案构成总体的一个子集作为调查对象,并且这种抽取所依据的也是某种客观的规则或程序。

其三,从调查资料的收集方法上看,前者往往采取无结构的自由访问、座谈会等方式;而后者则主要采取以封闭式问题为主的自填式问卷或者结构式访问的方式。

其四,从调查资料的分析方法上看,前者主要依靠定性分析的方法,即依靠主观的、思辨的、领悟的和归纳的方法;而后者则主要依靠定量分析的方法,即依靠客观的、实证的、统计的和演绎的方法。

其五,从社会历史的角度看,可以说前者适合的是以封闭性较强、同质性较高、流动性较小、变动速度较慢为特征的"传统"社会;而后者适合的则是以开放性较强、异质性较高、流动性较大、变动速度较快为特征的"现代"社会。

其六,从方法论的角度来看,这两个有着不同来源的调查方法类型,反映了社会学中人文主义与实证主义这两种不同的传统、不同的背景、不同的基础之间的区别。

资料来源:风笑天.社会调查原理与方法[M].北京:首都经济贸易大学出版社,2008.

五、网络调查的发展

20世纪80年代之后,随着个人计算机的出现和逐渐普及,计算机逐渐成为调研者不可缺少的工具。互联网的发展把我们带入了网络经济时代,传统的调查理论与国际互联网技术结合的要求,使得网上调查应运而生。到20世纪90年代之后,各种基于网络的调查方法开始出现。1999年10月16日,北京零点专业市场调查公司与爱特信搜狐网络公司正式携手,创立了搜狐零点网上调查公司,共同拓展网上调查业务,这标志着我国社会调查也步入了"网络时代"。在原始资料调查方面,网络调查也正成为一种被大家广泛接受的调查方式,迅速发展。

网络调查又称网上调查或网络调研,是指调查者利用互联网收集和掌握信息的一种调查方法。由于该方法是借助于互联网进行的调查,因此互联网技术和计算机技术的新发展都会对网络调查产生影响。

按照采用的不同技术方法,网络调查法可分为网站法、电子邮件法、视讯会议法、在线访谈法、搜索引擎等,随着网络相关技术的发展,还会有更多新的网络调查方法出现。

（1）网站法。将问卷置于网络中供受访者自行填答后传回,其放置方式又分为以下两种:① 公开网站:没有限制,任何人都可以登录网站。② 不公开网站:只有受到邀请的人才能登录网站。

（2）电子邮件法。通过向被调查者发送电子邮件,将调查问卷发送给一些特定的网上用户,由用户填写后又以电子邮件的形式反馈给调查者。

（3）视讯会议法。视讯会议法基于 Web 的计算机辅助访问,将分散在不同地域的被调查者通过互联网视讯会议功能虚拟地组织起来,在主持人的引导下讨论所要调查的问题。

（4）在线访谈法。调查人员利用网上聊天室或 BBS 与不相识的网友交谈、讨论问题、寻求帮助、获取有关信息。

（5）搜索引擎。利用网络的搜索服务功能,输入关键词就可以经过搜索得到大量的现成资料,也可直接进入政府部门或行业管理网站,收集有关的统计数据和相关资料。百度指数就是当前获得数据的网络调查最佳方式。

网络调查法的优势主要体现在探讨敏感问题如医学类问题时,可以帮助减少社会合意性偏见①,完成问卷速度快,网络问卷视觉效果更好、互动性更强等方面。但存在一定的局限性,主要体现在网络调查的调查对象群体受到限制,抽样框难以界定,网络调查的安全性难以控制等方面。

总之,网络调查不仅是一种市场调研的方法、技术、手段、工具、形式和平台,而且意味着新的研究领域和服务模式,因而具有良好的发展前景。

拓展阅读1.2

两种不同类型的网络调查

网络调查发端于20世纪90年代,兴起于21世纪初。1994年,美国佐治亚理工学院的GVU中心进行的关于互联网使用情况的调查,被认为是最早的网络调查。在国内,近十年来,随着互联网络的迅猛发展,网络调查也得以在图书馆学、旅游、体育、新闻传播、市场营销等领域应用开来。

在了解并逐渐将网络调查运用于实践的同时,人们也开始对网络调查的优缺点进行反思。在该反思过程中,体现出了三种不尽相同的观点。第一种观点对网络调查持非常乐观的态度,认为"相对传统调查而言,网络调查有着无可比拟的优点……将有望成为未来统计调查的一种趋势和潮流"。与传统的调查方式相比,这些优点体现在不受时空限制、调查组织简单、调查成本低廉等方面。极度乐观者甚至认为,网络调查将很快取代传统的数据收集方法。第二种观点则认为,网络调查存在调查的受众受到限制、调查受非抽样误差的影响大、缺少权威的调查平台及存在统计技术上的缺陷等不足。这些不足最终会导致抽样的非随机性。它的"样本规模与代表性完全掌握在被调查者手中,无论调查者把问卷或者抽样方

---

① 所谓社会合意性偏见是指被访者在回答某个让他们觉得有压力的问题时,故意隐瞒自己的真实情况,以迎合社会大众。

法(如果有的话)设计得多么科学、多么巧妙,都无法控制调查实际进程的任何一个环节,甚至连最微小的影响与干预都无法实施"。它的"方法论的实质是招募式调查,是守株待兔、愿者上钩。这违背了任何一种问卷调查的最基本的原理"。然而也"正是由于招募调查这一实质不可改变,因此网站调查被认为所拥有的一切优越之处(方便、及时、廉价、时空广泛等),统统都会因其调查结果在代表性上的谬误而变成助纣为虐之举"。相对前两种观点而言,第三种观点较为中立,认为"网络调查不是传统调查的直接替代者,网络调查有其适用的范围,正确地使用网络这种调查工具,才能最大限度地发挥网络调查区别于传统调查的优势"。

现在我们所面临的问题是:针对网络调查这一新兴社会调查方法,人们对它的认识为什么会产生如此大的差异?特别是前两种观点。一个被认为"将很快取代传统的数据收集方法"为何会在另一种观点看来成为了"助纣为虐之举"?导致这种差异的根源又是什么?或者说,我们又该如何正确理解网络调查的优缺点?

资料来源:余建华.两种不同类型的网络调查:网络调查优缺点的再认识[J].情报杂志,2011(9).

本 章 小 结

1. 社会调查是指采用特定的方法和手段,从取自总体的样本那里收集系统的、量化的资料,并通过对这些资料的统计分析来认识社会现象及其规律的社会研究方式。

2. 按调查对象的范围分类,社会调查可以划分为普遍调查、抽样调查、个案调查和典型调查。

3. 根据调查研究的任务性质划分,调查研究可划分为应用性调查和理论性调查。

4. 社会调查的一般流程包括选题阶段、准备阶段、调查阶段、分析阶段和总结阶段。

5. 网络调查又称网上调查或网络调研,是指调查者利用互联网收集和掌握信息的一种调查方法。按照采用的技术方法不同,网络调查法可分为网站法、电子邮件法、视讯会议法、在线访谈法、搜索引擎等,随着网络相关技术的发展,还会有更多新的网络调查方法出现。

本 章 实 训

实训内容:假设要进行一项社会调查,讨论该调查的逻辑过程。

实训目的:掌握社会调查的一般程序。

实训要求:

(1) 建立社会调查小组。

(2) 讨论社会调查的逻辑过程。

(3) 确定社会调查的操作程序。

实训组织:全班同学划分为若干个调查小组,选出调查小组的负责人。小组讨论并确定实施该项调查的一般程序。

延伸阅读

1. 中国调查与数据中心网站:http://nsrc.ruc.edu.cn/.
2. 赵晓航,李建新.社会经济地位与社会政治态度:基于"中国家庭追踪调查"(CFPS2012)的实证分析[J].社会学评论,2017(3).
3. 王忠武.论现代社会调查研究的三维规范体系[J].社会科学,2013(4).
4. 李佳佳.改革开放以来民国农村社会调查研究述评[J].史学月刊,2014(12).
5. 李超海.浅谈社会调查研究方法课程中定量研究的学习策略[J].社会工作(学术版),2011(5).
6. 李强.社会调查研究:从传统走向现代[N].人民日报,2010-2-26.
7. 范柏乃.社会调查是社科研究的重要基石[N].中国社会科学报,2014-3-12.
8. 王兴周.重视社会调查实践技术[N].中国社会科学报,2011-2-15.

思考与练习

一、思考题

1. 社会调查的步骤与过程可分为哪几个阶段?
2. 组织社会调查的意义是什么?

思考与练习参考答案

一、思考题

1. 调查的步骤与过程大致可以分为以下几个阶段:选题阶段、准备阶段、调查阶段、分析阶段和总结阶段。选题阶段主要做好课题的选择和确定。准备阶段的主要工作是做好研究设计,研究设计是指研究者对整个研究工作进行规划和安排。研究设计所涉及的内容相当广泛,但最主要的包括明确研究目的与研究性质、确定研究对象与分析单位、确定研究的具体内容以及选择研究方式和具体的研究方法、选择或编制研究工具等。调查阶段的主要方法主要有观察法、访谈法、实验法、文献法等。分析资料包括量化资料分析和质性资料分析。总结阶段的主要工作是撰写研究报告。

2. 调查总是基于某种信息的需求,是认识客观世界的一种手段,要正确认识社会,对之进行有效的管理,必须掌握真实、可靠、准确、完整的社会信息。社会调查作为一种收集、处理、分析社会信息的方法,对了解社会现状、探索未来发展具有重要意义。通过调查研究其发展和变化的规律,为解决问题、制定政策或策略提供依据。

第二章 选择调查课题

本章知识结构图

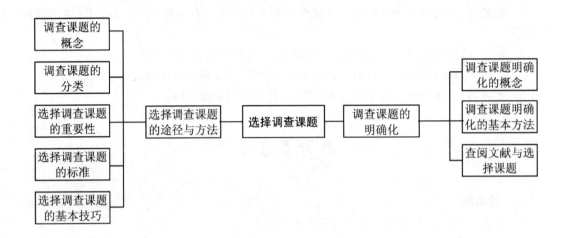

知识目标：掌握调查研究课题的类型、课题选择的重要性、标准、途径和方法；掌握查阅文献的基本方法；理解如何将课题研究具体化、明确化。

能力目标：通过查阅文献，能够对调查课题进行明确化，重点培养学生选题调查课题的能力、调查课题明确化的能力、查阅文献资料的能力。

实训目标：运用文献查阅方法，把宽泛、笼统、含糊的调查课题逐步明确化。

本章重点：选择调查课题的标准、途径和方法；调查课题研究具体化、明确化的要求。

本章难点：怎样确定调查选题？怎样将调查选题具体化、明确化？

案例导入

中国综合社会调查(Chinese General Social Survey,CGSS)是我国最早的全国性、综合性、连续性学术调查项目,旨在收集中国人行为、态度以及生活、工作的基本情况。自2003年起,由中国人民大学中国调查与数据中心负责执行,每年一次对中国各省市自治区10000多户家庭进行连续性横截面调查。CGSS调查数据及其他调查资料向全社会完全开放,其数据在国内外产生重大影响,被视作研究中国最重要的数据来源之一。CGSS于2006年被国际社会调查合作组织(International Social Survey Programme,ISSP)接纳为代表中国的会员单位,每年一次,与全球近50个主要国家一起,对重要的社会议题进行共同调查。

CGSS调查的核心内容包括社会人口属性、个体健康、迁移、生活方式、社会态度、阶级认同、政治参与行为与态度、个体认知能力等方面,基本囊括了一个家庭或一个个体社会生活、工作的方方面面。为此,社会医学家、人口学家和社会心理学家已经发展了一套标准来测度健康、预期寿命和心理福利。社会学家和经济学家已经发展了测度生活质量社会经济层面的主客观指标。当然,如何测度中国的意识形态、政治与生活质量之间的关系是调查研究遇到的重大挑战。

思考一:什么是调查研究?

思考二:如何进行科学的调查研究?

案例解读:

社会调查在运用抽样技术、统计技术、测量技术和计算机技术的基础上,将定量分析和定性分析相结合,用以认识社会,解决社会的实际问题和热点问题。

重视调查研究,善于调查研究,在调查研究的基础上解决突出矛盾和问题,是我们谋划工作、科学决策的重要依据。当前,政策性和学术性的调查研究越来越受到党和政府的重视,民意调查和市场调查蓬勃发展。这些调查适应了当前社会经济发展的需要,尤其是对诸如城市问题、农村问题、婚姻家庭问题、犯罪问题、经济改革问题等都做了大量而有价值的调查研究。社会调查研究已成为科学理论研究的一个重要方面。

第一节 选择调查课题的途径与方法

一、调查课题的概念

社会调查课题,是对特定领域经过提炼和选择的所要说明和解决的问题。如果没有具体的问题,我们的调研者也就无法有针对性地收集资料、分析研究资料,也就不可能提出调查课题。例如,人与自然问题、社会保障问题、农民工问题等只是一个个的研究主题或者抽象问题,而不是具体的问题,需要对其进行提炼。"××城市雾霾的成因调查""城市失独贫苦家庭生活保障问题研究""新生代农民工婚恋问题研究"等才是具体的研究课题。

调查课题多种多样,因为社会需要多种多样。按照不同的标准,调查课题可以被分为不同的类型。

二、调查课题的分类

在进行选题之前,首要的问题是明确调查课题的类型。按照不同的标准,调查课题可以分为不同的类型。①

(一) 理论性课题与应用性课题

各种调查选题可以按其关注点或侧重点,分为理论性课题和应用性课题两大类。

所谓理论性课题,指的是那些侧重于发展社会世界基本知识,特别是侧重于建立或检验各种理论假设的课题。这类课题力图理解和解释社会世界的某一方面是如何运转和相互联系的,某一类社会事物或社会现象又是如何发生、发展和变化的。这类课题往往表现出十分明显的理论倾向,其关注点主要在于探索现象之间的因果关系,在于增加对具体社会现象所具有的内在规律的认识——这类课题的出发点和落脚点都是理论知识,其主要目标是增加人们对社会现象的内在规律的理解,增加人们对社会事物的认识。

而所谓应用性课题,则是指那些侧重于了解、描述和探讨某种社会现实问题或者针对某类具体社会现象的课题。这类课题的关注点通常集中体现在迅速了解现实状况,分析现象或社会问题形成的原因,并力图在此基础上有针对性地提出政策建议,以帮助解决社会问题、制定社会政策、评估社会后果等。这一类课题侧重于通过调查来解决实际问题,与理论性课题相比,应用性课题的出发点和落脚点都是现实问题。

(二) 自选课题与委派课题

按照调查课题的来源,社会调查课题可以分为自选课题与委托课题。

自选课题是指调查者根据自己的兴趣爱好和研究需要而选取的课题。这类课题有时是理论工作者为修改和完善已有理论,或者想通过研究建立一种新的理论而确立的课题,有时是调查者对某些社会现象或社会问题感兴趣而自觉从事应用课题调查。

委派课题是指研究者受某个机构的委派而从事研究的调查课题。委派课题目前呈现越来越多的趋势,这类课题的来源常常是各级政府机构以及涉及社会各个具体领域的工作部门,比如人口管理、劳动就业、城市建设、公共交通、环境保护、区域发展、社会治安、文化教育、社会保障、公共卫生等。课题的研究成果也主要应用于这些部门和领域。

不过,也有某些机构所提供的课题,如国家社会科学基金课题,以及省、市和科技部门的基金课题则介于两者之间,既有一定的指导性和规定性,又有一定的自主性和灵活性,对研究者来说,具体调查课题的确立也有一定的自选性。

当然,社会调查课题的分类标准不一样,具体的类型也不一样,可以根据调查的目的分为探索性调查课题、描述性调查课题与解释性调查课题。还可以根据调查的内容、标准等进行不同的分类,这里不再一一赘述。

三、选择调查课题的重要性

(1) 决定着社会调查的总体方向。课题的提出与确定的过程,也就是明确社会调查的目的,明确社会调查的对象,即明确整个社会调查任务的过程。每项具体的调查课题,是针对特定领域的特定社会现象或社会问题的。比如"安徽省老年人再婚现象的调查"与"阜阳地区农村最低生活保障制度调查"两个课题,就是分别针对老年人婚姻问题和社会保障问

---

① 王学川,杨克勤.社会调查的实用方法与典型实例[M].北京:清华大学出版社,2011.

题的研究。

（2）制约着社会调查的整个过程。调查课题的确立，意味着调查目标的确立和调查方向的选定，而这种目标和方向的确立，意味着社会调查的"特定道路"的确立。

（3）关系着调查的成果价值。

（4）体现着调查者的水平。提出与确定的调查课题是否得当，一定程度上反映了调查者的指导思想、社会见解、理论想象力和专业学识水平。

下面我们以"合肥市残疾人生活状况调查"为例，从课题提出与确定的意义进行说明：

① 调查目的：了解和解决残疾人生活问题，发展残疾人事业。

② 调查对象：合肥市残疾人。

③ 调查方法：抽样调查，运用访谈法和问卷法入户调查，主要调查残疾人的经济来源、收入、支出等，侧重定量分析。

④ 调查成果：反映现实生活中的实际问题，为有关部门制订残疾人工作的方针、政策，规划和发展残疾人事业，提供可靠的依据。

⑤ 调查水平：用专业的知识水平（数据、图表等）反映对残疾人的经济来源、收入、支出等方面的社会见解。

总之，提出与确定调查课题是社会调查最重要的决策，它直接关系到整个社会调查活动的意义。

四、选择调查课题的标准

选择研究问题对做好一项具体的社会研究具有十分重要的意义，我们应该高度重视选题工作。为了选好题，选难题，必须明确进行选题时所依据的主要标准。在实践中，人们通常采用下列几条标准来作为选择研究问题的依据，也是我们在论证课题的过程中的主要依据。

（一）重要性

重要性即是指研究问题所具有的意义或价值。即选择的研究课题具有理论意义，或实践意义。通俗地说，就是指一项研究问题所具有的用途或用处。我们所从事的任何一项研究问题，首先必须具有某种意义或价值，或者说，首先必须是"值得去做"的。当然，对不同的研究问题来说，这种意义或价值会有大有小。同时，它既可以是理论方面的，也可以是实践方面的，或者是理论与实践两方面兼而有之的。

理论意义主要指研究课题对一门学科的发展、对某种理论的形成或检验、对社会规律的认识、对社会现象的解释等所做出的理论贡献；实践意义主要是指研究课题对现实社会中存在的社会问题进行科学的回答并能对解决或改善这类社会问题提出建议和对策。

许多大学生在进行社会调查的选题时，最容易犯的错误就是所选择的课题的理论与实践价值不大，往往局限于一些细枝末节的探讨，不能够凸显调查课题的重要理论与现实意义，不能围绕当前社会焦点、热点和难点问题，不能围绕当前学术界迫切需要解决的理论问题来进行。举个例子来说，一个学生选择的调查课题为"大学生上课迟到问题调查"，另外一个大学生选择的调查课题是"当前大学生环境保护意识问题调查"。很明显，这两个调查课题在重要性原则上具有较大的差别。前者局限于一些生活细节的调查，即使花了很多精力和时间完成了调查，最后得到的结果可能也只是一般人猜也能够猜得到的结果，解决现实问题的意义和价值都并不大。而后者，则抓住了当前人们普遍关注的焦点与热点问题，即环境保护的问题,大学生又是社会发展的重要力量,调查大学生的环境保护意识,无论是在理论上进行突破,还是在现实意义上进一步促进环境保护运动的开展,都具有非常大的理论与现实意义。因此,后面一个调查的选题比前一个选题在满足重要性原则上做得更好,或者说,后面这个调查的选题是有重要的理论与现实意义的,是一个有用的、值得做的调查课题。

因此,为了满足课题重要性的标准,在众多可供选择的研究问题面前,要思考或评价一项社会研究问题是否具有重要性,就等于先问问自己,做这项研究问题有没有用处?有什么用处?有多大用处?

(二)创造性

创造性的含义是首创和创新,它指的是在选择和确定研究课题的过程中,寻找自己的研究方向或具体问题,使得自己的研究在课题所在的领域中增加新的知识。

作为一种科学的认识活动,我们的每一项具体研究必须能够在某些方面增加人们对现实世界的认识,能够为人们了解、理解、熟悉和掌握现实社会生活中的各种现象、各种问题、各种规律提供新的东西,而不能总是在同一领域、同一范围、同一层次上重复别人的研究,重提已有的结论。

费孝通小城镇研究具有创造性。20世纪80年代初,费孝通开始专注于小城镇研究,费孝通分析了小城镇建设中注重乡镇企业建设的意义,小城镇解决人口与劳动力分流的意义和小城镇实体论思想以及建设有中国特色的社会学的小城镇研究思想等方面。这一研究具有创造性。

创造性原则就是要求课题具有先进性、新颖性和突破性,调查研究就是要解决前人没有解决或没有完全解决的问题,并预期能够产生创造性成果。创造性是调查研究最根本的特点,调查研究中的创新不仅是理论创新的狭义概念,而是广义概念,涵盖了许多方面,如新理论、新技术、新工艺、新方案、新管理、新服务、新应用、新市场等。总之,一个调查课题在满足重要性原则的基础上,还要使调查课题的选择满足创造性原则,使得调查课题具有一定的新颖性、独特性和先进性。

衡量创造性的标准:

第一,创造性课题表现为这项课题所研究的问题在现有的"知识库存"中找不到,是"史无前例""填补空白"、开创性的。

第二,一项课题具有开创性,也可以是指采用新的理论对一个已经过大量研究的问题给予新的诠释,或者采用新的方法对一个旧的问题进行研究。

第三,研究课题的创造性还表现为随着社会的发展,已经做过的研究课题的研究对象发生了新的变化,或者原来的理论已经不能有效地解释已经发生变化的社会问题、社会现象。

(三)可行性

一项研究具有重要性、也将具有创造性,是否一定可以去研究了?回答是否定的。研究要实施的话,还应该具备可行性。

可行性是指选择的研究课题要与研究者的研究能力、研究条件和各种社会因素相适应,研究者在选择和确定研究课题时一方面要考虑自身的各种因素,另一方面也要衡量各种社会因素。

研究能力包括研究者的社会经验、知识结构、研究经验、组织能力操作技术等,甚至还包括研究者的性别、年龄、语言、体力等纯粹生理因素。

研究条件主要是指研究经费、研究时间、研究队伍的组织以及有关文献资料的获取。

社会因素包括经济的、政治的、文化的和道德的因素。政治的因素包括法律、法规、政策以及意识形态等因素，不符合政治因素，研究无法进行，不可能收集所需要的资料。还要考虑文化和道德的因素。符合社会因素则容易开展研究。

我们一般是从主观与客观的条件限制上来讨论调查课题选择的可行性原则。

主观限制是指研究者自身条件方面的限制。它包括调查者在生活经历、知识结构、研究经验、组织能力、操作技术等方面的限制，甚至还包括调查者的性别、年龄、语言、体力等纯粹生理因素方面的限制。例如，一个地方口音很重的人到另外一个方言地区去进行调查，就会遇到语言上的障碍，不能顺利地完成调查工作；一个不了解民政工作，对城市低保工作一无所知的人，就不能选择一个有关城市贫困与社会救助方面的调查课题。

客观限制是指进行一项调查课题时受到的外在环境或条件的限制。如调查时间不够，调查经费不足，有关文献资料不能取得，所涉及的对象、单位和部门不能给予必要的支持与合作，调查课题违反国家有关政策法令，或者违反社会伦理道德，或者与被调查者的生活习俗、宗教信仰相违背等，都是导致一项调查课题无法进行的客观障碍。

选题中，应当充分分析估计以下条件：

第一，现实的主观条件。主要是指调查研究人员的知识结构、研究能力、对课题的兴趣、理解程度、责任心等。

第二，现实的客观条件。主要是指资料、经费、时间、协作条件、导师条件等，对应用性课题，还应考虑到成果的开发、推广条件。

第三，积极创造条件。在调查中，对那些暂不具备的条件，可以努力创造。如知识不足可以补充，设备经费不足也可以艰苦奋斗克服一些困难，情况不明可以先进行调查研究等。

在许多情况下，越是具有重要价值和创新性的研究问题，它所受到的主、客观限制往往也越多，这也就是说，它的可行性往往也越差。要进行或完成这样的研究常常十分困难，有时甚至是完全不可能进行。主观限制是指研究者自身条件方面的限制。客观限制是指进行一项研究时受到的外在环境或条件的限制。选择研究问题时，仅考虑两条标准是远远不够的，我们还必须把可行性这条标准放到非常重要的地位。一项不具备可行性的研究课题，无论其多么有价值，多么有新意，最多也只能是一项"伟大的空想"。

（四）合适性

合适性则指的是所选择的研究问题最适合研究者的个人特点。这种个人特点主要包括研究者对该研究问题的兴趣、研究者对与研究问题相关的社会生活领域的熟悉程度、研究者与所研究的对象之间的相似性程度，以及研究者所具有的各种资源、条件与该问题的要求相符合的程度等等。合适性与可行性不同，可行性所解决的是研究的"可能性"问题，而合适性所涉及的则是研究的"最佳性"问题。

合适性原则要求调查课题与研究力量、研究能力相适应。有些调查课题虽然具有重要性、创造性与可行性，但是研究的题目过大或者过小，无助于解答现实问题。一般来讲，社会调查研究很少靠个人来完成，因此题目的大小、宽窄要与课题组的力量和社会配合情况相适应。此外，对缺乏经验或者缺乏专业知识的调查人员来讲，调查课题应该简单、浅显一些，从小题目开始，逐步积累经验，然后再扩大调查研究的范围，由浅入深、由简单到复杂，从而实现调查的预期目标。

以上我们介绍了选择研究问题时人们通常采用的四条标准，需要进一步指出的是，这四条标准之间存在着某种层次上的联系：重要性是最基本的标准；创造性则是在它的基础上提出的新的标准;可行性在某种意义上可以说是问题选择中的决定性标准;而合适性则是在前三条标准的基础上提出的更进一步的标准。这四条标准层层深入,从几个不同的侧面,将一个理想的研究问题,从最初众多不成熟的想法、思路和问题雏形中,逐渐分离出来。

五、选择调查课题的基本技巧

(一) 如何选择调查课题

选题的具体方法取决于课题的来源、课题的性质和研究方向、研究者自身的特点等,因此,选题的方法灵活多样。

1. 常见的选题途径

(1) 从个人经历中寻找。人们对社会事物和社会现象的观察和理解往往离不开个人的经历和经验,社会调查是以观察和理解社会现象为目的,因此离不开个人经历的帮助。每个人对社会的认识与感受都不尽相同,因为他们独特的人生经历,也为人们观察现实世界提供了独特的视角。这就为我们寻找调查课题提供了众多的来源,各种经历、体验、观察、感受都可能成为有价值、有创造、切实可行的调查课题。比如,"一次社区居民委员会议事会议"引起社会工作者进一步对该问题的思考,"如何更好发挥城市社区居民委员会在城市基层社会管理中的作用?""社区居民委员会应赋予的法律地位是什么?""建设和谐社区的关键因素是什么?""怎样才能提高社区居民对社区事务的关注度?"从而导致一项"城市社区居民委员会组织建设研究"的研究课题。可见,对社会研究者来说,他身边发生的一件事、与朋友进行的一次交谈、参加的一次活动,都有可能导致一个调查课题的产生,所以这种从自身经历寻找课题的方式是一种十分简单实用的方法。

(2) 从现有文献中寻找。我们平常可以接触到的文献资料有学术著作、学习教材、报纸杂志等,通过对文献资料快速、大量地阅读,在比较中确定选题,也是一种比较好的寻找课题的途径。通常是在资料积累到一定数量时集中一段时间进行快速地浏览,这样便于集中对资料作比较和鉴别,在咀嚼消化已有资料的过程中,提出问题,寻找自己的研究课题。

利用现有文献寻找课题,一般可按以下步骤进行:

① 广泛地浏览资料。在浏览中要注意勤做笔录,随时记下资料的纲目,记录资料中对自己影响最深刻的观点、论据、论证方法等,记下脑海中涌现的点滴体会。

② 将阅读所得到的方方面面内容与体会,进行分类、排列、组合,从中寻找和发现问题,材料可按纲目分类,如分成系统介绍有关问题发展概况的资料、对某一个问题研究情况的资料、对同一个问题几种不同观点的资料、对某一问题研究最新的资料和成果等。

③ 将自己在研究中的体会与资料分别加以比较,找出哪些体会在资料中没有或部分没有;哪些体会虽然资料已有,但自己对此有不同看法;哪些体会和资料是基本一致的;哪些体会是在资料上的深化和发挥等。经过几番深思熟虑的思考过程,就容易萌生自己的想法。把这种想法及时捕捉住,再做进一步的思考,选题就会渐渐明确起来。

【知识小贴士】2.1

一手资料和二手资料

论文的质量在一定程度上取决于材料是否充实、准确、可靠,详尽地收集资料是学术论文写作之前的一项重要工作。学术论文相关资料主要包括两大类,即第一手资料和第二手资料。

（1）第一手资料。是指与论题直接相关的文字材料、数据材料（包括图表），如有关的统计数据、典型案例、经验总结等，还包括作者亲自在实践中获得的感性材料，如各种观察数据、调查所得等。第一手材料是论文提出论点的基本依据。

（2）第二手资料。是指通过检索所得与课题相关的文献资料，包括课题相关的国内外研究成果和相关背景资料。撰写学术论文是不能凭空进行的，而是要在他人研究成果的基础上进行的，对他人已经解决的问题就不必再花力气重复进行研究，而是从中得到有益的启发、借鉴和指导，并以此作为研究的起点，找出存在的问题和突破方向，做进一步的创新研究和探索。

资料来源：黄常青，黄燕华，郑美玉.信息检索与利用教程[M].杭州：浙江大学出版社，2014.

（3）从现实社会中寻找。我们生活在千姿百态、丰富多彩的现实社会之中，各种可以作为研究课题的社会现象、社会行为、社会问题、社会事件总是客观地存在于我们的周围，例如城市社会治安、城市交通、城市居民邻里关系、城市社区居委会和村民委员会的选举、农民工子女的教育、城市网吧、大学生就业、独生子女教育、二孩政策带来的市场机遇等。各种可以作为研究课题的社会现象、社会行为、社会问题、社会事件实际上始终客观地存在于我们周围。只有当我们从认识和研究社会问题这一目的出发，向自己提出一些"为什么"的时候，就会从这种熟悉、普遍、一般、随处可见的社会现象中，抽出诸如"城市居民居住方式与邻里关系研究""城乡社区邻里关系比较研究""农民工的子女教育问题研究""社区居委会建设研究""和谐社会与和谐社区研究"等这样一些值得探讨的社会调查研究问题来。[①]

一项好的调查课题，也需要深入生活，需要灵感和火花。如果我们能够善于观察和思考，养成对各种社会现象、社会行为、社会心理、社会问题经常问"为什么"的习惯，我们往往能够从纷繁复杂的生活大潮中、从变化无穷的社会现象中，找到值得研究和探讨的调查课题。

有了寻找课题的途径，我们也要讲究方法。选题策划，首先要善于发现问题，若不能发现问题，也就很难进行选题策划。爱因斯坦曾说过："提出问题比解决问题更重要，因为解决问题也许仅仅是一个数学上或实验上的技术而已。而提出新问题、新的可能性，从新的角度去看旧的问题，都需要有创造性的想象力，而且标志着科学的真正的进步。"因此，选题策划的思维方法，就是发现问题的思维方法。

2. 发现问题的思维方法

（1）提出疑问通常情况下，学科发展水平越低，值得怀疑的结论越多；实践越依赖于经验和常识，可信度越低。当然，怀疑首先是建立在事实与经验的基础之上，并不是随心所欲地乱猜疑，毫无根据的猜疑不可能提出有研究价值的新问题。把事实与经验作为怀疑依据，总是与现有结论或常规不一致甚至相悖的。其次，怀疑还必须从逻辑推敲开始。逻辑是检验理论合理性的有效工具。对理论的逻辑推敲，可以从推敲概念，尤其是一门学科的基本概念做起，对一时十分流行的概念也应仔细推敲。

（2）转换思维，即转换思考的角度，是指从与原有结论不同的角度进行思考，或从不同

[①] 周宏敏.市场调研实训教程[M].北京：清华大学出版社，2011.

的层面上来认识原有的研究对象,以形成关于对象的新认识。这种认识的产生不以否定原有的结论为前提,它需要摆脱原来的思维定势和已有的知识影响另辟蹊径。运用转换思维角度的方式发现问题的可能性是较大的。因为人们对问题的认识是不可能一下子达到全面深入、完善的。

拓展阅读2.1

转换思考法:灵活变通,从多个角度看问题

思维转换的方法不一而足,这里我们介绍几种简单易行的训练方法。

1. 反向转换法

《道德经》里有这样一句话:"有无相生,难易相成,长短相形,高下相盈,声音相和,前后相随,恒也。"这朴素的辩证法向我们讲述了深刻的道理。向反向去求索,站在事物的对立面来思考往往能够突破常规,出奇制胜。你可以向对立面转换事物的结构、功能、价值,以及对待事物的态度。对结构和功能的转换可以让你有发明创造,对价值的转换可以让你变废为宝,对态度的转换可以让你心胸开阔、宠辱不惊。

2. 相似转换法

这种转换法有助于我们对同一现象、同一问题进行全面、整体、系统地把握。比如下面的两组词语,每组词语之间具有一定的相似性和关联性。

生命、血肉、植物、爱情、真理、繁荣

原始、开端、最初、胚胎、萌芽、发展

每一组中的一个或几个词都可以成为理解本组中某一个词的新视角。这种转换方法可以启发新的隐喻以及事物之间的联系,对在科学研究中建立理论模型有重要意义。

3. 重新定义法

如前面所说,转换思维可以使概念的定义更加精确;反过来,通过对某一概念重新定义可以训练我们的转换思维的能力。对文字的翻译也可以达到这种效果,台湾诗人余光中说:"翻译一篇作品等于进入另一种灵魂去经验另一种生命。"这种"经验"可以让你的视野更加开阔。

4. 征询意见法

一个人的思路毕竟有限,要实现多视角思维,就应该借助集体的力量。征询别人的看法和意见可以让你对某一问题的认识更加完善。电视剧《三国演义》中曹操的扮演者鲍国安当年为了演好曹操这个角色,对不同年龄、不同学历、不同职业的几百人进行调查,询问他们对曹操的看法。别人的意见让他对曹操的各个侧面都有所了解,他的演出自然赢得了大家的好评。

5. 实践转换法

实践转换可以让你再对问题的实际操作中,获得对事物的新的理解和认识,发现某种新的意义。比如:大学生写论文,纯粹研究理论只能是闭门造车,如果去参加相关的实习,就会对理论知识产生新的认识。此外,经历一下你没有体验过的生活可以让你改变对一些问题的看法。

资料来源:连山.哈佛情商课·哈佛智商课·哈佛财商课[M].北京:北京联合出版公司,2016.

(3) 类比移植。类比与移植是通过与其他学科研究对象类比和借用其他学科的思维方式,来发现本学科研究的新问题。这种思维方式的特点是从其他学科研究中得到启发,找到发现问题的视角。因此,其关键是善于发现不同学科研究对象与思维方法之间的关系,善于借"它山之石"。我们可以根据现实需求从学科拓展和跨学科研究中选取新鲜题目,如近年来出现的公共关系学、市场学、地震社会学等研究成果都是基于选择了适应现代社会进程的新课题。又如,用系统论、信息论、控制论等观点与方法研究教育现象的课题,由于教育现象的复杂性与综合性,通过移植其他学科的思维方法和其他学科研究对象作类比而提出新问题的可能性是存在的,也是可取的。

(4) 深入探究。如果说上述几种思维方法都与对事物的已有认识直接相关,那么,深入探究现象的思维方法则要求直接面向现象,从对现象本身的思考中提出新问题。我们生活在一个丰富多彩而变幻无穷的现象世界中,只要我们善于多问几个为什么,就会发现许多值得研究的新课题。我们可以从现代社会的需求出发,去研究新产品、新技术、新工艺的开发利用,去研究解决社会热点问题的方法和途径。例如,工业上各种新型材料的研究,政治上廉政建设系统工程的研究,教育上面向现代化、面向未来的探索等都是有现实意义的选题范畴。对一些司空见惯的现象,我们的探究指向应是其背后的实质。像牛顿提出苹果为什么落地,瓦特提出壶盖为什么会动那样,我们也可以提出为什么提倡素质教育,素质教育的提法是否恰当,素质教育与全面发展教育的关系如何,素质教育与应试教育的关系怎样。在日常生活中还经常出现一些现象,诸如,市场经济给学校带来了什么影响,在市场经济条件下如何对学生进行思想教育,为什么当代青少年的逆反心理表现较为突出等。对新形势下出现的新现象,我们要善于捕捉和深入分析研究,只有这样,才能较快地在新形势中处于主动地位。只有乐于思考、勤于思考与善于思考,才能对各种各样的现象提出新的问题,从而发掘自己的学术优势,源源不断地获得有科研价值的选题。

第二节 调查课题的明确化

一、调查课题明确化的概念

在社会研究实践中往往出现研究课题的含糊、宽泛、笼统等问题。

举例来说,像"我国社会中的青少年犯罪问题研究"实际上并非研究问题,而是问题领域或研究主题。不难发现,这个问题具有很重要的意义,但是,在可行性上比较欠缺。而造成这种欠缺的一个重要原因,就是问题在内涵上过于宽泛,过于一般。你应该仔细问问自己:我究竟是想了解犯罪的类型、它的地区分布、它的形成原因、它的后果及影响,还是其他内容。

所谓调查课题的明确化,指的是通过对研究问题进行某种界定,给予明确的陈述,以达到将最初头脑中比较含糊的想法,变成清楚明确的研究问题,将最初比较笼统、比较宽泛的研究范围或领域,变成特定领域中的特定现象或特定问题的目的。这是选择研究问题过程中十分重要的一个环节。课题明确化过程如图2.1所示。

二、调查课题明确化的基本方法

要使研究的问题明确化,可以从两个方面入手。

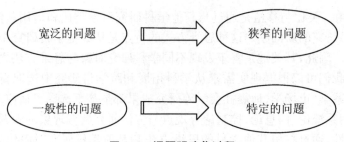

图 2.1 课题明确化过程

(一) 缩小问题的内容范围

于初学者来说,要使所研究的问题明确化,可以采取先将宽泛的问题转化为狭窄的问题,将一般性问题转化为特定的问题的做法,可以通过不断缩小问题的内容范围来达到这一目标。在将宽泛的问题转化为狭窄的问题的过程中,文献回顾往往具有十分重要的作用。

缩小研究范围就是把一个很大的调查范围,如一个国家,缩小为一个省市、一个地区,甚至一个单位。比如,"养老问题研究"是一个十分宽泛的问题领域,其内涵并不是某一个具体的社会研究所能包含的。一项具体的社会研究,通常只能选择其中的一个方面进行研究,我们可以通过限制和缩小问题的内容范围,将其转化为"城市社区养老问题研究"和"农村社区养老问题研究"等类似问题。当然,更好的研究问题是进一步缩小问题的范围,突出基本的研究变量后得到的诸如"长三角地区独生子女家庭的养老问题研究""农村人口老龄化与养老问题研究""少数民族地区农村养老问题的研究"及"城市社区空巢家庭养老问题研究"等选题。

(二) 清楚明确地陈述研究的问题

陈述研究的问题也是使研究问题能够明确化的十分重要的一步。无经验的研究者常常意识不到小问题的陈述所具有的重要性,这种重要性主要体现在它划定了与研究相关的资料范围。它使得研究者知道哪些资料必须考察,同时哪些资料可以放在一边。与此同时,这种陈述还在一定程度帮助研究者选择和确定研究方法。

对问题进行陈述时可以考虑以下几点:

第一,问题陈述必须清楚明白,同时,在对研究问题进行界定、陈述和明确化的过程中,最好能运用变量的语言,且采用提问的形式。

第二,除单纯的描述研究外,问题的陈述必须至少包括两个变量。

第三,问题陈述必须是可检验的。检验的含义是指所研究的问题必须能够产生不止一种回答。那种只有一种答案的问题陈述则是不合格的问题。

总之,在清楚、明确地定义研究问题之前,就匆匆忙忙地去收集资料,这种做法尽管是可行的,但却不是有效的。因为这样做的结果常常是:在你所收集的资料中,许多是无用的,许多是错误的,许多又是残缺的。

因此,每一个社会研究人员在具体从事一项社会研究课题时,应该养成首先将问题内涵明确化的好习惯。当运用上述知识,选择到一个有价值、有新意、切实可行、自己也很感兴趣的研究问题,同时,这一研究问题又经过了明确的界定和清楚的表述,那么,这项社会研究的质量和水平,以及整个社会研究过程的顺利进行,从一开始就有了基本的保证。

以"C2C 电子商务交易中的诚信调查研究"课题的明确化过程为例,如图 2.2 所示。

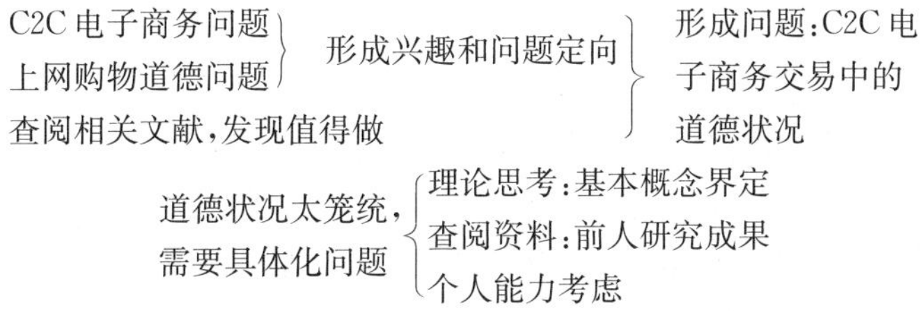

C2C电子商务问题
上网购物道德问题
查阅相关文献，发现值得做
形成兴趣和问题定向
形成问题：C2C电子商务交易中的道德状况
道德状况太笼统，需要具体化问题
理论思考：基本概念界定
查阅资料：前人研究成果
个人能力考虑

图2.2 “C2C电子商务交易中的诚信调查研究”课题的明确化过程

最后，确定具体问题为“C2C电子商务交易中的诚信问题及其影响因素的调查研究”。在这里，诚信比道德更具体、好界定、便于执行。

【知识小贴士】2.2

陈述研究问题的五项特征

问题表述得好意味着问题已经解决了一半。一般而言，陈述研究问题(或研究题目)要具有下列5项待征：

(1) 最好能囊括研究范围、对象、内容、方法。

(2) 问题的叙述应该说明两个或两个以上变量之间的关系。

(3) 问题的变量间关系应该清楚而正确地叙述。

(4) 问题的叙述应该提示实证性考验的可能性。

(5) 问题的叙述应该不涉及道德与伦理的观点。

资料来源：侯典牧．社会调查研究方法[M]．北京：北京大学出版社，2014.

三、查阅文献与选择课题

文献查阅在我们做社会调查的工作中起着重要的作用，从前期的探索性调查，到选题的确立，到调查实施过程中的资料收集，到后期的分析论证阶段都需要用到文献查阅。我们在选题阶段如何运用文献查阅呢？

当我们想对感兴趣的问题进行社会调查时，起初脑子里往往都只是有一个宽泛的概念，不知道该从哪方面开始自己的调查，此时我们就可以翻阅相关的文献。我们需要探索性地调查这个问题是如何形成的，它具体包括哪些方面内容，等等。当我们逐步明确了需要调查的课题之后，我们还需要查阅文献，看看我们感兴趣的课题是否有其他人也做过类似的研究。别人是从哪些方面进行研究的，我们的研究是否有创新性，如果我们的问题已经有了很好的解答方法，那么我们的研究是否有进行的必要，或者他人的研究能否给我们提供一些思路，我们该从哪些更新的角度去重新审视所研究的问题。一般来说，文献查阅与选择课题之间往往有着如下的交互作用和过程，如图2.3所示。

感兴趣的现象或问题领域
较宽泛地查阅相关文献
初步确定调查课题
进一步查阅更为专门的文献
进一步明确调查课题

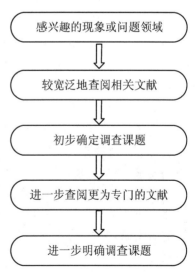

图2.3 文献查阅与选题交互作用和过程示意图

随着现代信息技术的发展，查阅文献的方法也有很

多,下面介绍常用的工具和方法。

(一)纸质文献的查阅

查阅一些工具类的图书,如:语言性的工具书包括一些词典、字典;线索性的工具书包括书目、索引、文摘;参考类的工具书包括百科全书、类书、年鉴、专科辞典、手册、表谱、图录等。

查阅一些著作统计资料、档案材料,查阅期刊、报纸等资料,都可以在各大图书馆进行。

(二)数字文献的查阅

随着信息技术的发展,图书馆文献结构也在发生着变化,数字文献正以它诸多的优点越来越受到读者的欢迎。

电子文献是指以社会普遍信息化为基础,用电子数据的形式把文字、图像、声音、动画等多种形式的信息存放在光、磁等非纸介质中,并通过计算机或网络通信等方式表现出来。电子文献包括电子期刊(FD)、电子书及软磁盘、只读光盘(CD-ROM)和交互式光盘(CD-I)等。网络文献是指在互联网上存储、检索、利用或传递信息的过程中,依附于网络计算机存储设备并且以在线存在的信息单元或信息集合。网络文献包括文件、数据库、主体目录以及超文本文件等。

由于电子文献和网络文献都是以数字的形式加以存储,所以我们统称为数字文献。

如何查阅数字文献,目前国内有如下一些工具,比如 CNKI 中国期刊网(http://www.cnki.net)、万方数据数字化期刊(http://www.periodicals.com.cn)、重庆维普资讯(http://www.cqvip.com)等。

拓展阅读2.2

文献收集的方法与整理

面对当前知识激增、文献纷杂的状况,如何充分地占有文献,迅速找到并有效地利用对研究课题最有价值的核心情报,是科学研究工作者亟待解决的问题。研究者必须熟悉一定的工具,运用一定的方法对文献进行查找、筛选和浓缩,才能充分有效地利用文献资料,从而"站在巨人的肩膀上"多出成果、快出成果。

收集文献资料,要求全面、系统、准确,并且及时。所谓全面,是指收集者要把与研究课题有关的资料尽可能收集齐全,这些资料包括正面的、反面的;具体的、概括的;直接的、间接的;公开的、内部的;现在的、过去的;印刷型的,非印刷型的等等。所谓系统,即围绕课题,收集一系列具有内在联系、能反映课题研究的各个方面和全过程的文献。系统地收集文献,并不是要贪多求全、累赘重复,而是为了反映课题的全貌,有利于揭示问题的本质。收集到的文献内容要求准确无误。首先,收集者要对准备收集的文献的性质、作用、形式、范围有一个大致的要求,通过比较,找出符合要求的文献;然后有主次、有重点地筛选出最有针对性的文献。及时则包括两个方面:收集工作的迅速和文献资料的新颖。因学科、专业的不同,及时性的要求也有差异。一般来说,动态性研究的要求要高于一般理论研究。

资料来源:黄子房.浅谈文献收集的方法与整理[J].湖北师范学院学报(自然科学版),2006(2).

(三)常用学术搜索引擎

网络信息增长迅速,已成为学术研究的重要资料来源。学术搜索引擎使科研人员获取网络学术资源的效率大幅提升。为使广大科研工作者能更好地选用学术搜索引擎,提高工作效率,经常提及的有 google scholar、Scrius、BASE、百度文档搜索、CNKI 知识搜索及 Infomine 等 6 种搜索引擎。①

阅读文献不仅需要时间、耐心和细致,而且也需要有效率。首先,制定一个大体的阅读计划,做出具体的时间安排。阅读进度的确定,应考虑文献资料的数量、难度和性质,以及调查课题完成的总体安排和进度。其次,按照一定的顺序阅读研究文献。一般来说,应先看原始文献,再看文献综述;先看书籍,再看论文;先读近期文献,再读远期文献;先看科研论文的两头(即摘要和结论部分),后看中间等。最后,带着批判性的眼光看待参考文献,多问几个为什么。如阅读调查报告时,可思考下列问题:问题陈述是否清楚?研究假设是否明确和可检验?研究的变量是什么?研究变量有无明确的操作性定义,恰当性如何?研究方法和研究问题是否密切相关?抽样是否科学?结果解释是否正确?结论是否恰当等。

在阅读文献时,研究者可用一些符号将文献的重点、难点、疑点、新观点等标记出来,并随手做一些简要的评论,这将有助于文献查阅后期的整理和总结工作。如果时间充裕,还可适当做些摘录,写些提要和做文献综述。摘录的原文要注明出处,以便以后查找。②

本 章 小 结

1. 社会调查课题的来源包括现实社会生活、个人特定经历和各种文献资料。
2. 选择社会调查课题的标准是:① 重要性;② 创造性;③ 可行性;④ 合适性。
3. 社会调查课题的明确化,指的是通过对研究问题进行某种界定,给予明确的陈述,将最初比较含糊的想法变成清楚明确的研究问题,将最初比较笼统、宽泛的研究范围或研究领域变成特定领域中的特定现象或特定问题。
4. 课题明确化的方法是:缩小问题的内容范围,清楚明确地陈述研究的问题。
5. 文献回顾的过程通常包括:查找相关的文献,对文献进行选择,实际阅读和分析文献。

即 测 即 评

一、单项选择题
1. 为了探索有关现象或研究变量之间的因果关系而确定的调查课题称为(　　)。
   A. 探索性课题　　　B. 描述性课题　　　C. 因果性课题　　　D. 预测性课题
2. 收集资料是属于调查中(　　)的工作。
   A. 准备阶段　　　　B. 设计阶段　　　　C. 实施阶段　　　　D. 分析总结阶段
3. 数据分析工作一般采用(　　)来实现。
   A. 手工方式　　　　B. 计算机软件　　　C. 观察　　　　　　D. 实验

---
① 张红亮,刘京京. 常用学术搜索引擎探析[J]. 网络安全技术与应用,2015(3).
② 邹春芹. 社会调查方法[M]. 南京:东南大学出版社,2012.

4. 二手资料的主要特点是(   )。
   A. 适应性强　　　B. 可信度低　　　C. 费用低　　　D. 局限性小
5. 社会调查研究的一般程序包括五个基本环节,即(1)确定研究课题;(2)整理与分析资料;(3)收集资料;(4)撰写调查研究报告;(5)设计调查研究方案。合适的程序应为(   )。
   A. (1)—(2)—(3)—(4)—(5)　　　B. (1)—(5)—(3)—(2)—(4)
   C. (3)—(1)—(5)—(2)—(4)　　　D. (1)—(3)—(5)—(2)—(4)

二、多项选择题

1. 现代社会调查主要采用(   )两种方法收集资料。
   A. 自填式问卷　　　B. 结构式访问　　　C. 个别发送法　　　D. 电话访问法
2. 文献研究的优点有(   )。
   A. 避免研究者的任何影响　　　B. 可以采用较多的样本
   C. 所得的资料质量高费用低　　　D. 文献包含着撰写者的倾向
   E. 文件的不完全性会出现偏差
3. 哪种调查研究不需要明确的研究假设(   )。
   A. 理论性调查研究　　　B. 探索性调查研究　　　C. 应用性调查研究
   D. 解释性调查研究　　　E. 描述性调查研究

思考与练习

一、思考题

1. 调查课题的可行性是什么意思?调查课题的可行性与重要性、创新性之间有什么样的关系?
2. 什么是调查课题的明确化?为什么要对调查课题进行明确化的工作?

二、案例分析题

新可口可乐:调研失误

1. 决策的背景

20世纪70年代中期以前,可口可乐公司是美国饮料市场上的"Number"厂,可口可乐占据了全美80%的市场份额,年销量增长速度高达10%。然而好景不长,70年代中后期,百事可乐的迅速崛起令可口可乐公司不得不着手应付这个饮料业"后起之秀"的挑战。1975年全美饮料业市场份额中,可口可乐领先百事可乐7个百分点;1984年,市场份额中可口可乐领先百事可乐3个百分点,市场地位的逐渐势均力敌让可口可乐胆战心惊起来。

百事可乐公司的战略意图十分明显,通过大量动感而时尚的广告冲击可口可乐市场。

首先,百事可乐公司推出以饮料市场最大的消费群体——年轻人——为目标消费者群的"百事新一代"广告系列。由于该广告系列适宜青少年口味,以心理的冒险、青春、理想、激情、紧张等为题材,于是赢得了青少年的钟爱;同时,百事可乐也使自身拥有了"年轻人的饮料"的品牌形象。

随后,百事可乐又推出一款非常大胆而富创意的"口味测试"广告。在被测试者毫不知情的情形下,请他们对两种不带任何标志的可乐口味进行品尝。由于百事可乐口感稍甜、柔和,因此,百事可乐公司此番现场直播的广告中的结果令百事可乐公司非常满意;80%以上的人回答是百事可乐的口感优于可口可乐。这个名为"百事挑战"的直播广告令可口可乐一下子无力应付。市场上百事可乐的销量再一次激增。

2. 市场营销调研

为了着手应战并且得出为什么可口可乐发展不如百事可乐的原因,可口可乐公司推出了一项代号为"堪萨斯工程"的市场调研活动。

1982年,可口可乐广泛地深入到10个主要城市中进行调研。通过调查,看口味因素是否是可口可乐市场份额下降的重要原因,同时征询顾客对新口味可乐的意见。于是,在问卷设计中,询问了例如"你想试一试新饮料吗?""可口可乐味变得更柔和一些,您是否满意?"等问题。

调研最后结果表明,顾客愿意尝新口味的可乐。这一结果更加坚定了可口可乐公司的决策者们的想法——秘不宣人,长达99年的可口可乐配方已不再适合今天消费者的需要了。于是,满怀信心的可口可乐开始着手开发新口味可乐。

可口可乐公司向世人展示了比老可乐口感更柔和、口味更甜、泡沫更少的新可口可乐样品。在新可乐推向市场之初,可口可乐公司又不惜血本进行了又一轮的口味测试。可口可乐公司倾资400万美元,在13个城市中,约19.1万人被邀请参加了对无标签的新、老可乐进行口味测试的活动。结果60%的消费者认为新可乐比原来的好,52%的人认为新可乐比百事好。新可乐的受欢迎程度一下打消了可口可乐领导者原有的顾虑。于是,新可乐推向市场只是个时间问题。

在推向生产线时,因为新的生产线必然要以不同瓶装的变化而进行调整,于是,可口可乐各地的瓶装商因为加大成本而拒绝新可乐。然而可口可乐公司为了争取市场,不惜又一次投入巨资帮助瓶装商们重新改装生产线。

在新可乐上市之初,可口可乐又大造了一番广告声势。1985年4月23日,在纽约城的林肯中心举办了盛大的记者招待会,共有200多家报纸、杂志和电视台记者出席,依靠传媒的巨大力量,可口可乐公司的这一举措引起了轰动效应,终于使可口可乐公司进入了变革"时代"。

3. 灾难性后果

起初,新可乐销路不错,有1.5亿人试用了新可乐。然而,新可口可乐配方并不是每个人都能接受的,而不接受的原因往往并非因为口味原因,而这种"变化"受到了原可口可乐消费者的排挤。

开始,可口可乐公司已为可能的抵制活动做好了应付准备,但不料顾客的愤怒情绪犹如火山爆发般难以驾驭。

顾客之所以愤怒是认为99年秘不示人的可口可乐配方代表了一种传统的美国精神,而热爱传统配方的可口可乐就是美国精神的体现,放弃传统配方的可口可乐意味着一种背叛。

在西雅图,一群忠诚于传统可乐的人组成"美国老可乐饮者"组织,准备发起全国范围内的"抵制新可乐运动"。在洛杉矶,有的顾客威胁说:"如果推出新可乐,将再也不买可口可乐。"即使是新可乐推广策划经理的父亲,也开始批评起这项活动。

而当时,老口味的传统可口可乐则由于人们的预期会减少,而居为奇货,价格竟在不断上涨。每天,可乐公司都会收到来自愤怒的消费者的成袋信件和1500多个电话。

为数众多的批评,使可口可乐迫于压力不得不开通83部热线电话,雇请大批公关人员来温言安抚愤怒的顾客。

面临如此巨大的批评压力,公司决策者们不得不稍作动摇。在嗣后又一次推出的顾客意向调查中,30%的人说喜欢新口味可口可乐,而60%的人却明确拒绝新口味可口可乐。故此,可口可乐公司又一次恢复了传统配方的可口可乐的生产,同时也保留了新可口可乐的生产线和生产能力。

在不到3个月的时间内,即1985年4~7月,尽管公司曾花费了400万美元,进行了长达2年的调查,但最终还是彻底失算了!百事可乐公司美国业务部总裁罗杰·恩里科说:"可口可乐公司推出'新可乐'是个灾难性的错误,是80年代的'爱迪塞尔'。"

根据以上背景资料,请分析从新可口可乐决策之误的教训中可得到哪些启示?

本章实训

实训内容:结合调查课题选择标准,选择一个合适的社会调查课题,运用研究问题明确化和初步探索的方法与技巧,对所选择的研究课题进行考察与初步论证。

实训目的:通过本单元实训,要求学生完成以下任务:

(1) 按照调查研究选题的基本原则,并在教师指导下选择一个恰当的调研选题。

(2) 评价从社会学期刊中选取若干研究报告进行评价。

(3) 通过请教专家、实地考察、查阅文献等途径,运用文献查询法了解调查任务、确定研究课题、明确调查内容。

实训要求:

(1) 各调查小组选择与分析调查研究主题与课题的确定。

(2) 各调查小组运用文献查询法选择研究问题并进行初步论证。

(3) 各调查小组运用研究问题的明确化的方法确定研究课题。

(4) 各调查小组按照重要性、创造性、可行性、合适性的原则与标准对研究课题加以论证。

实训组织:学生3~5人分组,确定本小组的研究主题,在此主题下由每个同学提交一份该选题下的研究课题并进行初步的论证说明,在组内讨论评议后,制作成PPT课件,进行课堂交流,教师点评,优秀选题论证报告可纳入本校该课程的教学资源库。

延 伸 阅 读

1. 单永花.大学生诚信现状调查研究[J].中国农村教育,2018(18).

2. 毛双,刘鹏凌.乡村振兴视阈下小农户生产效率的影响因素分析:基于河南省沈丘县小麦农户的调查数据[J].云南农业大学学报(社会科学版),2018(5).

3. 梁思莹,张萍.昆明市官渡区城中村家庭收入与子女教育投资关系的调查分析[J].云南农业大学学报(社会科学版),2018(5).

4. 王海彦,陶慧,许昆静,等.社区老年人心理弹性调查与影响因素分析[J].中国社区医师,2018,34(26).

5. 肖静,陈维政.农民工工作幸福感影响因素实证研究[J].西南石油大学学报(社会科学版),2018,20(4).

6. 陈明亮,赵臻,马庆国.社会科学研究方法创新:调查、分析与建议[J].管理工程学报,2018(4).

7. 丁翔,盛昭瀚.当代社会科学研究的方法论创新探析[J].科学技术哲学研究,2013(6).

8. 同春分,栾丽.农村居民健康风险的社会影响因素分析:基于CGSS调查数据的实证研究[J].中国海洋大学学报(社会科学版),2016(6).

9. 朱晓,范文婷.中国老年人收入贫困状况及其影响因素研究:基于2014年中国老年社会追踪调查[J].北京社会科学,2017(1).

10. 胡华,周子悦,姚婷.社区居民对社区网络超市的消费意愿影响因素探究:基于重庆市渝北区社区居民的调查研究[J].电子商务,2018(9).

即测即评答案

一、单选题

1. C 2. C 3. B 4. C 5. B

二、多选题

1. AB 2. ABCDE 3. ABDE

思考与练习参考答案

一、思考题

1. 调查课题的可行性及调查课题可行性与重要性、创新性之间的关系如下所述:

(1) 可行性指的是研究者是否具备进行或完成某一调查课题的主、客观条件。换句话说,就是指研究者在现有的主、客观条件下去从事这项调查课题行不行得通。在许多情况下,越是具有重要价值和创新性的调查课题,它所受到的主、客观限制往往也越多,这也就是说,它的可行性往往也越差。要进行或完成这样的课题常常十分困难,有时甚至是完全不可能进行。

(2) 在调查课题的可行性与重要性、创新性之间的关系之中重要性是最基本的标准;创新性则是在它的基础上提出的新的标准;可行性在某种意义上可以说是课题选择中的决定性标准;而合适性则是在前三条标准的基础上提出的更进一步的标准。这四条标准层层深入,从几个不同的侧面,将一个理想的调查课题从最初众多不成熟的想法、思路和课题雏形中,逐渐分离出来。

2. (1) 课题的明确化是指通过对调查课题进行某种界定,给予明确的陈述,将最初比较含糊的想法变成清楚明确的调查主题,将最初比较笼统、比较宽泛的研究范围或领域变成特定领域中的特定现象或特定问题。

（2）对调查课题明确化的原因：所选择的调查课题在内涵上过于广泛，过于一般的话，在可行性上会有欠缺。而且各种兴趣、想法、思路和问题，通常还不是我们所说的调查课题。要把这种最初的、粗略的一般性问题，转变成为焦点集中的、切实可行的调查课题，必须使调查课题明确化。

二、案例分析题

违背了市场调研的客观性、系统性要求，在没有做探测性调研的情况下，直接以经验和感觉总结出原因，进行描述性调研；只从主观判断出发认定可口可乐在竞争中失利的原因是口味问题，并没有立足于市场，深入研究消费者的消费心理与行为以及竞争对手的营销策略，没有顾及到品牌背后的文化内涵。

尽管可口可乐做了口味测试与消费者对新可乐的反应测试，但这只是局部的一方面；在此举动之前公司应该做更加全面而深入的市场调研，做一下消费者的满意度调查、消费者对可口可乐品牌的认知度调查、购买可口可乐的消费者特征以及消费行为的调查等，还要搞清楚竞争对手的产品特征、目标市场、市场定位以及促销战略与策略等。挖掘出百事可乐市场份额上升的深层次的隐性因素，充分认识到是产品本身的原因还是营销活动上的不足，抑或是竞争对手的逐步强大是不可避免的趋势。然后再去做策略的研究、制定与实施。

第三章 调查方案的设计

本章知识结构图

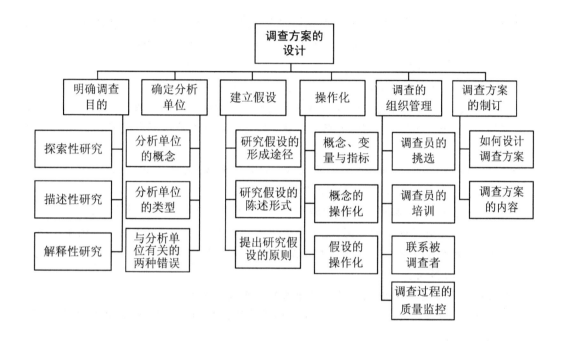

知识目标:掌握三种不同目的的调查在调查设计上的差异,能够区分社会调查中的常见分析单位,掌握对研究概念进行操作化设计的方法,能够设计并撰写社会调查方案。

能力目标:培养学生围绕调查目的系统规划调查研究工作的能力,重点培养学生区分调查对象、分析单位、选择恰当调查方法的能力。

实训目标:具备调查方案设计的能力和研究概念操作化的能力。

本章重点:社会调查的研究目的,分析单位,社会调查方案的构成要素及设计,概念的操作化。

本章难点:综合考虑社会调查方案的设计,概念的操作化及假设的操作化方法。

案例导入

通过分析江苏省中青年农民养老模式选择意愿的差异,来预测江苏省未来农村社会养老的发展趋势,并分析影响其选择正规化养老模式的因素。这一研究有助于了解当前中国农村居民的养老观念、养老保障状况,有助于建立和完善农村社会保障制度,对建设社会主义新农村、促进农村社会和谐发展具有重要的现实意义和理论意义,以实现农村居民老有所养和促进经济发展的双重目标。

理论框架:

假定农民是追求自身效用最大化的经济人,当他面临几个可供选择的方案时,他会选择那个能给他带来效用最大化的方案。当正规化养老模式给农民带来的效用最大化时,他才愿意选择正规化养老模式。

在一个完整的经济系统下,农民养老模式选择意愿受多种因素影响。农民选择养老模式的成本和家庭养老的收益是相对较易确定的变量,而预期收益则取决于农民自身的内在因素及其所处的外部环境。根据已有研究成果,本文将影响农民选择养老模式意愿的主要因素分为五组来分析。

个体特征(包括性别、年龄、婚姻状况、职业、受教育程度、月收入状况、是否有外出务工的经历等)对中青年农民选择养老模式有重要的影响。

家庭特征(子女数量、家庭关系和睦程度等)将影响中青年农民选择养老模式的决策。

社区特征(居住地离城市的距离)也是影响中青年农民选择养老模式的重要因素之一。

认知程度(对社会养老保险和商业养老保险的认知情况)将会对中青年农民选择养老模式产生不可忽视的影响。

地区差异是影响中青年农民选择养老模式的一个重要因素。

资料来源:吴海盛,江巍.中青年农民养老模式选择意愿的实证分析:以江苏省为例[J].中国农村经济,2008(11).

思考:调查设计的意义是什么?

案例解读:

一项正式的社会调查实际上也是一项借由社会调查的方法进行的社会研究。在社会调查项目策划过程中,社会调查课题确定之后,就要对社会调查进行研究设计。社会调查研究设计是社会调查项目策划的核心阶段。其基本内容包括:研究假设的精心提出、分析单位的合理选用、调查内容的具体确定、研究课题的操作转换等。

在众多科学研究活动中,研究者在收集研究资料之前,往往要对研究的课题提出一定的研究假设。然后通过收集数据资料或开展科学实验检验这些假设,对所要研究的问题作出解答。社会调查要经历的过程大致相同,尤其是理论性的或解释性的社会调查,必须事先提出研究假设。

第一节 明确调查目的

调查设计是指对整个调查研究工作进行规划,制定出探索特定社会现象或事物的具体策略,确定研究的最佳途径,选择恰当的研究方法,制定详细的操作步骤及研究方案等方面的内容。调查设计在整个研究过程中扮演着十分重要的角色,因为调查课题的确立,实际上只是为整个研究工作提出了所要实现的目标。然而,如何去实现这一目标,则是调查设计阶段所要完成的任务。这就像任何一项生产建设工程在正式动工之前必须先进行严格的、周密的、切实可行的设计一样。

明确调查目的是调查设计前的首要问题。只有确定了调查目的,才能确定调查的范围、内容和主要方法。一项调查的具体内容千差万别,可以调查人们对一些事物的看法、态度、认知等问题;也可以调查人们的理想、价值观、人生观等抽象概念;还可以是具体的习惯或行为;还可以研究某些事物之间的相互关系等。可见,实际上调查目的是要解决"调查什么"的问题。

一、探索性研究

探索性研究是研究者对确定的研究课题和研究对象进行初步了解和熟悉,通过初步考察,获得对研究对象的感性认识和理性思考,同时为今后更周密、更深入的研究提供基础和方向的研究类型。

在下列情况下需要使用探索性研究:

(1) 研究课题、研究现象是研究的新领域,是研究的空白。

(2) 研究者本人对所涉及的研究课题不太熟悉,了解不多。

(3) 为进一步提供研究思路和研究假设,或者从中尝试和发展一种新的研究方法,或者对研究方法进行预演,从中发现问题,从而形成和完善设计。

例如,关于城市社区发展状况的调查,对城市的居民或许并不陌生,但对来自农村的调查者来说,可能就是一个全新的领域。所以,在进行调查之前,需要对此进行一项探索性调查。

探索性研究的具体方法有:

(1) 查阅文献,即根据研究课题收集与资料有关的文献资料,并在对文献资料分析的基础上提出具体的研究问题。

(2) 咨询专家。既包括这一研究领域中的学者和科研人员、政府管理人员,也包括被调查对象中的"知情者"和会"讲故事"的人。目的在于了解他们对问题的看法和思路,被研究现象的最新动态和特点及其背景,以及不见于文献的信息。

(3) 现场观察,即到调查现场。通过对若干个对象的观察和访问,初步了解调查对象的具体情况。

研究者准备研究的问题或现象本身十分特殊、十分新鲜、已有成果较少时,往往需要进行探索性调查。比如相关研究发现,顾客与品牌断裂关系后,要再续关系就必须了解再续关系带来何种价值或利益。目前关于感知价值对重购行为的影响都是指良性关系状态下的价值感知,包括关系建立价值与关系维系价值。断裂关系之后顾客有怎样的价值期待?与良性关系状态时的价值诉求有什么不同?明确这一问题就需要做探索性研究。[①] 又例如,随着市场的变化,企业营业应该开发哪些新产品来满足市场的需要? 又要开发哪些新的市场,这些也需要通过探索性调查来收集资料,以便为企业的决策提供依据。

---

① 梁文玲. 服务品牌关系再续机制研究:顾客感知再续关系价值的视角[M]. 北京:知识产权出版社,2015.

探索性研究的主要目的,是通过对所研究的问题或现象进行考察,达到对这一现象的初步了解。同时,它还可以为更深入、更系统、更周密的研究提供指导和线索。探索性研究的直接成果包括:① 形成关于所研究现象或问题的初始命题或假设;② 发展和尝试可用于更为深入的研究中的方法;③ 探讨进行更为系统、更为周密的研究的可能性。正是在这种意义上,探索性研究常常成为一种先导性的研究,这种研究的成果往往为后继的研究开辟道路、指示方向和提供途径。

探索性研究在方法上的要求相对来说比较简单,也不太严格。所研究的对象的规模通常都比较小,从资料中所得出的各种结果,并不用来推论研究对象所取自的总体,也不用来检验某种理论假设,而主要用来"探测"某类现象或问题的基本范围、内容或特征。

需要注意的是,一项探索性研究所得到的各种结果和结论都只是有关某种现象或问题的"初步印象",它难以对所研究的现象或问题提供比较系统、肯定、满意的答案。或者说,探索性研究的结果,往往只是新的、更为系统的,也更加专门的研究的一种背景或起点。

二、描述性研究

描述性研究是系统地了解社会问题或社会现象的状况及其发展过程,通过对现状准确、全面的描述,反映总体的特征及其分布,解答社会现象"是什么"的问题。

描述性研究是科学研究的基础,是科学研究的起点。任何科学研究都是从描述性研究开始的,人们只有掌握社会现象是什么(状况、特征及其分布),才有可能发现和揭示社会现象变化和发展的内在规律,才有可能解释社会现象之间的相互联系和发展趋势。

从科学研究的逻辑来说,描述性研究基本上以归纳法为主。描述性研究的方法包括实地研究和社会调查。实地研究中个案调查基本上以归纳方法为主。社会调查方法中普查和抽样调查可以用来描述性研究,其中应用最为广泛的是抽样调查。研究者在探索性调查的基础上,提出需要调查的项目或研究设想,然后采用问卷调查的方法收集资料,经过统计分析,研究者可以在综合的基础上获得对事物基本状况的认识。比如,一项以大学生对十九大流行语的熟悉度的调查①在全国 7 个地区 156 所院校的 1042 名大学生中开展,调查发现,熟悉度排名前十的有关十九大的流行语依次是"全面从严治党""不忘初心,牢记使命""主要矛盾转变""一带一路""精准脱贫扶贫""新时代中国特色社会主义思想""两个一百年奋斗目标""中国强军梦""人类命运共同体""供给侧结构性改革"。

对社会现象的描述应当注意两个方面:一是描述的准确性;二是描述的概括性。准确性的要求指的是对社会现象的分布状况、基本特征等,都要作出定量的和精确的描述和说明;概括性的要求则是指研究结果所描述的不应当是个别的或片面的,而应当是能反映出总体及各个组成部分一般状况的普遍现象。或者说,根据样本研究的结果,应能够反映出总体的水平和趋势。描述性研究适用于在多个分析层面上对研究对象的群体进行一个概括性的描述。比如,描述中国外资企业在行业、规模上的分布,管理层的来源、年龄、学历构成状况,调查 IT 业员工的工作压力状况调查等。

描述性研究在方法上与探索性研究有较大的差别。这种差别突出地表现在描述性研究所具有的系统性、结构性和全面性上,也是后续研究的基础。描述中发现的问题可以作为进

---

① 王亚敏,黄晓光,雷世斌.大学生对十九大流行语熟悉度的调查研究[J].山西青年职业学院学报,2018,31(2):16-19.

一步研究的基础。这种描述可能是对特定企业现象的案例式描述,也可能是基于大样本抽样的调研。前者比如对华为公司分配机制的描述,从中发现按知分配原则在高科技企业中的重要作用,据此提出"知本主义企业"的理论。[①]

总之,描述性研究在对社会现象进行认识上,比探索性研究前进了一大步。

【知识小贴士】3.1

描述性研究中的数据收集计划

> 在量化研究中,描述性研究一定会涉及用某些方法来测量一个或多个变量。当研究实质性现象(这类现象有物质化实体,在物质世界中有显而易见的基础)的本质时,研究者可以使用针对其目的的、有效的测量工具。卷尺、天平、示波器、核磁共振成像仪这些仪器在测量长度、重量、电波还有身体内部结构方面具备毋庸置疑的有效性。在非实质性现象的研究中也存在某些被广泛接受的测量技术,如观念、能力以及其他无形的,且不为任何确切的物理性质所约束的存在实体。例如,某位经济学家使用国民生产总值(GDP)的统计值来衡量某个国家的经济增长;某位心理学家使用斯坦福-比奈量表来测量儿童的一般认知能力。但是,许多描述性研究采用符合变量,可能是人或者动物的日常行为,也可能是人们针对某个特定话题的观点或者态度,这些内容没有现成的测量工具。在他们的观察、访谈还有问卷等方法中,研究者采取众多策略来测量符合变量,你可以在下文的实际运用部分看到他们具体是如何做的。
>
> 资料来源:利迪,奥姆罗德. 实证研究:计划与设计[M]. 北京:机械工业出版社,2015.

三、解释性研究

人们对事物和现象的认识不会只停留在全面了解其状况的层次上。社会研究者在认识到现象"是什么"(what)以及其状况"怎么样"(how)的基础上,还需要进一步明白事物和现象"为什么"(why)是这样。社会研究同样常常用于回答社会生活中许多的为什么,常常用来说明现象发生的原因,常常用来解释社会现象之间的关系。对这样一类社会研究,我们称为解释性研究。

简单地说,解释性研究是要说明社会现象发生的原因,探索社会现象的发展趋势,揭示社会现象之间的互相关系和因果关系,解答社会现象为什么会产生、为什么会变化。

解释性研究主要运用假设检验逻辑,在研究之前需要建立理论假设并提出一些明确的研究假设,然后将这些假设联系起来,构成一个因果模型。

建立模型主要有以下三个步骤:

(1) 列出现象的原因或结果。例如,近几十年来大多数西方国家的离婚率都有明显上升。要探寻这一现象的原因,研究者可通过初步探索,并根据某些理论和实际经验找出各种可能的影响因素,然后从中筛选出几种最主要的原因,建立多因一果的模型。研究者也可用这种方式建立一因多果的模型。

(2) 详细分析两变量之间的关系。只选择一个最主要的自变量建立研究假设,然后用各种资料来检验这一假设,并在详细地分析这两个变量与其他变量之间的关系之后再建立

---

① 杨杜. 管理学研究方法[M]. 2版. 大连:东北财经大学出版社,2013.

因果模型。例如,研究者注意到,离婚率的增长是与宗教信仰的减弱同时出现的,后者很可能是一个最主要的原因,因此这两个变量之间的因果联系可作为主要的研究假设。至于其他影响因素,如道德观、生活方式、教育程度、结婚年龄等可作为检验因素,待统计分析之后再确定它们与前两个变量的关系。

(3) 深入分析变量间的作用机制。社会现象是复杂的。某两种现象之间存在着因果关系,它们之间的影响也是通过各种因素起作用的,要有效地解释现象,就必须对现象之间的各种作用机制进行考察。例如,研究者通过考察认识到,宗教信仰减弱会导致两个对离婚率增长有影响的后果:第一,道德束缚减弱;第二,更强调个人价值。

再例如,研究者要了解合肥市老年人对不同养老模式的需求及相关影响因素,研究人员可以根据现有的理论或依据日常经验找出各种可能的原因,然后从中挑选出几种主要的原因,建立多因一果的假设。例如,通过研究发现,影响合肥市老年人养老模式的选择结果主要受个人特征、家庭特征,以及经济状况和风险意识等多方面的影响,它们分别以 X_1、X_2、X_3 表示。

同样,通过研究也可以发现合肥市老年人养老模式的选择结果则可以包括家庭养老、社区养老和机构养老等。它们分别用 Y_1、Y_2、Y_3 表示,然后建立一因多果的假设。

建立了因果模型之后,就可以依据它来设计研究方案,然后收集资料来检验模型。在研究设计中,解释性研究必须提出明确的研究假设,运用操作化的方法设计测量指标,然后根据测量指标设计问卷,因此在解释性研究中,问卷设计必须紧紧围绕所要验证的研究假设。

由于解释性研究的目标是回答"为什么",是解释原因,是说明关系,因而它的理论色彩往往更浓。除了与描述性研究一样,具有系统性和周密性以外,它还比描述性研究显得更为严谨,针对性也更强。

从方法论上看,解释性研究比较接近于社会研究中的实验研究,都是以揭示和解释社会现象之间的因果关系作为自己的目的。

在分析方法上,解释性研究往往要求进行双变量和多变量的统计分析。

解释性研究与描述性研究的区别,主要是二者在有无假设上有较大差别。描述性研究一般不需要假设,或者说,建立有关变量之间关系的尝试性陈述对描述性研究来说,既是无关的也是不可能的。而对以解释为目的的研究,则需要有明确的假设。

需要说明的是,一方面,对研究目的所作的这种划分并不是绝对的,而只是相对的,把三种目的的研究分开讨论很有意义;另一方面,现实生活中的每一项具体社会研究往往表现为更侧重于某一种目的,它同时还可能包含有其他两方面的目的在内。大多数研究并不只是为了其中一种目的开展研究。

探索性研究、描述性研究和解释性研究具有内在联系,是逐步递进的关系。三种不同目的的社会调查类型的特征如表 3.1 所示。从探索性研究、描述性研究到解释性研究构成了一条科学研究链。

表 3.1　三种不同目的的社会调查类型的特征

项目	探索性社会调查	描述性社会调查	解释性社会调查
对象规模	小样本	大样本	中样本
抽样方法	非随机抽样	随机抽样	随机抽样
资料收集方式	参与观察、无结构访谈	问卷调查、结构式访问	问卷调查、结构式访问

续表

项目	探索性社会调查	描述性社会调查	解释性社会调查
分析方法	主观的、定性的	定量的、描述统计	定量的、推论统计
主要目的	形成概念和初步印象	描述总体状况和特征	解释现象间的因果关系
基本特征	设计简单、形式自由	内容广泛、规模很大	设计复杂、理论性强

拓展阅读3.1

解释性研究的主要类型

解释性研究一般解答为什么的问题,它能说明管理现象发生的原因,预测事物的发展后果,探索管理现象之间的因果联系。由于解释性研究是在了解管理现象的一般状况和主要特征的基础上探求这一现象的原因和作用机制的,它一般从假说出发,即对现象的原因或现象间的因果关系作出尝试性或假说性的说明,然后再通过观察、调查来系统地检验假说。提出假说主要有以下三种方式:① 列出现象的原因或后果;② 提出主要原因或次要原因的假说;③ 建立因果模型。

解释性研究包括以下两种基本类型:第一,相关性研究,旨在发现构念之间的相关程度,探求管理现象背后的影响因素;第二,因果性研究,旨在发现构念之间的因果关系,即一个变量对另一个变量的影响,或探讨为什么会有某种结果出现。

1. 相关性研究

在难以说清两个变量影响的先后顺序时,通常的研究是证明两者的相关性。这个可以借由统计分析中的相关系数等参数,以及假说检验来证明。相关性研究往往是因果研究的基础。另外,从逻辑学上来讲,任何一个事件的发生至少有两个以上的原因,所以在难以排除掉其他因素的情况下,证明两者的高度相关性也就为研究的预测目的提供了依据。

2. 因果性研究

因果性研究的目的之一在于由"结果"往前推"原因"。例如:企业可持续成长之原因,销售收入呈周期性波动之原因,组织流程再造之原因,知识工作者特征行为之原因等。

因果性研究的目的之二在于由"原因"推出其"结果"。例如:企业高速成长对管理水平提升的影响,企业文化建设对干部职业精神的影响,企业社会责任意识对企业形象和成本的影响,新劳动合同法实施对企业现有用工制度的冲击等。

管理学理论的解释性研究许多只是在验证两个变量是否相关,比如工作满意度与工作绩效,但是难以说清楚两者的前后因果关系。要证明因果关系的存在,不仅要通过统计数据分析证明两者的高度相关性,还要确认两个变量的时间先后顺序,以及排除掉其他的影响因素。实验研究法通常能够解决这一问题,但是对实验环境的要求又使得研究成果的外部效度有限。因此,做好因果性研究是相当困难的。尽管如此,发现和说明事物之间的因果性影响是研究者的最高追求,所以,因果性研究也是研究者毕生的追求。相关性研究能够解决预测的问题,因果性研究的成果则可以用于对组织绩效或其他目标的控制。回顾一下管理学发展史上著名的"霍桑试验",你就可以体会到因果性研究的魅力。

资料来源:杨杜.管理学研究方法[M].2版.大连:东北财经大学出版社,2013.

第二节 确定分析单位

一个课题除了有研究内容,还有研究对象,也就是研究"谁"的问题。社会调查通常把个人作为研究对象,即"个人"是社会调查中常用的分析单位,但并不是唯一的分析单位。在某些研究中,社会调查的分析单位还可能是群体、组织、社区或社会产品及社会事件等。

一、分析单位的概念

一项社会研究中的研究对象称为分析单位。换句话说,分析单位就是研究中将被分析和描述的对象(人或事物)。

分析单位有五种主要的类型:个人、群体、组织、社区、社会产品及社会事件。无论是哪一种类型的分析单位,都具有下列特点:

(1) 研究所收集的资料直接描述分析单位中的每一个个体。例如,分析单位是个人,则调查资料直接描述每个人的年龄、性别、职业、文化程度以及对某些现象的看法等,如果分析单位是家庭,则调查资料直接描述每个家庭的规模、结构、人均收入等。

(2) 将这些对个体的描述聚合起来,可以描述由这些个体所组成的群体(研究的样本),以及由这一群体所代表的更大的群体(总体),或者用这种描述的聚合去解释某种社会现象。

例如,当做一项社区居民对物业公司管理意见的调查时,社区居民就是该调查的分析单位,调查资料首先是要直接描述一个个社区居民的基本情况,包括他们的年龄、性别、职业、收入以及居住小区和他们对物业公司管理存在的各方面意见,然后把这些基本情况描述通过平均数、百分比聚合起来,用以描述所调查的社区居民样本以及他们所代表的居民总体对物业公司管理上存在的不同意见。

再如,如果我们想了解学生的消费观,那么该班学生就成了我们的研究对象,即该调查的分析单位是学生。如果采用抽样调查的话,那么在调查过程中,我们需要收集被抽中的每个学生的基本个人资料(如性别、年龄等),以及他们的消费行为和对消费的看法等资料。

二、分析单位的类型

为了更准确地把握分析单位,接下来我们进一步讨论社会研究中的5种分析单位。

(一) 个人

把个人作为分析单位,这种个人在具体的调查中是不一样的,他们可以是学生、工人、农民、军人,也可以是儿童、妇女、老人等,通过对这些个人描述的聚合和处理,来描述或解释由这些个人所组成的各种群体,以及由这些个人的行为和态度所构成的丰富多彩的社会生活现象。

例如,当我们调查某市大学生经济状况时,大学生就是调查的分析单位。我们可以用年龄、性别、籍贯、学习情况来描述他们每个人的特征,用他们每月收入和消费支出来描述他们的经济状况,用他们父母的职业、每月收入情况和家庭消费支出情况来描述他们家庭的经济状况。

一般情况下,以个人作为分析单位的调查研究主要是为了描述与解释由这些人所构成的总体或次总体的情况。比如,在上例中,通过对一定数量的单个学生的调查,可以得到有关"该市大学生""家庭经济困难学生""家庭经济富裕学生"的情况。在此次调查中，我们还可以考察"家庭经济困难学生"是否比"家庭经济富裕学生"学习更加刻苦努力、学习成绩是否更加优秀。

社会研究一般并不停留在个人层次，因为它的主要目的是描述或解释由个人或个人行为组合而成的社会现象。

以个人作为分析单位的描述性研究一般旨在描述由哪些个人所组成的总体。而那些以个人为分析单位的解释性研究则是为了发现存在于该总体中的社会动力。

（二）群体

群体是人们通过某种社会关系联结起来、进行共同活动和感情交流的集体。

由若干个人组成的各种社会群体，也可以作为社会调查中的分析单位，如由姻亲关系和血缘关系组成的家庭。社会群体作为社会学研究的分析单位，它的特征不同于群体内个人特征的集合。例如，以家庭作为研究的分析单位时，可以根据家庭的收入、是否拥有小汽车等来描述每个家庭，对家庭的平均收入和小汽车拥有量进行归类，然后确定家庭收入与小汽车拥有量的关系。

在某些情况下，社会群体的特征可以从其成员的特征中抽象出来。例如，用父母的年龄、受教育程度等来描述家庭的特征。在描述性研究中，我们可以了解有多少比例家庭父母拥有大学学历。在解释性研究中，我们可以研究，在那些平均学历偏低的家庭中，拥有小孩的数量是多还是少。在这些例子中，分析单位就是家庭，也就是群体。但是，如果我们研究的是具有高学历的个人是否比那些低学历的个人拥有更多或更少孩子，那此时分析单位就是个人了。

群体层次的其他分析单位还包括如同事、夫妻、社团等。比如"城乡一体化背景下的农民工社会认同问题研究"中分析单位就是农民工这一群体。

（三）组织

组织是指具有特定目标和正式分工的、有计划建立的结构严明的制度化群体，即正式组织。

各种正式的社会组织也可以作为社会科学研究的分析单位。组织作为分析单位时，要根据组织特征，对其构成要素或对它所属的更大的群体进行描述。例如，对企业，可以根据职工数、净利润、资产等描述其特征。适合作为分析单位的其他正式社会组织还有机关、学校、医院等。例如，比较外国企业和本土企业组织之间的差别、比较机关单位和企业单位组织之间的差别、比较全国大学排行榜等，都是以组织作为分析单位。

由于组织和群体一样，都是由若干个人组成的，因而作为分析单位的组织所具有的某些特征，往往也在一定程度上与组成它的个人有关。有时，对统一现象的研究，会依据调查侧重点不同而用不同的分析单位，这样就大大增加了分析单位的复杂性。例如，当我们研究大学中教授的比例多少是否会影响学校招生时，分析单位是学校，但当我们研究各类学校研究生的科研能力时，调查的分析单位又变成了学生。

（四）社区

社区是一个区域性的社会生活共同体，也是社会的一个基本单位，一个社区就是一个具体的区域性的小社会，是整个社会的不同程度的缩影。在一定意义上说，社区研究是整个社会研究的起点。同整个社会相比，社区显得具体，易于把握。整个社会普遍存在的一些现象往往会在各个社区里表现出来。社区研究是社会研究的具体化，人们通过社区研究对社进行典型调查，见微知著，研究和探讨社会发展的普遍规律及同类社区的共同特点。

例如，我们可以探讨不同地域社区住房紧张情况、农村社区与城市社区教育资源分配不公问题、社区人口流动情况与犯罪率高低之间的关系等。在这样的社会调查中，社区就是我们的分析单位。

（五）社会产品和社会事件

我们用社会产品、社会事件等来概括那些无法包括到前述几种分析单位类型中去的其他一些分析单位形式，其范围可以说涉及各种形式的人类行为以及由人类行为所导致的各种社会产物，如书籍、歌曲、图片、公告、建筑、服饰等。

婚礼、殡葬仪式、考试、课堂教学、实习、求职、约会等等，则是另一种类型的分析单位，即社会事件。社会事件可以指个人发生的重大生活事件，例如婚姻、考试、学习、求职、死亡等；也可以是社会上发生的重大事件，例如球迷闹事、群殴、上访、抢购、欢庆等。

社会制度包括社会层面的各种制度。例如生育制度、家庭制度，也可以比较不同单位的管理制度。此外还有诸如文化传统这样的更为抽象、也更为复杂的分析单位。

还有一些例子，比如，一些学者对性别角色是如何习得的比较感兴趣。他们选择了一些小孩的连环画作为他们的分析范围。通过研究发现，在大部分连环画中，关于男性、男人、雄性动物的图画出现频率较高，而女性出现在标题、中心角色、图画和故事中的比例偏低。在这样的研究中，分析单位是连环画，是一种社会人为事实。再如，有些学者通过考察一份地方报纸的社论对当地一家大学的评论，来描述或解释一段时间内该报纸的立场是如何改变的，此时报纸社论成了分析单位。同样，社会互动也可以作为分析单位，如人们对婚礼的研究，如果婚姻双方都有宗教信仰，其婚礼形式是否与无宗教信仰人士的婚礼有所不同。此时，婚礼成了分析单位。

【知识小贴士】3.2

分析单位的讨论

> 需要指出的是，我在这里讨论的一些分析单位，并没有穷尽所有的可能性。例如，罗森伯格就曾指出，个体、群体、组织、制度、空间、文化以及社会单位都是分析单位。约翰和琳·洛夫兰指出，实践、插曲、邂逅、角色、关系、群体、组织、聚落、社会世界、生活形态以及亚文化等，也是合适的研究单位。对你们而言，更重要的是能了解分析单位的逻辑，而不只是列出长串的分析单位名称。

资料来源：巴比.社会研究方法[M].北京：华夏出版社，2009.

三、与分析单位有关的两种错误

（一）区群谬误

有一项研究发现：甲城市民的智商平均比乙城市民的智商高。于是，有人据此得出一个结论：从甲城和乙城各自随机抽取一个市民，甲城的那位市民的智商会比乙城的那位市民智商高。很显然，这个结论是不对的。这里出现的错误就是区群谬误。

区群谬误又称层次谬误或体系错误，它意味着从层次比较高的"区群"分析单位得到的结果似乎也可以在层次比较低的"区群"或个体中得到证实，也就是说在社会研究中，研究者用一种比较高的（或区群）分析单位作研究，而用一种比较低的（或非区群的）分析单位作结论。

比如,研究者在某县进行村民选举的调查,结果发现外出打工比较多的村庄很多是选举在外打工归来的农民当村长,外出打工比较少的村庄往往选举原来的村干部为村长。如果就此认为"外出打工者群体往往选举打工回归者为村长",或者得出结论说"资料表明,外出打工农民和非外出打工农民在对村长的选举上是有差异的",那么也是犯了区群谬误。因为调查资料主要来源于对各村打工者人数和当选村长背景的统计,或者来自于以村为单位的统计调查,因此不能从打工者群体和非打工者群体的角度解释他们的选举结果,如果以外出打工者和非外出打工者为分析单位(群体),那么首先要把农民分为打工者和非打工者两大群体,调查他们选举村长的情况,统计两大群体选举村长的结果,然后运用比较分析的方法得出相关结论。因为该项研究是以村庄为分析单位(社区)的,正确的结论应该是"外出打工者较多的村庄,选举打工回归者为村长的也比较多",或者说"资料表明,外出打工者多的村庄和外出打工者少的村庄对村长的选举结果是有差异的"。

(二)简化论

简化论又称做简约论、还原论,是指在社会研究中局限于用某类特征来分析和解释各种复杂的社会现象。例如,一个社区有经济、政治、文化、宗教信仰、风俗习惯等多方面的特征,如果只以经济特征来说明这一社区的生育率问题,就犯了简化论的错误。常见的简化论有:经济简化论,经济学家只考虑一些经济变量,如供给、需求、边际价格等;心理简化论,心理学家只考虑一些心理学变量,如人格类型、精神创伤等。

从形式上看,简化论的错误正好与区群谬误相反。在研究者用非集群的分析单位来进行测量,而作出的是有关集群的分析单位是如何运行的结论时,或者说,在研究者所拥有的是有关个人如何行为的资料,但是,他所作出的却是有关宏观层次的单位如何运作的结论时,这种错误最容易发生。此处,用一组特殊的、比较狭窄的概念或变量来解释社会现象或问题,并认为只有采用自己的分析单位和变量更有效,也有可能导致简化论的错误。

导致简化论发生的一个基本原因,是由于社会研究很容易获得有关个人的具体资料,而宏观层次的单位的运行则往往比较抽象和模糊。要避免犯简化论以及层次谬误这两种错误,关键的一点是要保证你作出结论时所使用的分析单位,就是你运用证据时所使用的分析单位。这也提醒我们在做社会研究时,必须对所使用的分析单位有一个清楚的认识。

拓展阅读3.2

理解费孝通的研究单位:中国作为"个案"

研究者的分析单位与最终探讨的研究单位有时相同,有时不同。因此存在两种理解何为"个案"的可能,以及三种方法论的进路:"个案本身的研究""个案之中的个案归纳""收敛性的个案研究"。费孝通先生一生的研究几乎涉猎从微观至宏观所有的分析单位,并且分别沿着三条进路最终向"中国"这个终极关怀靠拢。而利奇、弗里德曼以及诸多当代关注个案研究的学者,简化了费孝通的方法论框架,忽略了其个案体系的复杂性、连接性与扩展性。

资料来源:黄志辉.理解费孝通的研究单位:中国作为"个案"[J].西南民族大学学报(人文社会科学版),2016(5).

第三节 建立假设

假设是未经得到调查资料检验的命题。而命题是经过大量的调查，取得丰富的资料，经过研究分析之后，概括出的主要观点。研究假设是建立在对调查对象初步了解之上的，关于调查对象的特征及有关现象之间的相互关系所作的推测性判断。由于对某种判断是不是对研究对象的整体的、本质的认识，需要通过调查研究来证明，所以只能称为假设。研究假设不是随心所欲的想法，而是有一定根据的，对所要研究问题的尝试性回答。这样，研究假设就具有重要的作用：研究假设明确了本次调查研究所要解决的主要问题，指出了调查研究的努力方向。它使调查任务具体化、明确化，指出要收集哪些资料和为什么收集这些资料。好的研究假设可以避免收集资料的片面性和盲目性，提高调查过程的效率。此外，研究假设还是设计调查方案的依据。在它的指导下，调研人员就可以收集必要的信息以检验这一假设的正确性。当然，并不是所有的调研计划都要对它的目标做出这么具体的规定。

一、研究假设的形成途径

研究假设虽然是在正式开展经验调查之前便由社会调查者提出的一种尝试性解答，它还只是一种"假设"，这种"假设"并不是依靠社会调查者的主观臆造或凭空想象就能获得。研究假设的来源[①]主要在于：

1. 基于以往的实践经验或实地考察得出研究假设

社会调查者在进行社会调查之前应该是初步观察到一些社会现象，社会调查课题就是依据这些社会现象提出来的。例如，了解居民社区参与愿望与什么因素有关，社会调查者就可凭借以往的社会实践经验，提出一系列的研究假设，如本人文化程度越高，参与愿望越强烈；家庭成员人数越少，参与愿望越强烈；居民之间交流社区参与经历的次数越多，参与愿望越强烈。

2. 根据以往的成熟理论或公认理论推导研究假设

成熟的理论往往具有解释各类具体现象的作用，当遇到新的需要探索的课题时，可以依据现有的成熟理论或公认理论推导出某种研究假设。社会调查也是如此，当遇到需要解答的社会问题时，或遇到需要解释的社会现象时，也可以依据现有的社会理论或与社会相关的其他理论推导出研究假设。例如，在研究少数民族地区文化变异的原因时，可以根据现有文化理论中关于"强势文化对弱势文化的侵蚀"这一理论，提出"少数民族地区文化大多是弱势文化"或"进入少数民族地区的文化大多是强势文化"的研究假设。

3. 依靠自身的知识基础和思维能力推测研究假设

如果面对的问题很新，已有的理论不能做出令人信服的解释，新的理论又还没有形成，社会调查者只能依靠自身的知识基础和创造能力，通过深入思考，提出一些推测性设想。例如，对失地农民城市就业难这一现象的原因研究，没有以往的经验可以借鉴，又很难用现有的理论直接加以解释，那么，便可推测性地提出研究假设：目前城市就业整体困难、城市就业竞争激烈和城市单位用人方式的高门槛化是客观原因，失地农民文化程度偏低、城市就业职

---

① 谢俊贵.社会调查理论与实务[M].北京：清华大学出版社，2014：81.

业技能缺乏、就业观念陈旧落后是主观原因等。

【知识小贴士】3.3

假设必须满足的标准

我们在实施一项课题研究时,首先要收集所有与要研究的题目有关的文献。如果这样做的难度太大,那么其假设很可能过于宽泛了。其次,努力把不同研究的各种结论和命题联系起来,形成比较抽象的结论或预测。第三,设想我们的这项研究是否可以对这些命题进行推论,包括自己的假设。第四,用某些理论模型来检验自己的推论,看是否成立,是否漏掉了某些重要变量或命题。第五,特别要对自己的一系列命题与经典研究的命题进行比较,如果发现这样的抽象比较难度太大,也可以找一些验证经典研究的文献进行比较。无论自己的假设来自哪里,重要的是它在逻辑上必须是建立在已有研究的基础上,或从已有的理论中推论出来的。

资料来源:孙健敏.研究假设的有效性及其评价[J].社会学研究,2004(3).

二、研究假设的陈述形式

研究假设的陈述是研究假设的表达,研究假设的陈述形式通常是一种命题形式。这里的命题是指"关于一个或更多概念(或变量)的陈述"。在社会调查中,研究假设的陈述形式主要有以下两种:[①]

1. 条件式陈述

条件式陈述的基本形式为:"如果 X,则 y"或"只有 X,才会有 y。"在这种陈述形式中,X 表示先决条件,y 表示引发后果。例如,"如果经济地位发生变化,那么人的消费意愿也会发生变化","如果有足够的钱,大多数大学生会利用暑假到外地考察","只有多出外考察,人们才真正见多识广"。

条件式陈述主要用来说明两变量之间的因果关系,有时也说明相关关系。在说明两变量之间的因果关系时,需要明确因果关系的三个基本条件:① 两变量之间具有特定的相关关系;② 两变量之间的关系不是因其他因素而形成的;③ 两变量的出现在时间上具有明显先后顺序,即一个变量的变化是由另一个变量的发生而引发的。

2. 差异式陈述

差异式陈述的基本形式为:"X_1 与 X_2 在变量 y 上有(或无)显著差异。"在这种形式中,X_1 和 X_2 分别表示某一变量 X 的不同类别或不同组别。例如,"城市居民与农村居民在商品品牌的选择上有显著差异","在宾客接待方式上,农村接待方式与城市接待方式存在明显差异","教师、科研人员、公务员以及企业中的白领阶层在日常消费开支上并无明显差异"。

差异式陈述主要说明两个变量之间有/无相关关系。如果 X_1 与 X_2 在变量 y 上有显著差异,说明它们所表示的某一变量 X 与变量 y 存在相关关系;如果 X_1 与 X_2 在变量 y 上没有显著差异,说明 X 与 y 之间没有明显相关关系,或者只有虚无关系(即不相关关系或零相关关系)。例如,"大城市居民与小城镇居民对同城化的态度并不存在显著差异"。

[①] 谢俊贵.社会调查理论与实务[M].北京:清华大学出版社,2014:83.

三、提出研究假设的原则

研究假设对一项调查研究十分重要,那么,是否所有的调查研究都要有假设呢?不一定。如果某一调查研究只是为了了解某一社会现象的一般状况,或目的是发现问题,提出问题,那么,事先不提出假设也无妨。另外,为了摸清情况、总结工作而进行的调查事先都没有假设。

提出研究假设要遵循下列原则[①]:
(1) 假设不能与已有的资料相矛盾,即不能与事实相背。
(2) 假设力求简短、明显、准确,它是简单明了的一个判断,而不是冗长的述说。
(3) 假设中不应包括不能被解释的概念,太抽象的不能被经验验证的概念不应进入假设。
(4) 假设本身不应包含逻辑上的矛盾。

时间维度

时间维度是社会研究设计的重要方面。一旦研究课题确定下来,研究者就要围绕研究的目标从时间的角度进行考虑。时间维度划分为两种方式:横剖研究和纵贯研究。横剖研究是在某一个时间对研究对象进行横断面的研究。所谓横断面是指研究对象的不同类型在某一时点所构成的全貌,如不同年龄、不同职业、不同地区的人在某一时间对政治体制改革的各种意见和态度。人口普查和民意测验多采用横剖研究的方式。纵贯研究是在不同时点或较长时期内观察和研究社会现象。例如,费孝通的"江村研究"在50年间三次实地考察一个农村。历史研究和人类学研究多采用这一设计。纵贯研究包括趋势研究、同期群研究和追踪研究三种类型。

资料来源:陈卫,刘金菊.社会研究方法概论[M].北京:清华大学出版社,2015:37.

第四节 操 作 化

在社会调查中,调查课题及其研究设想一般都是由抽象概念关联而成一定的命题来说明现象及其关系的。概念澄清是一个十分重要的过程,甚至直接关系到资料的信度或效度。例如,考察社会中富裕居民的生活方式,"富裕""生活方式"就是很模糊的概念,因此,研究设计的重要任务之一就是要将抽象的、模糊的概念具体化、明确化,即操作化,以便调查实施、解答课题。

一、概念、变量与指标

(一) 概念

所谓概念,是指综合概括同一类事物或现象的抽象范畴。各种概念的抽象程度是不同

---

① 李路路,朱正强,刘铎.社会学教程[M].北京:华文出版社,2005:327.

的,有些简单明确,有些则相对抽象复杂。例如"年龄"就是比较简单的概念,容易定义明白,尽管中国很多地区有"虚岁"和"周岁"的不同,但是如果明确"周岁年龄"是最后一个生日时的年龄,就比较容易判断。但是有些概念则不那么明确,而且从个人主观印象和客观事实判断可能会有不一样的定义,如"婚姻稳定"。有学者用本人是否曾有与配偶分手的念头和是否觉得配偶会提出分手这样的问题来测量,将婚姻稳定的概念表达为离婚意向。又如"地位"是一个相对概念,如果没有其他参照的话很难评价地位高低;此外这还是一个具有多维度的复杂概念,例如可以分为家庭地位和社会地位、政治地位和经济地位等,所以在操作化时需要用其他更简单的概念来定义。有些概念如果不能定义清楚或有不同定义,就失去了共同讨论的基础,例如不同的领域或研究者对"城市化""和谐社会"都可能有不同的理解,需要在研究设计时明确定义这些概念。①

社会调查中的概念大多是抽象程度较高的概念,因此难以直接观察与描述。一般来说,抽象层次越高,其涵盖面越大,特征就越模糊,也越难观察和测量。

(二) 变量

变量是指具有一个以上取值的概念。如性别就有男性和女性两个范畴,因此性别就是变量。与此类似的还有职业、收入、年龄、文化程度等。而那种仅有单一的、不变的值或范畴的概念被称为常量。将概念转化为一组可测量的变量时,需要考虑这些变量在研究分析中的角色或作用,并按照研究需求设定变量的类型。变量的设定过程,是由理论向现实操作的转化过程,同时还需要考虑研究框架和研究目的。

变量有两个重要性质:

(1) 构成变量的各个值必须是穷尽的。就是说每一个调查者的情况应该能归于某个取值中。如果职业这一变量中只设"工人""农民""军人"3 个取值,那么,这个变量就是不穷尽的,因为它没有涵盖所有的人在职业方面的全部属性。

(2) 构成变量的各个值必须是互斥的。就是说每个被调查者的情况仅属于一个取值,而不能同时属于两个或多个取值。比如,职业这一变量的取值中,如果既有"工人",又有"司机""车工"等,那么,它的取值就是不互斥的,而是相互包含的。

(三) 指标

我们把表示一个概念或变量含义的一组可观察到的事物,称为这一概念或变量的一组指标。相对概念而言,指标是具体的。概念是人们的主观印象,而指标是客观存在的事物。因此,概念只能想象,而指标可以观察和辨认。比如,"社会阶层"是一个抽象概念,通过操作化,我们可以用一组指标来测量它,这组指标包括"职业""收入""文化程度"等。"中学生的学习负担"是一个抽象概念,通过操作化,我们可以用一组指标来测量它,包括"上课时间、必做作业量、选做作业量"等。指标的取值即一个指标所包含的子类别。学历作为测量的一个指标,它包含文盲、小学、初中、高中、大专及以上等不同的取值。

概念、变量和指标之间既相互联系、又有所不同,它们之间的关系可以用图 3.1 来表示。

---

① 郑真真. 社会科学研究方法的应用[M]. 北京:中国社会科学出版社,2013:39.

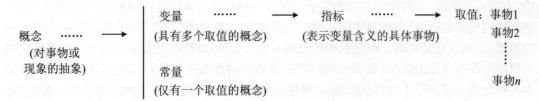

图 3.1 概念、变量、指标及取值关系图

【知识小贴士】3.4
一项研究中的变量描述

1. 因变量

当农户面临风险冲击时,他主要依赖于非正规的借贷。农户之间、亲朋之间的非正规借贷是农村社区中一种常见的风险分担方式。因此,本文将用农户间非正规借贷作为农户风险非正规分担机制的代理变量。非正规风险分担方式除了包含非正规借贷外,还包含农户之间无偿转移支付。但是,农户之间的转移支付发生额度较小,而且数据获取较困难:无偿的转移支付通常通过实物形式进行,而实物的价值难以准确估值。因此,本文选择农户之间的非正规借贷发生额度作为基于社会资本的农户风险分担发生额度,具体为农户 2010 年与 2011 年两年内发生的非正规信贷总额。在 441 户有效样本中,发生农户之间非正规借贷行为的有 239 户,没有发生非正规借贷行为的有 202 户。

2. 核心自变量

为了全面准确地衡量农户的社会资本,在测量社会资本时,采用了社会资本综合问卷(Social Capital Integrated Questinnaire, SC-IQ)的测量工具,从网络、组织、信任、团结、集体行为等 5 个维度分别设计问题。

3. 控制变量

本文选择农户的个人及家庭特征、正规风险分担方式与地区虚拟变量 3 类变量作为控制变量。具体而言,选择户主年龄、流动性资产规模、人均土地面积、家庭劳动力总数、户主受教育程度、是否购买正规保险、是否得到金融机构贷款、地区虚拟变量 8 个变量作为控制变量。其中,农户的流动性资产规模数据难以收集:出于对自身隐私的维护,农户可能在此项数据上有所隐瞒,数据的真实性难以保证。不过,农户的消费水平可以反映农户的持久收入,进而可以反映农户流动性资产规模的大小。故而,本文选择农户 2011 年的消费支出作为农户流动性资产规模的代理变量。

资料来源:吴本健,郭晶晶,马九杰.社会资本与农户风险的非正规分担机制:理论框架与经验证据[J].农业技术经济,2014(4).

二、概念的操作化

所谓操作化,就是依据抽象定义所界定的概念内涵和外延而提出的一些可以测量的研究指标或研究项目,用以说明如何度量一个问题或概念。风笑天所著《社会学研究方法》指出,操作化就是要把我们无法得到的有关社会结构、制度或过程,以及有关人们行为、思想和特征的内在事实,用代表它们的外在事实来替换,以便于通过后者来研究前者。或者说,操作化就是将抽象的概念转化为可观察的具体指标的过程。它是对那些抽象层次较高的概念进行具体测量所采用的程序、步骤、方法、手段的详细说明。比如,将抽象概念"同情心"转化为"主动帮助盲人过街""主动给讨饭者钱物""主动向灾区捐款",就是操作化的一个例子。而"将学生的语文、数学、外语 3 门课程的成绩按 3、2、1 的权重分别加权,然后相加并计算出平均值",则是对抽象概念"智力水平"进行操作化的一个例子。

操作化也是具有定量取向的社会研究的关键一环,尤其是在解释性研究中。只有通过操作化过程,将思辨色彩很浓的理论概念转变成、"翻译"成经验世界中那些人人可见的具体事实,假设检验才成为可能。

对概念进行操作化处理,就是要给出概念的操作定义,这种定义即一套程序化的工具,它告诉研究者如何辨识抽象概念所指称的现实世界中的现象。从大的方面看,这种操作化过程主要包括两个方面的工作:一是澄清与界定概念,二是发展测量指标。

(一) 概念澄清与界定

由于一个抽象概念中常常包含着大量不同的成分,因而不同的人对同一个概念的理解可能不尽相同,进而使以该概念为名组织起来的资料具有某些实质性的差异。因此,在社会调查研究中,需要对调查课题中的主要概念进行澄清和界定,其方法可以是从一个概念已有的多个理论定义中选择一个适合研究目的的定义,也可以结合具体的研究为调查课题中的主要概念下一个全新的定义。

(二) 发展测量指标

概念的澄清和界定只是解决了概念的内涵问题,即相当于给我们划定了概念内涵的具体范围。对经验性的社会研究来说,还需要对其进行进一步操作化,使其转化成能具体观察和测量的事物。接下来的任务就是要寻找与这些内涵相对应的经验指标,这一工作更为具体,也更具有挑战性。通常的做法是:

1. 列出概念的维度

正如前面所介绍的,许多比较抽象的概念往往具有若干不同的方面或维度。或者说,一个抽象的概念往往对应于现实生活中的一组复杂的现象,而不仅仅只对应于一个单纯的可直接观察到的现象。比如,"人的现代性"和"妇女的社会地位"就是这种具有多个不同维度的概念的两个例子。因此,我们在界定概念的定义时,指出概念所具有的不同维度,对其测量指标的选择以及对综合性理论思考与分析都是十分有用的。例如,要测量社会中某一群体的社会地位,往往是先将这一概念的主要维度列举出来。全国妇联曾于 1990 年在全国进行过一项大规模的"中国妇女社会地位研究",在其研究方案中,就是将社会地位的含义区分为"政治地位""经济地位""法律地位""教育地位""家庭地位"几个不同的维度。美国著名社会学家英克尔斯在测量人的现代性时,也是先将这一概念分成 20 多个不同的维度来进行的。

2. 建立测量指标

对有些概念来说,建立一个测量指标是简单的,如人们的"性别""文化程度""婚姻状况"等;但对其他一些比较复杂、比较抽象的概念来讲,发展和建立测量指标就不是一件容易的事。通常,我们可以采取下列两种方式来发展概念的指标。

(1) 寻找和利用前人已有的指标。尤其是对一些测量人格、态度方面的量表,往往经过了多次的运用和修改,因而可以作为我们借用的指标。用前人的指标,具有可与其他研究所得结果进行比较的优点,因而,这种做法比每个研究者都发展一套自己特定的指标的做法,更有利于社会知识的积累和形成。当然,前人所发展的指标不一定完全适合我们的概念,这就需要对其指标作一定的修改和补充。

在关于中学生消费主义基本情况问题①的研究中,将已有研究提到的消费主义的特征和表现归纳概括为五大类:"符号消费论""消费目的论""过度占有论""即时满足论"和"环境保护论"。因为环境保护论视角比较宽泛,包括了国家层面的消费主义,所以作为个体层面消费主义倾向的研究并未将其列入研究范围。

该研究认为消费主义是一种文化价值观念和生活方式,总的特征是"过度"和"浪费",是一种脱离理性的消费观念和行为,主要表现在对人生目的过度看重消费,过度追求符号消费,对物品过度占有,以获得身份认同和构建差异,并可能形成过度追求即时满足消费的倾向,为此甚至经常远远超出实际经济能力、偿还能力或压抑基本需要的满足。在界定和测量指标的选取方面,从"过度"的总特征出发,在测量时避免用具体的消费物品和具体的花费,多用情景题目来测量消费主义的"过度"。

基于以上分析,该研究的概念操作化及其影响因素的选取如下:

① 人生目的过度看重消费。消费成了人们"之所以成为自我"的标志,一个人的人生的价值和意义就在于其消费能力,主要从观念倾向层面测量。

② 过度符号消费,即唯品牌消费。尤其表现为"唯国外品牌消费",分别从观念倾向和行为倾向层面测量。

③ 对物的过度占有。拥有、使用数量和种类不断增长的物品和服务是看得到的最确切的通往幸福的道路;为购买非必需或者真正需要的东西而过度透支,分别从观念倾向和行为倾向层面测量。

④ 过度追求即时满足的消费。无计划、情绪化、即时性、不计后果的消费行为倾向,消费中过度看重即时享受,主要从行为倾向层面测量。

(2) 研究者先进行一段时间的探索性研究。采用实地观察和无结构式访问的方式,进行资料收集的初步工作,尤其是与被研究者中的关键人物进行比较深入的交谈,从他们那里获得符合实际的答案。这样做可以帮助研究者从被研究者的角度、用被研究者的眼光来看待事物,了解被研究者的所思所想,以及他们考虑问题的方式。这些都会对研究者发展测量指标提供很大的帮助。

有些抽象概念往往很难在具体现象中找到其所对应的指标,而且在许多情况下,一个操作性定义往往不能够完全代表一个概念,这也是社会研究有时受到批评和指责的原因之一。同时,对这种抽象概念进行操作化时,往往在具体方法和测量指标方面,存在着多种不同的选择。也就是说,对同一个概念进行测量时,可能会产生出不同的测量指标。而一项具体社会研究的结果,又与它所采用的操作化方式及其所产生的测量指标密切相关。社会研究中对理论概念进行操作化的结果也不是唯一的。不同的操作化结果只是反映了概念在内涵准确性和涵盖性上存在着程度上的差别,唯一的、绝对准确的、绝对完善的操作化指标是不存在的。

以城市化研究为例②,城市化的测定需要首先界定城市化的定义。目前对城市化还没有普遍认可的定义。经济学家强调从农业向非农业经济结构的转变;人口学家注重从人口迁移角度去阐述城市化的内涵;社会学家是从人们的行为方式和生产方式方面观察各种社会

---

① 吴鲁平,刘涵慧,王静,等.后现代化理念视野下的青年价值观研究[M].北京:社会科学文献出版社,2013.
② 牛文元.中国新型城市化报告(2010)[M].北京:科学出版社,2010.

关系的变化；地理学家则注重城市空间结构的变化。城市化是一个多层次、多尺度、动态性的概念，需要在系统、全面界定城市要素、功能和内涵的基础上定义城市化。根据国际标准和国际经验，城市化的定义有5种类型：① 人口规模型。其专门用人口聚集地的规模来作为划分城乡人口的标准。② 人口规模＋人口比重型。人口规模型单纯以居民点人口数量划分城镇，而这种城乡划分标准既要求集聚区有一定的居民人口规模，也要求这些居民中要有一定的非农业人口比重。③ 人口规模＋人口密度型。这一划分标准是根据人口的集中性来确定城镇定义。④ 行政区划型。这种城乡划分标准不以居民集聚区的人口规模作为依据，而以法律或行政建制作为依据，即集聚区的行政建制市镇，其范围内的人口即为城镇人口。⑤ 综合复合型。这类城乡划分标准强调同时使用几种标准，综合判断城乡居住。城市化的定义不同，其测度指标就不同。

国外比较成熟的城市化指标体系研究主要有以下几种：① 联合国和社会事务部统计处建立的指标系统。该指标系统采用19个社会经济指标，考察各发达国家和发展中国家经济、社会、人口统计变化之间的关系，其中包括人均收入、非农业产值百分比、人口出生率、人口死亡率、文盲率、居民医生比率、蛋白质消费量等。② 英国地理学家克劳克（Cloke）从人口、职业、居住及距离城市中心距离远近等16个指标进行分析，建立了城市化的指标体系。③ 美国斯坦福大学社会学教授因克尔斯提出的现代化指标体系。该指标体系包括人均GDP、农业增加值占GDP比重、第三产业占GDP比重、非文盲人口比重等指标。该标准作为现代化的标准体系在国际上较为通行。尽管该指标体系并非直接描述城市化，但是它可以反映城市化中的相当大的一部分内涵。此外，1980年世界经济合作与发展组织（OECD）提出的15项社会指标体系、1982年英国制定的10项社会指标体系、1982年印度推出的7项社会指标体系、1986年欧洲的33个世界卫生组织成员国联合发起建立"健康城市"并提出38项目标等，也是对城市化评价指标体系的有益探索。

但是，不论是在国内还是在国外，采用复合指标法计算城市化水平时，都存在一个问题，即所选用的指标比较多，与具体地域结合紧，系统性、全面性和针对性较强，且在应用复合指标的过程中需要合理的理论依据。另外，选择指标方面随意性较强，差异性较大，普适性较差，因此到目前为止还没有一套公认的城市化水平指标体系。

三、假设的操作化

假设的操作化就是将抽象假设转化为具体假设的过程（示例见图3.2）。这一过程运用的是经验演绎法，实质上就是把构成研究假设的抽象概念推演到经验指标，从研究假设推演出具体假设的过程。研究假设是对研究课题的尝试性回答，它是用抽象概念陈述现象之间的关系。如"职工生产积极性越高，企业的生产效益就越好""社会污染越严重，青少年犯罪率就越高"，等等。这种假设是无法直接检验的。它必须转换为具体的假设，是以概念的操作化为基础的。

由于一个概念可用多个指标来衡量，因此从一个抽象的研究假设可推演出许多具体假设，它们都能通过收集经验材料来检验。如果这些具体假设被证实了，那就证明了研究假设。由这些调查结果就可以解答研究课题所提出的问题。

以《后现代化理念视野下的青年价值观研究》[①]为例，对中学生消费基本情况的研究假

[①] 吴鲁平，刘涵慧，王静，等. 后现代化理念视野下的青年价值观研究[M]. 北京：社会科学文献出版社，2013：191.

设有：

第一，中学生在观念和行为上都具有一定的消费主义倾向。

第二，消费性支出较高的发达地区中学生消费主义倾向更为明显。

第三，家庭收入比较高、处于中高阶层的城市中学生消费主义倾向更为明显。

第四，消费主义对个体的幸福感有负面影响。

理论命题：	人与人的交往与情感相关	（概念，概念）
	交往与通电话次数相关	（概念，变量）
	情感与拥抱次数相关	（概念，变量）
变量关系：	电话次数与拥抱次数相关	（概念，变量）

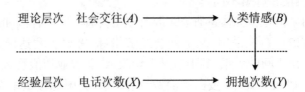

图 3.2　假设操作化过程示例

在此理论假设下搭建的研究框架如图 3.3 所示。

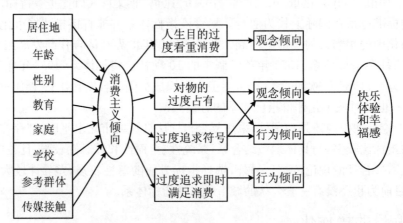

图 3.3　后现代化理念视野下的青年价值观研究框架图

可见，经过操作化过程，抽象的理论被一步一步导向可以观测的具体调查项目。另外要注意，检验具体假设，需要调查大量样本，如果只调查一两个研究对象就做出结论，那就容易犯以偏概全的错误。同时，由于指标并不能完全反映概念的内涵，甚至有些指标会与概念的内涵不一致。因此，具体假设被证实，也不一定能证明研究假设是真的。同样，具体假设被推翻，也并不能完全否定研究假设。要证明研究假设的真伪，需要对多个具体假设进行检验。

拓展阅读3.4

对操作化的评估

最好的理论定义和操作定义应该是一一对应的。也就是说，如果改变操作，就要改用新概念。但是,操作定义就其本质来说,只是对理论概念的间接测量。这决定了一个操作定义不能完全代表一个概念。这是社会测量招人怀疑的原因之一。同时,操作定义对同一个理论概念往往不是唯一的,在对诸如"社会地位""学习负担""看破红尘"这些抽象概念进行操作化时,往往有许多不同的做法。也就是说,对同一概念进行操作化,可以产生不同的测量指标,社会测量由此更容易招致批评。

但是操作化的意义是存在的,这就是它可以降低我们对概念把握的不确定性,尽管完全消除不确定性不可能。在社会调查中,概念的厘清是一个持续不断的过程。但是,我们切不可认为测量指标越多测量效果越好。操作化优劣的评判标准有三条:① 全面;② 少而精;③ 容易得到。例如,联合同仅采用一个测量指标——"恩格尔系数"来划分"第一世界国家""第二世界国家""第三世界国家",并收到很好的效果。

资料来源:张彦,刘长喜,吴淑凤. 社会研究方法[M]. 上海:上海财经大学出版社,2016:30.

第五节　调查的组织管理

社会调查研究的组织管理是为了实现调查目的、完成调查任务,从而对调查研究的各个阶段及其主要工作进行具体协调与指导,主要包括调查员的挑选、调查员的培训、联系被调查者、调查过程的质量监控。

一、调查员的挑选

调查员是调查研究中资料收集工作的主要承担者,因此,调查人员的素质要求是社会调查质量的重要保证。调查员的一般调查主要有4个方面的要求:

(1) 高度的责任心。不怕困难,坚韧不拔,对调查研究有热情、有兴趣,愿意接触与了解社会。

(2) 诚实认真的态度。在调查中能够做到严格遵守调查工作的准则,不马虎,不敷衍,客观地、实事求是地记录资料。

(3) 谦虚谨慎的作风。作为调查员,要做到仪表大方端庄,平易近人,谦虚谨慎地向调查对象求教,才能真正得到被调查者的配合,从而获得比较客观的资料。

(4) 具备较高的文化素养和必要的调查知识。社会调查需要综合运用多学科知识和技能,要求调查人员具备社会学、心理学、行为学、统计学等方面的基础知识,具备一定的观察能力、理解能力、人际交往能力、文字表达能力、计算能力和社会调查技巧。

二、调查员的培训

调查员确定以后,还要对其加以训练,让他们掌握访问工作的一般知识和技术。调查员的训练主要包括5个方面:

第一,介绍研究课题及研究组织。要向调查员说明研究的目的和意义,研究课题的理论结构、假设或研究设想、研究方法、研究对象、研究范围、研究计划,以及访问的组织安排,例如工作步骤、时间安排、工作要求、工作量和报酬等。

第二,讲授调查研究方法和技术的基本知识,其中包括访问技术、资料鉴别方法等,例如进门方法，怎样进行自我介绍，如何取得被调查者的信任，如何提问，提问中要注意的问题，怎样检查问卷资料中的逻辑错误，怎样确定资料的真实性等，以及社会学、人际交往、访问心理学、统计学的基本常识等。

第三，组织调查员仔细地讨论问卷、熟悉问卷。要向调查员介绍问卷的结构，设计问卷的指导思想，并对问卷的主要调查项目和主要概念进行详细的解释，并要求他们对问题可能产生的疑义展开讨论，取得统一认识。力求使调查员做到非常熟悉问卷的内容。此外，还要组织调查员学习访问手册、访问须知等。

第四，组织模拟访问或实习访问，让调查员在具体访问过程中学习访问方法，以及处理特殊情况的办法。例如，可以让调查员相互扮演被调查者的角色，设想一些在访问中可能遇到的问题，进行模拟访问。当然，也可以在一部分被调查对象中进行实习访问。最后要根据模拟访问或实习访问中发现的问题，进行总结和讨论，并在集思广益的基础上，提出解决问题的办法。访问的训练时间，可以根据调查课题的性质来决定，要考虑研究规模，研究深度和广度以及调查课题的重要性等。例如，对那些有关社会心理、社会价值等涉及人们主观态度的研究，对罪犯、吸毒人员、同性恋等一些具有特殊生活经历的人的调查，调查员的训练时间应该更长一些，要求也更高一些。

第五，说明组织管理制度和方法。其中包括：调查员的分组和组长，督导制度，集中交流时间，资料检查和复核的要求和措施，研究主持人、督导、组长和调查员之间的联系方法和调查员的自我保护（尤其是访问那些具有不良记录的被调查者）等。

对电话访问，调查员的选择和训练还有一些特殊的要求。电话调查员要求口齿清楚、语气亲切、语调平和，普通话要达到一定的级别。选择电话调查员时，要让他们与研究者打电话联系，回答研究者提出的问题。研究者通过被试调查员回答问题的声音、音调、音量、语速、口音、吐字等，然后综合被试调查员的性格特征等因素，决定是否录用。要训练电话调查员掌握随机拨号的方法（如果是采用电脑辅助电话访问法，还要求他们掌握相应的电脑操作方法和程序），以及如何使用电话录音，如何记录，遇到一些特殊问题应该如何处理等。

三、联系被调查者

联系被调查者可以通过以下几种方法：一是通过正式机构，如获得相关政府部门的支持和配合，自上而下的方法；二是通过当地部门，在调查地获得基层单位的配合；三是通过私人关系，如熟人、朋友、同学、亲戚，或熟人的熟人、朋友的朋友等关系联系；四是直接与被调查者联系，比如向被调查者证明自己身份，态度要自然、平和、礼貌、友善，另外注意调查时间的安排，尽量依据被调查者要求的时间。

四、调查过程的质量监控

为了保证调查资料收集的质量，实现调查目的与课题要求，在组建调查队伍，加强组织管理的同时，需要建立一套质量管理与监控的程序规定和管理办法。包括调查进度控制措施、调查小组管理办法、具体调查指导与监督制度、实地访问的管理与监控措施、问卷回收和实地审核的管理与监控措施、资料复核与检查办法、调查小结与交流规定等。这些质量监控措施、办法，研究者需在培训调查人员时让其熟知，并在社会调查实施时共同切实执行。

【知识小贴士】3.5

市场调查中确定调查进度的几个因素

市场调查中,进度的安排要综合考虑所有相关的因素。确定调查进度主要考虑的因素有:客户的要求、兼职调查员和督导员的数量及比例、调查员每天所完成的工作量等。

(1) 客户的要求。客户的要求是市场调查公司安排进度时必须考虑的一个重要因素。

(2) 兼职调查员和督导员的数量和比例。实施期间可以工作的兼职调查员的人数以及督导的数量和比例也直接影响调查进度。

(3) 调查员每天所完成的工作量。确定调查员每天完成的工作量主要从以下几个方面考虑:① 调查员的工作能力;② 调查员的责任心;③ 调查问卷的复杂程度;④ 调查的方式;⑤ 调查的区域和时段。

资料来源:李江海,张亮.市场调查与预测[M].上海:上海财经大学出版社,2014:114.

第六节 调查方案的制订

在开展社会调查之前,如何根据调查目标,对整个调查研究工作的内容、方法、程序等进行规划设计,也就是调查方案的设计要完成的工作内容。

一、如何设计调查方案

调查研究方案设计就是根据调查研究的目的和调查对象的性质,在进行实际调查之前,对调查工作总任务的各个方面和各个阶段进行通盘考虑和安排,提出相应的调查实施方案,制定出合理的工作程序。

调查研究方案的设计有两个要点:

(1) 调查工作的各个方面是对调查工作的横向设计。就是要考虑到调查所要涉及的各个组成项目。例如,对某市商业企业竞争能力进行调查,就应将该市所有商业企业的经营品种、质量、价格、服务、信誉等方面作为一个整体,对各种相互区别又有密切联系的调查项目进行整体考虑,避免调查内容上出现重复和遗漏。

(2) 全部过程,则是对调查工作纵向方面的设计,它是指调查工作所需经历的各个阶段和环节,即调查资料的收集、整理和分析等。

二、调查方案的内容

在实际研究中,研究者往往需要将自己的研究设计和研究计划写出来,形成一种书面报告,这就是研究方案。从大的方面说,研究计划书中应当包括下述几方面的内容:

(一) 说明调查研究课题的目的和意义

即说明为什么要进行这项研究,从事这项研究在理论上或在实践上有什么样的价值。当然,要说明这些的前提条件是,研究者必须首先对自己的研究课题有一个清楚明确的认识。这种认识既包括对研究课题本身含义的理解,即该研究究竟要探讨和回答什么问题,也包括对研究课题在人们认识社会、改造社会中所具有的作用的理解。

这种在研究计划书中对研究课题的目的和意义的说明,表面上看起来与实际研究中的操作过程并不相关,但事实上,它既是对研究者选择这一课题的动机、意图、方向、价值等是否明确的一种检验;同时也是进一步地帮助研究者强化和突出这一课题的总目标,加强这一目标对整个研究过程的影响。如果研究者本人对研究课题的目标和意义都说不清楚,那么,这一课题是否值得去做,以及是否能够真正做好,显然就值得怀疑了。

(二)说明调查研究的内容

研究内容是对研究问题的具体分解和细化。在研究计划书中,要详细说明研究的内容。这是落实目标的十分重要的一环。如前所述,研究课题的确定只是指出了我们所研究现象的大致范围或基本方向,至于在这个题目下,究竟应该研究哪些具体现象,则是在研究计划书中所要解决的问题和所应完成的任务。假定我们所确定的研究课题是"合肥市城区交通状况及问题研究",那么,在研究计划书中,就可以将城区的交通状况分解为交通车辆状况、道路建设状况、交通管理状况及人员流量状况等几个大的方面,然后再在每一个大的方面中,根据课题目标的要求和现有的条件,对研究内容进一步细化。比如说,将交通车辆状况细化为机动车与非机动车、客车与货车、大车与小车等具体的研究内容,这样就可以为研究指标的选择、问卷的设计等打下较好的基础。

(三)说明调查研究的理论假设

尽管不是每一类研究都必须有理论假设,但对那些必须有理论假设的研究来说,则应该在研究计划书中对理论假设进行一番陈述和说明。一般来说,探索性研究的主要目的是通过了解情况来发现问题,来建立不同现象之间的联系,直至建立起解释这种联系的理论假设。因此,探索性研究显然是不需要事先建立起理论假设的;描述性研究的主要目的是全面描述某种社会现象的状况和特点,为进一步分析和探讨不同现象之间的联系打下基础。因此,它一般也不需要建立明确的理论假设;只有在解释性研究中,才必须事先建立起明确的理论假设。所以,在解释性研究的计划书中,不能缺少对理论假设的陈述和说明。

(四)说明调查研究的分析单位和抽样方案

指明研究课题的分析单位,可以使研究者有针对性地收集研究所需的资料,同时也可以使研究者避免犯层次谬误或简化论的错误。而抽样常常涉及研究对象的选取问题,它也是社会研究中一项十分重要的工作,从总体中所抽出的那一小部分研究对象对总体是否具有代表性、有多大的代表性,与我们的抽样方法、抽样过程紧密相关。在研究计划书中,我们需要说明:① 研究的总体是什么,即对研究对象所取自的总体进行界定;② 采用什么样的抽样方法和程序进行抽样,即是以某一种抽样方法单独进行抽样,还是采用几种方法结合进行,抽样的具体步骤又是如何等等;③ 样本规模的大小及样本准确性程度的要求等。

(五)说明调查研究资料的收集方法与分析方法

社会研究中的资料收集方法有各种不同的形式,每一种具体的资料收集方法都有其特定的优点和不足,它们分别适用于各种不同的条件和场合。研究者的任务,就是要根据自己所从事的研究课题的具体情况,从中进行选择,以达到最好的研究效果。资料收集方法的选择要依据多种因素综合考虑,比如研究总体的性质,样本规模的大小,研究的目标和重点,研究课题完成的时间要求,研究者的人力、物力是否充足等等。研究计划书中的这一内容,正是要在研究实施之前,系统地分析和考虑上述各项因素,做出恰当的安排。根据研究类型的不同,资料的分析方法也有一定的差别,比如,探索性研究主要依赖于定性分析方法;描述性研究主要侧重于基本的描述统计和推论统计;而解释性研究则主要依赖于双变量与多变量的相关分析及其他一些更为复杂的统计分析方法。具体分析方法的选择同样要紧密结合研究课题的目标、内容和要求来进行。

(六) 说明调查研究人员的组成、组织结构及培训安排

对一项较大规模的研究课题来说,往往需要不止一个研究者的共同努力才能完成。同时还可能会涉及挑选、培训调查员的问题。因此,在研究计划书中,必须对研究课题的组成人员及其在研究中所承担的任务进行说明,明确分工,制定相应的组织管理办法。对调查员的挑选、培训工作也要事先进行规划,制定出切实可行的培训方案,以保证研究工作的顺利进行。

(七) 确定调查研究的时间进度和经费使用计划

一项社会调查研究课题从定下题目到完成报告,往往有时间上的限定或要求。为了在规定的时间范围内保质保量地完成研究任务,顺利达到预定的研究目标,研究者应该在开始课题研究之前,对整个研究工作的时间分配和进度进行安排,每一阶段所分配的时间要合适,还要留有一点余地。特别要注意给研究的设计和准备阶段多安排一些时间,不要匆匆忙忙地开始收集资料的工作。此外,对课题经费的使用,也应有大致的考虑和合适的分配,以保证研究各个阶段的工作都能顺利进行。

拓展阅读3.5

大学生消费情况调查报告方案

一、调查背景

随着经济水平的不断发展,一种新型经济——学生经济逐渐发展起来。现在学生特别是大学生成为推动社会经济发展的一支不可忽视的重要的特殊群体。他们对餐饮、服务、教育、文化等行业的发展起到了重要作用。但是大学生没有自己独立的经济来源,却进行着一些不相称的行为。他们的价值观发生了很大的转变,享乐主义、拜金主义、奢侈浪费等现象频频出现在大学生的生活中。

二、调查目的

要求详细了解大学生消费各方面的情况,为大学生合理消费制定科学的管理方案提供依据。

(1) 全面摸清大学生的消费结构与现状。

(2) 全面了解大学生的消费观念与价值观。

三、调查对象及抽样

因为大学生的消费不同于中学阶段,也不同于家庭消费,每个大学生都具有普遍性,全体在校学生都是调查对象,但因为家庭经济背景的差异,全校学生月生活支出还是存在较大的差距,导致消费购买习惯与结构的差异性。为了准确、快速地得出调查结果,此次调查决定采用分层随机抽样法:先按其住宿条件的不同分为两层(住宿条件基本上能反映各学生的家庭经济条件)——公寓学生与普通宿舍学生,然后再进行随机抽样。

四、调查内容与工具

(1) 调查工具:问卷准备、访谈卡片(见附件)。

(2) 调查内容:大学生的消费结构;大学生的消费观念。
(3) 物质手段:照相机、摄像机。

五、调查员的规定、培训

(一) 规定

(1) 仪表端正、大方。
(2) 举止谈吐得体,态度亲切、热情。
(3) 具有认真负责、积极的工作精神及职业热情。
(4) 调查员要具有把握谈话气氛的能力。

(二) 培训

培训必须以实效为导向,本次调查人员的培训决定采用举办培训班、集中讲授的方法,针对本次活动聘请有丰富经验的调查人员面授调查技巧、经验,并对他们进行思想道德方面的教育,使之充分认识到市场调查的重要意义,培养他们强烈的事业心和责任感,端正其工作态度、作风,激发他们对调查工作的积极性。

六、人员安排

根据我们的调查方案,在学校内进行本次调研需要的人员安排具体配置如下:

调查问卷与工具准备:2名。
调查人员:4名。
资料整理与数据分析:2名。
调查报告撰写:1~2名。

七、调查方法及具体实施

(1) 以问卷调查为主。具体实施方法:在完成市场调查问卷的设计与制作以及调查人员的培训等相关工作后,就可以开展具体的问卷调查了。把调查问卷平均分发给被调查人员,统一选择中餐或晚餐后这段时间开始进行调查(因为此时学生们多数待在宿舍里,便于集中调查,能够给本次调查节约时间和成本)。调查员在进入被调查者宿舍时说明来意,并特别声明在调查结束后将赠予被调查者精美礼物一份以吸引被调者的积极参与、得到正确有效的调查结果。调查过程中,调查员应耐心等待,切不可督促。调查员可以在当时收回问卷,也可以第二天收回(这有利于被调查者充分考虑,得出更真实有效的结果)。

(2) 以访谈为辅助调查。具体实施方法:由于调查形式的不同,对调查者所提出的要求也有所差异。访谈前调查员要做好充分的准备,列出调查所要了解的所有问题。调查者在访谈过程中应占据主导地位,把握着整个谈话的方向,能够准确筛选谈话内容并快速做好笔记以得到真实有效的调查结果。

(3) 通过网上查询或资料查询调查统计资料。调查者查找资料时应注意其权威性及时效性,以尽量减少误差。因为其简易性,该工作可直接由撰写人完成。

八、调查程序及时间安排

调查大致来说可分为准备、实施、研究、总结 4 个阶段。

(1) 准备阶段:它一般分为界定调研问题、设计调研方案、设计调研问卷或调研提纲 3 个部分。

(2) 实施阶段:根据调研要求,采用多种形式,由调研人员广泛地收集与调查活动有关的信息。

(3) 研究阶段:将收集的信息进行汇总、归纳、整理和分析。

（4）总结阶段：将调研结果以书面的形式——调研报告表述出来，并进行评估。

九、经费预算（略）

本 章 小 结

1. 研究设计是指对整个研究工作进行规划，制定出探索特定社会现象或事物的具体策略，确定研究的最佳途径，选择恰当的研究方法，以及制定详细的操作步骤及研究方案等。

2. 研究目的主要有三种，即探索、描述和解释。探索性研究是一种对所研究的现象或问题进行初步了解，以获得初步的印象和感性认识，同时为今后更周密、更深入的研究提供基础和方向的研究类型。描述性研究的目标是发现和概括总体在某些特征上的分布状况，它具有系统性、结构性和全面性等特征。解释性研究的目标是回答"为什么"，是解释原因，是说明关系。

3. 最常见的分析单位类型是：个人、群体、组织、社区、社会产品和社会事件。它们都是社会研究中的研究对象。在做出研究结论时，要注意防止犯与分析单位有关的区群谬误和简化论错误。

4. 操作化就是将抽象的概念转化为可观察的具体指标的过程。它是对那些抽象层次较高的概念进行具体测量所采用的程序、步骤、方法、手段的详细说明。操作化是社会研究中由理论到实际、由抽象到具体这一过程的"瓶颈"。

5. 操作化过程主要包括两个方面的工作：一是澄清与界定概念，二是发展测量指标。

6. 对抽象概念进行操作化时往往在具体方法和测量指标方面，存在多种不同的选择。即对同一个概念进行测量时，可能会产生出不同的测量指标。而一项具体社会研究的结果，又与它所采用的操作化方式及其所产生的测量指标密切相关。

7. 研究计划书的内容包括研究目的、内容、理论假设、分析单位、抽样程序、资料收集与分析方法、人员组织、进度安排等。

即 测 即 评

一、单项选择题

1. 操作化是把抽象概念从理论层次转化成可观察的（　　）来测量概念的属性。
　　A. 一组数字　　　　B. 一组文字　　　　C. 一组指标　　　　D. 一组图表

2. 在社会调查研究中，需要对抽象概念或模糊概念进行度量，就要对概念进行（　　）过程。
　　A. 标准化　　　　　B. 具体化　　　　　C. 操作化　　　　　D. 清晰化

3. 操作化是把抽象概念从理论层次转化成可观察的一组指标来测量概念的（　　）。
　　A. 属性　　　　　　B. 表象　　　　　　C. 特征　　　　　　D. 意义

4. 说明社会现象的原因、探寻现象之间的因果关系属于（　　）。
　　A. 描述性研究　　　B. 解释性研究　　　C. 探索性研究　　　D. 预测性研究

二、名词解释

1. 区群谬误。
2. 操作化。

思考与练习

一、思考题

1. 试述探索性研究、描述性研究、解释性研究之间的关系。
2. 请对"在业人口"概念进行操作化。
3. 请将"工业化程度与人际互动呈负相关"这一命题转化为可操作化的"研究假设"。

二、案例分析题

某校大学生在社会调查课程学习中选择了"大学生人力资本与职业地位取得研究"课题。研究的目的是想了解在校大学生人力资本的积累是否能提高他们毕业后的就业质量。研究中的一个关键环节就是对课题中大学生"人力资本"和"职业地位"两个核心概念进行操作化。根据本课题研究目的及大量文献研究，他们把"人力资本"操作定义为"人具有的知识、技能和体力(健康状况)等质量因素之和"；把"职业地位"操作定义为"就业即可位"这个变量分为就业机会和就业质量两个维度。然后在每一个主要维度中又进一步发展出具体的指标。请尝试设计整个操作化的指标框架。

本 章 实 训

【实训一】

实训内容：

（1）各调查小组讨论调查方案中所涉及的各个项目，确定初步的调查策略、人员分工、时间进度和物资使用计划。

（2）各调查小组根据讨论结果，撰写调查方案提纲。

（3）各调查小组讨论通过调查方案提纲后，正式撰写调查方案。

实训目的：通过本单元实训培养学生初步掌握以下能力：

（1）正确选择调查研究的分析单位的能力。

（2）建立解释性调查的研究假设的能力。

（3）正确选择调查的时间维度的能力。

（4）设计调查方案的能力。

实训要求：通过本单元实训，要求学生完成以下任务：

（1）在社会调查实施之前明确调查的目的和意义，确定调查的类型，界定调查的范围、对象与分析单位。

（2）提出调查的研究假设，细化调查的内容，确定调查的抽样思路，选择调查资料的收集与分析方法。

（3）介绍调查人员的组成及其组织与培训安排，并规划调查的时间进度和物资使用计划。

实训组织：学生3～5人分组，依据本小组的调查选题，在此选题下进行研究设计，由每个同学提交一份研究设计，在组内讨论评议后，制作成PPT课件，进行课堂交流，教师点评，优秀设计报告可纳入本校该课程的教学资源库。

【实训二】

实训内容：通过本单元实训，要求学生完成以下任务：

（1）根据所选调查课题的目标确定操作化策略、概念、指标、变量的内容和范围。

（2）撰写课题操作化方案。

（3）对课题进行操作化，并形成正式的课题操作化内容。

实训目的：通过本单元实训培养学生初步掌握以下能力：

（1）对所选课题目标的正确解释的能力。

（2）从调查课题中分解出初步有实际操作倾向的指标的能力。

（3）明确课题操作化的指标变量的范围的能力。

（4）正式完成一项简单的调查课题的操作化，能够通过本操作化问题的调查，得到与课题相关程度高的资料、信息或数据的能力。

实训要求：

（1）各调查小组讨论所选调查课题的目标，根据目标确定初步的操作化策略、概念、指标、变量的内容和范围。

（2）讨论并形成调查课题操作化方案，根据方案进行工作安排。

（3）进行课题操作化过程，形成初步草稿后，课题小组讨论、修改本课题操作化初稿。

（4）课题操作化初稿完善后，确定正式的课题操作化内容。

（5）进行实地试应用，看可行性。

实训组织：学生3～5人分组，依据本小组的调查选题，在此选题下进行初步的操作化设计，由每个同学提交一份操作化设计说明，在组内讨论评议后，制作成PPT课件，进行课堂交流，教师点评，优秀论证报告可纳入本校该课程的教学资源库。

延 伸 阅 读

1. 陈明亮，赵臻，马庆国.社会科学研究方法创新：调查、分析与建议[J].管理工程学报，2018(1)：1-9.

2. 黄家亮.社会调查与中国社会科学的学术话语权：兼评郑杭生"社会调查系列丛书"[J].中国图书评论，2012(2).

3. 朱天飚.社会科学中的研究设计与定性研究[J].公共行政评论，2015(4).

4. 马天芳.社会调查的调查主体因素分析[J].中国统计，2012(5).

5. 范立军.社会调查：当前存在的主要问题及对策建议[J].中国科技信息，2005(11).

6. 顾佳峰.大数据时代下中国社会调查的科学新观[J].大数据，2016(2).

7. 王冬桂，王忠武.乞丐身份的社会测量及其社会控制[J].广西社会科学，2006(10).

8. 统计学方法：研究设计及资料的表达与描述[J].中国妇幼保健，2017(7).

9. 庄虔友.略论社会科学研究中的研究设计[J].社会科学管理与评论,2012(1).

10. 王亚敏,黄晓光,雷世斌.大学生对十九大流行语熟悉度的调查研究[J].山西青年职业学院学报,2018,31(2).

即测即评答案

一、单选题

1. C 2. C 3. A 4. D

二、名词解释

1. 区群谬误又称层次谬误或体系错误,是指在社会研究中,研究者用一种集群的分析单位做研究,而用非集群的分析单位做结论的现象。

2. 操作化,就是依据抽象定义所界定的概念内涵和外延而提出的一些可以测量的研究指标或研究项目,用以说明如何度量一个问题或概念。

思考与练习参考答案

一、思考题

1. ① 探索性研究是一种先导性的研究,这种研究的成果往往为描述性研究和解释性研究开辟道路、指示方向和提供途径。② 描述性研究在对社会现象进行认识,比探索性研究前进了一大步。如果说探索性研究只是对现象的一种初步的"探测"的话,那么,描述性研究则可以说是一种对现象的全面的"清查"和系统的反映。③ 解释性研究在研究方案的设计上,除了与描述性研究一样,具有系统性和周密性以外,它还比描述性研究显得更为严谨,针对性也更强。在对社会现象的探索中,描述性研究和解释性研究发挥着不同的作用。前者的作用更为基础,后者的作用则更为深入。

2. 在业人口的理论定义是:从事社会劳动并取得劳动报酬或经营收入的人口。

操作定义:

A:在人口普查标准时间内,有固定职业的人口。

B:退休职工在普查标准时间前一个月参加社会劳动并领取补差系其他劳动收入的人口。

C:没有固定职业,在×年×月×日前有临时工作,并在6个月内从事社会劳动累计16天或16天以上的人口。

D:在农村中,被社、队确定为整、半劳动力,并能经常参加集体生产劳动,或从事家庭副业劳动的15周岁以上的人口。

E:超过劳动力年龄,但仍经常参加农副业生产、相当半劳动力的人口。

3. 工业化程度用"每年汽车的生产量"来衡量,人际互动用"人与人面对面见面的次数"来衡量。假设:"汽车生产量越高,人跟人见面的次数就越低"。

二、案例分析题

"人力资本与大学生职业地位取得研究"的主要维度及测量指标参考：

第四章　社会测量及量表

本章知识结构图

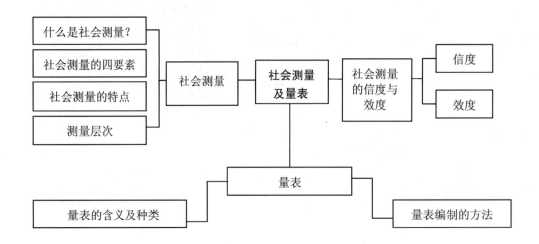

知识目标：熟悉社会测量的基本方法及分类；明确量表的含义、种类和编制步骤；掌握量表信度和效度的评价方法。

能力目标：要求学生掌握社会测量的基本能力，能运用所学知识，编制出适合社会调查目标的量表，并能够对量表的信度和效度进行评价。

实训目标：结合给定的社会调查选题，区分出不同的测量层次，编制出量表。

本章重点：社会测量的四要素、量表的含义及种类、量表的编制。

本章难点：社会测量的层次、量表的制作，度与效度检验。

案例导入

量表——未来我们如何养老?

中国是目前世界上唯一一个老年人口过两亿的国家。全国老龄办数据显示,截至2017年底,我国60岁及以上老年人口有2.41亿人,占总人口17.3%,2017年新增老年人口首次超过1000万人。中国老龄化出现了前所未有的速度和趋势。预计到2050年前后,我国老年人口数将达到峰值4.87亿,占总人口的34.9%。这意味着30年后,每3个人中就有1个老年人。在老龄化急剧发展趋势下,如何养老逐渐成为社会和家庭不可忽视的问题。在这种背景下,亟须调查人们对不同养老模式的态度,从实践和理论两个方面进行深入探索和讨论。表4.1就是有关养老态度的一个调查量表。

以下几种可能选择的养老模式,哪种情况更符合您的选择,请根据您的实际情况作答。

表 4.1 养老模式调查量表

题 项	非常不同意	不同意	不清楚	同意	非常同意
1. 我愿意选择在自己的家里养老					
2. 我愿意老了以后和子女共同生活					
3. 年纪大了,我不喜欢任何人干涉我的养老方式					
4. 我有足够的经济来源支撑自己的老年生活					
4. 我有足够的经济能力解决自己的医疗问题					
5. 我希望选择在养老院中度过老年时光					
6. 养老院提供的生活照料更适合我					
7. 养老院提供的医疗服务更适合我					
8. 我有足够的经济能力来支付养老院的费用					
9. 家庭养老也需要社区的帮助					
10. 社区在提供生活照料上会更便利					
11. 社区的医疗服务项目比较合理					
12. 社区人员很熟悉我的个人情况					
13. 我可以经常寻找社区人员帮助					

思考一:量表适用的调查内容是什么?

思考二:量表的测量数据如何解读?

案例解读:

用量表进行测量是社会调查中对某些研究变量进行研究的方法,主要是用一组题目就人们对某一事物的态度或观念进行测量,统计分析时这一组题目是作为一个研究变量进行分析。

第一节 社 会 测 量

在进行社会调查时,常常需要对社会现象或社会群体的特定属性差异进行区分。比如,调查工人对企业实施某项政策的态度时,如何区分这种态度差异?这时,需要一种科学的技术,即社会测量技术。社会测量技术的功能是对社会现象或社会群体的特定属性差异进行类别的划分和水平的量化。社会测量使得对社会现象的研究从定性分析走向定量分析,当然,量化的结果并不仅限于作数值上的阐明,也可作定性的阐明。社会现象的数量化,强化了对事物定性、定量分析的同时,也使统计学和现代数学的知识引进社会调查领域,加上电子计算机的运用,使分析社会现象的手段和内容更加丰富。

一、什么是社会测量?

自然科学领域中,常常用一些标准化的仪器对有形物质的自然属性进行测量,如用量尺测量树苗生长的高度,用温度计测量气温等等。而在社会科学领域中,人们也需要进行一些特殊形式的测量。比如,用人口登记的方法来测量一个国家的人口数量和人口结构;用电话访问的方法来测量人们对不同政党候选人的支持率;用自填问卷的方法来测量大学生们所具有的择业倾向等等。与自然测量(物理测量)相比,社会测量的对象则不仅涉及人的自然属性,如年龄、性别等,更多地涉及人的社会属性,如意识、行为、态度等;测量的工具则是问卷题目或量表。虽然两者在测量的对象、工具等方面千差万别,但它们在本质上却完全一致。那么,究竟什么是社会测量呢?

所谓社会测量(Measurement),就是运用一定的测量工具,根据一定的规则,将某种社会现象或社会群体所具有的属性或特征用数字或符号表示出来的过程。测量的主要作用,在于确定社会现象或社会群体的某种特定属性的类别或水平。它不仅可以对事物的特定属性做定量的说明,即确定特定属性的水平;同时,它也能对事物的属性做定性的说明,即确定特定属性的类别[①]。

二、社会测量的四要素

为了更好地理解测量的概念,需要将社会测量过程中的四个必不可少的要素进行专门的说明。这四个要素分别是:测量客体、测量内容、测量法则、数字或符号。

(一)测量客体,即测量的对象

测量客体是客观世界中所存在的事物或现象,是我们要用数字或符号表达、解释和说明的对象。在社会测量中,最常见的测量客体是各种各样的个人,以及由若干个个人所组成的各种社会群体、社会组织、社区等等。比如,我们测量一个人的收入时,这个人就是我们测量的客体或对象。在测量的四个要素中,测量客体所要明确的就是"测量谁"的问题。

(二)测量内容,即测量客体的某种属性或特征

需要注意的是,测量的对象虽然是某一客体,但所测量的内容却并不是客体本身,而是这一客体的特征或属性。比如,社会中的个人是我们的测量客体,我们测量的内容并不是个

[①] 风笑天.现代社会调查方法[M].3版.武汉:华中科技大学出版社,2009.

人本身，而是身高、体重、籍贯、年龄、收入、行为、态度等属于个人的各种特征或属性。同样，社会中的群体、组织以及社区是我们的测量客体，是社会研究中的测量对象，但我们所测量的却并不是这些群体、组织或社区本身，而是其各种特征。比如测量群体和组织的规模、结构和管理模式；测量社区的范围、人口密度和人际关系等等。只有这些特征才是我们的测量内容。在测量的四个基本要素中，测量内容所对应的是"测量什么"的问题。

（三）测量法则

即用数字和符号表达社会现象、社会群体各种属性或特征的操作规则，或者说用数字和符合区分不同特征或属性的标准。比如，我们要测量人们的收入状况。那么，"将被研究者工资单上的应发金额数加上每月奖金发放统计表上他所得的奖金数额"就是一种测量法则。又比如，我们要测量某社区中青少年的数量，那么，"将社区中年满14~18周岁的人群统计加总"就是测量社区青少年数量的一种测量法则。在测量的四个基本要素中，测量法则所对应的是"怎么测量"的问题。

（四）数字和符号，即用来表示测量结果的工具

比如，1200元、2500元等就是测量人们收入状况的结果；355人、576人等就是测量社区青少年数量的结果。在社会调查中，测量的结果大多是用数字来表示的。比如，被调查者的年龄、收入、上下班路途所需时间、家庭的人口数、用于购置大件家电商品的费用等。但是，同样也有许多是用文字来表示的。比如，被调查者的性别（男、女）、婚姻状况（未婚、已婚、离婚、丧偶）、被调查者对住房购买政策的态度（赞成、反对）等。尽管许多用文字表达的测量结果在统计分析时都转换成了数字，但这种数字并不能像算术中的数字那样进行加、减、乘、除运算，最多只能作为不同类别的代号进行频数统计。在测量的四个基本要素中，数字和符号所对应的是"如何表示"的问题。

三、社会测量的特点

各种社会现象都是建立在人及其社会活动的基础上，对人及其社会活动的测量与对自然现象的测量显然有着十分不同的特点。

第一，人一方面作为测量的客体或对象，而另一方面又作为测量过程的主体，因而给社会现象的测量带来了无法回避的主客观矛盾。无论是作为测量主体的人，还是作为测量客体的人，都具有主观意识、思想感情、思维能力和价值观念，都会对测量的过程和方式做出种种反应，人与人之间还存在着各种各样、错综复杂的社会关系，这些都使得社会现象的测量在很大程度上受到人们的认识水平和价值取向的影响，带有明显的主观色彩。从而也就会出现测量的可靠性（信度）和有效性（效度）问题。

第二，社会测量的内容常常是社会中人们的行为，以及由人们的行为所构成的各种社会现象。然而，测量本身也是一种社会行为和社会现象，两者相互影响。特别是由于任何一种社会测量都会干扰和影响现实生活中它所希望或正在测量的现象，就像自然科学中的"测不准原理"那样，因而会给实际的测量工作带来许多困难。

第三，在社会科学中，由于测量的对象十分复杂，因而测量的量化程度比较低，可重复性也比较差。比如，对人的智力、社会群体的凝聚力、社会职业声望、教育成就、社会参与程度等，广大的社会科学家们还没能或者很难建立起某种公认的、适合于多种不同情况的测量单位和测量标准，以及与之相应的测量工具和测量方法。

【知识小贴士】4.1

"测不准原理"和社会测量的局限

社会研究中的测量要比自然科学的测量更难,其原因在于社会研究中的测量会受到更多因素的影响,如对概念的理解和界定,概念的理论定义和操作性定义如何保持一致,对一个概念所设计的测量指标是否能穷尽概念的内涵,如何才能做到对一个概念的有效测量,等等。社会现象测量还不可能达到自然现象测量那样的数量化、精确化、标准化程度。除此之外,社会现象的测量要比自然现象的测量更容易受到"测不准原理"的影响。

"测不准原理"原来是指量子力学中互补的两个物理量无法同时测准,比如,时间和能量,位置和动量,角度和角动量;也就是说被测量客体中两个具体的测量内容是相互影响的,不能同时测准两个测量内容。在社会测量中,被测量客体中不仅存在多种测量内容的相互作用,而且还存在着测量主体对测量客体的影响。简单地说,量子力学中的"测不准"主要存在于测量客体本身,而社会测量的"测不准"不仅表现为测量客体本身,还表现为测量主、客体之间的相互影响。例如,在小学里,班主任老师经常在教室外观察教室内学生的课堂纪律,对教室的观察行为本身会对教室内的课堂纪律产生影响,因为教师的观察行为往往会被灵敏的学生发现,一经发现,原本吵闹的课堂就会安静下来。这就是测量主体对测量客体的影响。同时,在被测量客体中,即小学生的课堂行为也会产生相互影响,班主任老师在一个动态的环境中有时无法观察到小学生之间的课堂行为,谁是主动的谁是被动的,或者小学生行为与动机之间的关联性。当然,社会测量中存在的"测不准"现象只是借用"测不准原理"说明"测量本身会改变测量",以及无法同时测量现象之间的关联。

此外,很多人希望能够通过几个简单的指标就能测量出社会现象的特征,虽然有些测量可以通过几个简单的指标反映现象的特征,例如,可以通过血液检查、同位素检查等了解一个人的健康水平。但是,这在社会测量中是很难的,一方面是因为社会现象的复杂性和不稳定性,另一方面也在于很多社会现象是很难测量的,社会测量指标总体上还未达到相对的稳定和成熟,并且随着社会现象的变化,这样的稳定和成熟一般很难达到。

从方法论的意义上说,客观事实是指自然和社会实际上发生的任何现象,是第一性的;经验事实是主体对客观事实的一种反映或印象,它是主观的、第二性的。人们所观察到的所有客观事实实际上都是经验事实,它们是客观事实在主体中的反映,是通过语言和文字陈述或描述的"事实"。因此,经验事实虽然是客观事实的反映,但不能说经验事实完全等同于客观事实。由于人们认识的局限性和事物本身的复杂性,两者不可能完全一致。

资料来源:仇立平.社会研究方法[M].2版.重庆:重庆大学出版社,2015:176.

四、测量层次

由于社会现象具有各种不同的性质和特征,对它们的测量也就具有不同的层次和标准。1951年,美国心理物理学家斯蒂文斯(S. S. Stevens)创立了被广泛采用的测量层次分类法,他将测量层次分为四种,即定类测量、定序测量、定距测量和定比测量。

(一)定类测量

定类测量(Nominal Measures)也称为类别测量或分类测量,它是测量层次中最低的一种。它在本质上是一种分类体系,即将调查对象的不同属性或特征加以区分,标以不同的名称或符号,以确定其类别。定类测量的数学特征主要是等于与不等于(或者属于与不属于)。

在社会研究中，对诸如人们的性别、职业、婚姻状况等特征的测量，都是常见的定类层次的测量。它们分别被划分成"男性与女性""工人、农民、教师、商人……"或者"未婚者、已婚者、离婚者……"等各种不同的群体或类别。而每一个被调查者则分别属于或者不属于其中某一类别。

由于定类测量实质上是一种分类体系，因而在制定分类尺度时既要具有穷尽性，又要具有互斥性，即非此即彼和无一遗漏。这样，我们所测量的每一个对象都会在我们的分类体系中属于一个类别，且仅仅只会属于一个类别。比如，将性别分为"男性"和"女性"两类，将职业分为"工人""农民""干部""专业技术人员""商人""其他"六类，等等。定类测量的结果通常是文字表述的，在资料处理上也可以用数字来表示，但是这些数字只是识别的标志，是编码，并不反映这些事物本身的数量状况。

（二）定序测量

定序测量（Ordinal Measures）也称为等级测量或顺序测量，它是对测量对象的等级，或顺序的鉴别。它的取值可以按照某种逻辑顺序将调查对象排列出高低或大小，确定其等级及次序。或者说，定序测量可以按某种特征或标准将对象划分为强度、程度或等级不同的序列。比如，测量人们的学历，可以将他们分为小学及以下、初中、高中或中专、大专或大学、硕士及以上等，这是一种由低到高的等级排列；测量城市的规模，可以将它们分为小城市、中等城市、大城市、特大城市等，这则是一种由小到大的等级排列。在社会研究中，研究者可以用定序测量来对人们的社会地位、住房条件、工作能力等特征进行类似的等级排列。

定序测量不仅能够像定类测量一样，将不同的事物区分为不同的类别，还能反映事物或现象在高低、大小、先后、强弱等序列上的差异。它的数学特征比定类测量高一个层次，也就是说不仅能区分异同，而且能比较不同类别的大小或优劣次序，可用大于或小于（＞或者＜）来表示。关于定序测量，同样有一点需要略作说明。通常为了资料处理和统计分析的需要，往往将定序测量的结果按照高低、大小、强弱不同次序转化成大小不等的数字。比如，将小学及以下、初中、高中或中专毕业、大专或大学、硕士及以上5个有序类别，分别用数字"1""2""3""4""5"来代表。需要注意的是，这种数字并非真正意义上的"数字"，它们不能用来进行数学运算，而只是一种单纯表示"大""小"的符号。

（三）定距测量

定距测量（Interval Measures）也称为等距测量或区间测量，它不仅能够将社会现象或事物区分为不同的类别、不同的等级，而且可以确定它们相互之间不同等级的间隔距离和数量差别。比如，测量人的智商，就是定距测量的典型例子。它数学特征比定序测量要高一个层次，也就是说不仅可以比较两个类别的等级高低，而且还能说明这一等级比那一等级高出多少，即定距测量的结果是可以进行加减（＋、－）运算的。比如，测得张三的智商为125，李四的智商为110，那么，125－110＝15，由此可以说张三的智商比李四高15。同样的道理，我们测量北京与武汉的温度，结果发现某日北京的温度为摄氏20度，武汉的温度为摄氏30度。从这一测量中，我们不仅可以了解到北京与武汉的气温不同（定类测量的测量结果），了解到武汉的气温比北京的气温高（定序测量的测量结果），而且还了解到武汉的气温比北京的气温高出摄氏10度（定距测量的测量结果）。

需要注意的是，定距测量的值虽然可以为0，但这个0却不具备数学中我们所熟悉的"0"的含义。比如，在冬天，我们可以测得北京的气温为0摄氏度，但它却并不是表示北京"没有温度"，而只是代表北京的气温达到了水的"冰点温度"。从测量的角度看，此时的0只不过是一个特定的数字而已,它是人们主观认定和选取的。因为在另一种温度量(华氏温度计)中,0度则是冰点下32度。

(四) 定比测量

定比测量(Ratio Measures)也称为等比测量或比例测量,是一种能够测定事物之间比例、倍数关系的测量尺度。定比测量是比定距测量高一个层次的测量,除了具有上述三种测量的全部性质之外,它的测量结果不仅能划分类别、比较大小、进行加减运算,还能进行乘除(×、÷)运算。比如,对人们的收入、年龄、出生率、性别比、离婚率、城市的人口密度等所进行的测量都是定比测量。若张三的收入为480元,李四为240元,那么,480/240=2,由此可以说,张三的收入是李四的收入的两倍(或李四的收入是张三的1/2)。另外,定比测量具有一个绝对的零点,即有实际意义的零点。如测量人的收入,收入为0即表示没有收入,是有实际意义的零点。而是否有实际意义的零点(绝对零点)的存在,是定比测量与定距测量的关键区别。

上述四种测量的层次由低到高,逐渐上升。高层次测量具有低层次测量的所有功能,即它既可以测量低层次测量可以测量的内容,也可以测量低层次测量所无法测量的内容;同时,高层次的测量还可以作为低层次的测量处理。比如,定序测量具有定类测量的分类功能,且可以作为定类测量使用。同样,定距测量具有定序测量的排序功能与定类测量的分类功能,且可以作为这两种测量使用;但反过来则不行。明确不同的测量层次所具有的不同数学特征,这一点十分重要。因为在社会研究资料的整理和统计分析中,需要根据不同测量层次所具有的数学特性采用不同的统计方法。另外,在对社会现象进行测量时,有一个重要的规则:尽可能对它们进行高层次的测量。凡是能够用定比测量或定距测量的,就一定不要只用定序测量甚至只用定类测量。因为高层次测量所包含的信息更多,且高层次测量的结果很容易转化为低层次测量的结果;反之则不行。

第二节 量 表

一、量表的含义及种类

所谓量表(scales),是社会测量的工具,是指根据测量的目的及要素而编制的一系列测验项目(题项或问题),并通过对每一题项或问题分配一定的数字或序号从而将测量内容量化,用来测度不能直接观察的抽象概念的水平。在使用量表测量时,这些数字或序号常被作为测量的标准分数,根据被试者的回答对照计分,被试者的量表得分表示他在这个量表上的位置,也代表其在该项测量中的水平。例如,购买鞋时,你对再次购买品牌A的态度可能有以下几种:"肯定再买""可能再买""肯定不买",我们可以用数字3表示"肯定再买",数字2表示"可能再买",数字1表示"肯定不买",这样就形成了一个简单的态度量表。

量表在心理学和社会学的研究中运用比较普遍。在心理学研究中,量表常用来量化观察个体或群体的心理和社会心理现象,并根据数量化的观察结果进行心理健康状态评估和诊断。而在社会调查中,量表则常用来测量人们对社会现象的看法、态度以及人们的社会行为等。从许多社会调查(特别是民意调查)所用的问卷中,我们常常可以看到各种形式的量表。在本节中,主要介绍社会调查中常用的几种量表:总加量表、李克特量表、社会距离量表和语义分化量表。

(一) 总加量表

总加量表,是社会测量中常常使用的最简便的一种量表,也称总和量表或等分量表,它由一组反映人们对某类现象的态度或看法的题项构成,根据被测者同意或不同意(赞成或不赞成)分别计分,然后将被测者在全部题项上的得分加起来,就得到了该被测者对这一问题或现象的态度得分。这个分数是其态度的量化结果,它的高低就代表了个人在态度量表上的位置。下面的贝利生育量表(见表4.2)常常被作为总加量表的一个经典例子。

表4.2 贝利生育意愿量表

题 项	同意	不同意
1. 结婚的主要原因是要生孩子	1	0
2. 只生一个孩子是错误的,因为独生子女是在孤独中成长,因无兄弟姐妹而忧伤	1	0
3. 生育孩子是一个妇女所能具有的最深刻的经历之一	1	0
4. 两个性别的孩子至少都有一个比仅有一种性别的孩子好	1	0
5. 没有孩子的妇女绝不会感到完全满足	1	0
6. 男人直到他业已证明自己成为了孩子的父亲时,才算是"真正的男人"	1	0
7. 由于生育控制,绝育或年老等因素导致不能怀孕的性活动是不道德的	1	0
8. 未结婚的或者结了婚而没有孩子的男人可能是同性恋者	1	0
9. 妇女的首要责任是做母亲,只有在不影响其母亲职责时,才谈得上她的事业	1	0
10. 没有孩子的夫妇是可怜的	1	0

表4.2是为测量美国居民生育态度而设计的,整个量表共10个题项(测量指标),每个题项都有相同的态度方向(即对生育意愿是积极的态度),并设有"同意"和"不同意"两种答案,分别赋值为1分和0分。凡回答"同意"者,记1分;回答"不同意"者,记0分。这样,将一个被测者在各个题项上的得分相加,就得到他在这一态度量表上的总得分。在此例中,总分最高者为10分,它表明被调查者对生育子女有强烈的意愿;总分最低者为0分,它表明被调查者对生育子女没有积极的意愿。需要说明的是,一方面,总加量表的回答类别可以是2个(如上例),也可以按照程度设为3等分、4等分以至7等分等回答类别;另一方面,要注意每个题项所表达的态度方向必须保持一致,如果出现了与积极的生育意愿态度方向相反的题项,比如"只生一个孩子是最明智的选择",则此时对它的记分方法应与其他10个题项相反,即"同意"记0分,"不同意"记1分,以保持整个态度量表测量方向的一致性。

上述的贝利生育总加量表有一个潜在的假设或前提:每一个题项所测度的态度程度都相同,即它们在反映人们的态度方面是"等值的",不同的题项之间不存测量程度上的差别(它们的"分值"都一样)。只有在这样的假定下,我们才能说,那些在10个题项中的总共同意了3个题项的被测者都具有相同程度的生育意愿;同样,也只有在这样的假定中,我们才能分辨出同意9个题项的被测者比同意5个题项的被测者有更强烈的生育意愿。然而,我们在实际应用中却有一个很大的困难,这就是态度量表的测量效度问题(详见下节)。我们想测量人们对生育孩子的态度,但却往往难以保证用来进行这种测量的所有态度题项都是在完全地测量着同一事物。比如,第五个题项和第九个题项所测量的偏向于人们对生育中

"女性角色"的态度,第六个和第八个所测量的则偏向于人们对生育中"男性角色"的态度,因而,按照这样的划分,这一量表实际上测量的并不是同样的态度和在这种态度上完全一样的程度[①]。

要解决这样的问题,可行的办法是将全部题项或项目按一定的强度顺序来安排,以反映出所测量的概念或态度具有的各种不同的程度。例如,如果测量普通美国人的"政治参与程度",可以建构下面的一个量表。与贝利生育量表中的 10 个题项之间的关系类似,每个题项具有同等"分量",所不同的是,表 4.3 中的 5 个题项相互之间存在着一种趋强的态度顺序,正是这种趋强的顺序,使得表"政治参与程度量表"相对来说是一个更有效的总加量表。

表 4.3 政治参与程度的总加量表

题 项	是	否
1. 你进行过选民登记吗?	1	0
2. 你参加过投票吗?	1	0
3. 你为政治运动捐过款吗?	1	0
4. 你为政治运动工作过吗?	1	0
5. 你自己参加过竞选议员吗?	1	0

该量表中的题项按阶梯性的态度顺序排列,每个题项之间的排列有次序可循,即各题项所表达的"政治参与程度"由弱到强。并且每一个题项具有累进性,即如果一个人赞成某一题项,往往会赞成该题项前面的所有题项,赞成的题项阶梯越高,其总分往往也越高。

(二) 李克特量表

李克特量表是总加量表的一种特定形式,也是社会调查问卷中使用最广泛的一种量表形式。它是由美国社会心理学家李克特于 1932 年在原有的总加量表基础上改进而成。李克特量表也由一系列能够表达对所研究的概念是肯定或是否定的态度陈述(题项)构成,与前述总加量表所不同的是,被测者对这些题项的回答不是简单地分成"同意"和"不同意"两种,而是分成"非常同意、同意、不知道、不同意、非常不同意"五种态度程度,或者"赞成、比较赞成、无所谓、比较反对、反对"五种,按照态度由肯定到否定的程度分别赋值为 5、4、3、2、1。由于答案类型的增多,态度总分说明被调查者的态度强弱。人们在态度上的差别就能更清楚地反映出来。表 4.4 就是李克特量表的一个例子。

表 4.4 婚事操办态度的李克特量表

题 项	非常同意	同意	无所谓	不同意	很不同意
看法①:婚事应该尽量办得简单一些	□	□	□	□	□
看法②:结婚是人生一件大事,婚事应该办得隆重、热闹,花再多钱也值得	□	□	□	□	□
看法③:就是有钱,婚事也不应大操大办	□	□	□	□	□
看法④:为了不让别人笑话,就是借钱也要把婚事办得像个样子	□	□	□	□	□

---

① 风笑天. 现代社会调查方法[M]. 3 版. 武汉:华中科技大学出版社,2009.

首先,我们选定某个特定的态度方向,对与该方向相同的陈述(题项),赋值由低到高,反之赋值由高到低。如在婚事操办态度量表中,我们选定婚事大操大办为态度方向,则对赞同婚事大操大办的陈述(题项),按1=很不同意、2=不同意、3=无所谓、4=同意、5=非常同意来赋值;而对赞同节俭办婚事的陈述(题项),按5=很不同意、4=不同意、3=无所谓、2=同意、1=非常同意来赋值,即按表4.5所示来赋予分值。

表4.5 量表的赋值

题 项	非常同意	比较同意	没有意见	不太同意	很不同意
1. 赞同节俭办婚事的	1	2	3	4	5
2. 赞同大操大办婚事的	5	4	3	2	1

这样,四种看法的具体赋值情况就如表4.6所示。

表4.6 四种看法具体赋值

题 项	非常同意	比较同意	没有意见	不太同意	很不同意
1. 婚事应该尽量办得简单一些	1	2	3	4	5
2. 结婚是人生一件大事,婚事应该尽量办得隆重热闹,花再多钱也值得	5	4	3	2	1
3. 就是有钱,婚事也不应大操大办	1	2	3	4	5
4. 为了不让别人笑话,就是借钱也要把婚事办得像个样子	5	4	3	2	1

每一个被测者在这一量表上的四个得分加起来就构成了他对婚事操办方式的态度得分。按上述赋值方式,被测者在该量表上的得分越高,表明他对婚事操办的态度越倾向于大操大办,得分越低,表明他越倾向于婚事节俭。

李克特量表的五种答案形式使被测者能够很方便的标出自己的位置,使用范围比其他量表要广,可以用来测量其他量表所不能测量的某些多维度的复杂概念或态度。通常情况下,李克特量表比同样长度的其他总加量表具有更高的信度。然而,李克特量表也是用各个陈述(题项)总加的分来代表一个人的对某件事情的赞成程度,它只能大致上区分不同个体间谁的赞成程度高,谁的程度低,但无法进一步描述他们的态度结构差异[①]。

(三) 社会距离量表

社会距离量表又称鲍格达斯社会距离量表,产生于20世纪20年代,它是美国社会心理学家鲍格达斯于1925年创用的。这种量表过去一直广泛用于测量人们对种族群体的态度,现在,也被用来测量人们相互间交往的程度、相互关系的程度或者测量人们对职业、社会阶层、宗教群体等事物的态度。它由一组表示不同社会距离或社会交往程度的陈述(题项)组成,被调查者根据自己的看法对这些陈述表态。例如,要测量国人对不同国别群体(如日本人和美国人)的态度,如果直接调查可能得不到真实的回答,被调查者可能会由于各种顾虑而不说出真实的想法,我们可以用如表4.7所示的社会距离量表。

---

① 风笑天.现代社会调查方法[M].3版.武汉:华中科技大学出版社,2009.

表4.7 对待不同国别群体的社会距离量表

距离分值	各种关系的类型	日本人	美国人
1	通过婚姻结成亲戚关系		
2	成为我的朋友		
3	成为我的邻居		
4	在我从事的行业中一起工作		
5	成为我国的公民		
6	仅作为来我国的旅游者		
7	应被驱逐出我国		

该量表编制的根据是，人们对某一群体的偏见越深，就越不愿与该群体的成员交往。因此，按从最近社会关系到最远社会关系依次排列：可以结亲(1)、可以作为朋友(2)、可以作为邻居(3)、可以在同一行业共事(4)、可以成为我国公民共处(5)、只能作为外国游客(6)、应被驱逐出境(7)。括号内的分值越大表示社会距离越大。在这一组问题中，实际上蕴含着一种超强的逻辑结构：即当一个人拒绝了量表中一项关系，那么它也必将拒绝这一关系后面所有更强的关系。

测量的方法是被测者根据自己感情的第一反应，从7种交往关系中选出自己愿意与某个群体的一般成员产生一种或一种以上的关系，然后根据自己的选择在相应的意见项内打上记号，被测者对不同国别群体的态度为其选择的最大距离分值。实际应用时，常常把一个群体的所有成员的态度距离加以统计，制成曲线图。鲍格达斯量表测量所得到的结果，既可以用来比较具有不同特征的人们对某一群体的社会距离的大小，也可以用来比较具有相同特征的人们对不同群体的社会距离的大小。特别是将结果绘成统计图后，更便于进行分析。

（四）语义差异量表

语义差异量表是用一组意义相反的陈述或形容词构成一份评价量表，以用来测量人们对某一特定概念或事物的不同意识和感受。被测量的概念或事物放在量表的顶端，每对陈述或形容词放在表的两端，要求回答者依据自己的看法和感觉在每一对陈述或形容词之间的适当位置上划上记号（一般打√），以表示在这方面自己觉得被评价的事物更接近两端陈述中的哪一种。语义差异量表的计分方法包括两种，一种是将两陈述或两形容词间的七小段横线从一端到另一端分别记1到7分（如表4.8）；另一种则是分别记为－3，－2，－1，0，＋1，＋2，＋3分。

表4.8 报社印象的语义差异量表

请根据您对报社的印象，在以下每一个标尺上钩选出一个适当的数字								
客 观	1	2	3	4	5	6	7	主 观
偏 袒	1	2	3	4	5	6	7	公 正
诚 实	1	2	3	4	5	6	7	欺 骗
过 时	1	2	3	4	5	6	7	及 时
有价值	1	2	3	4	5	6	7	无价值
可信任	1	2	3	4	5	6	7	不信任

在社会学、社会心理学和心理学研究中,语义差异量表主要用于文化的比较研究、个人及群体间差异的比较研究,以及人们对周围环境或事物的态度、看法的研究等等。在进行不同群体的比较研究时,一般有以下具体方法与思路:① 计算各个不同的群体在每一个单独的陈述中的平均分;② 先将表格中的陈述对按所测的维度分成若干个小组,然后再按上法计算出各群体在这些小组的总平均分,并比较它们之间的差别;③ 将对不同评价的群体在各陈述对上的评分进行比较。

二、量表编制的方法

(一) 量表编制的步骤

1. 拟定编制量表的计划

当决定编制一份量表时,首先需要拟定编制量表的计划。该计划包括:明确测量的目的、收集哪些相关的资料、编制的进度、样本的选取、经费预算、编制完成所需的时间等。

2. 收集资料

不同的量表所涉及的资料不同,譬如企业家的"成就动机量表"和公务员的"领导行为量表",在文献的收集上当然有很大的差别。编制者必须先了解量表测量的目的,然后才决定所收集资料的方向。如成就动机量表是属于人格方面的量表,编制者就要从人格心理学的理论或既有的量表中去收集。若是领导行为量表,因其是属于社会心理方面的量表,编制者就要在社会心理学中去收集。

3. 拟定量表的架构

编制者可以参考某一专家学者的看法,或是综合数个专家学者的理论拟出所要编制量表的架构。具体的过程将在下面部分探讨。

4. 编制题目和选项

当量表的架构定出来之后,编制者即可参考所收集来的资料来编制成题目,配以相应的选项。例如,体现"同情心"的可以编制成这样的题目:我会主动为灾区捐款(非常符合、比较符合、一般符合、不太符合、很不符合)。通常为了将来有删题的空间,编制者大约要比预定的题数多编二分之一的题目。如一个分量表若需要10题,此时就需编15题。

5. 预试

当题目编好后,编制者需要进行预试,即编制者要找一些受试者先对此份量表试作,以了解那些题目是可用的。预试的样本至少应有20人,以便于以后的项目分析之用。

6. 项目分析

项目分析的主要目的是针对预试的题目加以分析,以作为正式选题的参考。进行项目分析时,通常有两种方法可以使用,第一种方法是分辨力系数法,第二种是相关法。在做项目分析时,这两种方法都是以单题为单位来进行分析。

分辨力系数,又称为决断值(Critical Ratio,简称CR),是以量表总得分的高分组(前25%的受试者)和低分组(后25%的受试者)在每一题得分的平均数进行差异比较所得的值。其具体的计算过程是:先统计每位受测者在每个项目(陈述)上的得分以及每人在全部项目(陈述)上的总分;根据受测对象全体的总分排序;然后取出总分最高的25%的人和总分最低的25%的人,并计算这两部分人在每一条项目(陈述)上的平均分;将这两个平均分相减,所得出的就是这一条项目(陈述)的分辨力系数;该系数的绝对值越大,说明这一项目(陈述)的分辨力越高。通过计算每一条陈述的分辨力,删除分辨力不高(有的学者建议CR值至少应达3以上为佳)的陈述,保留分辨力高的陈述,从而形成正式选题。计算示例如表4.9所示。

表4.9 分辨力系数计算示例

	题目	1	2	3	4	5	6	7	8	9	10	11	12	总分
总分高的25%的人	1	4	5	5	4	3	5	4	4	3	5	2	5	49
	2	5	4	4	5	5	4	3	2	5	4	1	4	46
	3	5	4	3	3	4	5	4	3	4	4	2	5	45
	4	4	4	4	4	5	3	3	3	4	5	1	4	45
	5	5	5	3	2	4	4	3	4	5	2	2	4	43
	6	4	4	2	5	4	5	4	2	3	1	5	2	42
	7	4	4	4	4	2	3	3	5	4	3	2	4	41
	⋮	⋮	⋮	⋮	⋮	⋮	⋮	⋮	⋮	⋮	⋮	⋮	⋮	
	15	2	4	2	3	2	2	3	4	4	3	1	4	34
总分低的25%的人	16	2	2	4	2	3	3	1	4	2	2	2	5	32
	17	2	2	2	2	2	4	2	1	3	2	2	4	32
	18	1	3	2	4	1	3	3	2	1	2	2	5	29
	19	1	1	2	2	2	3	2	1	3	4	1	4	26
	20	1	1	1	1	2	1	2	1	3	2	2	3	21
1~5名的平均分		4.6	4.4	3.8	3.6	4.2	4.2	3.4	3.2	4.2	4.0	1.6	4.4	
16~20名的平均分		1.4	1.8	2.2	2.6	2.2	2.6	2.4	1.8	3.0	2.0	1.8	4.2	
分辨力系数		3.2	2.6	1.6	1.0	2.0	1.6	1.0	1.4	1.2	2.0	−0.2	−0.2	

注:从表最下面一行结果中可以看出,第11条、第12条陈述的分辨力很小,故在制作正式的量表时,应将这两条陈述删除。

相关法有两种方式,一种是含本题在内所得的相关,另一种是不含本题在内的相关。进行第一种相关法时,首先将每个受试者分量表的总得分算出来,然后以题为单位,计算每一题与总得分的Pearson相关系数(Pearson相关系数的计算可具体参考第八章)。一般而言,相关系数至少应达0.4以上为佳。进行第二种相关法时,以每一题和该题所在的分量表的总得分(不含该题)求相关。一般而言,相关系数应达显著水准才算是具有鉴别力的题目。

7. 编制正式题目

编制者可根据项目分析的结果来进行选题,只要鉴别力合乎标准的题目都可以选为正式的题目。若项目分析所得各题的分辨力系数都合乎要求,则由高而低选出预定要的题数。

8. 建立信度与效度

一份好的量表必须具有相当的信度和效度。所谓信度即是指可靠的程度,而效度则是指有效的程度。有信度的量表通常具有一致性(Consistency)、稳定性(Stability)、可靠性(Dependability)及可预测性(Predictability)等。一份稳定可靠的量表,几次所得的结果一定是相当一致的,而且可透过此量表对受试者做预测用。效度是指一个量表能够有效地测量到它所要测量的特质的程度,譬如一份有效的企业家"成就动机量表"应该能确实反映出被测者的成就动机,在此量表上高成就动机者得分应该比低成就动机者的得分显著要高。

量表的信度和效度应该如何建立,在下面部分将会有详细的说明。

(二) 如何拟定量表的架构

1. 决定分量表的个数

一个量表究竟需要多少个分量表,主要是视所根据的理论而定。譬如美国当代著名心理学和管理专家弗雷德·菲德勒在提出"有效领导的权变理论"之后,根据该理论将领导者的情境领导能力分为四个向度,从而创设了情境领导测试体系,该体系由四个分量表构成:最不愿意的共事者(LPC)量表、主管和部属关系量表(LMP)量表、工作结构(TS)量表、职权(PP)量表。若是没有理论基础,则其因素的多寡就需要用探索性的事实因素来决定。假如此量表有若干个因素,编制者应先将其定义写出来,以便编制题目之用。以下是笔者在参考一些专家学者的研究基础上改编的"大学生自我评价量表"架构的范例。

拓展阅读4.1

"大学生自我评价量表"的架构

成就性:会尽个人的努力以求取成功,有解决问题或接受挑战的倾向。
亲和性:乐于交友,愿意参加团体活动。
自主性:倾向于自由行动,自主规划,自觉完成大学生应该做的事,如自主学习等。
支配性:喜欢领导团体活动,有支配或影响他人的倾向。
乐善性:待人宽厚仁慈,有同情心,对困难或遭遇不幸的人,有乐于帮助的倾向。
表现性:常藉语言或行动的表现以获得别人的注意,希望能得到别人的认同。
避败性:会停止行动或逃避某种活动以免遭到失败。
秩序性:喜欢将自己的东西摆设整齐,做事时喜欢事先有计划。
求援性:希望获得别人的关心,遇有困难时,希望获得他人的帮助、鼓励与支持。
防卫性:受到攻击、批评、责备时会起而辩护。

2. 决定正式量表的题数

一份量表究竟需要多少题,并没有一个定论。通常而言,可用的时间时间越长,题目就可越多;所测特质的灵敏度越差,则需要越多的题目才能区分出不同的群体;分量表越多,所编的题数就会越多。

3. 决定预编的题数

预编的题数通常都要比正式的题数多一些,对常常编制量表的专家而言,预编的题数大约比正式的题数稍多几题即可。如正式的题数若定为10道题,则只要预编12或13道题就可供筛选。但对初学的编制者而言,最好多编几题,以免有太多不具鉴别力的题目出现。一般而言,预编的题数至少需比正式的题数多编一半的题目。

4. 决定量表的量尺

通常量表的量尺以五分或四分的形式较为多见,如五分量尺为"非常同意、同意、没意见、不同意、非常不同意",四分量尺则将"没意见"去掉。究竟五分量尺或是四分量尺较佳,学者们各有不同的意见。有的学者认为比较不认真作答的人会有选"没意见"的倾向,结果造成所得的资料没有太大意义,因此,以四分量尺较能看出作答者的态度。而有的学者则认为四分量尺有强迫作答者表态的意思,事实上有的问题是作答者所不了解的,"没意见"一项还是值得保留。这两种量尺都各有其优缺点,编制问卷的人可视其需要而采用其中的一种。有的学者将量表分成六分、七分,或甚至九分的量尺,因为人类的感觉知觉并不是那么灵敏,将量尺分得太多类,其实并没有太大的意义[①]。

第三节　社会测量的信度与效度

一、信度

(一) 信度的含义

信度是指社会测量的可靠性,是衡量一个社会测量量表质量高低的重要指标,指运用相同的量表重复测量同一对象所得结果的前后一致性程度。例如,我们用同一份量表测量一个小团体的凝聚力程度,如果前后测量几次的结果相同,就可以说明它的信度高,相反地,如果紧连着几次测出的结果都不同,就说明它的信度低。这就如同我们用同一台磅秤去称某一物体的重量,如果称了几次都得到相同的结果,则可以说这些台磅秤的信度很高;如果几次测量的结果都不相同,则可以说它的信度很低,或者说这台磅秤是不可信的。

测量结果的前后不一致性问题产生的主要原因是由测量过程中产生的误差造成的。测量误差包括系统误差和随机误差。系统误差对信度没什么影响,因为系统误差总是以相同的方式影响测量值的,因此不会造成不一致性。随机误差可能导致不一致性,从而影响信度。随机误差主要由受访者、调查时间、调研人员、测量工具、测量环境等影响。一般而言,随机误差越小,信度越高,调查就越可信;如果随机误差为0,就认为测量是完全可信的,信度最高。因此,有人将信度定义为在测量中避免随机误差,提供前后一致的数据的程度。

(二) 信度的类型和估计方法

测量的信度通常以相关系数来表示。在实际的应用中,信度指标主要有下面几种类型。

1. 复查信度

所谓复查信度,是指对同一群对象,在不同的时间点采用同一种测量工具先后测验两次,根据两次测验的结果计算出相关系数,这一相关系数就叫做复查信度。通常两次测验的间隔多以两周为度,有的甚至因其需要也有高达一个月或数个月的情形。两次测验的相关若越高,则代表其越具有稳定性。一般而言,0.7以上是属高相关,0.4~0.6是属中度相关,而0.3以下则是低相关。

比如,调查某地农村社区居民参加养老保险的意愿,结果愿意参加的人占30.8%,一周之后进行复查,结果愿意参加的人占31.1%,两次调查结果相的相关系数经过测算为0.88,这就是某地农村愿意参加养老保险人数的复查信度。两次调查结果相关程度很高,说明调查结果是稳定的,所采用的方法是可信的,调查的信度是可靠的。

---

① 王俊明.问卷与量表的编制及分析方法[Z].台湾国立体育学院,2009.

2. 复本信度

所谓复本信度,是指将一套测量工具设计成两个(或两个以上)等价的复本,用这两个复本同时对同一研究对象进行测验,然后计算出其所得两个结果之间的相关系数,该相关系数即为复本信度。比如:学校考试时出 A、B 卷,就是这种复本的一个近似例子。在进行这两类调查时,必须设计两份在内容、难度、长度、排列等方面都相类似的量表。这两套量表是等价的,故称为复本。然后用两套量表先后对同一对象进行调查,并根据调查对象对两套量表的相应问题所作出的回答结果,进行比较分析,计算相关系数,就是复本信度。

3. 折半信度

复本信度、复查信度的共同特点都是必须经过两次调查才能检验其信度,而只根据一次的调查结果来估计信度的方法是属于内部一致性的信度。折半信度也叫分半信度,其计算方法是将量表的题目分成对等的两半,分别求出两半题目的总分,再计算两部分总分的相关系数。分半的方法很多,一般是将奇数题和偶数题各作为一半,而非前后分半,目的是避免顺序效应,即将调查的所有题目按性质、难度编好单双数,在单数题目的回答结果与双数题目的回答结果之间求相关。

使用分半信度时要注意:一是问卷题目所测的应是同一种特质;二是两半题目应是等值的。折半信度是将题目分成两半分别求得两个总分,然后再以积差(Pearson)相关求两个分数的相关系数。由于题目被分为两半,常会造成信度偏低的现象。因此,需要再加以校正。较常用的校正方法有斯布(Spearman-Brown)、福乐兰根(Flanagan)、卢隆(Rulon)等校正公式。

4. 克隆巴赫信度系数

在实证研究中,学术界普遍使用克隆巴赫(Cronbach)α 信度。Cronbach's α 系数是 Cronbach 于 1951 年创立的,用于评价问卷的内部一致性。α 系数取值在 0 到 1 之间,α 系数越高,信度越高,量表(问卷)的内部一致性越好。Cronbach's α 系数不仅适用于两级记分的量表和问卷,还适用于多级计分的量表和问卷。其公式如下:

$$\alpha = \frac{n}{n-1}\left[1 - \frac{\sum S_i^2}{S_x^2}\right]$$

α:信度系数;

n:题数;

S_i^2:为所有被测者在第 i 题得分的方差;

S_x^2:为所有被测者在总得分的方差。

这种方法适用于态度、意见式问卷(量表)的信度分析。通常认为,α 系数应该在 0~1 之间,如果在 0.9 以上,表示量表的信度很好;如果在 0.8~0.9 之间,表示量表的信度可以接受;如果在 0.7~0.8 之间,表示量表有些项目需要修订;如果在 0.7 以下,表示量表有些项目需要抛弃。

【知识小贴士】4.1

用 SPSS 软件计算 α 信度系数

第一步:选择【分析】下拉菜单,选择【度量】选项。

第二步:在【度量】工具中选择【可靠性分析】,弹出对话框。

> 第三步：在所弹出的对话框中，将量表中的指标数据选到【项目】中；在【模型(M)】中选择【α】；单击【确定】，得出克隆巴赫(Cronbach)α信度。
> 提示：若要得到折半信度系数，只要更改上述操作中【模型(M)】选择【半分】即可；有关信度系数的输出结果可以在【统计量】选择。

(三) 提高信度的方法

1. 适当延长量表的长度

量表题目较多，会在一定程度上排除了偶然因素的影响，从而提高了量表的信度。但是量表长度的增加与量表的信度增加并不总是成正比的，当信度系数较小时，延长量表长度，量表的信度系数增加较大；而当信度系数较大时，延长量表长度对信度系数的影响就较小。

2. 量表的难度适中

当量表题目难度太大时，量表得分普遍过低；当量表题目难度太小时，量表得分普遍较高。量表题目太难或太易都会使量表得分差异减小，使实得分数方差减小，从而降低了量表的信度。

3. 量表的内容尽量同质

内容同质的量表，要求答题者具有相同的能力、知识和技能。因而，为了提高量表的信度，量表的内容应尽量保持同质。

4. 测验的时间要充分

一份量表应保证绝大多数答题者在规定的时间内能完成测验。当答题者不能从容地回答所有题目时，量表的得分就不能反映答题者的真实情况。

5. 测验的程序要统一

量表题目要统一，指导语、回答问题的方式、分收的方法和量表测验的时间等都要统一，这些是量表有较高信度的基本保证。

一般信度分析是针对态度、性格、爱好、兴趣类的主观问题或现象的调查，而这类的调查问卷一般都是采用量表的形式。而对一般我们调查的客观类的问卷数据，不需要做信度分析。即信度分析主要是考察数据的可靠性的，而这些系数都是针对量表那种具有一系列相关问题进行的分析，因此，如果需要做信度分析，首先要看问卷是否适合或有必要做信度分析。通常可以对整个问卷做信度分析，也可以对问卷中一类问题进行信度分析。

二、效度

(一) 效度的含义

效度(Validity)通常是指测量的有效性和正确性，亦即量表能够测量出其所欲测量特性的程度，其包括两个方面的含义：一是测验的目的是否正确；二是对测量目标的测量是否精确和真实。效度是一个具有相对性、连续性的概念。

用通俗的语言来说，效度就是告诉研究者，所测量的是不是他/她所想要的，在多大程度上给出了他/她所想要的。这里可能包括测量的对象是否为所预期的、变量的定义是否能反映原始的基本定义等等。效度具有相对性，任何测验的效度是对一定的目标来说的，或者说测验只有用于与测验目标一致的目的和场合才会有效。所以，在评价测验的效度时，必须考虑效度测验的目的与功能。另外，效度具有连续性，测验效度通常用相关系数表示，它只有程度上的不同,而没有"全有"或"全无"的区别。

(二) 效度的种类

1. 内容效度

内容效度是指量表内容的贴切性和代表性,即量表内容能否反应所要测量的特质,能否达到测验目的,较好地代表所欲测量的内容和引起预期反应的程度。内容效度常以题目分布的合理性来判断,属于命题的逻辑分析,所以,内容效度也称为"逻辑效度""内在效度"。

内容效度的评价主要通过经验判断进行,通常考虑三个方面的问题:其一是项目所测量的是否属于应测量的领域;其二是测验所包含的项目是否覆盖了应测领域的各个方面;其三是测验题目的构成比例是否恰当。常用的内容效度的评价方法有两种:一是专家法,即请有关专家对量表题目与原来的内容范围是否符合进行分析,作出判断,看量表题目是否较好地代表了原来的内容。二是统计分析法,即从同一内容总体中抽取两套量表,分别对同一组答题者进行测验,两种量表的相关系数就可用来估计问卷的内容效度。三是计算某个问题与去掉此问题后总得分的相关性情况,分析是否需要被剔除(敏感性分析)。

2. 效标关联效度

效标关联效度是针对所编的量表找一个可参照的效标,如针对选手所编的"运动成就动机量表",可请教练以此量表对其选手加以评分(此项分数即为效标),然后与选手自评的分数求相关系数。假如所得的相关系数达中度相关以上(0.4以上),即代表此份量表具有相当的效标关联效度。

一般而言,适当的效标需具有相当的可靠性,否则无法有效预测所编制的量表。如就上述的"运动成就动机量表"而言,若以资深的教练对选手加以评分,所得分数当然可以作为效标。若是资浅的教练,因为对所有的选手还不是非常了解,其所做的评分就不是可靠的效标。

3. 结构效度

结构效度是指测量结果体现出来的某种结构与测值之间的对应程度。结构效度分析所采用的方法是因子分析。有的学者认为,效度分析最理想的方法是利用因子分析测量量表或整个问卷的结构效度。因子分析的主要功能是从量表全部题项中提取一些公因子,各公因子分别与某一群特定变量高度关联,这些公因子即代表了量表的基本结构。通过因子分析可以考察问卷是否能够测量出研究者设计问卷时假设的某种结构。在因子分析的结果中,用于评价结构效度的主要指标有累积贡献率、共同度和因子负荷。累积贡献率反映公因子对量表或问卷的累积有效程度,共同度反映由公因子解释原变量的有效程度,因子负荷反映原变量与某个公因子的相关程度。

因子分析用在效度的考验方面可分为探索性因子分析和验证性因子分析两种。当编制者在编制量表而没有理论作为根据时,只是由编制者依其概念将有关的题目编制出来,然后透过探索性因子分析了解所编的题目中究竟含有多少个因素。而当编制者采用某个理论来编制量表时,因为一个理论通常都会包含几个向度,亦即所编的量表相对的也会包含这几个分量表。为了验证此项量表所包含的分量表是否和所用的理论一致,验证性因子分析就可用来考验其效度。

在用探索性的因子分析时,通常量表的编制者并不会预先知道会有几个因子,而是看特征值(Eigenvalue)大于1的因子有几个,就决定有几个分量表。此外,虽然在统计软件包(如SPSS)上有多种方法可抽取因子时,但是一般多半用主轴法(Principal Axis Method)。至于在转轴方面,有正交转轴(一般较常用最大变异法 Varimax)和斜交转轴(Oblimin)两种。通常可先用斜交转轴试做,看其各因子之间的相关,若各因子之间是零相关,可改用正交转轴。若各因子之间有低相关(0.1~0.3),用斜交法进行转轴。此时,以斜交转轴所抽取的因子就可加以命名,并将各因子中各题的因子负荷量较小的题目剔除(一般小于0.4的题目可加以剔除),然后重新再进行一次因子分析,直至各因子所有题目的因子负荷量都达到0.4以上。假如是用正交法进行转轴,也是同样的方式,先将各因子命名,然后剔除因子负荷量未达0.4的题目,再重新进行因子分析。

另外在进行探索性的因子分析时,若是编制者综合若干个理论而合成一个量表(其中有几个分量表),此时亦可先用斜交转轴做,但可指定因子的数目。如编制的量表有五个分量表,就可指定以五个因素来做因子分析。因子分析后的各因素间没有相关存在,可改用正交转轴。若各因素间的相关是低相关(0.1~0.3),就以此斜交转轴的结果呈现各题的因素负荷量。若有两个因素间的相关达0.4(含)以上,即表示这两个因素有很大的重叠,应该将这两个因素合并为一个因素,然后再重新做斜交转轴,直到没有因素间的相关达0.4以上为止。

至于验证性的因子分析则是量表的编制者根据某一个理论编出一个量表(其中有若干个分量表),为了验证所编的量表是否符合原先的理论,此时可用验证性因子分析加以验证。在进行验证时,有 SPSS 的 LISREL(Linear Structural Relations)软件包可以使用。譬如所根据的理论若有五个因素,而验证性因子分析所做出来的结果也证明是这五个因素,此时即可说此量表具有结构效度。

【知识小贴士】4.2

用 SPSS 软件计算结构效度

第一步:选择【分析】下拉菜单,选择【降维】选项。

第二步:在【降维】工具中选择【因子分析】,弹出对话框。

第三步:在所弹出的对话框中,将量表中的指标数据选到【变量】中;单击【抽取】,下拉【方法】菜单,选择【主轴因子分解】;单击【描述】,选择【KMO 和 Bartlett's 检验】;单击【旋转】,选择【最大方差法】;单击【选项】,选择【按大小排序】;单击【确定】。

提示:输出结果中,KMO 值大于0.7,说明问卷的结构效度良好。

(三) 提高效度的方法

(1) 理论正确,题项表述清楚。量表内容要适合测验的目的,题项的表述要清楚明了,易于理解,量表题目的排列要由易到难,题目的难度和区分度要合适。

(2) 操作规范以减少误差。量表在发放、回收、录入等环节要操作规范,以减少人为因素所产生的误差。

(3) 控制系统误差。它主要包括仪器不准、题目和指导语有暗示性、答案安排不当(被试可以猜测)等,控制这些因素可以降低系统误差,提高效度。

(4) 样本量适宜且要预防流失。在调查中,要重视量表调查的回收率,有效样本容量一般不应低于30。

(5) 适当增加量表的长度。增加量表的长度既可提高量表的信度,也可以提高量表的效度,但增加量表的长度对信度的影响大于对效度的影响,因此,可以参考前人成功的经验以设置量表长度。

（6）排除无关因素干扰。认清并排除足以混淆或威胁结论的无关干扰变量。

拓展阅读4.2

运动健康信念量表[①]

该量表首先由46名小学教师及38名中学教师（均为40岁以上的中老年教师）填写和健康有关的想法，然后根据这些想法将健康信念归纳为五个部分：知觉从事运动的障碍（1～10题）、知觉从事运动的利益（11～18题）、行动线索（19～26题）、疾病的威胁（27～33题）、采纳建议从事运动的可能性（34～42题）。

一、项目分析

首先将编制好的量表加上指导语即形成预试量表，然后实施预试，本研究共享了233位中老年人（年龄在40至65）作为受试者。首先进行项目分析（所用的计算机软件为SPSS），所得结果如表4.10所示。

表4.10 运动健康信念量表项目分析结果

项目	题号	题目	分辨力系数值	相关系数 R_1	相关系数 R_2
运动障碍	1	我没有足够的时间	9.04	0.50	0.34
	2	缺乏交通工具	7.85	0.55	0.42
	3	身体疾病	4.79	0.39	0.22
	4	没有运动场所	12.93	0.71	0.61
	5	我从事的工作不适合	10.46	0.63	0.52
	6	家务会影响规律运动	11.74	0.63	0.52
	7	缺乏运动同伴	12.83	0.68	0.57
	8	运动伤害	8.24	0.58	0.46
	9	气候不佳	10.27	0.62	0.50
	10	自己没有意愿	7.85	0.52	0.37
运动利益	11	减轻体重	10.00	0.56	0.37
	12	使心里感到舒畅	10.56	0.76	0.67
	13	使身体强壮	12.44	0.76	0.67
	14	增加身体活动力	11.36	0.78	0.71
	15	可以认识更多的朋友促进人际关系	12.55	0.67	0.54
	16	可以改善自己的健康	10.60	0.72	0.63
	17	可以感到更有活力	13.02	0.74	0.65
	18	从事规律运动可以缓解精神上的紧张	10.52	0.60	0.45

[①] 王俊明.问卷与量表的编制及分析方法[Z].台湾国立体育学院，2009.

续表

项目	题号	题 目	分辨力系数值	相关系数 R_1	相关系数 R_2
行动线索	19	医生的建议	10.67	0.64	0.51
	20	电视广告的宣传	11.09	0.65	0.53
	21	朋友的劝告	11.44	0.68	0.55
	22	家人的劝告	11.64	0.68	0.56
	23	家人的疾病经验	15.38	0.75	0.64
	24	朋友的疾病经验	13.40	0.75	0.65
	25	报纸杂志中的健康信息	9.18	0.56	0.42
	26	觉得身体状况不佳	8.68	0.59	0.42
疾病威胁	27	心血管方面的疾病	9.30	0.66	0.53
	28	肥胖症	8.93	0.66	0.53
	29	关节炎	15.62	0.75	0.65
	30	癌症	12.16	0.68	0.55
	31	忧郁症	14.31	0.73	0.60
	32	糖尿病	18.35	0.75	0.64
	33	记忆力减退	14.82	0.73	0.60
运动可能性	34	受配偶的影响	9.13	0.67	0.55
	35	受父母的影响	12.06	0.75	0.66
	36	受兄弟姊妹的影响	14.44	0.78	0.71
	37	受小孩的影响	17.21	0.74	0.66
	38	受医师的影响	10.49	0.66	0.55
	39	受朋友的影响	9.86	0.63	0.51
	40	受工作伙伴的影响	12.67	0.67	0.57
	41	受运动指导者的影响	11.66	0.69	0.59
	42	受孙子的影响	12.04	0.69	0.59

由表 4.10 的分辨力系数得知，各分量表每一题的分辨力值都超过 3，亦即所有的题目在决断值方面都能符合鉴别力的要求。其次，由 R_2 值得知，全部题目的相关值都能达到显著水准。最后，由 R_1 值检视，除了第 3 题的 R_1 值未达中度相关之外，其余各题的 R_1 值都能达到 0.4 以上的要求。由以上三个指标得知，在所有的 42 道题当中，除了第 3 题较不具鉴别力外，其余各题都是有效题。

由于第一个分量表的第 3 题被剔除掉，所以第一分量表需要再重新做一次项目分析，所得结果如表 4.11 所示。

表 4.11 "知觉从事运动的障碍"分量表项目分析结果

原题号	新题号	题 目	分辨力	R_1	R_2
1	1	我没有足够的时间	9.04	0.52	0.35
2	2	缺乏交通工具	7.98	0.56	0.43
4	3	没有运动场所	12.88	0.72	0.61
5	4	我从事的工作不适合	11.16	0.64	0.53
6	5	家务会影响规律运动	11.27	0.65	0.53
7	6	缺乏运动同伴	13.17	0.68	0.55
8	7	运动伤害	8.70	0.57	0.44
9	8	气候不佳	10.52	0.64	0.51
10	9	自己没有意愿	7.57	0.54	0.38

由表 4.11 的结果得知,第一个分量表每一题的决断值、R_1 值及 R_2 值都符合要求,所以第一个分量表再重新做项目分析的 9 道题都可保留下来。由于第 3 题被剔除,所剩的 41 道题的题号在第 3 题之后的都往前进一号。

二、信度检验

其次,本量表进行信度的考验,本研究以内部一致性系数为各分量表进行考验,所得各分量表的 Cronbach'α 值如下:知觉从事运动的障碍(1～9 题)为 0.7907,知觉从事运动的利益(10～17 题)为 0.8155、行动线索(18～25 题)为 0.8378、疾病的威胁(26～32 题)为 0.8342、采纳建议从事运动的可能性(33～41 题)为 0.8673。各分量表的内部一致性系数均达 0.79 以上,可说是具有良好的信度。由于本研究的对象是中老年人,在实施重测信度上有较大的难度,故未取得这方面的信度资料。

三、效度检验

最后本量表进行效度考验,本研究以探索性的因素分析考验所编制的 41 道题是否如原先所预定的分别落入五个因素中。本量表以主轴法抽取因素,并以斜交法进行因素转轴,而且在抽取因素时,直接指定所要抽取的因素为五(因为本量表设计的架构为五个分量表,在进行因素分析时就以五个因素来抽取因素。若原定各分量表的题目能落入其设定的因素中,即代表本量表具有结构效度。若有题目未能落进其设定的因素中,就必须剔除掉),本量表经上述的分析后,所得结果如表 4.12 所示。

由表 4.12 的结果得知,第一个因素共包含有 23、22、19、20、21、18、24、25 等 8 道题;第二个因素包含有 13、12、11、15、16、14、17、10 等 8 道题;第三个因素包含有 3、6、8、4、5、7、2、9、1 等 9 道题;第四个因素包含有 28、31、30、32、29、27、26 等 7 道题;第五个因素包含有 35、34、36、41、40、39、33、37、38 等 9 道题。照原定的架构,本量表共分为知觉从事运动的障碍(1～9 题)、知觉从事运动的利益(10～17 题)、行动线索(18～25 题)、疾病的威胁(26～32 题)、采纳建议从事运动的可能性(33～41 题)五部分。由所得因素分析的结果对照原定的架构,所有各题都落入既定的因素中。

表 4.12　运动健康信念量表的因素分析结果

题号	行动线索	知觉从事运动的利益	知觉从事运动的障碍	疾病的威胁	从事运动的可能性
23	0.699				
22	0.678				
19	0.616				
20	0.609				
21	0.608				
18	0.598				
24	0.480				
25	0.423				
13		−0.785			
12		−0.730			
11		−0.728			
15		−0.698			
16		−0.645			
14		−0.584			
17		−0.462			
10		−0.418			
3			0.697		
6			0.631		
8			0.609		
4			0.579		
5			0.577		
7			0.506		
2			0.493		
9			0.449		
1			0.398		
28				−0.726	
31				−0.721	
30				−0.677	
32				−0.648	
29				−0.626	
27				−0.579	
26				−0.562	
35					0.774
34					0.718

续表

题号	行动线索	知觉从事运动的利益	知觉从事运动的障碍	疾病的威胁	从事运动的可能性
36					0.713
41					0.642
40					0.632
39					0.620
33					0.607
37					0.581
38					0.552
解释变异量	15.47%	11.32%	6.40%	4.85%	3.41%
累积变异量	15.47%	26.79%	33.19%	38.04%	41.45%

由表4.12各因素中各题的因素负荷量得知,只有"知觉从事运动的障碍"的第1题,其因素负荷量是0.398,未能达0.4的标准,但因距0.4已是非常接近,所以还是保留下来。其余各题因素负荷量的绝对值都在0.4以上,因此都属有效的项目,全部可以使用。

各因素间的相关矩阵如表4.13所示,因为各因素之间的相关都在中度相关以下,没有重叠性高的因素。因此,斜交转轴的转轴方法可以采用。本量表的结构效度也由此获得验证。

表4.13 运动健康信念量表各分量表的相关矩阵

分量表	行动线索	知觉利益	知觉障碍	疾病威胁	运动可能
行动线索	1.000				
知觉利益	−0.165	1.000			
知觉障碍	0.049	0.239	1.000		
疾病威胁	−0.264	0.267	0.079	1.000	
运动可能	0.335	0.007	0.037	−0.123	1.000

由上述信度和效度的考验得知,运动健康信念量表是一份具有信度和效度的研究工具。

本 章 小 结

1. 所谓测量,就是根据一定的规则,将某种物体或现象所具有的属性和特征用数字或符号表示出来的过程。测量的主要作用,在于确定物体或现象的某种特定属性的类别或水平。

2. 测量实施过程中需要明确的四个要素分别是测量客体、测量内容、测量法则、数字或符号。

3. 测量层次分为四种,即定类测量、定序测量、定距测量和定比测量。四种测量的层次由低到高,逐渐上升,高层次的测量具有低层次测量的所有功能,它既可以测量低层次测量可以测量的内容,也可以测量低层次测量所无法测量的内容,同时,高层次的测量还可以作为低层次测量处理。

4. 量表是将根据测量客体的特征,运用一定的法则将测量内容编制成题项,并分配一定的数字或序号从而将其特征量化,这些题项构建成一个复合的分数,用来表示不能直接观察的抽象概念的水平。

5. 社会调查中常用的几种量表:总加量表、李克特量表、社会距离量表和语义分化量表。

6. 一份好的量表必须具有相当的信度和效度。

7. 信度是指社会测量的可靠性,是衡量一个社会测量量表质量高低的重要指标,指运用相同的量表重复测量同一对象所得结果的前后一致性程度。

8. 效度通常是指测量的有效性和正确性,亦即量表能够测量出其所欲测量特性的程度,其包括两个方面的含义:一是测验的目的是否正确;二是对测量目标的测量是否精确和真实。

即测即评

一、单项选择题

1. "将被调查者工资单上的应发金额数加上每月奖金发放统计表上他所得的奖金数额就是他的收入状况"是( )。
   A. 测量客体　　　B. 测量内容　　　C. 测量法则　　　D. 数字和符号

2. 社会测量中所研究的对象称为( )。
   A. 调查对象　　　B. 测量客体　　　C. 调查单位　　　D. 测量主体

3. ( )属于定类测量层次。
   A. 性别　　　　　B. 年龄　　　　　C. 收入　　　　　D. 职称

4. 与定距尺度相比,定比尺度更有利于反映变量之间的( )。
   A. 距离关系　　　B. 因果关系　　　C. 数量关系　　　D. 比例关系

5. 信度指运用相同的量表重复测量同一对象所得结果的前后( )程度。
   A. 真实性　　　　B. 有效性　　　　C. 正确性　　　　D. 一致性

6. 效度通常是指量表的( )和正确性,亦即问卷能够测量出其所欲测量特性的程度。
   A. 真实性　　　　B. 有效性　　　　C. 可靠性　　　　D. 一致性

7. 结构效度分析所采用的方法是( )。
   A. 关联分析　　　B. 相关分析　　　C. 回归分析　　　D. 因子分析

二、多项选择题

1. 社会调查中常用的量表有( )。
   A. 总加量表　　　B. 态度量表　　　C. 李克特量表
   D. 语义量表　　　E. 社会距离量

2. 量表的信度,通常有哪些类型?( )

A. 复查信度　　　　B. 比较信度　　　　C. 折半信度
D. 克隆巴赫信度　　E. 复本信度

3. 效度通常有哪些类型?(　　)
A. 具体效度　　　　B. 内容效度　　　　C. 名义效度
D. 关联效度　　　　E. 结构效度

4. 下列有关效度含义的说法,正确的是(　　)。
A. 通常是指量表的有效性和正确性
B. 一是指量表测验的目的是否正确
C. 二是量表对测量目标的测量是否精确和真实
D. 用通俗的语言来说,效度就是告诉研究者,量表所测量的是不是他/她所想要的
E. 在多大程度上给出了他/她所想要的

三、判断题

1. 测量的主要作用在于确定物体或现象的某种特定属性的类别或水平。(　　)
2. 社会测量的量化程度较高,测量的可重复性强。(　　)
3. 语义差异量表主要用于文化的比较研究、个人及群体间差异的比较研究,以及人们对周围环境或事物的态度、看法的研究等等。(　　)
4. 复查信度是指对同一群对象,在不同的时间点采用同一种测量工具先后测验两次,根据两次测验的结果计算出相关系数,这一相关系数越高,说明该测量工具越稳定。(　　)
5. 效度是指量表的有效性和可靠性。(　　)

思考与练习

一、思考题

1. 测量的层次可以分为哪些种类?高低层次的测量有何特点?
2. 什么是测量的信度和效度?怎样检验它们?

二、案例分析题

当前,相当部分地区的离婚率在不断地上升,夫妻离异不仅造成了彼此长期难以平复的心理创伤,对孩子的身心健康发展也带来了严重的影响。因此,离异家庭子女的心理状况教育正引起社会的广泛关注。请分析如何对离异家庭子女的心理状况进行社会测量,设计测量的题项,并编制成量表。

本章实训

实训内容:试对大学生社交焦虑这一抽象概念进行简单的测量(编制不少于10个题项),编制成量表,试调查不少于50份,然后运用SPSS检测量表的信度和效度。
实训目的:熟悉量表的制作。
实训要求:要求能够制作出信度较高、效度合适的量表。
实训组织:5人一组,分组完成。

延伸阅读

1. 孟凡蓉,马新奕.公共服务动机与工作绩效的关系研究[J].统计与决策,2010(17):107-109.

2. 朱从庆,董宝林.人格特质与大学生锻炼动机:情绪调节方式的中介效应[J].武汉体育学院学报,2016,50(1):94-100.

3. 徐占东,陈文娟.大学生创业特质、创业动机及新创企业成长关系研究[J].科技进步与对策,2017,34(2):51-57.

4. 李金城.我国青少年社会化阅读对阅读能力的影响研究[J].中国出版,2017(5):21-25.

5. 邓国峰.网络德育在校园网虚拟社区上的操作化应用范例研究[J].学术论坛,2009,32(8):174-181.

6. 胡仕勇,叶海波.操作化流程及其在社会研究中的应用探讨[J].武汉理工大学学报(社会科学版),2003,16(5):507-510.

7. 韩兆彩,李树茁,左冬梅.农村老年人死亡焦虑的测量:基于DAQ量表的验证与分析[J].人口学刊,2017,39(4).

8. 李鹏飞,葛京,席酉民.制度化领导力量表开发与验证[J].2017,31(3):68-72.

9. 杨润慈,陈英,魏苹.农地利用中的社会排斥:解释、量表编制与检测[J].干旱区资源与环境,2017(8):26-32

10. 温利群,周明建,陆强.创造型领导力对下属创造力的影响研究:量表开发与验证[J].管理评论,2017,29(2):129-142

即测即评答案

一、单选题
1. C 2. B 3. A 4. D 5. D 6. B 7. D

二、多项选择题
1. ACDE 2. ACDE 3. BDE 4. ABCDE

三、判断题
1. √;2. ×;3. √;4. √;5. ×

思考与练习参考答案

一、思考题

1. 答:(1)测量层次分为四种,即定类测量、定序测量、定距测量和定比测量。(2)四种测量的层次由低到高,逐渐上升,高层次的测量具有低层次测量的所有功能,它既可以测量低层次测量可以测量的内容,也可以测量低层次测量所无法测量的内容,同时,高层次的测量还可以作为低层次测量处理。

2. 答:(1)信度是指量表测量的可靠性,是衡量一个量表或问卷质量高低的重要指标,指运用相同的量表重复测量同一对象所得结果的前后一致性程度。效度通常是指量表的有效性和正确性,亦即问卷能够测量出其所欲测量特性的程度,其包括两个方面的含义:一是问卷测验的目的是否正确;二是问卷对测量目标的测量是否精确和真实。

(2)检验(略)。

二、案例分析题

答:题项设计需紧扣心理状况和父母离异两个方面。(略)

第五章 抽样设计

本章知识结构图

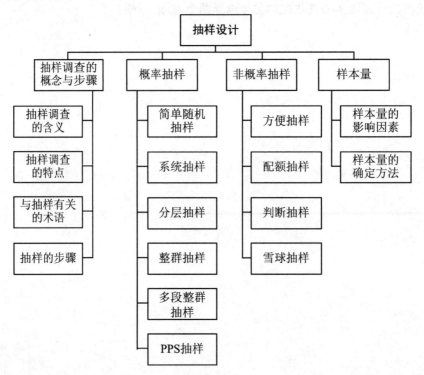

知识目标：理解抽样调查相关概念；了解抽样调查的程序，掌握如何运用各种抽样方法进行抽样；理解样本容量的不同计算方法。

能力目标：能够按照规定的程序进行抽样，熟悉概率抽样和非概率抽样的不同方法，能够根据实际调查需要进行抽样设计。

实训目标：培养抽样设计和抽样方案撰写的能力。

本章重点：制定抽样方案；概率抽样的设计原则；概率抽样方法的类型及其特征；非概率抽样的基本类型及特征；样本容量的确定方法。

本章难点：抽样方案的合理性，对抽样方案进行评估，分层抽样的分层标准，分层抽样与整群抽样的区别与应用，区分概率抽样与非概率抽样的具体应用，样本容量的确定方法。

自2003年以来,中国综合社会调查(CGSS)使用了三套不同的抽样方案:2003~2006抽样方案、2008实验性抽样方案、2010抽样方案。这三套抽样方案从原则上都采用多阶分层PPS随机抽样,但在所基于的抽样框、分层变量、抽样阶段上有所不同,以求最有效的代表中国社会的各方面情况。

2003~2006方案全国共计抽取125个区县(初级抽样单元),500个街道与乡镇,1000个居委会与村委会,10000名个人,最终抽样单元中城市样本与农村样本的对比为5900:4100。2008实验方案全国共计抽取100个区县,300个街道与乡镇,600个居委会与村委会,6000名个人。2010方案全国共抽取100个县级单位加5大都市,480个村/居委会,12000名个人。

资料来源:根据中国综合社会调查官方网站提供的资料整理。

思考一:如何设计抽样方案?

思考二:如何确定样本容量?

案例解读:

中国综合社会调查(Chinese General Social Survey,CGSS)始于2003年,是我国最早的全国性、综合性、连续性学术调查项目。CGSS系统、全面地收集社会、社区、家庭、个人多个层次的数据,总结社会变迁的趋势,探讨具有重大科学和现实意义的议题。我们知道纵使普查能够给我们带来最为准确的结果,但普查需要花费的成本不容忽视。对当今数据信息处于急剧增长的时代,合理科学的抽样调查设计更符合实际的需要。

第一节 抽样调查的概念与步骤

一、抽样调查的含义

一般来说,对由千差万别的个体所组成的总体,如果能对总体作全面的、普遍的调查,即将研究对象的整体无一例外地全部作为调查对象,其所得结果应该说是最具普遍意义的、最能反映总体特征的。但是在很多情况下,实施这种整体调查非常困难,因此常常代之以抽样调查。

抽样调查,就是从被调查对象总体中,按照一定的方法抽取一部分对象作为样本进行调查分析,以此推论全体被调查对象状况的一种调查方式。它适用于市场调查、民意调查、普查后复查等方面。一般分为概率抽样和非概率抽样。

二、抽样调查的特点

第一,调查费用较低。当总体包含的研究对象数目较大时,普查所需费用很大。例如我国第三次人口普查,动用普查工作人员710多万,正式普查期间还动用了1000多万干部群众参加,花费人民币4亿元。而抽样调查由于调查的仅仅是整体中的一部分,因此,所需费用较整体调查要少得多,特别是当研究对象的数目相当大时,只从中抽取一小部分就可以保证足够的精确度,因而节省的费用相当可观。

第二,速度快。调查全部研究对象比调查它的一部分要费时的多,而特别是某些社会现象需要及时了解,随时掌握。在迅速提供有关信息和掌握变动的社会现象方面,抽样调查具有很大的优越性。

第三,应用范围广。由于上述两个特点,抽样调查可以广泛用于各个领域,各种课题,而不像普查那样只限于统计部门或政府部门。此外,在某些种类的调查中,必须使用受过高度训练的人员或专用设备,在这类人员和设备有限、难以进行普查的情况下,只能通过抽样调查来获取信息。因此,就取得信息的种类来说,抽样调查可以发挥作用的范围更广,且更灵活。如2006年我国第二次全国残疾人抽样调查,这类调查需要医疗卫生工作人员和相关医疗器械,若进行普查,难度就要大得多。

第四,可获得内容丰富的资料。为了节约费用,减少工作量,以及适合各地区的情况,普查通常只了解少量的项目,而且多是一些行政上的基本资料,很少有关于态度、意见方面的内容,故无法进行深入分析。我国1953年第一次人口普查,只有性别、年龄、民族、住址等6个项目(2010年11月1日0点第六次全国人口普查,设计项目包括姓名、性别、年龄、民族、户口登记状况、受教育程度、行业、职业、迁移流动、社会保障、婚姻、生育、死亡、住房情况等)。而抽样调查因调查对象的数目较普查少,因此可设置数量较多和较复杂的调查项目,并能集中时间和精力做详细的分析。

第五,准确度高。整体调查需要大批调查员,而这些调查员,有很多是缺乏经验和专业训练的,这往往会降低调查质量。而抽样调查则可以使用少量素质较高的工作人员并对他们进行充分地训练,还可以在实地调查中给予更仔细的检查监督,调查资料的处理亦能较好完成,因此与整体调查相比,抽样调查的资料往往更准确、更可靠。

抽样调查虽然能够较为准确地反映总体的状况,但被抽出的少数对象与全体对象毕竟不是一回事,因此无论怎样精致的抽样设计,都会产生抽样误差,于是抽样得到的少数对象的情况,就不一定完全符合全体对象的情况。根据抽样结果来推断全体对象,可能是对的也可能出错。

抽样方法有两类:非概率抽样和概率抽样。非概率抽样主要是依据研究者的主观意愿、判断或是否方便等因素来选取对象。概率抽样,主要是按照随机原则来选取对象,完全不带研究者主观因素。两种方法的差别在于,概率抽样可以估算抽样误差,非概率抽样无法估算抽样误差。

三、与抽样有关的术语

1. 总体与元素

总体通常与构成它的元素共同定义,总体就是全体研究对象。每一个具体的研究对象被称为元素。总体是构成它的所有元素的集合,元素则是构成总体的最基本单位。

例如我们要进行合肥市家庭网络使用情况调查,那么调查总体就是合肥市所有家庭,每一个具体的家庭就是构成这一总体的最基本单位。

2. 样本

样本就是从总体中按一定方式抽取出的一部分元素的集合,或者说一个样本就是总体的一个子集。

例如,某市某行业有30万名职工,从中抽取1000名来进行生活状况调查,这30万名职工就是总体,1000名职工就构成样本。

3. 抽样

明白了总体和样本的概念,再来理解抽样的概念就十分容易了。所谓抽样,指的是从组成某个总体的所有元素的集合中,按一定的方式选择或抽取一部分元素(即抽取总体的一个子集)的过程,或者说,抽样是从总体中按一定方式选择抽取样本的过程。

4. 抽样单位

出于方便抽样的考虑,我们将总体划分为若干个互不重叠的部分,每个这样的部分就是抽样单位。

例如,在牙膏的产品质量抽查中,调查对象是牙膏,而牙膏是按支为单位计算的。但如果按支为单位进行抽样,则显然不现实。因为若干支牙膏会装成一箱,按支为单位进行抽样则会造成破坏大量包装,而实际上又没有必要。实际中,通常是以牙膏的包装单位——箱进行抽查,对打开的每一箱的每一支进行检查。在这里抽样单位就是箱。

抽样单位与总体单位在形式上有时并非一致。例如,要调查某市出售空调机商店的分布情况,构成总体单位的是销售空调机的商店。抽样时可按商业街道来抽,这时抽样单位是商业街道。

抽样单位受抽样方法的影响。例如,30万名职工中抽1000名,有不同的抽样方法。如直接抽取,就以分析单位——个人作为抽样单位。但如果30万名职工分布在3000家企业中,平均每个企业大约有100名职工,我们就可以从中抽取10家企业,在10家企业中的1000名职工作为样本,这种抽样方法的抽样单位就是企业,而不是个人了。

5. 抽样框

抽样框又称做抽样范围,它指将抽样单位按某种顺序排列编制的名单,是抽样单位的名单。上述例子中,第一种抽样框是30万名职工的名单,第二种方法中抽样框是3000家企业的名单。

例如,假设需要调查某市大学生的消费倾向问题,全市大学生就是一个总体,总体单位是每一个大学生。由于总体比较大,又缺乏全市大学生名单这一抽样框,因此,抽几个大学作为样本,这些大学就是抽样单位,抽样框就是全市的大学名单。

6. 抽样误差

样本是总体的一部分,虽然有代表性,但并不等于总体。用样本的统计值去估计总体的参数值,肯定会产生一定的误差。参数值与统计值之间的差异就是抽样误差,差异越大,抽样误差就越大;差异越小,抽样误差也就越小。

在抽样调查中,抽样误差是不可避免的,但可以通过科学的方法,尽量减少这种误差。

四、抽样的步骤

为了提高调查效率和质量,事先需要作合理的统筹和安排。虽然不同的抽样方法具有不同的操作要求,但它们通常都要经历这样几个步骤。

(一)设计抽样方案

1. 界定总体和抽样单位

界定总体就是在具体抽样前,首先对从中抽取样本的总体范围与界限作明确的界定。这一方面是由抽样的目的所决定的,因为抽样虽然只对总体中的一部分个体实施,但其目的却是为了描述和认识总体的状况与特征,是为了发现总体中存在的规律性,因此必须事先明确总体的范围;另一方面,界定总体也是达到良好的抽样效果的前提条件。如果不清楚明确地界定总体的范围与界限,那么,即使采用严格的抽样方法,也可能抽出总体严重缺乏代表性的样本来。

例如,对某化妆品消费者意见的调查中,调查对象是女性消费者,还要再规定"18周岁以上,45周岁以下的女性消费者"。

界定抽样单位,实际就是界定总体中个体或部分的范围或单位,使其不相互重合,尤其是在多层抽样时使用比较典型。

2. 制定抽样框

这一步骤的任务就是依据已经明确界定的总体范围,收集总体中全部抽样单位的名单,并通过对名单进行统一编号来建立起供抽样使用的抽样框。需要注意的是,当抽样是分几个阶段、在几个不同的抽样层次上进行时,则要分别建立起几个不同的抽样框。

例如,在企业调查中,以企业为单位,可以以工商局的企业注册档案作为抽样框;在电话调查中,以电话号码为抽样单位,电话号码簿就是现成的抽样框。

3. 要确定样本所含个体数目,即样本规模的大小

样本容量的确定原则上控制在必要的最低限度。对一个特定的抽样调查,在达到一定的样本容量后,再增加样本容量对提高它的统计精度就起不了多大作用了,而现场调查的费用却成倍增加,非常不划算。例如要研究某个民族是什么肤色的人种,只要抽取几个样本就足够了,但是要研究他们的平均身高,几个样本就不合理。关于确定样本容量的问题在本章第四节中重点介绍。

4. 决定抽样方法

从后面对这些方法的介绍中我们将会看到,各种不同的抽样方法都有自身的特点和适用范围。因此,对具有不同研究目的、不同范围、不同对象和不同客观条件的社会调查研究来说,所适用的抽样方法也不一样。这就需要我们在具体实施抽样之前,依据研究的目的要求、各种抽样方法的特点,以及其他有关因素来决定具体采用哪种抽样方法。除了抽样方法的确定以外,还要根据要求确定样本的规模以及主要目标量的精确程度。

(二) 实际抽取样本

实际抽取样本的工作就是在上述几个步骤的基础上,严格按照所选定的抽样方法,从抽样框中抽取一个个的抽样单位,构成样本。依据抽样方法的不同,以及依据抽样框是否可以事先得到等因素,实际的抽样工作既可能在研究者到达实地之前就完成,也可能需要到达实地后才能完成。即既可能先抽好样本,再下去直接对预先抽好的对象进行调查或研究;也可能一边抽取样本一边就开始调查或研究。

拓展阅读 5.1

抽样偏差

抽样偏差是指抽样过程中有系统的偏离总体普遍特征的倾向,即样本没有代表性,与总体不同质,并且导致样本成为有偏差的样本。抽样偏差与抽样误差的区别在于抽样误差是随机形成的,误差是无法避免的;而抽样偏差则是人为因素造成的,是可以避免的。例如,1936年美国总统大选,《文学文摘》杂志按汽车牌照和电话号簿登记地址抽样获取的样本,就是抽样偏差的典型例子。

(三) 评估样本质量

一般情况下,样本的抽出并不是抽样过程的结束。完整的抽样过程还应包括样本抽出后对样本进行的评估工作。所谓样本评估,就是对样本的质量、代表性、偏差等进行初步的检验和衡量,其目的是防止由于样本的偏差过大而导致的失误。评估样本的基本方法是:将可得到的反映总体中某些重要特征及其分布的资料与样本中的同类指标的资料进行对比。若两者之间的差别很小,则可认为样本的质量较高,代表性较大;反之,若两者之间的差别十分明显,那么样本的质量和代表性就一定不会很高。

【知识小贴士】5.1

抽样设计的原则

目的性原则:要以课题研究的总体方案和研究的目标为依据,以研究的问题为出发点,从最有利于研究资料的获取,以及最符合研究的目的等因素来考虑抽样方案和抽样方法的设计。

可测性原则:指的是抽样设计能够从样本自身计算出有效的估计值或者抽样变动的近似值。在研究中通常用标准误差来表示。

可行性原则:是指研究者所设计的抽样方案必须在实践上切实可行。

经济性原则:主要指的是抽样方案的设计要与研究的可得资源相适应。

资料来源:孙新城. 汽车市场调查与预测[M]. 北京:机械工业出版社,2013:101.

第二节 概率抽样

一般来说,调查研究只调查总体中的一部分个体,但所得到的却不仅仅是这一部分个体的情况,而是要折射和体现总体的情况。因此,它要求选择的调查样本需要能够代表总体情况。概率抽样是按照概率原理进行的,它要求样本的抽取具有随机性。下面我们就结合这些因素对常用的几种概率抽样方法逐一进行介绍。

一、简单随机抽样

简单随机抽样大家都用过,比如,抛硬币、抽签等。简单随机抽样是最基本的概率抽样,最直观体现了抽样的基本原理,它是其他抽样方法的基础,其他概率抽样都可以看成是由它派生出来的。简单随机抽样又称纯随机抽样,是概率抽样的最基本形式,是指研究者严格按照随机原则来抽取样本。

随机原则的数学上的特定含义,一方面要排除事先设定的模式,使每一个对象被选中的概率都相等,即要满足等概率要求;另一方面,对象之间互相独立,任何一个是否入选样本,与其他对象无关,或者说,每一个对象的抽取都是互相独立的,是随机的,满足独立性要求。

它是按等概率原则直接从含有 N 个元素的总体中随机抽取 n 个元素组成样本($N>n$)。常用的办法类似于抽签,即把总体的每一个单位都编号,将这些号码写在一张张小纸条上。然后放入一容器如纸盒、口袋中,搅拌均匀后,从中任意抽取,直到抽够预定的样本数目。这样,由抽中的号码所代表的元素组成的就是一个简单随机样本。

简单随机抽样法的步骤:先建立抽样框,再从抽样框中选取元素构成样本,这是最基本的、最容易了解的概率抽样方法。

当总体数量 N 不大时,可以用抽签法进行简单随机抽样。元旦晚会幸运观众抽签、电视台幸运观众评选都采用这种方法。

对总体元素很多的情形,我们则采用随机数法来抽样。最经常使用的就是随机数表产生随机数。随机数表是由数字 0~9 组成的表,由电子计算机编制而成。

随机数表中的数码和排列都是随机形成的,没有任何一点规律性(故也称为乱数表)。随机数表允许从一个规模小于 10 万的总体中抽取简单随机样本。

利用随机数表进行抽样的具体步骤是:

(1) 先取得一份总体所有元素的名单(即抽样框)。
(2) 将总体中所有元素一一按顺序编号。
(3) 根据总体规模是几位数来确定从随机数表中选几位数码。
(4) 以总体的规模为标准,对随机数表中的数码逐一进行衡量并决定取舍。
(5) 根据样本规模的要求选择出足够的数码个数。
(6) 依据从随机数表中选出的数码,到抽样框中去找出它所对应的元素。

简单随机抽样是概率抽样的理想类型,没有偏见,简单易行,且在从随机样本的抽取到对总体进行推断,有一套健全的规则。简单随机抽样的不足之处:其一,该方法使用时必须编制出完整的抽样框,并给每个元素编号。当总体规模较大时,工作量大,需要较大的投入。其二,简单随机抽样的样本在总体中比较分散,使得实地访问难以实施,寻找分散的元素往往要动用较多的人力,花费较多时间、费用。

二、系统抽样

系统抽样又称等距抽样或机械抽样。它是把总体中的单位进行编号排序后,再计算出某种间隔,然后按这一固定的间隔来抽取个体号码组成样本的方法。

系统抽样在生活中的运用有很多,如教师上课按照单号、双号来点名。它和简单抽样一样,需要有完整的抽样框,是直接从总体中抽取个体,而无其他中间环节。

系统抽样的具体步骤是:

(1) 给总体中的每一个个体按顺序编号,制定出抽样框。
(2) 计算出抽样间距。计算方法是用总体的规模除以样本的规模。假设总体规模为 N,样本规模为 n,那么抽样间距 K 就由下列公式求得:

$$K(抽样间距) = N(总体规模)/n(样本规模)$$
$$抽样 f = n(样本规模)/N(总体规模)$$

(3) 确定抽样的起点。采用简单随机抽样的方法抽取一个个体,记下这个个体的编号(假设所抽取的这个个体的编号为 A),它称作随机的起点。

(4) 在抽样框中,自 A 开始,每隔 K 个个体抽取一个个体,即所抽取个体的编号分别为 $A, A+K, A+2K, \cdots, A+(n-1)K$。

(5) 将这 n 个个体合起来,就构成了该总体的一个样本。

值得注意的是,系统抽样的一个十分重要的前提条件,是总体中个体的排列,相对研究的变量来说,应是随机的,即不存在某种与研究变量相关的规则分布。因此,我们在使用系统抽样方法时,一定要注意抽样框的编制方法。特别要注意下列两种情况:一是总体名单中,个体的排列具有某种次序上的先后、等级上的高低的情况。二是总体名单中,个体的排列上有与抽样间隔相对应的周期性分布的情况。无论是哪种情况,都不符合总体的全面情况,都是一个有着严重偏差的样本。例如,部队的名单一般以班为单位排列的,10人一班,第一名是班长,最后一名是副班长。若抽样间距也是10时,则样本或均由正副班长组成,或均由战士组成,失去了代表性。

例如:从10000名消费者当中采用系统抽样方法抽取200人作为样本进行调查,则样本区间为10000/200=50,假定从1到50中随机抽出7,则样本号依次为7,57,107,157……直到抽出200个样本为止。

比较简单随机抽样与系统抽样的异同:相同之处两者都要收集总体的名单,将总体中的所有个体进行编号。不同之处在于,系统抽样不需多次使用随机数字表抽取个体,而只需按间隔等距抽取即可。此外,等距抽样在某种情况下可不必像简单随机抽样那样编列个体的号码,只要总体的排列次序是随机的,就可依排好的次序,从中等距抽取。

三、分层抽样

(一)分层抽样的概念

分层抽样又称类型抽样,它是先将总体中的所有单位按某种特征或标志(如性别、年龄、职业或地域等)划分成若干类型或层次(次总体),然后再在各个类型或层次中采用简单随机抽样或系统抽样的办法抽取一个子样本,最后,将这些子样本合起来构成总体的样本。由于社会研究对象的复杂性和异质性程度较高,有必要将把它们按不同的特征分为不同类型(或层),因此,分层抽样在社会调查研究中获得广泛的应用。

(二)分层抽样的优点

与简单随机抽样或系统抽样相比,分层抽样能减少抽样误差,提高样本的代表性。分层抽样将一个异质性的总体分成多个同质性的层,同时确保总体中每个同质的层都有适量的元素被抽中,从而使样本状态偏离总体状态的机会减小,减少抽样误差,增大代表性。分层抽样方法的一个优点,就是在不增加样本规模的前提下降低抽样误差,提高抽样的精度。另一个优点,就是非常便于了解总体内不同层次的情况,以及对总体中小的层次进行单独研究,或者进行比较。

(三)分层抽样的运用

在实际运用分层抽样的方法时,研究者需要考虑下列问题:

1. 分层的标准问题

同一个总体可以按照不同的标准进行分层,或者说,根据不同的标准可以将一个总体分成不同的类别或层次。那么,在实际抽样中究竟应该按什么标准来分层呢?通常采用的原则有:

第一,以所要分析和研究的主要变量或相关的变量作为分层的标准(研究消费能力,就可以选择收入变量作为分层标准)。

第二,以保证各层内部同质性强、各层之间异质性强、突出总体内在结构的变量作为分层变量(比如以年龄为特征的群体分类:老、中、青)。

第三,以那些已有明显层次区分的变量作为分层变量(如收入的划分)。

2. 确定样本比例问题

分层抽样中有按比例和不按比例分层两种方法。按比例分层抽样是指按各种类型或层次中的单位数目同总体单位数目间的比例来抽取子样本的方法。采取按比例分层抽样的方法,可以确保得到一个与总体结构完全一样的样本。但是,在有些情况下,又不宜采用这种方法。例如,有时总体中有的类型或层次的单位数目太少,若以按比例分层的方法抽样,则有的层次在样本中个案太少,不便于了解各个层次的情况,这时往往要采取不按比例抽样的方法。

3. 确定实际分层抽取样本的方法

一是等比例分层抽样,确定各层样本数量,用简单随机或系统抽样的方法,抽出适量的样本元素。

二是不等比例分层抽样。将所有总体元素按分层变量进行分层,然后将各层的总体元素,一层一层连续排列,最后,对连续排列的总体元素进行等距抽样。

例如,假设某地共有居民 2 万户,按经济收入高低进行分类,其中高收入居民为 4000 户,中等收入居民为 12000 户,低收入居民有 4000 户。

问题:从中抽取 400 户进行购买力调查,采用等比例分层抽样,如何抽取?

分析:因为购买力是与家庭的收入水平密切相关的,所以以收入水平作为分层变量是最合适的。按此变量将总体分为高收入户、中等收入户、低收入户三层。

具体的抽样程序如下:

第一步:计算各层在总体中的比例。

高收入户:4000/20000×100% = 20%

中等收入户:12000/20000×100% = 60%

低收入户:4000/20000×100% = 20%

第二步:各层在总体中所占的比例与各层在样本中所占的比例是一样的,因此,计算样本在各层中的具体分布书目。

高收入户:400×20% = 80 户

中等收入户:400×60% = 240 户

低收入户:400×20% = 80 户

第三步:在各层中按等距方法抽取样本单位。

拓展阅读 5.2

一个趣味调查

1985 年,当圣诞节即将来临之时,《纽约时报》有个想法:如果测查全国儿童是否相信圣诞老人存在,将是一件有趣的事,但是,并没有谁家的孩子比较顽皮或比较乖的全同性记录,因此《纽约时报》的人必须巧用智慧,以下是他们对当时做法的报道。

这项最新的《纽约时报》民意调查是 12 月 14~18 日之间针对全美(阿拉斯加和夏威夷除外)范围内 3~10 岁的 261 个儿童用电话访问方式进行的。

我们通过电脑从一份完整的全国电话交换局名册中选择要进行电话访谈的电话号码,标准是每个电话交换局被选到的概率与当地人口数所占的比例相一致。对每一个电话交换局所发出的电话号码是随机选择的,因此会包括当地所有登记或是没有登记的电话号码。

在对1358名成人进行访谈时父母亲们被问及是否愿意让他们的小孩就这个议题接受访谈。考虑到家庭规模、当地家用电话号码数量的多寡，并为了调整样本在所选区域、种族、性别、年龄及教育程度等方面的变异，研究结果进行了加权处理。顺便一提的是，有平均87%的小孩说他们相信圣诞老人的存在；3～5岁的有96%，9～10岁的有69%。

资料来源：巴比.社会研究方法[M].邱泽奇，译.北京：华夏出版社，2005：202.

四、整群抽样

整群抽样与前几种抽样的最大差别在于，它的抽样单位不是单独的个体，而是成群的个体。它是从总体中随机抽取一些小的群体，然后由所抽出的若干个小群体内的所有元素构成的样本。这种小的群体可以是居民家庭、可以是学校中的班级、也可以是工厂中的车间、还可以是城市中的居委会等等。整群抽样对小群体的抽取可采用简单随机抽样、系统抽样或分层抽样的方法。

采取整群抽样的方法，不仅可以简化抽样的过程，更重要的是它可以降低收集资料的费用，同时还能相对地扩大抽样的应用范围。许多较大规模的社会研究往往从节省经费、人力以及从研究的可行性等方面考虑，而采用整群抽样的方法。

中央文明委员会对合肥公共文明状况的调查，就是采用整群抽样，在蜀山区选取了某几个小区进行调查，就是采用了整群抽样的方法。

但是，应该看到，整群抽样所具有的简便易行、节省费用的优点，是以其样本的分布面不广、样本对总体的代表性相对较差等缺点为代价的。

整群抽样方法的运用，尤其要与分层抽样的方法相区别。当某个总体是由若干个有着自然界限和区分的子群（或类别、层次）所组成，同时，不同子群相互之间差别很大、而每个子群内部的差异不大时，则适合采用分层抽样的方法；反之，当不同子群相互之间差别不大、而每个子群内部的异质性程度比较大时，则特别适合采用整群抽样的方法。

例如，假设某校有2000名学生，计划从中抽取160名学生进行消费情况的调查。如果采取整群抽样，如何抽取？

分析：可将学生宿舍作为抽样单位。假设该校共有学生宿舍250间，每间宿舍住8人，我们可以从250间宿舍中随机抽取20间，其中男生宿舍10间，女生宿舍10间，这160名学生就是此次抽样的样本。

五、多段整群抽样

在上述整群抽样中，当子群数或子群内部个体数目较多，彼此间的差异不太大时，常常采用更加经济的方法，即不将样本子群中的所有个体作为样本，而是再从中用前述各种随机抽样的方法抽取样本，因最终样本的获得经过两次抽样，甚至三次抽样，称为多段整群抽样。

例如，我们要进行一次全国城市家庭平均收入水平的调查，可以先把城市作为抽样单位进行第一阶段抽样，选出一部分城市。然后再以居委会为抽样单位，从所选出的城市中抽取一部分街道，这是第二阶段抽样。最后以家庭为抽样单位作第三阶段抽样，即以家庭为抽样单位，从已选出的街道中抽取家庭样本。

多段抽样又称多级抽样或分段抽样，它是按抽样元素的隶属关系或层次关系，把抽样过程分为几个阶段进行。在社会研究中，当总体的规模特别大，或者总体分布范围特别广时，研究者一般采取多段抽样的方法来抽取样本。多段抽样的具体做法是：先从总体中随机抽取若干大群(组)，然后再从这几个大群(组)内抽取几个小群(组)，这样一层层抽下来，直至抽到最基本的抽样元素为止。

多段抽样的方法适用于总体范围特别大、对象的层次特别多的社会研究。

六、PPS抽样

以上所介绍的抽样方法有一个共同的特点：总体(或子总体)中的每一个元素都具有同等的被抽中的概率。如果总体中每个元素的"大小"基本相同，或者每一个元素在总体中的地位或重要性相差不多，则这种基于同等概率的抽样是合适的。但当元素的大小不同，或者元素在总体中的地位不同时，则需要采用不等概率抽样的方法。比如，从全市几百家企业中抽取20家企业进行调查时，一个有着数万职工的大型企业与一个只有一二百人的小企业所占的地位，显然是很不一样的。如果此时仍然采用等概率抽样的方法，则样本的代表性和精度都会比较差。而如果采用不等概率抽样的方法，使大的企业入选样本的概率大，小的企业入选样本的概率小，这样就可以大大提高估计的精度。社会研究中重要、也最常用的一种不等概率抽样叫做"概率与元素的规模大小成比例的抽样"，简称PPS抽样。

【知识小贴士】5.2

抽样调查的局限性

(1) 抽样调查对客观条件和抽样程序的要求十分严格，使它的应用范围受到限定。例如，当调查总体范围不十分明确时，就不能使用抽样调查。

(2) 抽样调查需要较多的数理统计知识，在缺乏这类人才的情况下，不宜实施抽样调查。

(3) 由于抽样调查是用部分来代表总体，推算全面，而部分和总体之间，总是或多或少存在一些差别。部分顶多只能近似全体，而不能等于全体，样本和其所代表的总体之间总存在着误差。

第三节 非概率抽样

在社会研究中，人们有时还采用非概率抽样的办法来选取样本。非概率抽样不是按照概率均等的原则，而是根据人们的主观经验或其他条件来抽取样本。因而，其样本的代表性往往较小，误差有时相当大，而且这种误差又无法估计。所以，在大规模的正式研究中，一般很少用非概率抽样，常常只是在探索性研究中采用。常用的非概率抽样有以下几种。

一、方便抽样

偶遇抽样又称做方便抽样或自然抽样，是指研究者根据现实情况，以自己方便的形式抽取偶然遇到的人作为对象，或者仅仅选择那些离得最近的、最容易找到的人作为对象。例如，为了调查居民对社区环境的满意度，在社区中拦住居民进行调查，为了了解消费者对某品牌牛奶的喜爱程度，对购买该品牌牛奶的读者进行调查。这种碰到谁就选谁的抽样方法往往被有些人误认为就是随机抽样。仅从表面上看,两者的确有些相似,都排除了主观因素的影响,纯粹依靠客观机遇来抽取对象,但两者有一个根本的差别,这就是偶遇抽样没有保证总体中的每一个成员都具有同等的被抽中的概率。那些最先被碰到的、最容易见到的、最方便找到的对象具有比其他对象大得多的机会被抽中。正是这一点使我们不能依赖偶遇抽样得到的样本来推论总体。

偶遇抽样的优点是方便省力,但样本代表性差,有很大的偶然性。

二、配额抽样

配额抽样又称做定额抽样,它是一种比偶遇抽样复杂一些的非概率抽样方法。

配额抽样时根据某些参数值(调查对象的某种属性或特征),将总体中所有个体分成若干类或层,然后按各层中(类)在总体中所占比例抽样。

进行配额抽样时,研究者要尽可能地依据那些有可能影响研究变量的因素来对总体分层,并找出具有各种不同特征的成员在总体中所占的比例,然后依据这种划分以及各类成员的比例去选择对象,使样本中的成员在上述各种因素、各种特征方面的构成及其在样本中的比例都尽量接近总体。如果把各种因素或各种特征看作不同的变数的话,那么,定额抽样实际上就是依据这些变数的组合。

假如,调查某校大学生就业意愿,通过向教务处等部门了解到,该校学生中男生与女生的比例为1∶1,大一、大二、大三、大四学生占全院学生的比例分别为40%、25%、20%、15%,现在要抽取1000名同学作为调查对象,该如何抽样?建立配额矩阵如表5.1所示。

表 5.1 配额矩阵

年级	男	女	合计
大一	200	200	400
大二	125	125	250
大三	100	100	200
大四	75	75	150
合计	500	500	1000

配额抽样的优点是配额抽样的逻辑是通过样本配额,使样本结构可能与总体结构保持一致,对总体进行克隆。配额矩阵所依据的总体参数值越多,样本元素的分类越细,样本与总体的结构越接近。配额抽样中经常采用的参数值包括性别、年龄、教育程度、婚姻状况、收入和职业等。

配额抽样的不足:第一,总体分布变化的最新资料、最新信息不容易找到,配额的合理性很难保证。第二,配额抽样在实际操作过程中由调查员根据方便原则执行,从特定的矩阵格子里选择样本时,有很大的随意性。

许多书中都谈到定额抽样与分层抽样十分相似,或把定额抽样称为分层抽样在非概率抽样中的对应词。实际上,两者同样具有本质上的差别。两者虽然都依据某些特征对总体进行分层,但两者的目的不同,抽样方法也不同。

三、判断抽样

判断抽样又称立意抽样、主观抽样，它是研究者根据研究的目的和专家判断来选择和确定研究对象（样本）的方法。这种抽样首先要确定抽样标准。由于标准的确定带有较大的主观性，所以，此法的运用结果如何往往与研究者的理论修养、实际经验以及对对象的熟悉程度有很大关系。

判断抽样的主要优点在于可以充分发挥研究人员的主观能动作用，特别是当研究者对研究总体的情况比较熟悉、研究者的分析判断能力较强、研究方法与技术十分熟练、研究的经验比较丰富时，采用这种方法往往十分方便。但是由于它仍然属于一种非概率抽样，所以，其所得样本的代表性往往难以判断。在实际中，这种抽样多用于总体规模小、所涉及的范围较窄或时间、人力等条件有限而难以进行大规模抽样的情况。

判断抽样被用于以下场景：首选，研究者用判断抽样来选择特定能提供信息的独特个案。其次，研究者用判断抽样来选取很难以接近的特殊人群。研究者认为，这些特殊人群可以提供研究信息。最后，研究者用判断抽样来选取某种特殊个案类型，以便进行深入研究。

四、雪球抽样

雪球抽样是一种极特殊的抽样方法，是一种根据已有研究对象的介绍，不断辨识和找出其他研究对象的累积抽样方法。

雪球抽样时，样本可能只有一个或少数几个人，这几个人通过自己的社会关系，介绍新人加入，新人通过自己的社会关系，又会介绍新人，随着关系网络的不断扩大，样本越滚越大，是一种多阶段的技术。比如，研究城市保姆问题。研究者一开始因缺乏信息无法抽样，可以先通过各种办法，如家政公司、街道居委会或培训机构的介绍等，找到几个保姆进行调查，并请他们提供自己所认识的保姆……依次类推，像滚雪球一样，由小变大。

雪球抽样特别适合对成员难以找到的总体进行抽样，比如，城市里的散工、无家可归的流浪者和吸毒者。也可应用于对具有一定网络联系的总体进行抽样。

用这种办法进行抽样最后会有许多个体无法找到，还有些个体因某些原因被提供者故意漏掉不提，这两者都可能具有某些值得注意的性质，因而可能产生偏差。如果总体不大，有时用不了几次就会接近饱和状况，即后访问的人再介绍的都是已经访问过的人。

【知识小贴士】5.3

大数据下非概率抽样的使用思考

（1）在使用目标抽样时，我们常常派遣调查员去公共场所对目标人群进行调查，这一前提是我们所要调查的对象在该公共场所出现的概率较大，且易于识别。在互联网中，当我们遇到数据的特征为：目标数据的密度较大，且易于识别时，可以考虑在目标抽样的基础上做出一些改进。

（2）时间地点抽样的特点是借助已有信息，在没有抽样框的情况下借助时空单元建立抽样框，而我们注意到大数据的体量比较大，建立抽样框是有难度的，因此可以考虑，从数据在互联网上产生的时间及物理地址两个维度，把目标总体划分为若干个样本单元，这样我们就获得了相应的抽样框，可以在此基础上进一步进行抽样，当然在建立抽样框时，应当注意到各样本单元的数据密度情况，避免代表性偏差。

(3) 从滚雪球抽样引出的几类抽样,其特点是借助人际关系网。我们注意到,近年来,以推特、微博为代表的社交网络平台不断扩大,用户数不断增加,这些社交平台上产生了大量的数据,并且其中包含着大量有用信息,而这些数据的特点就是以相应的社会网络为载体,自然地,我们可以考虑把滚雪球抽样拓展到针对社会网络群体的数据收集工作上。

资料来源:米子川,聂瑞华.大数据下非概率抽样方法的应用思考[J].统计与管理,2016(4).

一项抽样方案示例

下文的抽样案例是一项《后现代化理念视野下的青年价值观研究》[1]中的抽样方案,鉴于客观情况的限制,该研究主要采用概率抽样和非概率抽样两种抽样方法。北京市的抽样采用的是分层、多阶段概率规模与成比例抽样,即 PPS 抽样。郑州市的抽样主要采用判断抽样和多阶段抽样。

1. 北京市抽样方案

采用分层、多阶段概率规模与成比例抽样方法(PPS 抽样)。

(1) 分层抽样。将北京所有中学分为两层:初中为第一层;高中为第二层。每层各选 350 名学生,共抽取 700 名学生。

(2) 多阶段抽样。抽样共分四个阶段。第一阶段,从北京 16 个区、2 个县中抽取两个区;第二阶段,从被抽中的每个区里随机抽取两个学校;第三阶段,从被抽中的每个学校里随机抽取两个班;第四阶段,从被抽中的每个班里随机抽取 44 名学生。

2. 郑州市抽样方案

首先也是将郑州的 448 所中学分为两层:初中为第一层(343 所学校);高中为第二层(105)所学校。每层各选 350 名学生,共抽取 700 名学生。郑州的分阶段抽样方案中,初中和高中的第一阶段抽样,即抽区,采取的是判断抽样的方法。我们主要是根据经济发达情况和学校(包括大学和中学)在郑州各区(共 8 个区)的主要分布情况来选取抽样单位。经比较,最后决定在金水区和二七区进行抽样调查。首先,金水区是郑州市的中心城区,同时也是全省面积最大、人口最多、经济最发达的城区,集政治、经济、文化、金融、信息中心于一身。辖区汇集了中央部委和省、市所属大中专院校、科研机构 128 家,市区中学 35 所,小学 75 所,是国家科技进步先进区和国家基础教育课程改革试验区,二七区相对金水区来说在商业和教育、文化事业和科技的发展(二七区共辖有初中 8 所,普通高中 2 所)均有一定的差距。

从抽样的第二阶段起,郑州的抽样方案与北京的抽样方案基本相同。

---

[1] 吴鲁平,刘涵慧,王静,等.后现代化理念视野下的青年价值观研究[M].北京:社会科学文献出版社,2013:189.

第四节 样 本 量

样本量是指样本中所包含的抽样单位的数目。样本规模大小不仅影响其自身的代表性,而且还直接影响到调查的费用和人力的花费,太大的样本会浪费人力、财力,增加工作量,甚至难以完成;太小的样本则会减少调查的效果。因此,样本大小"适当"是非常重要的。

一、样本量的影响因素

影响样本量大小的因素比较多,从进行调查的实际情况看,确定一个科学而合理的样本量,要考虑三大方面的因素:一是数理统计方面的因素;二是管理方面的因素;三是调查实施方面的因素。

(一)数理统计方面影响样本量的因素

1. 总体的构成情况

总体的构成情况分为两个方面:一是总体规模的大小,即一个总体中所包含的抽样单位的多少。总体规模越大,样本量就要越大。二是总体内部的构成情况,即总体的异质情况。总体的异质性程度越高,需要的样本量就越多。

2. 抽样误差的大小

在其他条件一定的情况下,允许的误差小,抽样数目就应相对多一些;反之,允许误差越大,抽样数目就可少一些。在抽样调查设计时,应当取多大的允许误差,要根据调查的目的要求、调查经费和时间来确定。一般来说,调查的准确度要求高、调查力量强、调查经费充足,允许误差就可以定得小一些;反之,允许误差就只能放大一些。

3. 抽样的方法

不同的抽样方法需要的样本量也不相同。对总体没有进行任何处理的简单随机抽样,在重复抽样的情况下,构成总体中的每个个体都有被重复抽到的可能性。因此,相对分层抽样、等距抽样而言,简单随机抽样对总体的代表性要差些,需要的样本量也相对要多些。整群抽样由于以"群"作为抽样单位,对总体代表性的损失较大,因此需要的样本量相比简单随机抽样要大。

总之,在抽样误差相同的前提下,分层抽样需要的样本量最小,等距抽样所需的样本量稍大于分层抽样的样本量,简单随机抽样所需的样本量又比等距抽样的样本量大,整群抽样所需的样本量最大。

(二)管理方面影响样本量的因素

1. 经费预算

由于调查也是一项成本投入。比如,市场调查的目的是获得较为精确的某类产品市场消费总量及潜在发展空间方面的信息,以作为论证是否购买一条先进生产线、开发生产新产品的重要决策依据。诸如这种用于论证大项目投入的调查,调查费用投入比较大,而如果调查仅仅是为了跟踪一次促销活动的效果,费用也就相应较小。

2. 调查的精度要求

一般而言,样本量越大,抽样误差越小,调查精度相应越高,但精度高意味着样本量大,成本也高。

(三) 调查实施方面影响样本量的因素

1. 问题的回答率

调查问题的回答率表明调查对象对所有提出的问题的回答情况。首先,在问卷中,可能会设计一个过滤性问题,根据被调查者对该问题的回答来决定下一个问题是否需要回答。因此,对带有过滤性问题的后续问题而言,它的样本量就会减少。其次,问卷设计中的一些缺陷也可能导致被调查者不能作出回答。由于这些因素的存在,使得每个问题的回答率高低不一,每个问题可分配到的实际样本量相差较大,可能导致某些问题的样本量过少,从而在统计中失去意义。要根据实际需要,通过增加样本量来弥补这类问题。

2. 问卷的回收率

在实际中,要根据问卷的回收率考虑样本量。例如,邮寄调查的回收率一般低于访问调查的问卷回收率,所以需要的样本量相应地也应大些。

二、样本量的确定方法

在抽样调查中,对概率抽样和非概率抽样,确定样本量的方法是不同的。非概率抽样的样本量主要是根据主观判断和从事实际调查的经验来确定;概率抽样的样本量则是在计算的基础上确定的。因此样本量大小的确定主要有理论方法和经验方法两种。

(一) 理论方法

虽然简单随机抽样在实际中很少被单独使用,尤其在大规模抽样调查中更是如此,但简单随机抽样样本量的计算却有着重要的实用价值。实际调查中确定复杂抽样方法的样本量时,常常是先计算出在一定精度条件下的简单随机样本量,然后在此基础上进行修正,从而确定复杂抽样方法的样本量。

首先我们讨论简单随机抽样中推论总体平均数的样本量的计算方法为

$$n = \frac{t^2 \times \sigma^2}{e^2}$$

其中,t 为置信水平所对应的临界值,σ 为总体的标准差,e 为容许的抽样误差。

而推论总体百分比的样本量计算公式为

$$n = \frac{t^2 \times p(1-p)}{e^2}$$

其中,p 为总体的百分比,t、e 含义同上。

在上述计算公式中,由于置信水平是事先确定的,所以其临界值 t 可以从标准正态分布表中查出,e 也是研究者根据事先需要确定的,但总体的标准差、百分比却往往是难以得到的。因此,在实际抽样过程中,研究者往往无法直接运用上述公式计算所需样本量,而只能采取某些变通的办法。比如,利用前人所作的关于同一总体的普查或抽样调查资料,来计算或估计总体方差,由此得出推论总体均值的样本规模。在计算推论总体或百分比的样本量时,我们看到,$p(1-p)$ 在 $p = \frac{1}{2}$ 时达到最大值。因此,我们即使对 p 一无所知,也可以采取比较保险的办法取 $p=0.5$,这样,上式变为

$$n = \frac{t^2}{4e^2}$$

它可以保证样本规模足够大。表 4.2 中所列的样本量就是根据上面的公式计算所得的在 95% 的置信水平($t=1.96$)条件下的最小样本规模(表中为计算渐变,取 $t=2$)。

表 4.2　95%置信水平下不同抽样误差所要求的样本量[①]

容许的抽样误差比例(%)	样本量
1.0	10000
1.5	4500
2.0	2500
2.5	1600
3.0	1100
3.5	816
4.0	625
4.5	494
5.0	400
5.5	330
6.0	277
6.5	237
7.0	204
7.5	178
8.0	156
8.5	138
9.0	123
9.5	110
10.0	100

【知识小贴士】5.4
辅助信息在抽样设计中的应用

在抽样设计阶段，可以利用辅助信息改进抽样方法，使抽出的样本更具有代表性，还可以使用辅助信息改进抽样方案，从而节省人、财、物，并且提高抽样的精度。

(1) 辅助信息在等概率抽样中的应用。概率抽样主要有简单随机抽样、分层抽样、整群抽样、系统抽样和多阶段抽样，在各种抽样方式中，很好地利用辅助信息来设计抽样方案，可以有效地减小误差，从而提高精度。在简单随机抽样中，利用辅助信息不多，或者根本用不到，然而如果构造一个全面、高质量的抽样框并不是一件容易的事，这时候就需要利用辅助信息来构造抽样框。在分层抽样中，要求层内单元差异尽可能地小，层间差异尽可能地大。而在抽样过程中，关键问题就是层的划分，在划分层的时候，可以根据辅助信息来分层。比如在对大学生消费调查时，根据以往的经验，本科生和研究生的消费状况差异很大，在抽样前对大学生按照本科生和研究生进行分层。

---

① De Vaus D A. Survereys in Social Research[M]. Canberra: George Allen & Unwin Ltd., 1986:63.

(2) 在整群抽样中,要求群内单元差异尽可能地大,群间差异尽可能地小,也就是说划分群时要求同一群内各单元之间的差距尽可能大。在划分群时,可以利用辅助信息来实现。比如对某地区农作物产量的调查时,根据种植面积划分群,使得每个群内包含的种植面积差异尽可能地大。

(3) 在系统抽样中,第一个单元抽选出来后,整个样本就确定了。在抽样前,如果能够按照有关标志排队,进行有序系统抽样,可以使得抽取的样本单元更具有代表性,在排序时,可以根据与目标变量高度相关的辅助变量来排序。

资料来源:陈培培,金勇进.辅助信息及其在抽样设计中的应用[J].中国统计,2014(4).

(二) 经验方法

前面介绍了样本量的计算方法,这种方法使用起来比较困难,加之在正式抽样前有些统计指标无法确定,如样本标准差、误差范围等,这些指标只能根据小范围的探测性调查结果近似代替或大致估计,这也给样本量大小的确定增加了不确定性。所以,即使是理论确定样本量大小的方法,得到的样本单位数也不一定精确。如果想要得到一个比较精确的样本规模,往往需要抽样专家和专业研究人员的指导。在一般的社会调查中,其实并不要求很高的精确度和把握度,调查与预测人员往往可凭经验来决定样本的大小。

在统计学中,把容量小于或等于 30 个单位的样本叫小样本,大于或等于 50 个单位的样本叫大样本。在实际调查中,由于面对的总体及总体的异质性较大,一般都要抽取大样本,样本规模为 50~5000 个单位。

在大总体或复杂总体情况下,如果遵循了随机性原则抽样,样本量在 2000~2500 就够了。所谓大总体或复杂总体,实际来说就是指一个国家、一个省、一个城市、一个县或一个地区,在这样大的范围内抽样时,由于调查对象的总体是由许多不同性质、不同类别的子总体所组成的,单位之间的异质性较大,而且总体单位数目巨大,所以称为大总体或复杂总体。有时为了加大保险系数,样本量也可增加到 4000~5000,但无论多大的总体,样本量都不应超过 1 万。要想充分保证样本对总体的代表性,关键不在于拼命加大样本量,而在于按随机原则来抽样。

调查对象如果是小总体,样本量在 200~250 即可。如对一个学校、一个机关、一个街道、一个企业进行的抽样,因为总体规模较小,内部异质性相对亦较小,样本量不需太大。

大数据环境的抽样

大数据的抽样方法有待研究。"样本"不必使用所有"数据",不管锅有多大,只要充分搅匀,品尝一小勺就知道其滋味。针对大数据流环境,需要探索从源源不断的数据流中抽取足以满足统计目的和精度的样本。需要研究新的适应性、序贯性和动态的抽样方法。根据已获得的样本逐步调整感兴趣的调查项目和抽样对象,使得最近频繁出现的"热门"数据,也是感兴趣的数据进入样本。建立数据流的缓冲区,记录新发生数据的频数,动态调整不在样本中的数据进入样本的概率。对罕见案例,如果采用简单随机抽样将会抽到很少的案例和过多的非案例数据。需要研究大数据的案例抽样方法(Case-based sampling)。探索基于事件的抽样方法(Event-based sampling)。设置信号强度门槛值,仅抽样超过门槛值的数据。利用其他各种抽样技术,例如:捕获—再捕获,不等概率抽样,将注意力放到总体中难以观测到的部分。在大数据环境中采用非随机抽样方法,如滚雪球方法,从种子开始逐步扩大样本。研究对社会关系网络和图的抽样方法,从随机种子出发,不断加入新种子,了解网络性质和结构。需要研究发现稀疏信号的方法和压缩感知方法。成组检测是发现稀疏信号的一个特别方法。例如美国1943年对新兵验血检查梅毒感染时,由于梅毒是罕见疾病,采用了将一组人群的血液混合在一起进行检测的高效快捷方法。

资料来源:耿直.大数据时代统计学面临的机遇与挑战[J].统计研究,2014(1).

本章小结

1. 抽样指的是从组成某个总体的所有元素的集合中,按一定的方式选择或抽取一部分元素(即抽取总体的一个子集)的过程。或者说,抽样是从总体中按一定方式选择或抽取样本的过程。

2. 各种抽样都可以归到概率抽样与非概率抽样两大类中。这是两种有着本质区别的抽样类型。概率抽样的核心是随机,因而它能够避免抽样过程中的人为误差,保证样本的代表性;而非概率抽样则主要是依据研究者的主观意愿、判断或是否方便等因素来抽取对象,它不考虑抽样中的等概率原则,因而往往产生较大的误差,难以保证样本的代表性。

3. 抽样的一般程序包括下述几个步骤:(1)界定总体;(2)制定抽样框;(3)设计抽样方案;(4)实际抽取样本;(5)评估样本质量。

4. 抽样框是总体所有要素的名单或是准名单表,也就是样本的选择来源。一个样本的代表性直接依赖于抽样框代表总体要素的程度。有多种抽样设计可供研究者选择。

5. 分层是在抽样之前先将总体要素分成相对同质性群体的过程。这样的过程能降低抽样误差的程度,并增进样本的代表性。

6. 常用的概率抽样方法包括:简单随机抽样、系统抽样、分层抽样、整群抽样、PPS抽样。

7. 非概率抽样的方法包括:方便抽样、配额抽样、判断抽样、雪球抽样。

8. 一般情况下,社会研究中样本规模的确定主要受到以下四个方面因素的影响:总体的规模,估计的精确性要求,总体的异质性程度,研究者所拥有的经费、人力和时间。

即测即评

一、单项选择题

1. 下列抽样方法中不属于概率抽样的是( )。
    A. 随机抽样　　　　B. 偶遇抽样　　　　C. 系统抽样　　　　D. 整群抽样

2. 民意测验一般是采用( )。
    A. 随机抽样　　　　B. 偶遇抽样　　　　C. 滚雪球抽样　　　D. 等距抽样

3. 简单随机抽样是指总体单位( )。
    A. 不加任何处理任意抽取样本　　　　　　B. 按其某种特征分为若干类型抽取样本

C. 按一定标志编序按间隔抽取样本　　　D. 分为若干群以群体为单位抽取样本

4. 偶遇抽样是指(　　)。
   A. 将总体单位不加任何处理任意抽取样本
   B. 将总体单位按其特征分为若干类型抽取样本
   C. 将总体单位按一定标志编序间隔抽取样本
   D. 向碰巧遇见的行人或其他人进行调查

5. 当需要研究新生事物时,最恰当的调查方法是(　　)。
   A. 全面调查　　　B. 典型调查　　　C. 重点调查　　　D. 抽样调查

6. 概率抽样中效果最好的抽样方式是(　　)。
   A. 简单随机抽样　　B. 等距抽样　　C. 分层抽样　　　D. 整群抽样

二、判断题

1. 抽样调查的特点是费用较高,资料的准确性较高。(　　)
2. 抽样调查是对调查对象总体的每一个个体逐一进行调查。(　　)
3. 一般来说简单随机抽样比分层或分群随机抽样调查准确度更高。(　　)
4. 分层抽样的误差是所有的抽样方法中最小的。(　　)
5. 抽样调查是以样本指标数值来推算总体指标数值的一种调查。(　　)
6. 对那些有必要进行普查的调查项目,运用抽样调查一样可以达到目的。(　　)
7. 样本数量在一般情况下与抽样误差成正比关系。(　　)
8. 概率抽样是对总体中每一个体都给予平等的被抽取的机会。(　　)
9. 分层抽样应尽量缩小层内差异,增大层之间的差异。(　　)
10. 分层抽样和配额抽样最主要的区别在于前者按主观性抽取,后者按随机原则抽取。(　　)

思考与练习

一、思考题

1. 抽样调查有什么特点?
2. 如何进行抽样调查?基本程序有哪些?

二、案例题

1. 案例一:某地共有居民2万户,按经济收入高低进行分类,其中高收入居民为4000户,中等收入居民为12000户,低收入居民为4000户。要从中抽取400户进行购买力调查。

请根据案例回答下列问题:

(1) 在该案例中总体数为(　　)。
　A. 4000　　　　B. 12000　　　　C. 20000　　　　D. 400

(2) 在该案例中样本数为(　　)。
　A. 4000　　　　B. 12000　　　　C. 16000　　　　D. 400

(3) 在该案例中抽选400户最好选择(　　)方法。
　A. 系统抽样　　B. 分层抽样　　C. 任意抽样　　D. 滚雪球抽样

(4) 在该案例中应该抽取高收入户数为(　　)。

A. 80　　　　　　B. 240　　　　　　C. 320　　　　　　D. 120

(5) 在该案例中应该抽取中等收入户数是（　　）。
A. 80　　　　　　B. 240　　　　　　C. 320　　　　　　D. 120

2. 案例二：为了解普通居民对某种新产品的接受程度，需要在一个城市中抽选1000户居民开展市场调查，在每户居民中，选择1名家庭成员作为受访者。

(1) 总体抽样设计。由于一个城市中居民的户数可能多达数百万户，除了一些大型的市场研究机构和国家统计部门之外，大多数企业都不具有这样庞大的居民户名单。这种情况决定了抽样设计只能采取多阶段抽选的方式。根据调查要求，抽样分两个阶段进行，第一阶段是从全市的居委会名单中抽选出50个样本居委会，第二个阶段是从每个被选中的居委会中抽选出20户居民。

(2) 对居委会的抽选。从统计或者民政部门，我们可以获得一个城市的居委会名单。将居委会编上序号后，用计算机产生随机数的方法，可以简单地抽选出所需要的50个居委会。

如果在居委会名单中还包括了居委会户数等资料，则在抽选时可以采用不等概率抽选的方法。如果能够使一个居委会被抽中的概率与居委会的户数规模成正比，这种方法就是所谓PPS抽样方法。PPS抽样是一种"自加权"的抽样方法，它保证了在不同规模的居委会均抽选20户样本的情况下，每户样本的代表性是相同的，从而最终的结果可以直接进行平均计算。当然，如果资料不充分，无法进行PPS抽样，那么利用事后加权的方法，也可以对调查结果进行有效推断。

(3) 在居委会中的抽样。在选定了居委会之后，对居委会的抽选将使用居委会地图来进行操作。此时，需要派出一些抽样员，到各居委会绘制居民户的分布图。抽样员需要了解居委会的实际位置、实际覆盖范围，并计算每一幢楼中实际的居住户数。然后，抽样员根据样本量的要求，采用等距或者其他方法抽选出其中的若干户，作为最终访问的样本。

(4) 确定受访者。调查员根据抽样员选定的样本户，进行入户访问。以谁为实际的受访者，是抽样设计中最后一个问题。如果调查内容涉及的是受访户的家庭情况，则对受访者的选择可以根据成员在家庭生活中的地位确定，例如，可以选择使用计算机最多的人、收入最高的人、实际负责购买决策的人等。

如果调查内容涉及的是个人行为，则家庭中每个成年人都可以作为受访者，此时就需要进行第二轮抽样，因为如果任凭调查员人为确定受访者，最终受访者就可能会偏向某一类人，例如，家庭中比较好接触的老人、妇女等。

在家庭中进行第二轮抽样的方法是由美国著名抽样调查专家Lealie Kish发明的，一般称为KISH表方法。调查员入户后，首先记录该户中所有符合调查条件的家庭成员的人数，并按年龄大小进行排序和编号。随后，调查员根据受访户的编号和家庭人口数的交叉点，在表中找到一个数，并以这个数所对应的家庭成员作为受访者。

请根据案例回答下列问题：
(1) 在该新产品抽样调查中选取的样本数为（　　）。
A. 10000　　　　B. 1000　　　　　C. 50　　　　　　D. 1
(2) 在该新产品调查中对居委会的抽选采用了（　　）方法。
A. 分层抽样　　　B. 系统抽样　　　C. 整群抽样　　　D. 抽签法
(3) 在该新产品调查中对居民户的抽选最好选择（　　）方法。

A. 系统抽样　　　　B. 判断抽样　　　　C. 任意抽样　　　　D. 滚雪球抽样

（4）在该新产品调查中抽样单位是（　　）。

A. 居民　　　　　　B. 居委会　　　　　C. 家庭成员　　　　D. 老人

（5）在该新产品调查中居民户的抽样框是（　　）。

A. 电话号码簿　　　B. 户口档案　　　　C. 一幅地图　　　　D. 名册

本 章 实 训

实训内容：通过本单元实训，要求学生完成以下任务：

（1）撰写概率抽样方案。

（2）运用概率抽样方法实施调查样本的抽样。

（3）对抽取的调查样本进行质量评估。

实训目的：通过本单元实训培养学生初步掌握以下能力：

（1）概率抽样的设计和方案撰写的能力。

（2）根据调查需要恰当地确定样本规模的能力。

（3）运用各种概率抽样方法实施样本抽样的能力。

（4）对样本进行质量评估的能力。

实训要求：

（1）各调查小组讨论概率抽样的抽样总体、抽样方法、样本规模等各个项目，确定抽样策略。

（2）各调查小组根据讨论结果，撰写抽样方案。

（3）各调查小组根据抽样方案，实施概率抽样，抽取调查样本。

（4）各调查小组对抽取的调查样本进行质量评估。

实训组织：学生3~5人分组，依据本小组的调查选题，在此选题讨论、设计、形成本组的抽样方案，制作成PPT课件，进行课堂交流，教师点评，优秀课件可纳入本校该课程的教学资源库。

延 伸 阅 读

1. 金勇进，刘展. 大数据背景下非概率抽样的统计推断问题[J]. 统计研究，2016（3）.

2. 刘林平，范长煜，王娅. 被访者驱动抽样在农民工调查中的应用：实践与评估[J]. 社会学研究，2015（2）.

3. 肖海燕. 非概率抽样样本容量的确定问题[J]. 山西大同大学学报（自然科学版），2018，34（1）.

4. 马赞甫，刘妍珺. 回归分析中最小样本容量的确定[J]. 统计与决策，2017（5）.

5. 任莉颖，邱泽奇，丁华，等. 问卷调查质量研究：应答代表性评估[J]. 社会，2014，34（1）.

6. 陈华. 浅谈市场调研中样本容量的设计[J]. 科技信息，2012（31）.

7. 陈培培，金勇进. 辅助信息及其在抽样设计中的应用[J]. 中国统计，2014（4）.

8. 邵志强.抽样调查中样本容量的确定方法[J].统计与决策,2012(22).

9. 崔颖安,李雪,王志晓,等.社会化媒体大数据多阶段整群抽样方法[J].软件学报,2014,25(4).

10. 孙立新.多阶段整群抽样在整体网络分析中的随机抽样设计[J].统计与决策,2013(6).

即测即评答案

一、单选题

1. B　2. A　3. A　4. D　5. D　6. C

二、判断题

1. ×　2. ×　3. ×　4. √　5. √　6. ×　7. ×　8. √　9. √　10. ×

思考与练习参考答案

一、思考题

1. 抽样调查,就是从全体被研究对象中,按照一定的方法抽取一部分对象作为样本进行调查分析,并以此推论全体被研究对象状况的一种调查方法。

抽样调查有几个显著的特点:

(1) 它的调查对象不是总体的全部单位,而只是作为样本的一部分单位,用足够数量的调查单位组成的样本来代表和说明总体。

(2) 样本是按一定抽样原则抽取的,而不是调查者随意选择或确定的。

(3) 抽样调查的目的不是说明样本本身的情况,而是从样本推论总体和说明总体。

(4) 节省人力、物力、财力和时间。

2. 抽样调查的基本程序是:

(1) 界定调查总体。在抽样之前首先就要根据调查目的和要求,明确界定调查对象的内涵、外延和数量,以及调查内容和抽样单位。

(2) 选择抽样方法。抽样方法分为两大类:概率抽样和非概率抽样。根据总体性质和抽样误差选取不同的抽样方法。

(3) 确定抽样单位,编制抽样框。确定需要抽取的样本数量或比例,将所有待抽样的对象按一定方式编号编制抽样框。

(4) 确定样本规模。

(5) 抽取样本,评估样本。按确定的抽样方法从抽样框中抽取需要的样本数量,组成调查样本。把样本特征分布与总体特征分布进行对照,对样本的代表性进行一定的评估。

(6) 收集、整理样本资料和推断调查总体。

二、案例题

1. (1)C　(2)D　(3)B　(4)A　(5)D

2. (1)B　(2)D　(3)A　(4)A　(5)C

第六章　资料收集(一):问卷法

本章知识结构图

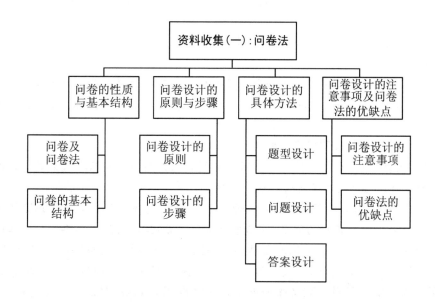

知识目标:了解调查问卷的内涵,问卷法在社会调查中的意义,掌握调查问卷的一般结构。

能力目标:指导学生学习设计调查问卷,合理设计调查问卷中的问题。

素质目标:通过调查问卷的介绍和设计练习,让学生认识到问卷调查法在社会实践活动中的重要性,锻炼在日常生活当中解决实际问题的能力。

本章重点:掌握调查问卷的结构和设计、问卷法的具体实施。

本章难点:设计调查问卷题的目的、原则和要点。

案例导入

××夏季野营负责人准备了下面的调查问卷,用来采访准备参加野营的孩子们的父母:

1. 您的收入最接近几百美元?
2. 您强烈支持还是较弱支持您的孩子参加过夜的野营呢?
3. 您的孩子在学校的野营中表现得好吗? 是( )否( )
4. 在您对我们野营活动的评估中,什么是最显著的、起决定性的因素?
5. 您认为剥夺您孩子这样一个通过参加学校野营活动而锻炼成为一个成熟的人的机会是正确的吗?

思考:对上述问卷设计的每个问题你将如何评价?

案例解读:

问题1:调查人员不应该以这样一个涉及敏感性或私密性的问题作为调查问卷的开头。人们通常并不知道自己的收入最接近多少美元,大多数人也不愿意如此准确地揭示他们的收入。

问题2:"强烈"和"较弱"到底如何定义?

问题3:"表现"是一个相对的说法。对这个问题仅仅用"是"或"否"的答案选项过于绝对化了。另外,人们能诚实、客观地回答这个问题吗?

问题4:到底什么是"显著"和"决定性因素"? 用这种界定不清的概述性词语提问不妥。

问题5:这是一个有负担的问题,问题本身带有偏见,父母无法用简单的"是"来回答。

总之,一份好的调查问卷不仅问题具体、表述清楚、重点突出、整体结构好,确保问卷能完成调查任务与目的,信息充分,便于编码和统计整理,还要注意问题设计的基本要求和技巧,问题和答案的设计尽量做到使被调查者能够回答、方便回答、愿意回答。

第一节 问卷的性质与基本结构

问卷法是国际上通行的调查工具和作业方式,是社会调查中最常用的资料收集方法。英国社会学家莫泽说:"十项社会调查中就有九项是采用问卷调查的。"美国社会学家艾尔·巴比称"问卷是社会调查的支柱"。西方国家最早将其用于民意测验,后来在社会调查的各个领域得到了广泛的应用。20世纪80年代以来,问卷法在我国也日益普及,是我国近年来推行最快,应用最广的一种调查手段。问卷调查被广泛应用于社会调查、经济调查、市场调查的各个领域。

一、问卷及问卷法

(一)问卷的概念、特点和功能

1. 问卷的概念

问卷又叫调查表(Questionnaire)或问卷表,它是调查人员依据调查目的和要求,以一定的理论假设为基础提出来,由一系列"问题"和备选"答案"以及其他辅助内容所组成,以书面形式了解被调查者的反应和看法,并以此获得资料和信息的载体。简言之,问卷是一种以书面形式向被调查者了解情况,以获取所需资料和信息的载体。

问卷既是一种收集数据的结构化技术,又是实施各种市场调查方法的一种必备的工具,它能够将定性问题转化为定量分析,是一种类似于体温表、测量器、磅秤、米尺那样的工具。

问卷设计是依据调查与预测的目的,开列所需了解的项目,并以一定的格式,将其有序地排列组合成调查表的活动过程。

2. 问卷的特征

调查问卷作为收集信息的工具,是一套印刷在纸上的问答题目,其基本特征可概括为四易:易答、易记、易统计、易辨别。具体表现为:

(1) 主题突出,问题相互关联紧凑。
(2) 语言准确规范,易于被调查者接受。
(3) 问题形式多样、简明,易懂易答。
(4) 易于统计整理和分析。

3. 问卷的功能

问卷是市场调查不可缺少的工具;设计合理的问卷有利于全面、准确地收集资料;使用问卷还可以节省调查时间。调查问卷能将所要调查的问题明确地传达给被调查者,设法取得对方的合作,最终获得真实、准确的答案,同时问卷还应具有一些自我检测的功能,帮助确定被访者回答问题的认真程度。

一个设计成功的问卷一般应具备以下功能:

(1) 把研究目标转化为特定的问题。
(2) 使问题和回答范围标准化,让每一个人面临同样的问题环境。
(3) 通过措辞、问题流程和卷面形象来获取应答者的合作,并在整个谈话中激励被访问者。
(4) 可作为调研活动的永久记录。
(5) 能加快数据分析的进程。

(二) 问卷的类型

问卷的类型如图 6.1 所示。

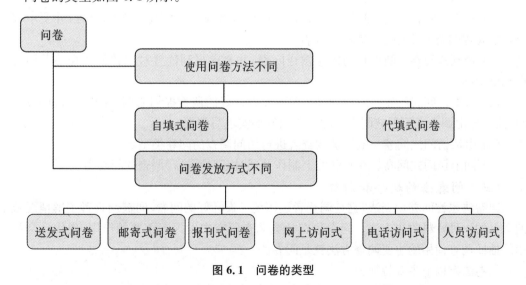

图 6.1　问卷的类型

1. 根据市场调查中使用问卷方法的不同分类

（1）自填式问卷。是指由调查者发给（或邮寄给）被调查者，被调查者根据实际情况自己填写的问卷。

（2）代填式问卷。是指调查者按照事先设计好的问卷或问卷提纲向被调查者提问，然后根据被调查者的回答，由调查者进行填写的问卷。

这两种问卷各自的优缺点如表 6.1 所示。

表 6.1　问卷调查方式的利弊

项目	自填式问卷调查		代填式问卷调查		
问卷形式	报刊问卷	邮政问卷	送发问卷	访问问卷	电话问卷
调查范围	很广	较广	窄	较窄	可广可窄
调查对象	难控制和选择，代表性差	有一定控制和选择，但回复问卷的代表性难以估计	可控制和选择，但过于集中	可控制和选择，代表性较强	可控制和选择，代表性较强
影响回答的因素	无法了解、控制和判断	难以了解、控制和判断	有一定了解、控制和判断	便于了解、控制和判断	不太好了解、控制和判断
回复率	很低	较低	高	高	较高
回答质量	较高	较高	较低	不稳定	很不稳定
投入人力	较少	较少	较少	多	较多
调查费用	较低	较高	较低	高	较高
调查时间	较长	较长	短	较短	较短

2. 根据问卷发放方式的不同分类

（1）送发式问卷。由调查者将调查问卷送发给选定的被调查者，待被调查者填答完毕之后再统一收回。

（2）邮寄式问卷。通过邮局将事先设计好的问卷邮寄给选定的被调查者，并要求被调查者按规定的要求填写后回寄给调查者。

（3）报刊式问卷。随报刊的传递发送问卷，并要求报刊读者对问题如实作答并回寄给报刊编辑部。

（4）人员访问式问卷。由调查者按照事先设计好的调查提纲或调查问卷对被调查者提问，然后再由调查者根据被调查者的口头回答如实填写问卷。

（5）电话访问式问卷。电话被调查者进行访问调查的问卷类型。

（6）网上访问式问卷。在互联网上制作并通过互联网进行调查的问卷类型。

（三）问卷法的概念和特征

问卷法也称问卷调查法，它是调查者运用统一设计好的问卷，向被调查者了解情况或征询意见的一种资料收集方法。问卷法在社会调查研究中发挥着重要的作用，现代社会最常用的抽样调查使用的主要调查方法就是问卷法。

问卷法有以下主要特征：

（1）标准化。即按照统一设计的有一定结构的问卷进行调查。

(2) 以间接调查为主。即调查者不与被调查者直接见面,而由被调查者自己填写;但少数情况下也可以是直接调查。

(3) 表现为书面形式。即调查者用书面提出问题,被调查者也用书面回答问题。

(4) 常用于抽样调查。即被调查者是通过概率或非概率抽样方法选取而来,同时调查对象一般比较多。

(5) 特别适用于定量调查。即通过样本统计量推断总体;但也常作为定性调查的手段之一。

【知识小贴士】6.1

问卷法与问卷

问卷法与问卷密不可分,但两者又不是一回事。所谓问卷法,就是指在社会调查中,采用问卷调查表(常简称为问卷)作为工具,直接从被调查者那里收集有关资料的方法。这种方法可以说是现代社会调查中最常用的一种资料收集方法(当然不是唯一的方法)。它的主要特征就是研究者把所要询问的各种问题,以书面的形式恰当地组织起来,形成一种规范的、统一的问题表,而整个调查资料的收集过程,就是靠这种调查表作为工具来完成的。

至于问卷,它实质上只是一种工具,一种类似于体温表、测力器、磅秤、米尺那样的工具。只不过与这些工具不同的是,问卷在形式上是一份精心设计的问题表格,而其用途则是用来测量人们的行为、态度和社会特征,它所收集的则是有关社会现象的各种资料。

问卷法的主要工作任务包括两个方面,即设计问卷和使用问卷。前者往往显得更为重要,同时也更为困难。

资料来源:风笑天.问卷法[J].青年研究,1993(5).

二、问卷的基本结构

根据调查目标设计出完整、科学的调查问卷,是调查人员获得全面而准确的调查资料、完成直接调查任务的关键步骤。调查问卷的质量直接影响到市场调查与预测的结果。设计是否科学合理将直接影响问卷的回收率,影响资料的真实性、实用性。

问卷是调查研究中用来收集资料的主要工具,它在形式上是一份精心设计的问题表格,其用途则是用来测量人们的行为、态度和社会特征。尽管实际调查中所用的问卷各不相同,但是它们往往都包含这样几个部分:问卷名、封面信、指导语、问题、答案、编码等。

问卷的介绍部分应尽量仔细并为后面的调研打下基础;那些被听到或看到的开场白往往会影响受访者们决定是否参与此项调研;展示一个问卷调查,要直观显示问卷的结构。

(一) 问卷名

就是问卷的标题,它是对调查主题的概括说明,以使被调查者能够一目了然地获悉可能要回答哪些方面的问题。在确定标题时要求尽量做到醒目、简明扼要,最好能够引起被调查者的兴趣。例如"大学生消费状况调查""我与广告——公众广告意识调查"等。而不要简单采用"问卷调查"这样的标题,它容易引起回答者因不必要的怀疑而拒答。

(二) 封面信

封面信也叫问卷说明,即一封致被调查者的短信。具体可分为两部分:问候语和填写说明。它的作用在于向被调查者介绍和说明调查的目的、调查单位或调查者的身份、调查的大概内容、调查对象的选取方法和对结果保密的措施等。有些封面信还有填表须知、交表时间、地点及其他事项说明等。

封面信一般放在问卷开头,要求语言简明、中肯,开门见山、篇幅宜小不宜大,两三百字最好。也可在封面信中进行一定的宣传,以引起调查对象对问卷的重视。具体内容如下:

(1)要说明调查者的身份。即说明"我是谁"。除了写清单位、组织外,最好还能附上单位的地址、电话号码和联系人的姓名等,以便消除被调查者的疑虑,体现调查的正式性。

(2)要说明调查的大致内容。即"调查什么"。要注意的是,一方面,对调查内容的介绍不能欺骗被调查者。另一方面,我们对调查内容的说明,既不能含含糊糊,甚至完全不谈,也不能过于详细地去谈。

(3)要说明调查的主要目的。即"为什么调查"。对于调查的目的,应尽可能说明其对整个社会,尤其是对包括被调查者在内的人民群众的实际意义,而不能只谈"为了进行科学研究"等等。

(4)要说明调查对象的选取方法和对调查结果保密的措施。对于来访和调查,一般人们或多或少总存在一定的戒心。为了消除被调查者的这种戒心,应该在封面信中简明扼要地作出说明。

封面信示例:
关于影响电动自行车消费因素的市场调查问卷

尊敬的女士/先生:
　　您好!
　　我们是××的调研员。受××的委托,正在进行一项关于影响电动自行车消费因素的市场调查。我们采用的是街头拦截法,确定您作为我们的访问对象,非常希望得到您的支持!此次调研采用无记名方式,所获得的有关信息只作为本次研究分析之用,我们承诺保守秘密并不将所获信息用作其他用途。为表示对您的感谢,我们将赠送一份精美的小礼品。谢谢您的支持!

××调研中心
年　月　日

(三) 指导语

指导语即用来指导被调查者填答问卷的各种解释和说明,其作用和仪器的使用说明相似。

不同的调查问卷,对指导语的要求不同,所采取的形式也多种多样。有些问卷的填答方法比较简单,指导语很少,常常只在封面信中用一两句话说明即可。如在问候语的结尾处加上:下面所列问题,请在符合您情况的项目旁"□"内打"√"。

有些比较复杂的问卷的指导语则集中在封面信之后,并有专业的"填表说明"标题;其作用是对填表的方法、要求、注意事项等作一个总的说明。还有一些问卷,其指导语分散在某些较复杂的问题前或问题后,用括号括起来,对这一类问题作专业的指导说明。如:本题可选三项答案,并按重要程度将其顺序排列。还有些指导语分散在某些较复杂的调查问题后,对填答要求、方式和方法进行说明。

指导语示例:

填答说明

(1) 请在每一个问题后适合自己情况的答案号码上画圈,或在____处填写适当的内容。

(2) 问卷每页右边的数码及短横线是计算机处理用的,您不必填写。

(3) 若无特殊说明,每一个问题只能选择一个答案。

(4) 填写问卷时,请不要与他人商量。

(四)问题及答案

这是问卷的主体,也是问卷设计的主要内容,是调查问卷中最重要的部分。它主要是以提问的形式提供给被调查者,这部分内容设计的好坏直接影响整个调查的价值。

主题内容主要包括以下几方面:① 对人们的行为进行调查。包括对被调查者本人行为进行了解或通过被调查者了解他人的行为。② 对人们的行为后果进行调查。③ 对人们的态度、意见、感觉、偏好等进行调查。

从形式上看,问题可分为开放式与封闭式两大类。所谓开放式问题,就是只提出问题,但不为回答者提供具体答案,由回答者根据自己的情况自由填答的问题。简言之,就是只提问题不给答案。开放式问题的主要优点,是允许回答者充分自由地发表自己的意见。因而,所得资料丰富生动。其缺点是资料难于编码和统计分析,对回答者的知识水平和文字表达能力有一定要求,填答所花费的时间和精力较多,还可能产生一些无用资料。

封闭式问题则是在提出问题的同时,还给出若干个答案,要求回答者根据实际情况进行选择。封闭式问题形式中,单一选项和多项选项的问题形式都很常见,因为他们便于问题的处理和数据的输入,同时也便于使问卷中的问题标准化。封闭式问题的优点是,填答方便,省时省力,资料易于作统计分析。其缺点是资料失去了自发性和表现力,回答中的一些偏误也不易发现。

单一选择封闭式问题示例:

您认为自己生活在杭州幸福吗?

① 非常幸福 ② 比较幸福 ③ 一般 ④ 不太幸福 ⑤ 很不幸福 ⑥ 不清楚

多项选择封闭式问题示例:

如果您打算买一台 CD 机,您会选择哪个品牌?

① 东芝 ② 通用电气 ③ 索尼 ④ JVC ⑤ 三星 ⑥ 其他

(五)编码及其他资料

在以封闭式问题为主的问卷中,为了将被调查者的回答转换成数字,输入计算机进行处理和定量分析,需要对回答结果进行编码,即赋予每一个问题及答案一个数字作为它的代码。

编码是将问卷中的调查项目变成数字的工作过程,大多数市场调查问卷均需加以编码,以便分类整理,易于进行计算机处理和统计分析。所以,在问卷设计时,应确定每一个调查项目的编号和为相应的编码做准备。通常是在每一个调查项目的最右边按顺序编号。如:①您的姓名;②您的职业;……而在调查项目的最右边,根据每一调查项目允许选择的数目,在其下方划上相应的若干短线,以便编码时填上相应的数字代码。

编码既可以在问卷设计的同时就设计好,也可以等调查完成后再进行。前者称为预编码,后者称为后编码。在实际调查中,研究者大多采用预编码。因此,预编码也就成了问卷中的一个部分。编码一般放在问卷每一页的最右边,有时还可用一条竖线将它与问题及答案部分分开。下面就是预编码的一个例子。

(1) 您的年龄:____岁　　　　　　　　　　　　　　　　　　　　　1~2 ____

(2) 您的性别:□① 男　□② 女　　　　　　　　　　　　　　　　3 ____

(3) 您的文化程度:□① 小学以下　□② 初中　□③ 高中或中专　□④ 大专以上

　　　　　　　　　　　　　　　　　　　　　　　　　　　　　　　　4 ____

(4) 您每月的收入为多少?____元　　　　　　　　　　　　　　　　5~8 ____

(六) 结束语

在调查问卷的最后,可以简短地向被调查者强调本次调查活动的重要性以及再次表达谢意。例如:"为了保证调查结果的准确性,请您如实回答所有问题。感谢您在百忙之中给予我们的支持,谢谢!""希望能帮到您,也希望您能采纳哦,您的采纳是对我们最大的鼓励!谢谢!"邮寄问卷结束语:"再次感谢您参与访问,麻烦您检查一下是否还有尚未回答的问题后,将问卷放入随附的回邮信封并投入信箱。"拦截访问问卷的结束语:"访问到此结束,谢谢您!"

问卷的结束语一般采用三种表达方式:

(1) 周密式:对被访者的合作再次表示感谢,以及关于不要填漏与复核的请求。这种表达方式既显示访问者有头有尾的一贯的礼貌,又督促被访者填好未回答的问题和改正有差错的答案。例如:"对你所提供的协助,我们表示诚挚的感谢! 为了保证资料的完整与翔实,请您再花一分钟,翻一下自己填过的问卷,看看是否有填错、填漏的地方。谢谢!"

(2) 开放式:提出本次调查研究中的一个重要问题,在结尾安排一个开放式的问题,以了解被访者在标准问题上无法回答的想法。例如:"您对制定关于学生学籍的政策有何建议?"

(3) 响应式:提出关于本次调研的形式与内容的感受或意见等方面的问题,征询被访者的意见。问题形式可用封闭式,也可用开放式。例如你填完问卷后对我们的这次调查有什么感想?

第二节　问卷设计的原则与步骤

一、问卷设计的原则

在实际动手设计问卷之前,我们的头脑中应该牢记下面的几条基本原则。这些原则虽然并不直接涉及问卷设计的具体方法和技术,但在某种意义上,它的重要性并不亚于具体方法的介绍。

(一) 紧密围绕调查的主题和目的

问卷设计的第一步是要充分地了解调查的主题、目的,调查目的决定了问卷的内容和形式。如果调查的目的只是了解被调查者的一般情况,那么,问卷设计就应该主要围绕被调查者的各个方面的基本事实来展开。如果调查目的不是一般的描述,而是要做出解释和说明,那么,问卷设计就应该紧密结合研究的关键变量来进行,此时要分清楚哪些是自变量哪些是因变量,明确计划采用什么样的统计分析技术,变量的测量应保持在哪个数学层次等。这一步的实质就是规定问卷设计所需的信息。为此,需要认真就调查方案、主题和理论假设进行讨论,将问题具体化和条理化。

设计时重点突出主题,避免可有可无的问题,主题可分解为更详细的细目,即把它分别做成具体的询问形式,询问的问题必须是与调查主题有密切关联。问卷设计要紧紧围绕所研究的主题和所要测量的变量来进行。既不漏掉一些必需的资料,也不包含一些无关的资料。但是,如果只从研究者的需要来考虑,而不考虑到被调查者的多种实际情况,那么所设计的问卷往往会存在一些不妥的地方。设计问卷时不能只把注意力放在编制什么问题上,还要注意问卷调查过程中人的因素。要多为回答者着想,多从回答者的角度考虑,尽量为被调查者填答问卷提供方便,减少困难和麻烦。

(二)明确阻碍问卷调查的各种因素

由于问卷调查需要被调查者的密切合作,因此,在设计问卷时,必须对那些在问卷调查过程中可能出现的阻碍因素有清楚的认识。阻碍被调查者合作的因素主要有两个大的方面。

1. 主观上的障碍

即由被调查者心理上和思想上对问卷产生的各种不良反应所形成的障碍。在问卷调查这一社会互动过程中,调查者发到被调查者手中的问卷,实际上就是一种作用于被调查者的刺激物,它必然会在被调查者的心理和思想上产生各种不同的反应。设计不当的问卷往往会引起一些不良的反应,正是这些不良反应构成了影响被调查者同调查者合作的主观障碍。主要有:

畏难情绪。当问卷内容太多,问卷表太厚或者问卷中的开放性问题,特别是需要花费较长时间思考、回忆的问题太多时,这种不良反应最容易产生。它往往直接导致被调查者放弃问卷,或者采取应付态度,使得问卷的回收率大大减少,废卷增加,同时也使资料的真实性受到影响。

顾虑重重。这是一种担心如实填写会给自己带来不利影响,会损害切身利益的心理反应。当问卷调查的内容越敏感,这种心理反应就越容易产生。它往往会导致被调查者从稳妥出发,以不会影响到自己的利益为标准来回答问题。比如对自己的收入或存款问题,有些人常常往少的方面填。有关国家政策,则往往按大多数人的看法填,或者按"正确"的看法填。

漫不经心。当调查者在设计问卷的封面信时,对问卷调查的目的、意义以及被调查者如实填写的重要性和作用说明不够,则容易使被调查者产生这种心理反应。

毫无兴趣。这是被调查者对问卷的一种最平淡、最微弱的反应。它往往是由于问卷内容脱离被调查者的生活实际,或者所用语言与被调查者的社会文化背景极不协调,或者问卷设计呆板、杂乱,或者没有说明被调查者填写问卷的作用和意义等,从而使得问卷对被调查者的吸引力很小,丝毫不能引起他们的兴趣。在这种情况下,被调查者常常把问卷置于一旁,不予理会,有的甚至当废纸扔掉。这是影响问卷回收率的最重要原因。

2. 客观上的障碍

即由被调查者自身的能力、条件等方面的限制所形成的障碍。由于大多数问卷调查所使用的都是自填式问卷,所以客观上对回答者的能力提出了一定的要求。调查者对设计问卷时若不考虑到被调查者的各种能力等客观因素，也会影响到被调查者同他们的合作，造成问卷调查的失败。这些客观障碍主要包括：

阅读能力的限制，理解能力的限制，表达能力的限制。封闭式问题的回答方式相对简单，对回答者表达能力要求不高。回答开放式问题，或者回答调查员的提问，被调查者则常常受到表达能力的限制。有的回答者可能会把他的本意表达错了，有的则可能表达得很不完全，很不清楚，有的可能完全表达不出来。这些都会使所得的资料存在缺陷，则会使调查的成果受到影响。因此，在设计问卷时，应特别注意。

（三）尽心尽力为被调查者着想

问卷作为调查者用来收集资料的工具，对其进行设计时，自然要考虑调查者的需要。问卷调查的过程是调查者通过问卷向被调查者了解情况的过程。即调查者——问卷——被调查者。一方面，问卷设计的出发点应该是从研究者的角度来考虑，即一切为研究者的需要。但是，也应该看到问题的另一方面。在问卷——被调查者这一环节中，问卷是被调查者的主宰，被调查者是问卷所起作用的对象。合适的问卷可使得被调查者愿意回答，也容易回答，而质量低劣的问卷则可能使得被调查者拒绝回答，也可能使他们难以回答。因此，要达到我们的调查目的，就必须在问卷设计时，首先从被调查者的角度出发，为被调查者着想。

注意问卷调查过程中人的因素，顾及被调查者的感受和可能遇到的困难，从而使调查研究能够顺利地进行并取得理想的效果。在实际的调查中，不为调查者考虑的错误主要表现为：

第一，问卷设计得很长，问题太多，需要填答的量太大。比如，有的问卷长达40页共100多个问题，供选择的答案有3000多个，其中，回答者需要填写的有500多项。这样的问卷人们从头到尾仔细看一遍都要一两个小时，填答起来所需时间更多。面对这样的问题，被调查者或者拒答，或者应付。

拓展阅读6.1

问卷分割法

问卷分割法是一种能够解决长文卷问题的新的调查问卷设计方法。它将原始长文卷分割成一个核心部分和几个附属部分，并把各个部分分配到不同子样本中形成分割问卷。其中核心部分的问题要求所有的被调查者都必须完成，而附属部分则采用抽样的方式抽取部分被调查者完成。

资料来源：朱钰，陈晓茹. 问卷分割设计的模拟研究：小域估计的一种应用[J]. 统计与信息论坛，2014(10).

第二，问卷中要求被调查者进行难度较大的回忆和计算。比如有一份对小学生家长的调查，问卷中提出了下述问题："孩子2～3岁时，平均每月抚育费多少钱？"（这里的抚育费指一切花在孩子身上的钱）"这个孩子从小到现在，大小玩具（包括别人送的）共花费了约多少钱？"这些问题看起来只是要求回答者回忆一些过去的情况和做些计算工作，但是设计者却忽视了进行这种计算和回忆的复杂性。

上述现象告诉我们，设计问卷时，不能只把注意力放在编制问题上，还要注意调查过程中回答问题的人的因素。要多从回答者的角度考虑，尽量为他们填答问卷提供方便，减少困难和麻烦。在安排问题时,把简单的、容易回答的问题放在前面,而复杂的、较难的问题放在后面,使被调查者一开始就感到轻松,愿意继续回答下去。如果让被调查者一开始就感到很难回答,就会影响他们回答问题的情绪和积极性。

(四)充分考虑问卷的内容和使用方式

1. 调查的内容

调查的内容也是影响问卷设计工作的一个主要因素。要考虑被调查者对调查内容是否熟悉,从而设计问卷。对那些回答者比较熟悉的调查内容、容易引起回答者参与兴趣的调查内容、不会对被调查者产生心理压力的调查内容来说,问卷设计的工作就相对容易一些。问卷的内容可相对详细、深入,提问可以比较直接,问题的数目可以适当多一些。当调查回答者不太熟悉的问题,或调查内容比较枯燥,不易引起他们的兴趣以及涉及敏感话题时,问卷设计的工作就困难许多。问卷中的问题相对来说就只能概略、浅显、间接一些,问题的数目也应少一些,而问卷的封面信和指导语必须比较详细,措辞谨慎、得体。把被调查者感兴趣的问题放在前面,这样可引起他们填写问卷的兴趣和注意力,而把比较敏感的问题放在后面。如果一开始就遇到敏感性问题,会引起被调查者的反感,产生防卫心理,不愿意回答或拒绝回答,从而影响整个调查访问的顺利进行。对开放式问题的内容和数量要进行一定的限制,尤其要注意记忆能力的限制、计算能力的限制。

2. 问卷的使用方式和资料的分析方式

若主要对资料进行定量分析,应以封闭式问题为主;若想加大定性分析的比重,则应该多设计一些开放式问题。自填式问卷设计要简单明了,便于阅读、理解和填写;访问式问卷,可以复杂一些;用于邮寄方式进行调查的问卷,特别要注意封面信的设计。

二、问卷设计的步骤

(一)前期准备工作

首先,要确定问卷提纲,既根据调查的主题和目标以及被调查者的特点、范围,调查的时间和要求,给调查研究课题写出一份问卷纲要。在这份纲要中应该包括问题的形式、问卷的内容、自变量和因变量以及一些具体的调查项目等。

其次,收集前人使用过的相关问卷。前人使用过的问卷具有较高的信度和效度,可以根据具体情况直接借用或进行一定程度的修改,然后加以使用。

最后,做好一些探索性的工作,熟悉和了解一些基本的情况,以便对各种问题的提法和可能的回答有一个初步的认识。探索性工作最常见的方式,是问卷设计者亲自进行一定时间的非结构式访问。即围绕着所要研究的问题,以十分随便、自然、融洽的方式,同各种类型的回答者交谈。把研究的各种设想、各种问题、各个方面的内容,在不同类型的回答者中进行尝试和比较,以便从中获得对各种问题的提法、实际语言、可能的回答种类等内容的初步印象和第一手资料。同时,还可以在封面信的设计、问题的数量和次序、问题的适当形式以及减少拒答率等方面形成较为客观的认识。

例如,《新农村建设进程中的困境——以××地区万户农民为样本》,前期的准备工作包括找熟悉农村情况的农村干部、农民等了解情况;与熟悉情况的有关人士、符合样本条件的各类被调查者交谈,并留心观察他们的特征、行为和态度等途径来做探索性的工作;将他们中的的6~8人召集在一起,采用小组讨论的方式,就调查所要测量的内容进行广泛而深入的讨论,理清基本概念,弥补重要疏漏。

通过以上步骤，可以避免许多在设计问卷中容易出现的含糊问题，也可以避免设计不符合客观实际的答案，从而提高问卷设计的质量。

（二）设计问卷初稿

经过探索性工作后，我们就可以动手设计问卷初稿了。具体做法有两种：一是卡片法；二是框图法。

卡片法的第一步是根据探索性工作所得到的印象和认识，把每一个问题写在各自独立的一张卡片上。第二步是按照卡片上问题的主要内容，将卡片分成若干堆，把询问相同事物的问题卡片放在一起。第三步是在每一堆中，按合适的询问顺序将卡片前后排序。第四步是根据问卷整体的逻辑结构排出各堆的前后顺序，使卡片联成一个整体。第五步是从回答者阅读和填答问题是否方便、是否会形成心理压力等角度，反复检查问题前后顺序及连贯性，对不当之处逐一调整和补充。最后把调整好的问题卡片依次写到纸上，形成问卷初稿。

框图法和卡片法不同，它的第一步是根据研究假设和所需资料的内容画出整个问卷的各个部分及前后顺序的框图；第二步是根据问卷设计的基本原则仔细考量框图各个部分的前后顺序是否科学合理，是否符合逻辑；第三步是具体写出每一个部分中的问题和答案，并安排好这些问题互相间的顺序；第四步是根据回答者阅读和填写问卷是否方便等，对所有问题进行检查、调整和补充；最后将调整后的结果打印成问卷初稿。

以上两种方法的区别在于卡片法从具体问题开始，由部分到整体。而框图法从总体结构开始，由部分到具体问题。卡片法采用卡片形式，很容易着手，特别是在调整问题互相间的顺序和修改问题方面十分方便。缺点是在第一阶段写具体问题时，由于缺乏总的结构，常常漏写某些方面的问题。框图法虽然在安排问卷各个部分的顺序和逻辑结构方面比前者容易，但修改问题、调整问题则不如前者方便。最好将两种方式结合使用。按照下列步骤进行：首先，根据研究假设和所测变量的逻辑结构，列出问卷各个部分的内容，并安排好它们的前后顺序；其次，一个部分一个部分地将探索性工作中得到的问题及答案写在一张张卡片上；第三，在每一部分中，安排并调整卡片间的结构和顺序；第四，从总体上对各部分的卡片进行反复检查和调整；最后将满意的结果抄在纸上，并附上封面信等有关内容，形成问卷初稿。

（三）评估试用与修改定稿

问卷初稿设计好后，不能直接将它用于正式调查，而必须对问卷初稿进行试用和修改。试用这一步骤在问卷设计的过程中至关重要，主要是对问题或答案进行检验，对大型调查来说更是不能不做。试用问卷初稿的具体方法有两种：一种叫客观检验法，另一种叫主观评价法。

客观检验法的具体做法是，将问卷初稿打印若干份，然后采取非随机抽样的方法选取一个小样本，用这些问卷初稿对他们进行调查。最后认真检查和分析调查的结果，从中发现问题和缺陷并进行修改。检查和分析的方法有：

（1）回收率。如果回收率较低，比如说60%以下，那么说明问卷设计上有较大的问题。

（2）有效回收率。即扣除各种废卷后的回收率。它比回收率更能反映问卷初稿的质量。因为收回的废卷越多，说明回答者回答完整的就越少，这也就意味着问卷初稿中的毛病可能较多。

（3）填写错误。填写错误有两类：一类是填答内容的错误，即答非所问。这是由于对问题含义不理解或误解造成的。对这种情况，一定要仔细检查问题的用语是否准确、清晰，含义是否明确具体。另一类是填答方式的错误,这主要是由于问题形式过于复杂,指导语不明确等原因所致。

(4) 填答不完全。填答不完全的情形主要也有两类。一是问卷中某几个问题普遍未作回答;二是从某个问题开始,后面部分的问题都未回答。对前一种情况,就要仔细检查这几个问题,分析出大部分被调查者未作回答的原因,然后改进;对后一种情况,则要仔细检查中断部分的问题,分析出回答者"卡壳"的原因。

主观评价法的具体做法是,将设计好的问卷初稿,分别送给该研究领域的专家、研究人员以及典型的被调查者进行测试,请他们直接阅读和分析问卷初稿,并根据他们的经验和认识对问卷进行评论,指出不妥之处,提出修改意见。测试的内容主要有:① 各项问句在提问方式上是否满足收集预期信息的目的,问句在设计上是否能够确保信息收集的要求;根据这些问卷是否能保证实现调研目标所规定的信息全面性。② 各项问句是否能够使回答者准确理解。这是指问句的用词设计是否明确。③ 问卷的结构设计是否更有利于回答者准确思考并回答。包括回答问卷所需要的时间;是否需要修改语句、措辞;问卷回答的整体准确率;确定正式问卷数量的多少。④ 问卷收集的信息是否能够满足预期数据分析方法的需要。

根据上述方法找出问卷初稿中所存在的问题后,逐一对问卷初稿中的毛病进行认真分析和修改,最后才能定稿。在对修改后的问卷进行印制的过程中,同样要十分小心和仔细。无论是版面安排上的不妥,还是文字上、符号上的印刷错误,都将直接影响到最终的调查结果。只有经过试用和修改,并对校样反复检查后,才能把问卷送去印刷,用于正式调查中。

(四) 印制问卷与发放问卷

1. 印制问卷

印制问卷有两个问题是需要考虑的。

一是印制数量,问卷的印制数量多少要根据问卷发放数量。问卷发放数量,一般是根据问卷调查样本单位数量确定的,由于问卷调查的回收率和有效率一般不可能达到100%,因此问卷发放数量应大于问卷调查样本单位数量。确定问卷发放数量的公示为:

$$问卷发放数量 = 问卷调查样本单位数量 / (回收率 \times 有效率)$$

例如,根据调查目的确定的问卷调查样本单位数量为200人,估计回收率为75%,有效率为90%,则问卷发放数量为:$200/(75\% \times 90\%) = 296$。

所以,问卷印制数量不得低于问卷发放数量,某些情况下还应稍作增加,如邮寄问卷,为了提高回收率,有时候还需第二次、第三次邮寄一份问卷给被调查者。

二是版面格式,美国著名社会学家艾尔·巴比指出:"问卷格式的重要性不在于问题本身的重要性。不适当的格式会造成答案的遗漏、混淆,甚至导致研究对象拒绝回答问题的后果。……人们也并不喜欢页数虽少但第一页费了他过多时间的问卷,反而喜欢虽然初看页数不少但轻而易举就填完了第一页的问卷。"[①]问卷调查经验告诉我们,印制问卷应该注意版面格式的设计,设计时不要编排过密,各问题之间要留出一定空间,版面格式要整洁、明晰、美观,这样会使被调查者产生好感,激发填写兴趣。

2. 发放问卷

问卷发放方式有邮寄问卷方式、发送问卷方式(包括个别发送方式和集中填答方式、报刊问卷方式、网络传输方式)。由于问卷的发放直接影响到问卷的填答质量和问卷的回收

---

① 艾尔·巴比.社会研究方法[M].李银河,编译.成都:四川人民出版社,1987:174-175.

率,因此,实际发放问卷时必须注意:问卷发放要有利于提高问卷的填答质量;问卷发放要有利于提高问卷的回收率。为此,需要做到:

若采用邮寄方式发放问卷,应当考虑以下做法:一是在抽样设计时,把预定的回收率考虑在内。按一定比例加大样本规模,扩大邮寄范围。二是在正式邮寄问卷之前,给被调查者寄一封信,说明一下将要进行的调查项目;同时在邮寄问卷时,随信附上贴好邮资的回邮信封。三是在邮寄问卷后,给那些未回信的被调查者补寄提示信和问卷;补寄的时间一般以第一次邮寄问卷后的两至三个星期较为适宜。再过两至三个星期进行第二次补寄,一般邮寄三次问卷效果最佳。

若采用送发问卷方式,最好是利用被调查者集中的机会,调查者亲自到现场发放,并做些必要的解释,指导问卷填写。此外,送发问卷应征得有关部门、组织的同意,取得他们的支持和配合,这是送发问卷方式取得成功的重要条件。

若采用报刊发行方式,可以采用奖励的办法来刺激广大读者填答问卷和回复问卷的兴趣和积极性。如抽奖、赠送礼品、赠阅报刊等。实施的奖励、馈赠面应当尽可能大一些,让配合调查的多数读者都能得到一点回报。

若采用网络传输方式,在调查时期内,应自始至终安排专人对网络运行状况进行监测,以保证网络畅通,同时做好网络服务器的定时备份工作。

(五) 回收问卷与审查问卷

1. 回收问卷

回收问卷应根据发放问卷方式采用相应的回收方式,回收问卷值得关注的是,在剔除废卷以后有效问卷的回收率,保持一个较高的问卷回收率(即有效问卷率)是获得真实可靠资料的保证。一般来说,问卷回收率如果仅在30%左右,资料只能作为参考;50%以上,可以采纳建议;当回收率达到70%~75%时,方可作为研究结论的依据。因此,有效问卷的回收率一般不应低于70%。

提高问卷回收率,需要了解影响问卷回收率的因素。其影响因素主要有发送和回收问卷的方式;调查组织工作的严密程度;调查人员的工作态度;调查课题的吸引力;问卷填写的难易程度;问卷回收的可控制程度。根据影响问卷回收率的主要因素可以看出,提高问卷回收率,必须做到:调查组织工作要严密;调查人员要有科学精神,认真负责的工作态度;要根据不同时期、不同地域、不同对象的实际情况,选择具有吸引力的调查课题;要提高问卷的设计质量,增强问卷的适应性、针对性和简明性。另外,要尽量采用回收率较高的问卷发送和回收方式。因为据统计,报刊问卷的回收率为10%~20%,邮寄问卷的回收率为30%~60%,而当面发送问卷的回收率可达到80%~90%,访问问卷的回收率甚至可达100%,且当面发送并回收,可以检查问卷是否有空填、漏填和明显的错误,以便及时更正,保证问卷较高的有效性。

2. 复核问卷

问卷回收以后,在进行整理资料之前,应当对其进行复核,即对问卷事先浏览一遍,目的在于保证收集的问卷信息资料的客观性、真实性、准确性和完整性。复核的内容主要围绕调查对象的选择、调查指标的设计、问卷询问的方式、调查数据的填写等是否科学、合理,以及是否有漏填、错填、误填、乱填、空白等。问卷复核有就地复核和问卷回收之后的集中复核两种方式。对复核中发现的问题,应进行适当处置,矫正错填、误填答项,删除乱填、空白、严重缺答的废卷。凡已在答项中无法解决的问题,可采取补充调查的方式弥补。凡补充调查或采取其他方式都无法解决的,应对该项指标作无回答或无效回答处理。凡调查对象不符合设计要求,其问卷应作无效问卷处理。复核问卷需要遵循以下原则:

(1) 完整性原则。要检查问卷是否填答完整,如果资料收集不全,特别是核心问题资料收集不全,就会降低甚至失去分析研究的价值。因而如果发现填答不完整时,在可能的情况下通过回访来完成问卷。如果由于条件限制,实在无法完成,而内容缺失又较多,在这种情况下,那么该份问卷的资料已失去参考价值,只得全部废弃。

(2) 真实性原则。问卷者根据常识或已有知识经验对问卷中的回答进行辨别,看其是否真实可靠地反映了调查对象的客观情况,如存在较大问题,必须让调查员或其他人进行回访,确实无法回访的则必须剔除。

(3) 准确性原则。要对资料进行逻辑检验,以检查调查得来的资料中有无不合理或相互矛盾的地方,如:在问卷中,当前面问及"您是否使用过某类药物"时,回答为"否",但后面再问及此类药物使用过程中是否有不良反应时,问卷中却填答了如腹泻、恶心等选项,这显然是前后矛盾的。问卷调查的准确程度,需要问卷者对此问卷反馈认真分析,以得到准确的资料。另外,由于问句设计不当而导致答案误差的情况经常会发生,有的问句带有一定的诱导倾向,失去了客观性,例如:"七匹狼,是真正男人的选择,拥有它你将拥有一切,请问你对它印象如何。"这样的一个问题容易诱导被调查对象朝好的一面回答。因此,问句的设计尽可能地做到客观、公正,这样才能够使被调查者准确地反映其真正态度,才能够提高问卷调查的信度与效度。①

(六) 整理问卷与分析问卷

1. 整理问卷

问卷审查之后,接着要对问卷资料进行整理。大规模的问卷调查,一般需运用计算机整理,其步骤有三:一是进行编码,即在调查结束后对开放性答案的种类和编码进行确定和填写;二是数据录入,即把问卷答案内容转换为计算机可读取的数据,输入计算机中储存起来;三是数据清理,即不让错误数据进入运算过程。小规模小范围的问卷调查,也可采用卡片法汇总技术及其他整理技术进行资料的整理。

2. 分析问卷

问卷资料整理之后,统计分析人员便可通过计算机执行各种统计计算指令,获得所需统计分析指标。不管是否运用计算机进行运算,都必须掌握各种统计分析方法,在统计分析的基础上,问卷调查需要进一步进行理论分析,得出调查结论。②

第三节　问卷设计的具体方法

一、题型设计

(一) 二项选择题

二项选择题主要适用于对态度、意见的测量,只列举两种答案,因此带有强迫性质。这

---

① 卢金钟,柴军.使用问卷法进行市场调查应注意的几个问题[J].呼伦贝尔学院学报,2007(1).
② 周德民,张苏辉.社会调查方法教程[M].北京:中国劳动社会保障出版社,2013:148-150.

里面需要强调的是有关事实和状态(自然变量)的只有两种内容的题型设计不属于二项选择题。

比如状态变量中的性别变量只有"男女"两个答案,事实变量中关于是否参加过某一活动的"参加过与没有参加过"这种设计不属于二项选择,它只是多项选一题中的一个特例而已。

1. 穷尽的二项选择题

穷尽的二项选择题是为了更明确而简化地测量人们对某一行为或事物的态度而进行的强迫分类设计。

例:您是否喜欢阅读《汽车》杂志?

(1) 喜欢　　(2) 不喜欢

例:您是否同意"主观为自己,客观为他人"?

(1) 同意　　(2) 不同意

这种设计不能测量人们意见的程度,而且使中立意见者偏向一方,但是它可以使不明确的态度明确化,并做到了简化了的穷尽,从强迫程度来看是比较低的。

2. 不穷尽的二项选择题

不穷尽的二项选择题的强迫程度要高得多,因为题型中的答案没有穷尽所有可能的答案,而且在一定程度上也违背了问卷设计的最基本的准则——穷尽性。但是为了更清楚地了解人们的态度偏向,这种方法又不失为一种有效的方法。比如为了了解大学生今后希望自己在社会中的地位而设计的一道题。

例:你希望做:

(1) 大城市中的小人物　　(2) 小城市中的大人物

这种设计没有包括"大城市中的大人物"、"小城市中的小人物"等内容,设计不穷尽,但却能真实地反映他们的基本生活准则和生活态度。

另外,为了避免被调查者屈从于某种"社会压力"而趋向于"社会需要"的答案,可根据不同程度的两种说法来让被调查者选择,以更真实地了解他们的态度。这种问题常常包括政治态度、性心理、收入状况、市场评价等多方面。比如:

例:如下两种说法,您更倾向于哪一种?

(1) 读某杂志时感觉好极了　　(2) 某杂志不错

例:关于政治态度方面的例子:

(1) 学潮对社会发展有阻碍作用　　(2) 学潮对社会有负面作用

(二) 多项选一题

多项选一题是问卷题型设计中最常用的一种题型,它要求必须满足问卷的穷尽性和互斥性。

例:您对某报纸的态度是:

(1) 很喜欢　(2) 比较喜欢　(3) 一般　(4) 不太喜欢　(5) 不喜欢　(6) 没有用过

这种设计是为了了解人们在所问的问题上的态度差异和频率,问题直截了当,不回避任何方面,在正常情况下,人们一般都采用这种设计。这种设计有几个注意事项:事先编号;包括所有答案;避免重复;答案不宜过多。

（三）顺位法

在国内顺位法运用最多的有两种，多选题和排序题，但是实际上包括6种。

依与多项选一题相近的程度分别为：最重要顺位、限制性多选、无限多选、排序、重要程度顺位填空、对比顺位。

1. 最重要顺位法

最重要顺位法是介于多项选一题和多选题之间的一种方法，它表面上是多项选一题，但是因为是在众多的选择中选择最主要的，因此归为顺位法。

例：你的工作岗位对你最重要的意义在于：

(1) 经济收入的来源

(2) 为国家和社会做贡献的地方

(3) 与社会联系和社会交往的场所

(4) 学习技术和掌握本领之处

(5) 获得社会地位和社会承认的位置

(6) 开创事业的基地

这种设计，被调查者虽然也是只选择一项，表面上也是多项选一题，但是所列的答案却是他们都想选的或者想多选的，这就要求他们舍弃其他，只选"最"的。

2. 限制性多选题

限制性多选题是一种简化的多选题，它限制了被调查者选择答案的最多的数目而不是让他们无限选择。比如上例的题目改为：您的工作岗位对您的意义在于（限选三项），就成了限制性多选题。

这种设计相对多项选一题可以给被调查者更多的选择机会，相对无限多选题则简化了变量的数目。

如上例限制性多选后，变量为三个，频率的计算是三个变量的无效百分比相加即可。但由此就出现了这种设计的最大缺点，即不能做交互分类，同时也不能看出选择这三项的顺序与程度。

3. 无限多选题

无限多选题是多选题中最常见的题型，它不限制被调查者选择答案的最多数目，而让被调查者随意选择。

比如上例的题目变为：您的工作岗位对您的意义在于（可多选），就成为了多选题。这种设计的最大好处是使被调查者有更多的选择余地，但它的缺点也很明显，即：没有简化变量、不能做交互分类且各项答案的比率之和高于100%。

4. 排序题

排序题是为了解决各种多选题的缺点而出现的一种题型设计。它最主要的特点是使被调查者选择的答案呈现出顺序与程度。

例：您认为决定个人收入高低的因素主要是什么（请将下列序号填入横线上）？

(1) 工龄　(2) 学历　(3) 岗位职务　(4) 工作态度　(5) 业务技术能力　(6) 与领导关系　(7) 成就贡献　(8) 风险责任　(9) 体力支出

第一位因素_____　第二位因素_____　第三位因素_____

它的计算方法是：

$$p = \frac{p_1 \times 3 + p_2 \times 2 + p_3 \times 1}{3+2+1}$$

也就是说，要对答案进行加权平均。举例来说：比如答案(3)被调查者认为是第一位因素占10%、第二位因素占20%、第三位因素占20%，那么答案(3)的比例为(10%×3＋20%×2＋20%)÷6＝15%。

排序题的缺点也是不能进行交互分类。当然排序题也有很多种，基本上包括三项排序、五项排序和全排序。三项排序最常见，全排序最少见，同时全排序又有更多的缺点，包括没有简化变量的数目且计算复杂。它们的计算方法与上例具有同一原理，这里不赘述。

5. 重要程度顺位填空法

重要程度顺位填空法主要是针对排序题的缺点所形成的一种题型，因为排序题是依据一种程度进行的排序，只强调所谓的第一重要、第二重要、第三重要的因素进行的顺序排列，而重要程度顺位填空法不仅强调最重要的，也强调比较重要、略微重要和不重要的，因其调查的结果较多选题、排序题更加精确。其主要题型是：

例：如下方面是企业内对人员的提拔和重用的一些标准：
(1) 工龄长 (2) 学历高 (3) 能力强 (4) 品德作风好 (5) 与领导关系好 (6) 对企业贡献大 (7) 有家庭背景 (8) 工作表现好

问（每个问题最多选两项）：
(1) 您认为最重要的标准是____
(2) 您认为比较重要的标准是____
(3) 您认为不太重要的标准是____
(4) 您认为一点也不重要的标准是____

这种方法实际上是排序题的细化，借用限制性多选题的计算方法而形成的一种非常有效的方法。它不仅简化了变量，了解了被调查者选择答案的程度，而且不像排序题那样计算复杂，还使所需的答案更加精确。

从理论上讲，重要程度顺位填空法还有一些小类，比如对问题不进行限制性多选而采用无限多选、或对问题进行单选、或选择后再排序等等。如上种种变异都比重要程度顺位填空法所设计的方法要差，因为用无限多选等于增加了数倍的变量，单选则给被调查者的限制过多，选择后再排序则徒增了工作量。所以虽然这些变异是存在的，也有少数人采用过，但是可以说这些变异是不可取的。

6. 对比顺位法

对比顺位法是顺位法中最少见的题型，它是针对一些特殊的观念而设计出的一种题型。它基本的形式是：

甲和乙哪一个重要？
乙和丙哪一个重要？
甲和丙哪一个重要？

在一般情况下，如果甲大于乙，同时乙大于丙，那么甲大于丙，这是一个很简单的算术公式。但是现实生活中绝大多数的事情是模糊的，不像数学那样规律清晰。上述计算可能有第二个答案，即丙大于甲。而这种情况正是我们要研究的。举例来说：

例：在您的观念中，您认为：
(1) 金钱和荣誉哪个重要？

（2）荣誉和美女哪个重要？

（3）金钱和美女哪个重要？

综上所述，顺位法是非常重要且内容丰富的一种题型，它和二项选择题和多项选一题共同构成问卷题型的三种最基本的题型。

下面介绍的几类题型都是有特殊用途的，虽不常见，但构思巧妙，对研究社会与市场很有益处。

（四）倾向偏差询问法

倾向偏差询问法是由一组问题构成的，是应用直接询问的方法调查不易直接询问的问题，而不采用投射等间接询问的方法。这种方法在国外的市场调查中是采用过的，实际上这种思路可以应用到社会调查中。下面我们举一个市场调查的例子：

例：在甲牌比乙牌口红价格低，市场占有率差不多或乙牌略高时，作为受乙牌厂家委托的市场调查非常想了解人们为什么要买甲牌口红时，就可以采用如下一组问题了解甲牌口红的消费者（我们假定价格是最重要的影响因素）。

（1）现在您用什么品牌的口红？（答：甲牌）

（2）目前最受欢迎的是乙牌，今后您是否仍然打算用甲牌？（答：是或否）

（3）（答是的）据说乙牌价格要下降一成，您还用甲牌吗？

这种设计在表面上两次违背了问卷设计的基本准则——不能有诱导性的问题，但是正是这种"诱导"才使得人们的购买动机更加清晰可见（一般的动机调查用间接询问的方法）。如上例，经过倾向偏差询问法，可以确定价格对购买甲牌口红的作用。问题（2）是了解被调查者的从众心理，问题（3）是了解价格的作用。

（五）回想法

回想法的应用范围比较小，多用于市场调查，在社会调查中较少。这种方法是通过一个直截了当的带有限定性的问题，让被调查者回想他所知道的内容。

例：请列举您所知道的巧克力糖的名字：____、____、____、____

这种方法多用于品牌名、公司名、广告印象强度等。需要注意的是这种方法的问题刺激要直截了当，如果回忆的内容能够预料到，可以把回答的内容列举出来。分析的方法是依据第一回忆率、第二回忆率……依次类推。

（六）再确认法

再确认法是为了测量被调查者对某一事物的认知与记忆程度而形成的类似填空答题的收集资料的方法。这种方法是通过给被调查者提供一定的线索，如文字、图画、照片等，用以促使被调查者回忆某一现象。这种方法也最先被市场调查所采用，主要用于了解品牌名、公司名、广告注目语句、广告文案的知名度、认知度等。比如这种方法简洁、明了，能够通过这一简单的问题，准确地判断某一品牌产品广告成功与否，及消费者对这一品牌的市场认知度，并可以估计这一品牌的市场占有率。

（七）数值分配法

所谓数值分配法实际上就是让被调查者为某些问题打分，可采用"5"分制，也可采用百分制。比如：以当代大学生为调查对象的研究。

例：请对大学生的如下意识进行评分。（5分制）

（1）竞争意识 （2）自立意识 （3）时间意识 （4）创新意识 （5）批判意识

这种方法可以使原来只能用文字中的模糊性语言表达的内容数量化，以利于统计中运用较高的方法进行分析。

(八) 配合法

所谓配合法实际上是从英语考试中得出的一种方法,这种方法非常简单,是左栏中的事物名称与右栏的用处之间连线,被调查者认为符合哪一种就连哪个。这种方法运用很广,但用者寥寥。此方法的好处是节省问卷的篇幅。比如:

例:您认为下列保健品与什么功效连在一起?请用直线或斜线连在一起。其中一个品牌最多与三个功效相连。

品牌	功效
甲	解酒
乙	除疲劳
丙	强肝
	健胃
	养颜美肌
	促进血液循环
	健肾

(九) 语义差异法

语义差异法一般由12个问题组成,然后用均值交互表将自变量的不同取值(如男和女)在各个问题上的均值点找到,再将自变量同一取值在各个题中的均值点连接起来,就可以一目了然地看到自变量不同取值在态度上的差异。与数值尺度法相比,语义差异法在分析上的优点更加突出。①

```
         非 相 稍 一 稍 相 非
         常 当 微 般 微 当 常
(1) 高雅  1——2——3——4——5——6——7  低俗
(2) 成熟  1——2——3——4——5——6——7  幼稚
(3) 豪华  1——2——3——4——5——6——7  朴素
(4) 亲切  1——2——3——4——5——6——7  冷淡
(5) 实在  1——2——3——4——5——6——7  空虚
(6) 活泼  1——2——3——4——5——6——7  呆板
(7) 流行  1——2——3——4——5——6——7  俗气
(8) 纯洁  1——2——3——4——5——6——7  污秽
(9) 热情  1——2——3——4——5——6——7  冷漠
(10) 大方 1——2——3——4——5——6——7  造作
(11) 喜欢 1——2——3——4——5——6——7  讨厌
(12) 新鲜 1——2——3——4——5——6——7  陈旧
```

---

① 刘德寰.关于问卷法的题型设计[J].社会学研究,1995(2).

二、问题设计

(一) 问题设计的形式

1. 填空式

即在问题后画一短横线,让回答者直接在空白处填写。填空式一般只用于那些对回答者来说既容易回答,又容易填写,通常只需填写数字的问题。比如年龄、家庭人口、收入等。

例1:请问您家有几口人? _____ 口

例2:您的年龄多大? _____ 周岁

例3:您有几个孩子? _____ 个

例4:您每天上班在路上需要多少时间? _____ 分钟

2. 是否式

即问题的答案只有是和不是(或其他肯定形式和否定形式)两种。回答者根据自己的情况选择其一。例如:

例5:您是共青团员吗?   是 □   不是 □

例6:您是否住在本市?   是 □   不是 □

例7:您家有电视机吗?   有 □   没有 □

例8:您是否赞成民主选举厂长?   赞成 □   不赞成 □

3. 多项选择式

即给出的答案至少在两个以上,回答者根据自己的情况选择其一。这是各种调查问卷中采用得最多的一种问题形式。多项选择式根据选择答案的数量及其他情况可分为:多项单选、多项限选、多项排序、多项任选。

例9:您的文化程度是:(请在合适的答案号码上打√)

① 小学以下   ② 初中   ③ 高中或中专   ④ 大专以上

例10:您的婚姻状况是:(请在合适答案后的方框中打√)

① 未婚 □   ② 已婚 □   ③ 离婚 □   ④ 丧偶 □

例11:您最喜欢看哪类电视节目?(请在合适的答案后的括号里打√)

① 新闻节目( )   ② 电视剧( )   ③ 体育节目( )

④ 广告节目( )   ⑤ 其他(请写明)——( )

4. 矩阵式

即一种将同一类型的若干个问题集中在一起,构成一个问题的表达方式。

例12:您觉得下列现象在你们学校是否严重?(请在每一行适当的方框内打√)

	很严重	比较严重	不太严重	不严重	不知道
①迟到	□	□	□	□	□
②早退	□	□	□	□	□
③旷课	□	□	□	□	□

这种矩阵式的优点是节省问卷的篇幅,同时由于同类问题集中在一起,回答方式也相同,因此也节省了回答者阅读和填写的时间。

5. 表格式

它其实是矩阵的一种变体,其形式与矩阵式十分相似。比如,与上述矩阵式问题对应的表格式问题就是:

您觉得下列污染在您所在的城市是否严重？（请在每一行适当的格中打√）

表6.2 您觉得下列污染在您所在的城市是否严重？

题目	很严重	比较严重	不太严重	不严重	不知道
1. 灰尘					
2. 噪音					
3. 污水					
4. 汽车尾气					

表格式的问题除了具有矩阵式的特点外，还显得更为整齐、醒目。但是应当注意的是，这两种形式虽然具有简单集中的优点，但也容易使人产生呆板、单调的感觉。在一份问卷中这两种形式的问题不宜用得太多。

6. 标尺式

即用尺子上的刻度来测量、标明回答者对某些问题的态度、感受上的程度差异，类似于前面介绍的语意差异量表。

7. 相倚式（或关联式）

在问卷设计中，常常会遇到这样的情况：有些问题只适合于样本中的一部分调查对象。例如，"您有几个孩子"这一问题，就只适合于那些已经结婚的调查对象。如果不做技术处理，被调查者会因为设计的问题明显不合适而感到愤怒，并对研究者的专业水平产生怀疑。因此，为了使我们设计的问卷适合每一个调查对象，我们在设计时必须采取相倚问题（或称为后续性问题）的办法。

相倚式问题指的是在前后两个（或多个）相连的问题中，被调查者是否应当回答后一个（或后几个）问题，依赖于他对前一个问题的回答结果。前面的问题起着筛选作用称为"过滤性问题"，而后面与之对应的问题称为"相倚问题"。

例13："您退休了吗？"

"您退休多长时间了？"

在这两个问题中，后一问题显然只对一部分调查对象适用，一个回答者是否需要填答此题，完全由前一个问题的回答决定。我们通常把前一问题叫做过滤性问题或筛选性问题，而把后一问题叫做相倚问题。相倚问题的格式常常如下：

您是退休人员吗？

① 是的 →请问您是哪一年退休的？____年

② 不是

例14：您有孩子吗？

① 有→请问您有几个孩子？

② 没有

您有孩子吗？

① 有

② 没有→请跳过问题12～18，直接从问题19回答。

从上例中我们可以看出相倚问题一般是用方框框起来，与过滤性问题隔开，并通过一个箭头将它同过滤问题中的某种答案相连接，表示选择该答案的回答者，需要进一步回答相倚问题。

（二）问题设计的要求

问卷设计中，对问题的语言表达和提问方式要遵循一些原则。我们把这些原则总结为"三要五不要"。

1. 三要

（1）语言要简单。调查对象在文化水平、知识背景方面存在较大的差异，问题措辞一般采取就低不就高的原则。无论是问题还是答案都要简单，尽可能使用简单明了、通俗易懂的语言，而不要使用太抽象的语言。

例：您家属于核心家庭模式吗？

① 是　　② 否

"核心家庭"这样的概念太抽象，抽象词汇和专业词汇都不适合运用在问卷设计中。

（2）措辞要严谨。所使用的概念或词语一定要考虑被调查者的语言环境，一定要清晰明确，避免产生歧义。产生歧义的例子：

例：您对单位近年来的情况的感觉是？

① 几乎没有什么变化　　② 变化不大　　③ 变化较大　　④ 变化很大

上述问题没有说明您所问的是单位的什么情况，即是问单位的各方面情况呢，还是问某一方面或某些方面的情况；是问单位的生产情况呢，还是问单位的干群关系、人际关系或福利待遇、文体活动等方面的情况。这里都十分含糊有歧义。

（3）陈述要简短。提倡使用通俗易懂、清楚明白的短句，避免复杂难懂、容易产生歧义的长句。

2. 五不要

（1）不要使用双重或多重含义的问题。双重（多重）含义是指在一个问题中，同时询问两件（或多件）事情，即一句话中实际上包含了两个（或多个）问题。

例：实行责任制以来，您觉得您的文化水平和生产技术能否满足生产需要？

① 能满足　　② 不能满足　　③ 不知道

这里实际上询问了两件事情：一是文化水平；二是生产技术。因此，那些认为自己的文化水平能满足生产需要，而生产技术方面还不能满足需要的被调查者；或者自己的生产技术能满足需要，而文化水平不能满足需要的被调查者，就无法填答这一问题，应该把这一问题分成两个问题，即您觉得您的文化水平能否满足生产需要？您觉得您的生产技术能否满足生产需要？

例：您和您的配偶的文化程度是：

① 小学及以下　　② 初中　　③ 高中　　④ 大专及以上

这个问题就是一个题同时问两个人的情况，是让回答者无法回答的。

（2）不要让问题带有倾向性。问题的倾向性即问题的提法和语言对调查者产生某种诱导性，使他感到应该填写特定的内容，以迎合调查者的期望。带有倾向性的问题实际上没能测量出被调查者自身的真实想法，仅仅反映了他对调查者期望的猜测。

例：湿地保护很重要，您认为有进行湿地保护的必要吗？

① 有　　② 没有　　③ 说不清

这样的问题是不应该出现在问卷中的。

（3）不要用否定形式提问。日常生活中，人们习惯于用肯定形式提问，极少用否定形式提问。如果使用否定形式提问,由于语言定势,被调查者很可能漏看问题中的"不"字,导致选择的答案正好与他的本意相反。如果问卷确有必要使用否定形式提问,最好将"不"字印成粗体字,提醒被调查者注意。

(4) 不要问调查对象不知道的问题。问卷问题应该属于被调查者知识范围以内的,问题超出被调查者认识能力以外,被调查者会任意选择答案,难以得出真实的信息。超出被调查者认识能力问题使被调查者产生挫折感,降低了继续回答问题的意愿,问卷质量无法保证。

(5) 不要直接询问敏感性问题。问卷中涉及敏感性问题,容易引起被调查者的拒答。敏感性问题是指国家政治、道德伦理、个人隐私或不为一般社会公德所接纳的行为或态度类问题。被调查者对这些问题往往具有较强的戒备心理,谨慎、警觉,对这类问题若直接提问往往会引起被调查者拒答,或不真实地回答。例如,您有多少存款?……您平均每个月打几次麻将?……您是否用公款吃喝?……您的小轿车是分期付款买的吗?……您是否逃过税?逃过几次?数量是多少?……您光顾过按摩房吗?

对这些问题,设计者可以使用以下5种策略:

(1) 假定法。假定事情已经存在,即用一个假定性条件句作为问题的前提,然后再询问被调查者的看法。例如,假定允许人员自由流动,您是否也想试一试?比直接问"您想调离现在的工作单位吗"要好得多。"假定对人口不加限制,您认为多生子女好还是独生子女好?""假定允许各类人员自由调动工作的话,您会更换目前的工作吗?"

(2) 转移法。即本应该由被调查者根据自己的实际情况回答的问题转移到根据其他人的情况来回答的问题。例如,对学校的早读规定,有的同学认为合理,有的同学认为不合理,您同意哪一种看法?比直接问您是否参加早读好。或让被调查者不以第一人称,而是以第三人称来回答这类问题。例如,汽车消费将是我国未来消费中的一个热点,您周围的朋友对分期付款购买汽车怎么看?

(3) 普遍法。表明这是一种普遍现象。

例如,您有没有在自然保护区内狩过猎?

① 有　　② 没有

这样的问题容易引起回答者的焦虑,因为大部分人都知道保护区是不准狩猎的。这个问题可以这样问:在保护区狩猎是很普遍的事,您的情况是?

(4) 模糊法。即用一个答案适度模糊的问题来代替追求精确答案的问题。

例如,您的收入属于下列哪一档:

A. 800 以下　　B. 800~1200　　C. 1200~1600　　D. 1600~2000
E. 2000~3000　　F. 3000~5000　　G. 5000 以上

这种方法比直接问您的收入是多少要好很多。

(5) 释疑法。即在敏感性问题的前面写上一段功能性文字,或在问卷引言中写明严格替被访者保密,并说明将采取的保密措施,以消除疑虑。

例如,打麻将是我国民间传统的一种消遣娱乐活动,您平均每个月打几次麻将?

通过前面肯定打麻将是一种娱乐活动来消除人们心理上的疑虑。用间接提问的方式,并且语气要特别委婉,以降低问题的敏感程度。

三、答案设计

由于社会调查中的大多数问卷主要由封闭式问题构成,而答案又是封闭式问题非常重要的一部分,因此答案设计得好坏就直接影响到调查能否获得成功。答案设计必须做到以下基本要求:

1. 协调性

也称一致性,即答案要与所提的问题协调一致,不能答非所问。在提出合适问题的同时,还要为这个问题准备好与之相应的答案。要避免问题与答案不一致。即所提问题与所设答案应做到一致。

例如:"您经常看哪个栏目的电视?"
① 经济生活　　　② 电视红娘　　　③ 电视商场
④ 经常看　　　　⑤ 偶尔看　　　　⑥ 根本不看

该问题④⑤⑥三个选项明显与所提的问题内涵不一致。

2. 合适性

答案的设计要符合实际情况,所列选项比较恰当,能够反映不同被调查者之间的差异。

3. 穷尽性

所谓答案的穷尽性,即设计出的答案包括所有可能的情况,没有遗漏,任何一个被调查者都能在答案中找到适合自己情况的选项,不至于因被调查者找不到合适的可选答案而放弃回答。

例如:您家目前的收支情况是下列哪种?
① 较多节余　　　② 略有节余　　　③ 收支平衡

对该问题只设计以上三个备选答案就违背了穷尽性原则,必须加上"入不敷出"选项。

有时为了防止列举不全的现象,可在备选答案中的最后增加一个"其他"选项。这样被访者可将问卷中未穷尽的项目填写在所留的空格内。注意:如果被访者选择"其他"类答案过多,说明答案的设计是不恰当的。

4. 互斥性

所谓答案的互斥性,指的是答案互相之间不能交叉重叠或相互包含。即对任何一个被调查者,一个问题最多只能有一个答案适合于他的情况,如果一个回答者同时属于某一个问题的两个或更多的答案,那么这一问题的答案就一定不是互斥的。

例如:在您每月的支出中,花费最多的是哪项?
① 食品　　　　　② 服装　　　　　③ 书籍
④ 报刊　　　　　⑤ 日用品　　　　⑥ 娱乐
⑦ 交际　　　　　⑧ 饮料　　　　　⑨ 其他

备选答案中食品和饮料、书籍和报刊不是互斥的。

5. 无偏性

答案设计要注意避免倾向性,如果答案中倾向于某一方向的选项设计得较多,而反方向的选项较少,回答者就会偏向于选择前一类答案。

【知识小贴士】6.2

答案设计应注意的问题

第一，注意定距、定比问题，如年龄、收入等等。划分的档次不要太多，每一档的范围不宜太宽；要尽量使档次之间的间距相等，便于整理和分析；各档次的数字之间应正好衔接，无重叠、间断现象；注释和填答标记应恰当。

第二，注意答案选项的排列问题，答案的排序也会影响调查结果，在选项较多的情况下，受访者容易接受排在前面的选项，认为这些选项重要。而从设计人员的角度来说，也很容易产生一种倾向，将自认为更重要的选项排在前面。

例如：下列电脑品牌中，给您留下印象最好的是：
① 联想　　② IBM　　③ 方正　　④ 康柏　　⑤ 同创
① IBM　　② 康柏　　③ 方正　　④ 同创　　⑤ 联想

上述第一种排列会造成选择联想的比例高，第二种排列选择联想的比例则大幅度下降。避免这种偏差的两个办法是：

(1) 设计若干种不同排列的问卷，比如用五套问卷，每套问题完全相同，但在具体选项的排列上进行更换，最后将五套问卷的结果进行汇总。

(2) 调查员在念问卷时，通过在问卷上添加人为的记号修改顺序。

第三，注意答案中尽量不用贬义词，使用贬义词，会影响调查结果。通常的做法是在褒义词的前面加上否定，如喜欢或不喜欢，而不用厌恶或讨厌。

第四，注意多项选择题的答案设计不宜过多，被访者在阅读与回答中，记忆答案的数量是有限的，一般不超过9个。答案过多，被访者在回答时就会有遗忘或不耐烦现象。

第五，答案设计要有可读性(趣味性)，答案设计过于呆板、单一，会使被访者失去兴趣。对文化程度较高者，可采用一些成语，对一般民众则要通俗易懂，对少年儿童，需要设计一些漫画等。

第六，敏感性问题答案的设计，在询问月收入或女士年龄等敏感性问题时，为消除被访者的顾虑，常常将答案进行范围分类设计。

例如："您的月工资是(请选一项，在答案号码上画钩)"
① 2000 元以下　　② 2000～2500 元　　③ 2500～3000 元
④ 3000～3500 元　　⑤ 3500～4000 元　　⑥ 4000 元以上

资料来源：https://max.book118.com/html/2017/0110/82184167.shtm.

第四节　问卷设计的注意事项及问卷法的优缺点

一、问卷设计的注意事项

(一) 版面问题

问卷的版面设计要整洁、合理、清晰、美观，可有效激发被调查者回答问题的积极性。问卷版面不当的表现：一是不合理不美观。为了节省篇幅，版面过于拥挤，增加被调查者的阅读负担，容易导致因为看花眼等造成的填答错误。二是不清晰。要保证版面清晰，可以采用特殊、醒目的印刷形式（不同的字体、字号、斜体或加重字体颜色等）说明复杂题目、特殊情况。

版面设计不当容易导致一些完全可以避免的错误，还会造成被调查者怀疑研究者的能力和调查的合法性，降低了配合调查的意愿，加大了拒访、拒答的可能性。

（二）篇幅问题

问卷篇幅大小，题目数量的多少，根据研究的目的、调查的内容、样本的性质、分析的方法以及拥有的人力、物力、财力、时间等各种因素来决定。没有固定的标准。但一般来说，问卷的篇幅不宜太长，所含问题不应太多，通常以回答者能在20分钟以内完成为宜，最多也不要超过30分钟。问题的题量一般掌握在20题左右，估计每道题应该在1分钟之内能够完成，也就是总体时间在15分钟左右完成。这是因为问卷篇幅长容易引起回答者厌烦或畏难情绪，影响填答的质量和回收率。现代社会生活节奏快，让一个人花20分钟以上做一个与自己没有利益关系的问卷调查，是不太容易的事情，大多数人会认为填过长的问卷耽误时间。

在有些情况下，问卷篇幅可以适当加长。一般研究经费和人员比较充足，能够采用结构访问的方式进行，并付给每一位调查者一定的报酬，问卷本身的质量又比较高（问卷调查本身的因素），如果调查的内容是回答者熟悉的、关心的、感兴趣的事物，问卷的篇幅可适当加长。

例如，有一个国际调查网——美国消费者调查网（ACOP），在进行网上问卷调查时，规定每份问卷可获取4~50美元的报酬。消费者先进行注册，然后会收到问卷，填答问卷获得报酬。这样的调查问卷的篇幅可以适当加长。由于付给被调查者一定的报酬，所以不必担心被调查者不配合。

（三）顺序问题

在安排问卷中问题的顺序时应遵循下列常用的规则：

1. 将被调查者感兴趣、熟悉的、简单易答的问题放在前面

问卷开头一定要安排相对简单、容易回答或回答者比较熟悉的问题，以引起回答者的浓厚兴趣。这样可以吸引被调查者继续回答问题。反之，开头的问题设计很难，被调查者可能会放弃回答问题，或者消极应付调查，使得问卷填答质量无法得到保证。

2. 一般先问非敏感性的问题

非敏感性的问题不会引起被调查者的心理防备和反感，比较容易回答，可以先问。客观的行为方面的问题较之主观的态度、意愿、看法等方面的问题敏感性低，容易回答，可以放在前面。有关态度、意见、看法等方面的问题，涉及回答者的主观因素，比较敏感，人们往往不愿在外人面前表露，问卷中不宜过早出现这类问题。一开始出现敏感问题，可能引起被调查者的强烈反感，导致较高的拒答率。比如，关于个人的收入、政治态度等等。比如，进行入户调查，调查员首先问家里有几口人，然后问家庭收入多少，那么，可能会引起被调查者的警觉，怀疑调查员的动机，拒绝回答问题甚至将调查员拒之门外。

敏感性问题可以放在问卷后部。问卷调查中如何设计敏感性问题要讲究技巧，这一内容我们在第四节问卷设计的具体方法中学习过。问卷中涉及敏感性问题，容易引起较高的拒答。这些敏感性问题是指国家政治、道德伦理、个人隐私等方面的问题。被调查者对这些问题往往具有较强的戒备心理，谨慎、警觉，不愿回答。可以采用模糊法、转移法等间接提问。

3. 个人背景资料通常放在结尾

个人背景资料涉及个人的特征，其中一些内容较为敏感，背景资料虽然是容易回答的事实性的内容，但除回答者的姓名以外的个人特征，如年龄、职业、文化程度、婚姻状况、收入情况等都是比较敏感的内容，如果问卷开头就问这些个人特征，人们的潜意识中难免会产生本能的防卫心理，影响到问卷资料的真实性。此外，关于个人背景资料的问题比较单调、呆板，难以提起被调查者的兴趣，不宜放在问卷的开头，而适合放在问卷的结尾。

如果调查内容不涉及比较敏感的问题，又在封面信中作了较好的解释和说明，且有关个人背景资料的问题不多，才可以放在问卷的开头。

电话访问时个人背景资料最好放在后面。因为电话调查中，一开始就问被调查者的年龄、职业、收入非常容易导致别人的警觉，并挂断电话，拒绝调查。比如，如果被调查者是年轻女性，调查员直接询问年龄，这样做是非常不礼貌的。

4. 开放式问题放在最后

开放式问题比封闭式问题需要更多的思考和书写，放在开头、中间，都会影响回答者填写问卷的信心和情绪。如果问卷一开始就提出开放性问题，当回答者发现他完成前边一两个问题或者极少量的问题就花了 10 多分钟，他就会感到没有那么多时间和精力完成这份问卷。如果放在结尾，由于只剩余一两个问题，回答者一般都能够完成问卷。即使被调查者不愿意填答开放式问题，放弃回答，因为前面的问题已经回答，损失较少。开放式问题不能太多，最多 1~2 题。

5. 按一定的逻辑顺序排列问题

比如从时间框架来说，要按时间先后提出问题，既不能颠倒也不要打乱。此外还要顾及内容的逻辑关联性，询问同一方面事物的问题或内涵一致的问题尽可能地排在一起。否则会给被调查者留下杂乱无章的印象，甚至破坏回答者的思路和注意力。

（四）措辞问题

1. 措辞要通俗

在大规模的调查中，调查对象的文化背景、教育水平、知识经验都有很大差别，应尽量减少使用专业性的词汇。

例如：您对哪个 ISP（网络服务供应商）的服务比较满意？

您觉得百姓大药房的 POP 广告怎么样？

2. 措辞要确切

用词一定要保证所要提问的问题清楚明了，具有唯一的意义。不确切的词和含糊不清的问句会使被调查者不知所云，从而也就不知从何答起，甚至根本就不作答。

例如："您通常读什么样的杂志？"这个"通常"让被调查者很难把握，不知该怎样去理解，它可以指场合，也可以指时间，到底指的是什么难以确定。类似的词语还有"经常""大概""可能""也许""偶尔""有时"……

3. 避免使用冗长复杂的语句

例如："假设您注意到冰箱的制冷功能并不像您刚买回来时的制冷效果那样好，您打算去维修一下吗？"不如改成"假若您的冰箱制冷功能不佳，您会怎样解决？"

4. 避免否定形式提问

否定式提问也称假设性提问，是指对有些要提的问题，先做出某种假设，以此为前提让被调查者做出单项或多项的选择。

例如:您觉得这种产品的新包装不美观吗?

日常生活中人们习惯于肯定的提问,而不习惯于否定形式的提问。否定形式的提问会破坏被调查者的思维,造成相反意愿的回答或选择。

5. 避免诱导性和倾向性提问

合格问卷中的每个问题都应该是中立的、客观的,不应该带有某种倾向性或诱导性,应让被调查者自己去选择答案。

例如:"您认为教师的工资水平是否应该提高?"

问句中的"是否应该提高"这种提法带有明显的肯定倾向,它很可能诱导被调查者选择肯定的答案。改为"您认为教师的工资水平如何"较合适。

"您认为在我国汽车工人有可能失业的情况下,作为一个爱国的中国人应该购买进口小汽车吗?""××啤酒制作精细、泡沫丰富、口味清纯,您是否喜欢?""计划生育是我们国家的一项国策,您认为独生子女和多生子女哪个更利国利民?"这些问题中所使用的字眼也并非"中性",而是有意向被调查者暗示答案的方向,或者暗示出调查者自己的观点,这些问题都可归类为"诱导性或倾向性问题"。

6. 避免提断定性问题

有些问题要先判定被调查者已有某种态度或行为,然后才能进行提问。

例如,"您每天抽多少支香烟?"或"您喜欢喝什么酒?"

事实上该被调查者很可能根本就不抽烟或不喝酒,那么该如何回答呢? 这种问题实际上为断定性问题。

正确处理这种问题的方法是:在断定性问题之前加一条"过滤"问题。例如问:"您抽烟吗?"如果被调查者回答"是",接下来再用断定性问题继续问下去,这样才有意义;如果被调查者回答"否",则在该过滤性问题后就应停止询问每天抽多少支香烟。

7. 一项提问只包含一项内容

在一个问句中最好只问一个要点,一个问句如果包含过多的询问内容,会使被访者无从答起。例如:"您是否觉得这款服装既舒适又好看?"也不能是笼统的提问。例如:"您觉得××饭店怎么样?"此外,要避免隐含的假定和隐含的选择。隐含的假定指:问题中没有表述清楚的假定。例如:"您赞成在我国采取高收入政策吗?"这样询问隐含了工资和物价同步增长的假定,会导致过高的"赞成"比例。应改成:"如果工资和物价同步增长的话,您赞成在我国采取高收入政策吗?"隐含的选择指:问题中没有明显地表达清楚的可能选择。例如:"在市区内购物时您愿意乘坐出租车吗?"隐含了乘坐公共汽车或开私家车的选择,应改成:"在市内购物时您是愿意乘坐出租车还是愿意开私家车或乘坐公共汽车?"

8. 问题要考虑时间性

时间过久的问题易使人遗忘,无法回答。例如:"您家去年家庭生活费支出是多少?……您家去年用于食品、衣服的费用支出分别是多少?"应改成:"您家上个月生活费支出是多少?"这样就缩小了时间范围,便于回忆。

9. 避免推算和估计

问题应该是具体的,必须避免让被调查者去推算和估计。例如:"您家每年平均每人生活费用是多少?"答卷人可能就需要在脑子中做一些推算,将每月生活费乘以12,然后再除以家庭人口数。大多数人不愿意这样的推算。应改为两个问题:"您家每月的生活费是多少?""您家有几口人?"然后由调查人员根据回答进行后续的计算,从而得出每户家庭年平均每人的生活费用。

二、问卷法的优缺点

问卷法由于采用的调查工具是调查者事先设计好的书面的标准化的调查问卷,因而,与其他资料收集方法相比,有着自身非常突出的优点。

(一) 问卷法的优点

1. 问卷法节省时间、经费、人力

从问卷的实施程序来看,它比传统的调查方法具有更高的效率。一方面,由于问卷调查可以采取邮寄的方式进行,所以,它可以由很少的调查者在很短的时间内,同时调查许多人的情况。另一方面,这种邮寄的方法还可以使问卷调查不受地理条件的限制,到达的空间范围十分广阔。

2. 问卷法具有很好的匿名性

在面对面的访问调查中,人们往往难于同陌生人谈论有关个人隐私、社会禁忌或其他敏感性问题。但在问卷调查中,由于被调查者在回答这类问题时,并没有其他人在场,问卷本身又不要求署名。所以,问卷调查的方式可以减轻被调查者心理上的压力,便于他们如实地回答这类问题。从这一方面考虑,问卷调查更能客观地反映社会现实的本来面貌,更能收集到真实的社会信息。

3. 问卷法可以避免偏见、减少调查误差

在访问调查中,常常由于调查员的不同(在性别、年龄、能力、态度等方面的不同)、调查员提问的方式的不同、访谈进展情况的不同以及被调查者回答问题的语言的不同等原因,产生出各种访问偏见,形成一定的误差。但在问卷调查中,由于每个被调查者所得到的都是完全相同的问卷,因而无论是在问题的表述、问题的先后次序,还是在答案的类型、回答的方式等方面,都具有高度的一致性。每个被调查者受到的刺激和影响都是相同的。这样就能很好地避免由于人为原因所造成的各种偏误,减少调查资料中的误差,更真实地反映出不同被调查者的各自情况。

4. 问卷资料便于定量处理和分析

社会研究向定量方向的发展,这是当前社会研究的一大趋势。由于问卷中的问题是研究者把所研究的概念、变量进行操作化处理的结果,而各种答案又都进行了页边编码。因此,问卷调查所得到的原始资料很容易转换成数字,特别适于用电子计算机进行处理和进行定量分析。

(二) 问卷法的缺点

1. 问卷调查有一定的局限性

由于问卷调查是一种用文字进行对话的方法,对被调查者的知识水平有一定要求。由于填写问卷的人必须能看懂问卷、理解文字,所以,问卷调查客观上要求被调查者必须具有一定的文化程度。他们必须能够阅读和理解问题的含义,能领会填答问题的要求和方法。但是,现实社会中并不是所有的人都能做到这一点。因此,问卷的使用范围常常受到限制。对那些文化程度较低的群体,问卷调查往往难以进行下去。

问卷设计的原则要明确阻碍问卷调查的各种因素。客观上的障碍即由被调查者自身的能力、条件等方面的限制所形成障碍。由于大多数问卷调查所使用的都是自填式问卷,所以客观上对回答者的能力提出了一定的要求。调查者在设计问卷时若不考虑到被调查者的各种能力等客观因素,也会影响到被调查者同他们的合作,会造成问卷调查的失败。这些客观障碍主要包括:阅读能力的限制;理解能力的限制;表达能力的限制。封闭式问题的回答方式相对简单,对回答者表达能力要求不高。回答开放式问题,或者回答调查员的提问,被调查者则常常受到表达能力的限制。有的回答者可能会把本意表达错了,有的则可能表达得很不完全,很不清楚,有的可能完全表达不出来。这些都会使所得的资料存在缺陷,则会使调查的成果受到影响。因此,在设计问卷时,应特别注意开放式问题的设计,对开放式问题的内容和数量都应注意记忆能力或计算能力的限制等。

2. 回答率难以保证

在社会调查中,一定程度的回答率是保证调查资料具有代表性的必要条件之一。调查是以访问的形式进行时,由于调查员在场进行面对面的交谈,大多数访问一般能独立完成。所以,访问调查往往可以保证较高的回答率。但是在邮寄问卷调查中,问卷的回收率往往难以保证。这是因为一份问卷能否完成,能否收回,主要取决于被调查者。如果被调查者对该项调查的兴趣不大、态度不积极、责任性不强、合作精神不够,或者被调查者受到时间、精力、能力等方面的限制,导致无法完成问卷或放弃问卷时,问卷的回收率,特别是有效回收率会受到影响。

3. 调查结果有必然的误差

由于问卷法经常采用由被调查者自己填答问卷的方法(自填问卷),由于调查员不在现场,被调查者填答问卷的环境无法控制。所以调查结果的质量常常得不到保证。因为在被调查者填答问卷时,有无其他人在场会对被访者的回答有影响,而且被调查者还可以同别人商量进行填答,甚至被调查者可以找别人填答问卷,这样所得到的结果不可能反映被调查者的真实情况。而更为严重的是,研究者并不知道哪些问卷是被调查者本人填答的,哪些是其他人帮忙填答的,另外,当被调查者对问卷中的某些问题不清楚时,往往容易产生误答、错答和缺答的情况。因此,问卷调查所得资料的质量常常得不到保证。这也是问卷调查面临的主要难题之一,问卷法所得资料的信度与效度问题一直是困扰问卷法的难题。

此外,因为问卷调查是一种用文字进行对话的方法,如果问题太多,被访者会产生厌烦情绪,因此,一般的问卷都比较简短,也就不可能深入探讨某一问题及其原因,导致调查结果广而不深。另外,在调查实施之后发现有重要的问题遗漏则没有办法弥补,导致问卷调查比较呆板,缺乏弹性等。

(三)运用问卷法需要注意的问题

要在社会研究中很好地运用问卷这一工具,必须对它在社会学研究方法中所处的位置、所扮演的角色有一个清楚明确的认识。在社会研究中,问卷法作为一个主要的资料收集方法,常常同大规模的抽样调查以及资料的定量分析相联系。可以说,抽样、问卷、定量分析三者的结合体,是现代社会学定量研究中最常见,也是最重要的一种方式。这种方式与参与观察、深度访问等方法对个案进行定性研究的方式有着明显的区别。但问卷调查并不是必不可少的,如果认为问卷调查包罗万象,这是一个普遍的认识误区,所以忽略了其他调查方式的选择。其实问卷调查只是研究者进行社会调查的一种方法,在研究者进行研究时,究竟哪种方法更适合,这要根据研究者调查的主题与范围等因素来确定。

此外,在问卷法的具体运用方面,还应该结合我国的实际情况,明确它的适用范围。采用问卷做工具收集资料的一个重要前提,就是被调查对象必须具有一定的文化水平。同时问卷法的适用范围还受到调查对象总体构成情况的影响。一般来说,问卷法在成分单一的总体中(比如全部是公务员,或者全部是学生等)比在成分混杂的总体中更加适合。在成分单一的总体中进行调查时,由于人们的社会背景相同或相似的情况比较多,可以减少许多问卷设计上的困难和麻烦;而在一个成分混杂的群体中,人们自身背景中的各种因素往往相差很大,互相之间共同的或相似的东西很少。因此,要设计出一份适合每一部分人情况的问卷,往往很难办到。

通过分析和探讨问卷法的优缺点和适用范围,我们容易理解,为什么说问卷既是社会调查中十分有用、十分重要的收集资料的工具,又不是唯一的、万能的工具。在有些情况下,社会研究所需要的资料很容易通过问卷调查的方法去收集,或者只能采取这种方法去收集;而在另一些情况下,社会研究所需要的资料却难以通过问卷调查的方法去收集,或者完全不可能用这种方法去收集。明白了这一点,我们就能在社会研究中,根据具体的情况作出判断和选择,充分发挥各种调查方法的作用,以期达到最佳的研究效果。

总之,问卷是社会研究中用来收集资料的工具之一,但不是唯一的。它的主要优点是:花钱少、时间短,匿名性好,样本可以较大,地域可以很广,资料便于用计算机处理等。缺点是所得资料的质量和问卷的回收率往往难以保证,同时对样本的文化水平有一定的要求,在填写问卷过程中出现的各种误差也不易发现和纠正。因此,扬长避短,有效利用问卷法的长处和优点进行资料的收集,保证社会调查的科学性,具有十分重要的意义。

拓展阅读6.2

问卷的性质

虽然不同问卷所要调查的具体内容是不同的,但概括起来,所有问卷调查的题材都可归结为三大类。

(1) 某一人群的社会背景。即有关人们各种社会特征的资料。这种资料既包括某些人口统计方面的内容,如性别、年龄、职业、婚姻状况、文化程度等;也包括人们生活环境方面的内容,如家庭构成、居住形式、学校类型、社区特点等。这类题材客观性很强,所有的问卷都或多或少地包括这一题材中的内容。

(2) 某一人群的社会行为和活动。即有关人们"做了些什么"以及"怎样做"等方面的资料。如人们每天几点钟起床、每周从事多长时间的体育活动、家中由谁来辅导孩子等。这类题材也属于客观性、事实性的,往往构成大部分问卷的主体内容。

(3) 某一类人群的意见和态度。即有关人们"想些什么""如何想"或"有什么看法""持什么态度"等方面的资料。比如大学生如何看待考试作弊现象、人们对个税征收起点的确定怎么看、人们选择婚姻对象的标准是什么等。这类题材属于观念性的、主观性的,它也是问卷中很重要的一部分,构成各种民意测验、舆论调查、社会心理调查的主要内容。

资料来源:风笑天.社会研究方法[M].北京:中国人民大学出版社,2013.

本 章 小 结

1. 问卷是一种以书面形式向被调查者了解情况,以获取所需资料和信息的载体。
2. 问卷法也称问卷调查法,它是调查者运用统一设计好的问卷,向被调查者了解情况或征询意见的一种资料收集方法。

3. 问卷是调查研究中用来收集资料的主要工具,它在形式上是一份精心设计的问题表格,其用途则是用来测量人们的行为、态度和社会特征。尽管实际调查中所用的问卷各不相同,但是它们往往都包含这样几个部分:问卷名、封面信、指导语、问题、答案、编码等。

4. 问卷法包括以下几个基本步骤:(1)前期准备工作;(2)设计问卷初稿;(3)评估试用与修改定稿;(4)印制问卷与发放问卷;(5)回收问卷与审查问卷;(6)整理问卷与分析问卷。

5. 在问卷法的题型设计中,顺位法是非常重要且内容丰富的一种题型,它和二项选择题和多项选一题共同构成问卷题型的三种最基本的题型。

6. 问题设计的形式有:填空式、是否式、多项选择式、矩阵式、表格式、标尺式、相倚式(或关联式)。

7. 由于社会调查中的大多数问卷由封闭式问题构成,而答案又是封闭式问题非常重要的部分,因此答案设计得好坏就直接影响到调查能否获得成功,答案设计必须做到协调性、合适性、穷尽性、互斥性、无偏性。

8. 问卷法的优点是节省时间、经费、人力;具有很好的匿名性;可以避免偏见、减少调查误差;问卷资料便于定量处理和分析。

9. 问卷法的缺点是问卷调查有一定的局限性;回答率难以保证;调查结果有必然的误差。

即 测 即 评

一、单项选择题

1. 设计问卷时,应该把( )放在前面。
A. 简单的问题 B. 复杂的问题 C. 敏感的问题 D. 态度问题

2. 编制态度问卷,下面表述不正确的是( )。
A. 题目不可以使用双重否定句 B. 应尽量回避社会赞许性高的问题
C. 题目叙述不宜过长 D. 问卷题目越多越好

3. 问卷调查一般采用( )。
A. 重点调查 B. 典型调查 C. 抽样调查 D. 全面调查

4. 对使用问卷法,下面表述不正确的是( )。
A. 样本大,效度增加
B. 不受调查员的影响,又可以避免找不到人
C. 邮寄问卷经费高
D. 问卷回收率最高

5. 在实际工作中,问卷的设计有两种具体方法,即( )。
A. 问答法和修改法 B. 卡片法和框图法
C. 客观法和评价法 D. 主观法和试样法

二、名词解释

1. 问卷。

2. 封面信。
3. 有效回收率。
4. 指导语。

思考与练习

一、思考题

1. 试述问卷法的概念和特征。
2. 问卷法的优点和缺点有哪些?
3. 简述问卷措词的注意事项。

二、案例分析题

下面是调查问卷的部分问题和答案:

1. 请问您家属于下列哪一类家庭?(请在合适的答案选项上打"√")
  (1) 核心家庭　(2) 主干家庭　(3) 单身家庭　(4) 联合家庭
2. 在您每月的支出中,花费最多的是哪项?(请在合适的答案选项上打"√")
  (1) 食品　(2) 服装　(3) 书籍　(4) 报刊　(5) 日用品
  (6) 娱乐　(7) 交际　(8) 饮料　(9) 其他
3. 您不买轿车的原因是:(请在合适的答案选项上打"√")
  (1) 买不起　(2) 怕出交通事故　(3) 担心被盗　(4) 养不起
4. 您认为我们国家现在最需要:(请在合适的答案选项上打"√")
  (1) 全面迅速地改变　　　(2) 全面缓慢地改变
  (3) 部分迅速地改变　　　(4) 部分缓慢地改变
5. 您认为全国职工的平均工资水平是否应当提高呢?(请在合适的答案选项上打"√")
  (1) 工资偏低,应大幅度提高
  (2) 应当小幅度提高
  (3) 虽然偏低,但为了国家建设,可以暂时不增加
  (4) 和劳动生产率相比,工资不算低,不应该增加
6. 实行责任制以来,您觉得您和家人的文化水平及生产技术能否满足生产需要?(请在合适的答案选项上打"√")
  (1) 能　　　(2) 不能　　　(3) 不知道
7. 您认为您是否有调离的可能?(请在合适的答案选项上打"√")
  (1) 十分困难　(2) 比较困难　(3) 不太困难　(4) 十分容易
8. 您的婚姻状况:(请在合适的答案选项上打"√")
  (1) 已婚　　　(2) 未婚　　　(3) 丧偶
9. 请问您不购买海尔空调的原因是:(请在合适的答案选项上打"√")
  (1) 性能不好　　(2) 价格太贵　　(3) 使用不方便
  (4) 不了解其性能　(5) 售后服务不佳　(6) 无质量保证
10. 您是否经常购买洗发液?(请在合适的答案选项上打"√")

(1) 是 　　　　　(2) 否

11. 您不赞成大学生高消费吗？（请在合适的答案选项上打"√"）
(1) 赞成 　　　　　(2) 不赞成

讨论：上述问题与答案设计是否有不妥当的地方，请指出并修改。

本 章 实 训

实训内容：以商品类别划分调查组，组织学生分别就所选企业产品（或项目）的消费市场进行调查，以便了解该关于该产品（或项目）的顾客购买满意度的相关信息，要求写出调查问卷。

实训目的：通过本单元实训，要求学生完成以下任务：
(1) 学习和把握调查问卷的含义、作用和基本结构等陈述性知识。
(2) 学习和掌握调查问卷设计的流程、技巧及相关操作技能。

实训要求：
(1) 对学生进行商品类别划分培训，确定选择哪几类商品（或项目）作为问卷调查的范围。
(2) 各组学生设计问卷的标题、问题及答案等内容。
(3) 各组学生就问卷的问题进行排序。
(4) 各调查小组将问卷进行排版，形成调查问卷，进行试调查。
(5) 修订完善后进行正式调查。

实训组织：学生3～5人分组，各组问卷初稿必须先经过小组讨论，然后才能提交班级交流讨论。经过班级交流讨论后由各组进一步修改和完善，又各组实施问卷调查。优秀实训作业可纳入本校该课程的教学资源库。

延 伸 阅 读

1. 陶永明.问卷调查法应用中的注意事项[J].中国城市经济,2011(20):305-306.
2. 范兴华,方晓义,陈锋菊,等.农村留守儿童心理资本问卷的编制[J].中国临床心理学杂志,2015,23(1):1-6.
3. 钟柏昌,李艺.问卷调查方法在教育研究领域的应用状况分析[J].开放教育研究,2012,18(6):74-79.
4. 王宇,岳玉庆.品牌名称翻译与消费者接受度调查：以烟台市区域问卷调查为例[J].现代商贸工业,2018(23):87-89.
5. 屈芳,马旭玲,罗林明.调查问卷的信度分析及其影响因素研究[J].继续教育,2015,29(1):32-34.
6. 郑晶晶.问卷调查法研究综述[J].理论观察,2014(10):102-103.
7. 孙敬水,于思源.农村居民收入差距适度性影响因素实证研究：基于全国31个省份2852份农村居民家庭问卷调查数据分析[J].经济学家,2014(8):90-102.

8. 王玉君.农民工城市定居意愿研究:基于12个城市问卷调查的实证分析[J].人口研究,2013,37(4):19-32.

9. 孙敬水,黄秋虹.中国城乡居民收入差距主要影响因素及其贡献率研究:基于全国31个省份6937份家庭户问卷调查数据分析[J].经济理论与经济管理,2013(6):5-20.

10. 努尔.浅谈调查问卷设计中的有关技巧[J].统计科学与实践,2012(6):54-56.

即测即评答案

一、单选题

1. A 2. D 3. C 4. D 5. B

二、名词解释

1. 问卷是调查人员依据调查目的和要求,以一定的理论假设为基础提出来,由一系列"问题"和备选"答案"以及其他辅助内容所组成,以书面形式了解被调查者的反应和看法,并以此获得资料和信息的载体。

2. 封面信也叫问卷说明,即一封致被调查者的短信。它的作用在于向被调查者介绍和说明调查的目的、调查单位或调查者的身份、调查的大概内容、调查对象的选取方法和对结果保密的措施等。

3. 有效回收率即扣除各种废卷后的回收率,它比回收率更能反映问卷初稿的质量。

4. 指导语是用来指导被调查者填答问卷的各种解释和说明,其作用与仪器的使用说明相似。

思考与练习参考答案

一、思考题

1. 问卷法也称问卷调查法,它是调查者运用统一设计好的问卷,向被调查者了解情况或征询意见的一种资料收集方法。

问卷法有以下主要特征:

(1) 标准化。即按照统一设计的有一定结构的问卷进行调查。

(2) 以间接调查为主。即调查者不与被调查者直接见面,而由被调查者自己填写;但少数情况下也可以是直接调查。

(3) 表现为书面形式。即调查者用书面提出问题,被调查者也用书面回答问题。

(4) 常用于抽样调查。即被调查者是通过概率或非概率抽样方法选取而来,同时调查对象一般比较多。

(5) 特别适用于定量调查。即通过样本统计量推断总体。但也常作为定性调查的手段之一。

2. 问卷法的优点:(1) 问卷法节省时间、经费、人力;(2) 问卷法具有很好的匿名性;(3) 问卷法可以避免偏见,减少调查误差;(4) 问卷资料便于定量处理和分析。

问卷法的缺点:(1) 对被调查者的文化水平有一定要求;(2) 回答率往往难以保证;

(3) 不能保证填答问卷的环境和填答的质量。

3. (1) 措辞要通俗;(2) 措辞要确切;(3) 避免使用冗长复杂的语句;(4) 避免否定形式提问;(5) 避免诱导性和倾向性提问;(6) 避免提断定性问题;(7) 一项提问只包含一项内容;(8) 问题要考虑时间性;(9) 避免推算和估计。

二、案例分析题

1. 答案概念抽象,问卷设计无论是问题还是答案都要简单,尽可能使用简单明了、通俗易懂的语言,而不要使用太抽象的语言或专业性术语。

2. 多项选一题的备选答案之间不能相互重叠或相互包含,备选答案中食品和饮料、书籍和报刊不是互斥的。

3. 敏感性答案设计会使被调查者感到窘迫、拒绝回答。可以改成:
(1) 等待降价　(2) 不如租车划算　(3) 不环保　(4) 不喜欢开车

4. 问题的含义不清楚不明白或者问题有歧义。

5. 答案带有倾向性。

6. 问题有多重含义,会造成无法回答。

7. 问题与答案不协调,答非所问。

8. 答案没有穷尽。"已婚""未婚""丧偶"三个答案,对已离婚而未再婚的人无法回答。因此,还应设计一项"离异"。

9. 这几项答案可能并不完全包括被访者不愿购买海尔商品的原因,容易造成回答困难。为防止出现列举不全的现象,复杂问题设计答案时可在最后列出一项"其他"。

10. 问题不易界定,关于时间和数量以及"普通""经常""一些""美丽"等词语,各人理解不同,在问卷设计中应避免或减少使用。"您是否经常购买洗发液?"回答者不知经常是指一周、一个月还是一年,可以改问:"您上月共购买了几瓶洗发液?"

11. 问题具有诱导性,容易诱导被调查者回答失真。应改为:"您对大学生高消费有何看法?"

第七章 资料收集(二):访谈法

本章知识结构图

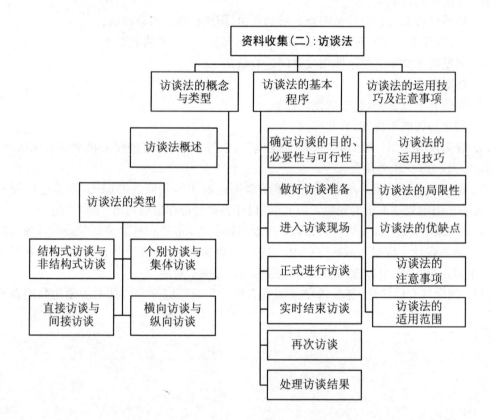

知识目标:了解什么是访谈法,掌握如何运用访谈法获取信息、收集资料的技巧。

能力目标:学会使用访谈法进行社会调查,增进学生之间相互交流、合作,培养自主学习、合作探究的能力。

素质目标:以学生实践活动为主,培养创新意识与实践能力,形成严谨的科学研究态度。

本章重点:掌握访谈法的技巧,并能在实际访谈中应用。

本章难点:访谈的具体实施。

 案例导入

某同学对中国历史,特别是对近、现代史非常感兴趣,他跟几个志同道合的同学组成一个研究小组,经过多次讨论,决定研究长征的起因和历史意义。他们到图书馆、书店等处查阅了大量有关长征的资料。为了弥补这些书面文字资料不足,他们想到了访谈法,希望能从老红军的口中"掏"出更生动的第一手资料来。下面是他们的描述:

今天,我们突然想到可以去采访老红军。听说邻村有两位曾参加过长征的老红军。我们说干就干,几个人骑着自行车来到第一位老红军家。不料却是"铁将军把门",家里没人;我们又来到第二位老红军家,却被老红军的家人当成不务正业的社会青年,老红军的家人婉言谢绝了我们的要求,我们只好扫兴而归。

思考:

1. 同学们的访谈为何失败?
2. 假如您是该小组的成员,您认为访谈前应该做好哪些准备工作?

案例解读:

为社会调查研究的一种方法,这里的访谈与人们平时的闲谈是不同的,访谈是访问者为达到一定的目的、围绕特定的主题、精心选择访问对象后所进行的谈话;在访谈过程中始终以访问者为主导,系统而有计划地收集被访者的行为、特性、态度等相关情况;访谈中必须通过填写调查问卷或采用其他各种方式记录被访者的谈话或回答,访谈后要进行定性或定量分析。而平时人们的谈话通常没有特定的目的、主题也很随意、谈话对象通常并不刻意,谈话中大家的地位一样,无所谓由谁来控制和主导,更没有记录的必要。因为同学们在访谈前没有做好充分的准备工作,贸然拜访被调查对象,访谈失败不可避免。

谈法应用十分广泛,除进行社会研究外,各类媒体的新闻采访乃至对各类有影响的人物,对突发事件的专访,政府机关的工作调研,各类企业市场的营销调查等都经常使用访谈调查法。访谈前应做好如下准备工作:①确定访谈问题,拟订访谈提纲:包括通过访谈获取哪些信息?哪些问题可以获得这些信息?访谈时应该用什么样的语气进行?②选择访谈对象,选择被调查者,哪些人能提供最丰富的信息?根据线索,找到"目标人物"。③确定访谈成员,预约访谈时间,准备访谈工具。

第一节 访谈法的概念与类型

访谈法是社会科学研究中的一种重要的调查方法,是与文献检索法、观察法、问卷法并列的四种经典调查方法之一。社会科学的研究对象是社会现象,而社会现象是由人的行为及其动机、后果等构成的,因此,社会科学研究离不开对人的调查。而访谈法在对人的诸种心理因素(如动机、自信心、价值观等)的调查中,能够发挥其他调查方法不能起到的独特作用。

一、访谈法概述

(一) 访谈与访谈法

"访"的意思是一个人主动地探望另一个人,"谈"是指一个人与另一个人的相互对话。但作为社会调查方法的访谈与日常谈话有着实质的不同。

"访谈"的内涵可以从以下几个方面理解:

第一,访谈作为一种交谈,包括两个或两个以上的当事人,即访谈者和访谈对象。当然,在特殊情况下,一个访谈者也可以面对多个访谈对象进行访谈。

第二,访谈中的双方当事人的地位是不同的。访谈者是主动者,访谈对象是被动者,即访谈者主动约请访谈对象进行访谈。访谈中角色地位不均等的谈话,既不同于两个聊天者之间的对谈,又不同于两个势均力敌的对手之间的谈判,或两个地位均等的国家、地区、单位之间的对话。

第三,访谈是出于一定的研究目的而进行的谈话。访谈与毫无目的的聊天不同,与具有强烈的功利目的的谈判、对话等也不同。访谈没有直接的功利目的,访谈者并没有试图从访谈对象手中得到某种实际的利益;访谈者有一种非功利的目的,即试图通过访谈得到某种有利于访谈者进行研究的信息,通过访谈得到某种能够对研究者的理论假设进行验证的信息。

第四,访谈是按照计划进行的谈话。访谈者按照整个研究计划的需要实施访谈。通过访谈所得到的信息是研究者或访谈者通过其他方式难以得到的,即只能通过访谈得到信息,这对调查者或访谈者所进行的研究是十分必要的。因此,访谈是研究者或访谈者研究计划中的一个必要的组成部分。访谈者按照访谈计划实施访谈。访谈者在与访谈对象进行约定的前提下,按照整个研究计划设计访谈计划,并实施访谈。访谈者为了通过访谈得到所需要的信息,在实施访谈之前,往往要精心设计访谈的每个环节。

综上所述,访谈法是由访谈者根据调查研究所确定的要求与目的,按照访谈提纲或问卷,通过个别访问或集体交谈的方式,系统而有计划地收集资料的一种社会调查方法。

访谈法是通过有目的地与调查对象直接交谈来获取社会信息的方法。这种方法同我们日常生活中的相互间的交谈有许多不同之处(见表7.1)。访谈有预定的计划,有专门的主题,有一定的工具(如调查表)或辅助工具(如录音笔),而日常交谈不需要这些。此外,访谈主要由被调查者提供信息,而日常交谈则是双方相互交换信息。

访谈法作为社会调查研究中一种比较完善而有效的方法,其理论基础是人际沟通和社会互动的基本内容。一般而言,访谈的双方彼此是初次见面,是陌生人之间的关系,属于典型的次属社会关系而非亲密关系,从社会互动角度看,访谈双方基于完成访问的目标,是功能性互动而不是情感性互动。

【知识小贴士】7.1

表7.1 访谈与日常谈话的区别

	日常谈话	访谈	备注
（1）目的性	不明显	十分明确、清楚	尽量快速且直接地获取需要的信息,排除干扰因素,剔除无效信息
（2）言语轮换平等性	可互问	访谈者提问	
（3）交谈中的沉默	允许较长时间	通常不会长时间	
（4）言语的重复	有意避免	刻意重复	
（5）无知的话语	使用	使用更频繁	获得尽可能详细、具体的信息
（6）细节	使用大量的略语和参照物	详细说明细节或举例	
（7）身体接触	常伴有身体的接触	不会超出握手的范围	
（8）希望继续交谈的兴趣	互相表示	访谈者向被访者表示	访谈者与被访者之间有一定人际距离,需注意交际礼貌
（9）谈话结束时	结束语或找个理由结束谈话,不必道谢	向被访者表示感谢,商定下一次访谈的时间和地点	

资料来源:https://wenku.baidu.com/view/b2dfdf8bf12d2af90242e6a2.html.

（二）访谈法的特点

访谈法的特点主要表现为互动性、灵活性和可控性。

访谈法的互动性主要表现为,这种收集资料的方法是访问者和被访问者之间的互动,对集体访谈来说,这种互动还体现在被访问者之间。互动性意味着访谈过程不仅是言语的交流过程,也是访问双方互相了解、互相影响的过程。访谈过程的互动性一方面有利于资料收集者获得丰富的、全面的,甚至非语言的资料;另一方面由于双方的互动,访问者与被访问者彼此受到对方的影响,也可能影响到资料收集的客观性与真实性,例如被访者可能根据访问者的态度、性格、行为举止等来回答被问及的问题。

访谈法的另外一个特点是灵活性,特别是半结构式访谈和无结构访谈体现较多。在访谈过程中,访问者可以根据情境的特点,被访问者的表现等,灵活地选择具体发问的问题,选择提问的方式、顺序与措辞等。访谈法的灵活性可以使研究者获得其他方式难以获得的深度资料。

访谈者还有一个特点就是资料收集过程的可控性。访谈往往表现为资料的收集者与被访问对象的直接互动,这种直接互动有利于资料收集者对资料收集过程进行控制。例如,对被访问者不清楚或不理解的问题,访问者可以进行重复解释;对被访问者不愿意回答的问题,访问者可以通过采取迂回等技巧获得答案;另外,资料收集者还可以通过回答者表情、姿态等对其回答的真实性等作出判断等等。[①]

（三）访谈法的意义

访谈法收集信息资料是通过研究者与被调查对象面对面直接交谈方式实现的,具有较好的灵活性和适应性。访谈广泛适用于社会调查、求职、咨询等,既有事实的调查,也有意见的征询,更多地是用于个性、个别化的研究。社会学家鲍格达说:"访谈法是在系统的研究与

---

① 风笑天.社会研究方法[M].北京:高等教育出版社,2006:235.

发现过程中的重要工具。"盖洛普博士也说过:"透过访问才可以知道一般人心里所想的,以及准备去做的事。"

访谈法的意义如下:

第一,易于了解访谈对象的说法、看法。在访谈法之外的其他社会科学调查方法很难了解调查对象对某个问题的说法或看法。因为在采用其他社会科学调查方法进行调查时,调查对象头脑中的内容对调查者而言几乎是一个"黑箱",调查者基本上是通过调查对象的行为来判断调查对象头脑中的内容的。而在调查者实施访谈时,访谈对象直接表述自己对某些事物的看法、感受等,或者说,访谈者的提问使访谈对象有所回应,从而使访谈对象的思维活动在访谈者面前像是打开的"白箱"。

第二,可以在访谈中对访谈对象进行观察。访谈者在进行访谈时,不仅可以了解访谈对象口头表述的内容,而且可以同时从访谈对象身上了解更多的信息。访谈对象在表述一个观点或陈述一个事实时,言谈举止的表现往往隐藏着重大的信息。如果访谈者没有对访谈对象进行访谈,访谈对象的这些隐蔽的信息往往没有表现出来的机会。因此,访谈过程是进行观察的良好时机,访谈对象的言辞、语气、神态、动作等,都可以使访谈者更加深入地了解访谈对象,从而对访谈对象的看法、说法是否可信、是否全面等作出比较准确的判断。

第三,可以与观察相互印证。访谈法获得信息的方式与观察法获得观察信息的方式是不同的。在研究者采用观察法进行调查时,所得到的信息往往只涉及人的外在的方面,如人的行动、表情等。而当研究者采用访谈法进行调查时,研究者所得到的信息往往更多地涉及人的内在方面,如人的想法、看法等。对人的了解,不能仅仅限于其行为,也不能仅仅限于其言论,而应该"听其言,观其行",把研究对象的言谈和行动互相印证。通过把访谈法与观察法结合,可以使访谈者通过比较访谈对象的言行,去粗取精,去伪存真,了解到更加真实的信息。①

二、访谈法的类型

访谈法的划分标准大致有:访谈的内容结构、访谈对象的规模人数、访谈的接触方式以及访谈的次数等。按照不同的划分标准,访谈法可分为结构式访谈与非结构式访谈;个别访谈与集体访谈;直接访谈与间接访谈;横向访谈与纵向访谈等。具体如表 7.2 所示。

表 7.2 访谈法类型

按照访谈的内容结构	结构式访谈	非结构式访谈
按照访谈对象的人数	个别访谈	集体访谈
按照访谈的接触方式	直接访谈	间接访谈
按照访谈的次数	横向访谈	纵向访谈

(一) 结构式访谈与非结构式访谈

访谈法按照操作方式和对访谈内容结构的控制程度可以分为结构式访谈和非结构式访谈。

---

① 颜玖.访谈法在社会科学研究中的运用[J].北京市总工会职工大学学报,2002(2).

1. 结构式访谈

结构式访谈又称标准化访谈、问卷访谈，是按照统一设计的、有一定结构的访谈问卷进行的访谈。这种访谈的特点是严格控制和标准化。访谈对象按照统一的标准与方法选取，访谈中所提的问题及其顺序、提问的方式、对疑问的解释以及调查结果的答案记录都严格遵守问卷的要求或访谈任务书的要求，甚至连访谈的时间、地点、周围环境等外部条件，也要求同访谈任务书保持基本一致。

结构式访谈的优点是：访谈任务书类似问卷，便于对访谈结果进行统计，可用做定量分析，便于对不同被访谈者的回答进行对比研究。而且由于在访谈法中，访谈者必须当场与调查对象直接交流，这样就能够控制调查环境和调查过程，避免他人代替或几人商量填写问卷等弊端，还可以随时督促和核对访谈对象的回答，也可以对某些特定问题进行深入调查，从而最大限度地提高问卷的有效回收率，降低来自访谈对象的误差，提高调查结果的信度和效度。此外，它还能通过直接观察，获得一些对访谈对象的经济收入、身份、能力等方面的感性认识，分辨其回答的真实程度，对所获资料和答案进行评估。

但是，这种访谈方法也存在一些局限性：

第一，访谈内容缺乏弹性和灵活性。事先设定的问卷有时难以恰当地反映复杂多变的社会现象。

第二，访谈形式比较呆板。访谈双方的活动被严格限制在一定范围之内，难于临场发挥，被调查者的回答也比较被动，不利于充分发挥访谈双方的主观能动性。

第三，不利于研究的深入。结构式访谈法的标准化使之利于定量分析，但是不太适于定性分析。

第四，访谈的质量较难控制。结构式访谈多用于大规模社会调查，需要访谈者数量较多，访谈者之间对问题的理解和处理方式上往往难以保持一致，因此对访谈者的挑选和培训要求极高，如果稍有闪失，就会严重影响访谈的质量。

2. 非结构式访谈

非结构式访谈事先不制定统一的问卷、表格和访问程序，而是只给访谈者一个题目或大致范围或一个粗线条的问题大纲，由访谈者与访谈对象在这一范围内自由交谈，具体问题可在访谈过程中边谈边提出。对提问的方式和顺序、回答的记录、访谈时的外部环境等，也没有统一要求，可根据访谈过程中的实际情况作各种安排。

同结构式访谈相比，非结构式访谈的最主要特点是弹性和自由度大，能充分发挥访谈者和访谈对象的主动性、积极性、灵活性和创造性，有利于适应千变万化的客观情况，有利于调查原设计方案中没有考虑到的新情况、新问题，有利于对社会问题进行较深入的探讨；在非结构式访谈中，双方可以围绕所定题目，就有关问题进行无拘无束的交谈和讨论，可以深入广泛、细致准确地把握被访者的回答，拓宽调查的内容；访谈者得到的资料丰富而且生动，甚至是不曾预料到的、启发性很大的资料，能获得与调查研究问题有关的丰富的社会背景材料和调查对象生活与行动的生动感受，从而对所调查研究的问题比结构式访谈有更深入、全面的了解。

正是由于具有上述优点，非结构式访谈也有一些无法回避的缺陷，主要有：① 对调查员素质要求高；② 调查费时费力，资料整理困难；③ 调查结果也不宜用于定量统计分析；④ 调查结果深而不广，不能对总体进行有效推断，常常用于对问题的探索和提出研究假设；⑤ 调查结果的客观性不强，对调查结果的分析因人而异，同样的说法人们可以得出不同的结论，由于这种访谈的自由度很大,访谈者常常会自觉不自觉地将主观意见带入访谈过程中,访谈者的态度、素质、经验也会影响访谈结果。

因此,非结构式访谈多用于个案调查、典型调查,常和观察法一起在田野调查或实地调查中使用。

非结构式访谈因实施方式不同,通常有以下几类:

(1) 重点访谈。重点访谈又称为集中访谈,是集中于某一特定问题、经验及其影响的访谈。

这个方法是由美国社会学家默顿(Robert. K. Moton)等人创造的。他们在对大众传播,如广播、电视、出版物等的社会及心理效果的研究中,多次使用这种方法。重点访谈有以下几个特点:

① 预先建立假设,根据假设确定访问的内容与要求。从这个意义上讲,重点访谈也是一种半结构式访谈。

② 给被访者提供一个特殊的情景,如一种特殊的电影、一段特殊的广播、一段音乐或者观察一种特殊的社会情景,然后在这种情景发生过程之中或结束之后,由调查者与被访者进行访谈,收集被访者的反映。

③ 根据调查的需要,可以事先对整个情景作分析,决定调查它的哪些方面。重点访谈的一个决定性因素是某一特定情景的提供,即一次特定事件、一场电影、一篇文章、一段音乐等。重点访谈是建立在这样一个假设基础上的,即透过某种刺激,可使调查对象在情景上产生特殊的反应,研究者从这些反应去获得信息再加以解释。我们用一个市场调查的例子来说明什么是重点访谈。

案例:研究者要调查人们对商品价格的关注程度和认知程度。调查准备阶段包括两个方面,首先拍摄一些市场经营的原始资料,包括四个方面:

① 拍摄不同商品的价格,根据现实情况,拍摄一些以"8"结尾、以"0"结尾、以"9"结尾和以其他数结尾的商品价格。

② 拍摄一些商业企业的折扣情况,包括全店有一个共同的折价幅度、全店公布最低折价标准。

③ 拍摄一些商业企业的季节性折价情况,包括标明季节性折价和限定最后折价期限两种情况。

④ 拍摄各种促销活动的情况,包括搭配销售、有奖销售等等。

其次,进行配额抽样,用年龄、性别、文化程度变量作为标准选取样本。调查阶段,让被访者分为各个组,观看录像,然后座谈。

此次调查的基本结论是:

① 消费者认为以"8"和"0"结尾的价格是整数价格,而以其他数字结尾的价格是非整数价格,有趣的是消费者在感觉上认为58元比59元更贵。

② 消费者认为全店有一共同的折价幅度体现了企业的风范,而仅仅公布最低价格则让消费者感到有"被欺骗"的感觉。

③ 消费者接受有最后折价期限的折扣策略。

④ 促销活动可以导致消费者的随机购买。

(2) 深度访谈。深度访谈又称为临床式访谈,它是为收集个人特定经验的过程、动机及其情感资料所做的访谈。深度访谈常用于个人生活史调查研究。深度访谈松散而且随意,调查者可以随时随地进行插话,探究问题的原因。但是一般不允许与被访者讨论问题。

在市场调查中,深度访谈经常用于对态度、意见、情感、动机、价值等方面的研究。比如品牌喜好、媒体接触习惯、闲暇时间、生活形态与态度、消费习惯等。

深度访谈案例(提纲片断):关于休闲及消费情况的访谈。

① 您平时的主要休闲方式是什么?(看电视、看VCD、电影、上网、逛街、蹦迪、旁观运动竞赛、阅读、运动/健身、美容/发、外出旅游、泡吧、会友、音乐)为什么喜欢(选择)这种休闲方式?(喜好、心情)

② 您平时是否经常上网?上网主要是做什么?(学习、游戏、查资料、聊天、只收发邮件)?在什么地方上网?(在家、网吧)

③ 您在网上聊天吗?都什么时间聊?聊天的目的?与谁聊?见网友吗?参加网友聚会吗?感觉如何?如果不聊天,您认为聊天室的人都是什么人?

④ 您所熟悉的时尚运动及健身种类?频率?选择什么时间外出旅游?您多长时间什么情况做一次美容或美发?

⑤ 您所熟悉的书、音乐、杂志?(挪威的森林,红白蓝,格调,麦田里的守望者,ELLE,新周刊,猜火车,小武,生命不能承受之轻)(JAZZ,蓝调,4AD,三大男高音,今夜无人入睡)

⑥ 您一般喜欢看什么类型的电影?原版电影和译制片您选择哪种?为什么?

⑦ 您与谁一起去酒吧/咖啡厅/迪厅,什么频率?什么时间?什么地点?(雕刻时光,星巴克,哈根达斯)

⑧ 消费情况:入不敷出的情况您会经常有吗?对此您是怎么做的呢?您怎么理解今天花明天的钱?您自己是这样的人吗?

⑨ 有人说:"喝红酒,玩瑞士军刀,用ZIPPO,CD香水,饮蓝山咖啡,抽七星烟,提路易威登包。"您对此的感觉与态度是什么?怎么评价?(不能全讲名牌,也不能没有名牌)

(3) 客观陈述式访谈。客观陈述式访谈又称非引导式访谈,其最大特色是让访谈对象客观地陈述对自己和周围社会环境进行一番考察,再客观陈述出来,即访谈者鼓励被访谈者把自己的信仰、价值观念、行为以及他所生活的社会环境客观地加以描述。

在使用客观陈述法时,一定要注意:

① 尽量不要打断被访者,让被访者自由发挥,有不明白的问题或者认为被访者没有清楚的问题要在被访者讲话间断的时候提问,而且这种提问越少越好。

② 不要与被访者讨论问题,仅仅在被访者谈话的过程中,给予被访者一些促进他们继续讲下去的鼓励。

③ 在与被访者交谈的过程中,尽量不要过多说明自己的研究目的,尤其不能把自己的研究假设告知被访者。

④ 在市场调查中,不要向被访者说明任何产品与服务的特性,被访者说什么,哪怕是错误的也不要解释。

非结构式访谈与结构式访谈相比,有优有劣,可以互补,因而访谈者在实际调查过程中,两种方法可以结合使用。

(二) 个别访谈与集体访谈

访谈法按照访谈对象的规模人数可以分为个别访谈和集体访谈。

1. 个别访谈

个别访谈是指对访谈对象逐一进行单独访谈,是访谈法最基本和最常用的类型。它既可以采取结构式,也可以采取非结构式;既可以是访谈者与被访谈者面对面口头的直接调查,也可以是电话或网络的间接调查。间接调查不与被访者见面,访谈中牵扯的问题较少,方法较简单,成功率和应用率也相对较低,因此目前最常用的、也是我们重点介绍的是直接调查类型的个别访谈。

个别访谈的实施一般包括访谈准备、接触访谈对象、正式访谈、结束访谈四个环节。其中最重要的、也是最难把握的是在访谈过程中如何做到有效控制的问题。访谈的过程就是访谈者提问与被访者回答的过程。对这个过程能否做到有效控制是访谈成功与否的关键,而一定的提问方法与一定的行为方式是控制访谈的两个重要因素。

(1)提问方法。在提问时,主要应做到如下几点:

第一,从简单问题入手。被访者开始回答问题时总有一个心理酝酿过程,因此访谈者的提问应从简单逐渐向复杂过渡。为了营造融洽的访谈气氛,访谈者也可以在进入正题前先和被访者聊聊家常,比如籍贯、住房、家庭、爱好等。

第二,提问有序。如果是结构式访谈,就应该严格按照访谈之前拟定的提问提纲,由简至繁地按顺序进行访谈。对非结构式访谈,也不能东一榔头西一棒子,而要注意根据所谈问题的内在逻辑结构提问,例如在谈论变迁问题时,按事件先后发生的顺序提问就非常重要,否则容易影响所谈问题的系统性,遗漏某些重要的内容。这一点对那些访谈经验不足的人来说尤为必要。

第三,适时追问。追问是访谈的一项重要技能。在访谈中,有时被访者的陈述会存在一些疑点;有时对问题的回答含糊不清甚至前后矛盾不能自圆其说;有时出于顾虑对问题避而不谈或轻描淡写;有时回答不够完整或未能充分阐明某些重要内容;有时访谈者希望被访者谈出未涉及的新的内容,这些都需要进行追问。追问可以使访谈者和访谈对象真正互动起来,使访谈更加全面和深入。它的掌握对访谈者来说有一定难度,不仅要求访谈者思维敏捷且发散性强,而且要求访谈者对追问时机的分寸要把握得好。追问应在发现问题后尽快进行,因为间隔时间太久容易导致信息流失。但又决不能生硬地打断被访者的陈述,否则会引起对方的反感。正确的做法是顺其自然,当被访者的陈述告一段落或出现停顿时,不露痕迹地加入追问。有时候为了检验被访者所陈述的某些内容、观点的真实性和可靠性,也可以有意将关于这些问题的提问记下来,放在整个访谈的最后进行。

第四,题目转换自然。在访谈中,需要从一类题目不断转换到另一类题目。这种转换如果太突然,往往会使调查对象因为毫无心理准备而产生困惑。为了避免这种情况,通常要提一些过渡性的问题,使话题自然转换。例如在从家庭关系问题转向工作问题时,可以问:"您的家庭生活真好,在工作上也一样好吧?"或者"您的家庭生活虽然不太愉快,但工作上还好吧?"再如从工作问题转向业余爱好问题时,可以问:"您的工作这么紧张,业余时间怎么安排?"

第五,注意引导。在访谈中被访者有时会没完没了地重复同样的内容,有时则会跑题,这就需要调查者及时进行引导,使访谈步入正确的轨道。引导性提问切忌使用生硬的、刺激性的语言,例如"您跑题了""这个问题不用再谈了""我问的不是这个问题"等,以免使对方产生抵触情绪。在这种情况下,应选择适当时机,礼貌而巧妙地转移话题。例如,可以将被访者所谈的那些不着边际的内容加以总结说:"您刚才谈的是××问题,很好,现在请您再谈谈××问题。"以此把话题引向所需。也可以从被访者所谈的漫无边际的材料中,选取出一两个跟正题有关的话进行提问,如:"您刚才谈的××问题是怎么一回事?"还可以采用动作方式,例如给他倒水递烟,中断谈话,当谈话重新开始后,提出新的问题,在不知不觉中改变话题。

在引导中还有一种特殊的形式,就是复述。来自访谈双方的两种情形,使复述成为必要。一种是当被访者的回答支支吾吾,看上去对所提的问题不甚理解或未听清楚时,就要对问题进行复述。这种复述的节奏要慢,使被访者有反映、理解的余地。另一种是访谈者对被访者的讲述不明其意或未听清楚时,就要复述能够记住的被访者的回答,以期引导出被访者对回答的纠正、解释或准确、完整的内容。

第六,保持客观中立。访谈中要尽力做到客观公正和不偏不倚,提问不能带有明显的倾向性,不能对被访者的答案进行诱导,例如说"您看这个问题是不是应该这样理解……",也不要夹杂带有情感的字眼,如先进、落后、自由、保守等,这样才能保证访谈结果的真实可靠。

第七,特殊问题特殊处理。对一些难以启齿的敏感性问题或涉及被访者隐私的问题,一般不要直接提问,否则容易刺激对方,致使访谈破裂。比较可行的是请他(她)站在第三者的角度回答有关问题,或者事先设计出几种回答写在纸上,让被访者选择。如果经多方努力,被访者仍不愿谈论这些问题,就不要一味强求。

第八,语言表达方式要恰当。提问的语句越简单越好,做到用简短的提问换取充分的回答,而不是用冗长的提问换取简短的回答。提问的语言应该通俗化、口语化和尽可能地简化,尽量避免使用学术术语、书面语言和"官话""套话"。此外,调查者要根据被访者的特点,灵活掌握提问的语速和语气。例如对一般人的提问,语速要适中,语气要平和;对孩子提问,就应用较缓的语速,亲切的语气;对老人提问,则要放慢语速,声音稍大。

(2) 行为方式。在个别访谈中,访谈者可以通过自己的一定行为影响被访者,从而实现对访谈过程的控制。礼貌、谦虚、诚恳、耐心是访谈者自始至终都必须具备的最重要的表现。例如无论被访者的回答怎样跑题或啰嗦,访谈者都不能表现出丝毫的厌烦,而只能用前述引导的方法改变局面。这种表现可以获得被访者的好感,对访谈的顺利进行意义极大。

访谈者要善于运用表情和动作控制访谈进程。被访者如果看到的是一张毫无表情的脸,就会认为自己的话不被访谈者重视,从而失去谈话的兴趣。表情过于严肃,也会使被访者产生紧张感,从而影响对问题的回答。因此,访谈者的表情一定要生动,能够根据被访者所谈情境而变化。例如谈到被访者的挫折、不幸时,要有同情和惋惜的表情;谈到被访者遭遇的不平之事时,要有义愤的表情;谈到被访者一些难于启齿的隐私时,要有理解的表情;谈到被访者的成绩或得意之事时,要有高兴的表情等等。访谈者还要注意一些动作细节对被访者的影响。例如,访谈者提问后一直目不转睛地盯着对方,往往会使被访者局促不安,张不开嘴;而如果提问后目光转向自己的笔记本,做出一副准备记录的样子,则会令被访者从容许多。相反,在被访者侃侃而谈时,不看着对方,只盯着自己的笔记本,会使对方误以为他的谈话令人厌倦,从而中止陈述;而如果目光专注于被访者,他就会感到一种认同,从而滔滔不绝地说下去。再如,访谈者在被访者陈述时连连点头、匆匆记录,这些动作都可以鼓励对方谈下去;如果被访者的回答离题太远,则可以停止记录,这会起到制止作用;如果在被访者回答后感到内容不完全,可以停止发问,用期待的表情示意对方继续说下去,等等。

一般情况下,访谈时间不宜过长,以 1~2 小时为宜。访谈者对结束访谈和告别一定要有所重视,争取给被访者留下一个关于访谈的整体的美好回忆。这不仅是对访谈者职业道德和素质的要求,而且对调查研究工作具有直接的意义。

访谈记录也是一项需要特别注意的专门工作。结构式访谈的记录比较简单,只需按照规定的记录方式,把被访者的答案记录在事先设好的表格、问卷上即可。无结构式访谈的记录则有一些不同方式。最理想和最便捷的方式当然是机器记录,但是,经常有被访者不愿采用这种方式,所以手工记录仍然是最常用的记录方式。它又分为当场记录与事后记录两类。

2. 集体访谈

集体访谈也叫会议调查法,就是调查者邀请若干被调查者,通过集体座谈方式或集体回答问题方式收集资料的调查方法。它实际上是个别访谈的一种扩展形式,同个别访谈一样,都属于双向传导的互动式调查。它既可以是有结构访谈,即按统一提纲回答问题,也可以是非结构访谈,即自由访谈;既可以是访谈者与被访者面对面口头的直接调查,也可以是书面咨询或电话会议、网络会议的间接调查。由于电话会议和网络会议存在一些技术和条件方面的特殊要求,因此尚不流行,目前最常用的还是面对面口头的集体访谈,在某种特殊情况下也会采用书面咨询式的集体访谈。

按照调查的目的不同,集体访谈可分为两类:一类是以了解事实为主的访谈,着重于对事实的客观描述与披露,而不去探讨深层次的问题和研究对策;一类是以研究问题为主的访谈,着重于对已知的事实进行深入的分析和探讨,发现其原因,认清其性质和规律,提出相应的对策。

按照调查的内容不同,集体访谈可分为两类:一类是综合性访谈,即包含许多问题和内容的访谈,比较全面和系统,但往往不够深入;一类是专题性访谈,它的内容比较单一或集中,探讨问题较深入,目前流行的很多焦点访谈即属此类。

按照调查的方式不同,集体访谈可分为两类:一类是直接访谈,就是召开口头的、面对面的调查会;一类是间接访谈,包括电话会议、网络会议和书面咨询等。其中书面咨询是集体访谈中的一种特殊方式,又称德尔菲法。

集体访谈的实施程序一般分为三个阶段,即前期准备阶段、具体实施阶段和后期总结阶段。

集体访谈是比个别访谈更高一个层次的调查方法,也是一种更复杂、更难掌握的调查方法。集体访谈的具体实施方式和方法与个别访谈大体相同。但集体访谈参与人员较多,安排和组织较麻烦,会议时间也有限,因此,做好会前各项准备工作非常重要。它所面对的不是单个的被访者,而是同时面对多个被访者。它不仅是访谈者与多个被访者之间互相作用的过程,而且是若干个被调查者之间互相影响、互相作用的过程。因此,访谈者在集体访谈中不但要注意被访者对访谈者言谈举止的反应,还要注意被访者之间的相互影响和反应。这就要求访谈者不仅要有熟练的访谈技巧,而且要有驾驭会议的能力。集体访谈对访谈过程的控制要求比个别访谈更高,这是访谈会成功与否的关键。

集体访谈的优点主要是:省时省力,效率较高;探讨问题较全面、深刻。集体访谈的缺点主要是:收集意见有时不够充分;不宜了解个人问题或特殊问题;了解事实往往不够细致。集体访谈法对访谈者的要求较高,因此对访谈者的选择和培训也是很重要的。

拓展阅读7.1

集体访谈发言民主辩论的激发

集体访谈期望的情形是,与会者开展平等对话,形成热烈讨论、民主辩论的氛围。可集体讨论容易产生"集体性思维""同伴压力""领导效应",少数人垄断会场,多数人陪会,会议一边倒的局面。如何激发与会者进行深入的民主辩论呢？一是主持人应坚持平等、民主的原则,尊重和保护每一个与会者发言的权利,特别是要尊重和保护少数人的发言权,尽可能地消除他们的孤立感和压抑感;二是主持人要善于发现问题,提出问题,运用提问与引导技巧,组织持不同观点者展开争论;三是主持人一方面应鼓励与会者畅所欲言,同时又对发言者既不恭维,也不轻视。

资料来源:周德民,张苏辉.社会调查方法教程[M].北京:中国劳动社会保障出版社,2013.

(三) 直接访谈与间接访谈

访谈法按照访谈双方接触方式可以分为直接访谈与间接访谈。

1. 直接访谈

(1) 入户访谈。入户访谈是由调查员对被抽到的样本逐一进行访问,一般是在被访者家中或单位进行,访问时,调查员严格按照问卷的题目顺序向被访者询问并作记录。入户访谈被认为是最佳的访谈方式,它能够确保受访者在一个自己感到熟悉、舒适、安全的环境里轻松地接受访谈,从而有可能得到质量较高的调查结果。

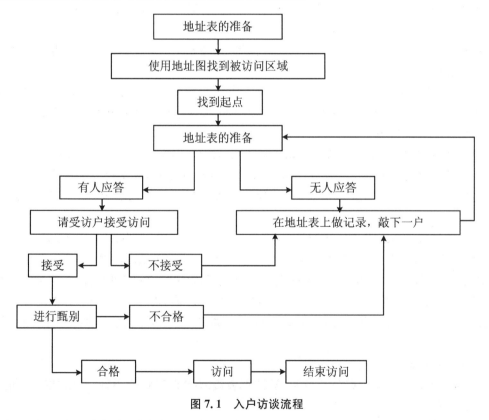

图 7.1 入户访谈流程

对入户访谈,首先要决定到哪些家庭或单位去访问。如果抽样方案中已经具体给出了待访问家庭的具体地址或名单,那么调查员就严格执行,不得随意更换被调查对象。但是在许多情况下,抽样方案无法给出具体的待访问家庭的名单,而只是给出若干个抽样点(居委会或居委会内的某个楼、地段、大院等)和如何抽取待访家庭的具体规定。比如,规定在每个抽样点按等距抽样法抽取 5 户家庭,规定起始点的确定方法以及行走路线的方向等。在抽样方案中还应给出抽中家庭家中无人或抽中的家庭户拒绝接受访问时的处置办法。例如,通常可规定,家中无人时应再访,三次均不成功才能放弃;对拒访的家庭经过耐心的说服后仍无效者可以放弃,改访最邻近的家庭。

经过培训的调查员严格按照访问的问卷和辅助的卡片、表格、产品的样本等对抽中的对象进行面对面提问,准确记录下每个问题的答案,对开放式的问题要进行充分的追问。

入户访谈的优点:问卷回答的完整率高;调查结果较为准确;可获得较多资料;易于回访复述。

入户访谈的缺点:

第一,成本高、时间长。费用包括调查员的劳务费、交通费及受访者的礼品费等支出。在访谈调查中,入户调查是费用最高的。另外,与电话调查相比,入户访谈的速度比较慢,一个调查员在周末的一天也许最多只能完成6个成功的入户访问,而在平常的工作日,可能一天最多只能访问1~2个家庭,大量的时间都会花费在路途中和寻找访谈对象上。

第二,拒访率高。防盗门成为横亘在调查员与被访者之间的一道屏障,能否进门成为一件难事,这也是很多市场调查公司不愿意做入户调查的原因。

第三,对访问过程的控制较为困难。由于调查员的分散作业,难以对他们的工作进行监督检查,有的访问人员在登门受挫、不能完成问卷的情况下,很可能会自己在问卷上弄虚作假。

第四,受调查员的影响较大。访谈员的素质(比如业务水平、交往能力、表达能力、语气、工作责任感等)都会影响问卷的质量。

(2) 街头拦截访谈。街头拦截法是一种十分流行的询问调查方法,约占个人访谈总数的三分之一,由于入户访问受到客观条件的限制,很多调查公司把它作为入户访谈的替代方式。街头拦截访谈调查主要有两种方式。

第一种方式叫街头流动拦截访问,是由经过培训的调查员在事先选定的若干个地点选取访问对象,征得其同意后在现场按照问卷进行简短的面访调查,这种方式常用于需要快速完成的小样本的探索性研究。例如,对某种新上市商品的反映,或反馈某类商品的使用情况等。

第二种方式是街头定点拦截访问,是在事先选定的场所内,租借好访问专用的房间或厅堂,根据研究的要求,可能还要摆放若干供被访者观看、品尝或试用的物品,然后按照一定的程序和要求,在事先选定的若干场所的附近,拦截访问对象,征得其同意后,带到专用的房间或厅堂内进行面访调查。这种方式常用于需要进行实物显示的或特别要求有现场控制的探索性研究,或需要进行实验的因果关系研究。例如,广告效果测试、某种新产品的试用实验等。

街头拦截访谈的优点:

① 避免了入户困难。在公开场所,被调查者没有担心露底的心理,所以相对来讲比较容易接受访问。

② 费用低。由于被访者自己出现在调查员的面前,调查员可将大部分时间用于访谈,节省了时间及车旅费。

③ 便于对调查员进行监控。调查员在指定的地点完成访问工作,可以派督导员在现场进行监督,以保证调查的质量。

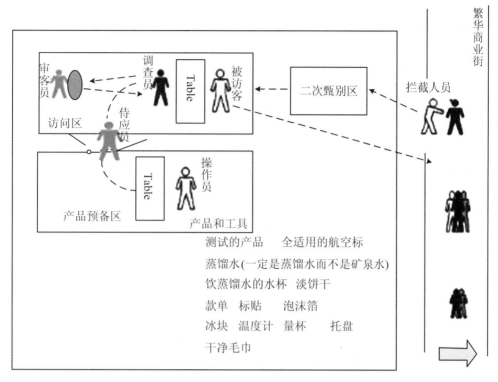

图 7.2　街头拦截访谈

街头拦截访谈的缺点：

① 不适合内容较长、较复杂或不能公开的问题的调查。所以，在问卷的设计上应注意：一是内容不要太长，因为行人一般是有其他事情在身，不可能花太多的时间来回答问卷，一般问卷长度不能超过 15 分钟；二是问题最好不要涉及个人隐私方面的问题，因为在大庭广众之下，这样的问题会引起反感并遭到拒绝。

② 调查的精确度可能很低。由于所调查的样本是按非概率抽样抽取的，调查对象在调查地点出现带有偶然性，这可能会影响调查的精确度。另外，在某一地点调查，很难得到代表性强的样本。

③ 拒访率较高。因为调查对象有充分的理由来拒绝接受调查。

2. 间接访谈

间接访谈是访谈者与被访谈者不直接见面，而是借助某种工具，如通过电话等工具向被访谈者进行的访谈。间接访谈可以解决因距离遥远或时间不足造成的困难，也可使被访谈者避免尴尬。间接访谈包括电话访谈、函件访谈、网上访谈等。间接访谈需求经费中等，特别适用于工作繁忙、居住分散的调查对象。

（1）电话访谈。电话访谈在 20 世纪的发达国家、发达地区兴起，20 世纪 70 年代在美国得到极大的推广，因而曾被一些学者称为社会调查研究的一次小革命。近年来，我国城镇电话发展迅速，普及率越来越高。据国家统计局资料显示，2011 年我国固定电话年末用户为 28512 万户，移动电话年末用户为 98625 万户。因而电话访谈在我国成为一种可能且发展较快的访谈方式。

电话访谈是指调查人员借助电话，依据调查提纲或问卷，向被调查者进行询问以获得信息的一种调查方法。

传统的电话访谈：先分地区，每个地区确定要调查的样本单位数，编制电话号码，按地区分给调查员，调查员利用晚上和假期与被调查者通电话。在拨号时，应考虑两个问题：一个是电话铃声响几次之后才能断定样本户家中无人；另一个是什么时候放弃对某样本户的访问。有研究表明，以铃声响6次没人接电话判断样本户家中无人比较适宜，并尝试拨3次，如果3次都不成功，这个样本就可以放弃。如果所拨的电话号码是空号或电话没人接听，那么就仿效拨前一位号码，仍不通，就拨后一位号码。例如在随机拨号抽样时，假设抽到的号码62713495拨不通，依次拨62713494、62713496，如果还不通，就拨62713493、62713497等，直到拨通为止。

全自动电话访谈(CATS)：近年来，在美国出现了一种利用内置声音回答技术取代传统的调查方式的电话访谈，即这种全自动电话访谈方式利用专业调查员的录音来代替调查员逐字逐句地念出问题及答案。回答者可以将封闭式问题的答案通过电话号码上的拨号盘键入，开放式问题的答案则被逐一录在磁带上。

计算机辅助电话调查：计算机辅助电话访谈是指在一个中心地点装上CATI(Computer Assisted Telephone Interview)设备，该设备的软件系统包括四个部分：自动随机拨号系统，问卷设计系统，自动访问管理系统，自动数据录入和简单统计系统。调查员带着一副迷你耳机坐在计算机终端前。电脑代替了传统的纸和笔，耳机代替了电话。接到指令后，电脑拨要呼叫的电话号码，调查员在接通后读出屏幕上显示的问题，并直接将调查对象的答案输入到电脑里。

屏幕上每次出现一个问题，电脑会根据答案自动地跳到下一道相关的问答题。调查员只需根据屏幕上显示的问题提问，电脑会自动检查答案的适当性和一致性。这样，访问的时间会大大地缩短，数据质量大大提高，也不再需要数据的编码和录入等繁琐的过程。因为答案直接进入电脑，因而可以即时提供数据收集和分析结果的中间及最终报告。

这种调查方法最早起源于20世纪70年代美国，20世纪80年代在台湾地区得到较多的应用。近些年来，随着市场经济的发展，我国内地也越来越多地采用这种方法进行市场、民意方面的调查研究。它具有访问质量高、速度快、费用低、样本对总体的代表性强等优点，是较之邮寄、面谈等调查更为快捷、成功率更高的调查方法。

电话访谈的优点：

① 效率高。省去了路上花费的时间；可以访问到不易接触到的对象。

② 在某些问题上能得到坦诚的回答。有些个人问题，比如教育水平、收入、分期付款等问题，在入户调查和拦截调查等面对面情况下，被调查者会感到有些不自然，而在电话访问中，则能获得较坦诚的回答。

③ 易于控制实施质量。调查员集中在同一中心位置进行电话访问，督导可以在现场随时检查访问操作、访问技巧等，其调查质量可得到大大提高。

④ 费用较低。入户调查需要的调查人员多，所花的费用很高。电话调查相对来说，费用较低。

电话访谈的缺点：

① 访问成功率较低。由于电话号码的编制采用的是随机数表的方法，所以有些号码可能是空号，另外受访对象如果正在忙于其他事务，可能拒绝接受访问等。这些原因使得电话访问的成功率较低。

② 调查的内容难以深入。电话调查的时间一般应控制在10分钟内,以免引起被调查者的反感,因此设计的问题不宜过长,只能提简单的问题。

③ 抽样总体与目标总体可能不一致。抽样总体实际上是全体电话用户,而要调查的目标总体可能包括所有电话和没有电话的消费者。

电话访谈的应用范围:

① 对热点问题、突发性问题的快速调查。

② 关于某个特定问题的消费者调查。比如对某新产品的购买意向、对新开栏目的收视率调查等。

③ 特定调查群体。对投资者近期投资意向和打算的调查。

④ 已经拥有了相当的信息,只需进一步验证情况时。

(2) 网络访谈。网络访谈是访谈者与被访谈者,用文字而非语言进行交流的调查方式。网络访谈是随着互联网的发展而发展的。它跟电话访谈一样属于间接访谈,它与电话访谈同样省时省力,甚至比电话访谈更节约费用。另外,网络访谈是用书面语言进行的,这便于资料的收集和日后的分析。

它一般是通过ICQ(一种聊天工具)、IRC(网络实时交谈)、NetMeeting(网络会议)等途径实施。网络访谈在研究的作业成本上占有优势,适合经费有限、寻找初级参考的调查,但应十分谨慎,避免做对总体的推论。

以现在流行的实时在线网络聊天工具"QQ"为例,网络访谈可以借助个人电脑通过文字或者语音输入就可以与他人交流,达到访谈的目的。

首先,要进行周密的筹备工作。一般QQ访谈的流程是首先获取被访者的QQ号,这是进行QQ访谈的首要条件,而获得QQ号的途径除了最简便的向熟人询问外,还可以通过街访,还有一个途径就是问卷调查,与街访相比,结合问卷调查的方式最为简便、省事。由于问卷调查与访谈在研究中具有互补性。因此我们可以在设计问卷的时候就把要获取QQ号的信息作为一个项目让被访者填写。

第二,列出访问提纲。可以简练地列出访谈的目的和询问的问题。与其他访谈一样,访问提纲的准备也是QQ访谈不可缺少的一个重要步骤。调查员要做到心中有数,有话可谈,访谈目的明确,访谈内容围绕访谈提纲进行,不偏离主题。但是调查员的语言可以根据被访者的性格喜好进行更改,或通俗或哲理;或严肃或幽默。

第三,约定好访谈的时间。一般以不影响被访者的工作、学习或休息为标准。在时间长度或者访谈时间段的确定上,我们应尽量听取被访者的意见。可通过打电话或其他方式与被访者约好访谈的时间。

第四,要根据研究类型及被访者自身情况选用合适的聊天类型。在时间相对宽松的情况下,可选用纯文本聊天的方式。这种聊天方式虽较费时,但是文字聊天记录易于保存,节省了研究人员再次整理聊天内容的时间和精力。在被访者打字速度慢或者根本不会打字,或调查员需要详细了解被访者情况以及时间不是很充足的情况下,调查员可以选择语音聊天,并录制语音材料。所以在被访者公务繁忙或需要被深访的情况下,选用语音聊天的方式比较适宜。有时候设备或网速有所限制,事后整理文件的任务较为繁琐,但如果有条件,借助这种手段交流速度非常快,互动性较强,可掌握的信息也较多。在调查员与被访者建立了良好的关系时,为了辅助语音,还可以进行视频聊天。

最后,提问的技巧也跟其他访问一样有要求。调查员所提的问题务求简明、通俗,反映

实质。提问也要讲究策略,这在访谈技巧中有详细的阐述。运用网络访谈有以下的优点:

① 容易获得较多实情。在 QQ 访谈中,由于调查者与被调查者不是面对面的直接接触,这就在较大程度上避免了被访者的"戒备心理",让被访者能将见面不可能说的信息说出来。心理学的研究已证实,在匿名的情况下,个体犹如戴着面具的人,容易去个性化,表现出真实的自我。

② 灵活。QQ 访谈减少了时间与地点因素对访谈的约束,交流双方可以约在任何时间、任何地点进行交流,只要有网络就行,这是现场访谈法缺乏的优点,双方在时间选择上更有主动权。由于访谈是一对一进行,被访者不易受第三者影响,也不必担心会泄露访谈资料。除此之外,QQ 访谈克服了面对面交流的障碍,使得一些本身比较内向的被访者有充分的心理准备,避免了现场访谈那样提了问题后就要求马上回答的紧张和尴尬,从而保证了访谈的质量。

③ 节省了人力物力财力的消耗。访谈不但可以为调查员节约更多的自主时间,同时也减轻了调查研究机构经济上的负担。

④ 访谈记录易于完整保存。无论是纯文本聊天,还是语音聊天都可以将访谈过程真实的记录并保存成电子文件,以便日后归档整理分析。而且,QQ 访谈记录的内容也比较好整理,不需进行较多的处理。但是,网络访谈也有电话访谈的局限,由于没有真正和被访者面对面的接触,无法控制访谈环境,无法观察被访者的非语言行为,因而无法辨认被访者的真实情感等。同时,由于网络访谈的对象比较年轻,对被访者的要求比较高,如是否熟悉电脑操作以及是否有电脑配备、通讯和宽带等物质条件,这在一定程度上也限制了访谈的对象。但网络访谈是在计算机上操作执行,在处理复式问题(即需要依据受访者根据选项而跳到不同题目)时可以自动化处理,避免人为错误,远远优于函件访问。未来,网络访谈方式将会成为一种新的,日益为访谈员重视的高效的访谈方式,是做非科学性调查的一种简易工具。

人员访谈、电话访谈、网络访谈三种访谈方式比较如表 7.3 所示。

表 7.3 访谈方式比较

评价标准	人员访谈	电话访谈	网络访谈
处理复杂问题的能力	很好	差	一般
收集大量信息的能力	很好	好	很好
敏感问题答案的标准性	一般	一般	很好
对调查者效应的控制	差	一般	很好
样本控制	很好	好	差
收集资料的周期	一般	很好	很好
灵活程度	很好	好	一般
调查费用支出	差	好	很好
回收率	高	较高	一般
收集资料的真实性	好	一般	一般

(四) 横向访谈与纵向访谈

访谈法按照调查的次数可以分为横向访谈与纵向访谈。

1. 横向访谈

横向访谈又称一次性访谈,它是指在同一时段对某一研究问题进行的一次性收集资料的访谈。这种研究需要抽取一定的样本,被访者有一定的数量,访谈内容是以收集事实性材料为主,调查研究一次性完成。横向访谈收集内容比较单一,访谈时间短,需要被访者花费的时间较少。横向访谈常用于量的研究。

2. 纵向访谈

纵向访谈又称多次性访谈或重复性访谈,它是指多次收集固定研究对象有关资料的跟踪访谈。也就是对同一样本进行两次以上的访谈以收集资料的方式。纵向访谈是一种深度访谈,它可以对问题展开由浅入深的调查,以探讨深层次的问题。纵向访谈常用于个案研究或验证性研究,这种访谈常用于质的研究。按照美国学者塞德曼(I. Seidman)的观点,深度访谈至少应进行三次以上。

第二节 访谈法的基本程序

一、确定访谈的目的、必要性与可行性

访谈这种调查方式与观察法、问卷法等调查方法一样,都是因为研究者无法确定某种情况的真伪而需要进行调查。调查就是为了解情况,或者说,调查就是为了以事实来确定某个判断的真伪。因此,访谈法这种调查方法也需要在实施之前提出某种或某些假设,进行访谈的直接目的就是通过访谈验证这个或这些假设的真伪。

进行访谈的必要性包括两个相互联系的方面:首先,进行访谈验证了某种假设对解决某个理论问题或实践问题是有益的,即这个拟议中的访谈具有理论价值或实践价值;其次,进行访谈对验证某种假设是必不可少的,不访谈(独立地进行访谈或与其他调查方法结合使用)就不能对该假设进行验证。

确定访谈的可行性,就是确定拟议中的访谈是否能够按计划实施。确定可行性时主要考虑两个方面:第一,拟议中的访谈对象是否接受访谈者的访谈。访谈者与访谈对象的关系、访谈对象的性格、访谈的话题、访谈的时间和地点等因素均会影响到访谈对象是否接受访谈。第二,访谈者自己能否进行访谈。访谈者是否具备访谈的知识、经验、技巧,访谈者是否具备访谈时间,均影响到访谈者能否进行访谈。

二、做好访谈准备

(一) 选择访谈方法

明确访谈研究目的之后,需要根据访谈调研目的,选择适当的访谈方法,若调研目的旨在验证某种假设,为定量分析提供基础资料,一般应该选择结构性访谈法;若调研目的是为了进行探索性研究,则应该选择非结构式访谈法;若需要对调查问题进行深入细致的调查,采用个别访谈较为适宜;若要迅速了解多数人对某一问题的看法,则可采用集体访谈的方法。

（二）制定访谈提纲

在访谈方法确定后，访谈者要根据访谈目的和访谈方法制定相应的问卷、访谈表或访谈提纲。若进行结构式访谈，访谈者应设计出规范、统一的访谈问卷。若进行非结构式访谈，访谈者则应编制一个概要性的访谈提纲，提纲内容主要包括访谈目的、访谈对象、问题设计等，并将访谈提纲具体变为一系列访谈问题，以便在访谈时提出问题。访谈提纲虽不像问卷那样要求理论假设、变量和指标之间具有密切的关系，但各个问题也必须紧扣主题，由于不同的访谈员都是按同一访谈提纲内容调查，因而访谈提纲不仅可以起到指导访谈的作用，还可以起到统一收集资料的作用。

无论采取何种访谈方法，参与访谈的人员事先都要对与访谈问题有关的知识有一个充分的准备，以便在访谈中就被访谈的问题与被访谈者进行深入的交流。① 访谈提纲要确定访谈的项目，即确定在访谈中需要了解哪些方面的问题。访谈者作出的假设，决定了访谈项目的范围：凡是有利于验证假设的项目都是需要访谈的项目。拟定好访谈提纲，以便实施访谈时依照提纲进行有步骤的提问，使访谈得到的信息比较系统而较少缺憾。如果由于某种原因访谈者只能对某个访谈对象进行一次访谈，那么访谈计划一定要十分周详，因为访谈者即使在访谈之后发现还需要在某些方面提问，也没有补救的机会了。有时，访谈者甚至需要事先设计访谈时的一些提问，因为某些问题可能是比较敏感的问题，事先设计好提问，既可以得到所需要的信息，又不至于刺激访谈对象，使访谈对象感到难堪。

访谈提纲设计的一般要求：① 明确研究目的，围绕研究目的考虑从哪几个方面提问，每一方面提出几个问题。② 注意问题的表述，让问题清晰、具体。③ 问题排列从简单到复杂，从易到难。

拓展阅读7.2

乡村教师的职业现状与未来访谈提纲

引导语：

老师您好！此次的访谈旨在通过对老师您从事教师工作一年的感悟和体会，了解乡村教师的现状以及初入职教师的需求。此次访谈会的内容会采取保密措施，不会对您的工作造成影响，也不会占用老师您太多的时间，十分感谢您的合作！

一、采访对象相关资料

姓名：×××

性别：×

年龄：×

学科：语文、数学、英语

学校层级：乡村教师

二、采访主题

初入职乡村教师的职业现状与未来

三、采访时间：2016 年 9 月 22 日

四、采访方式：面对面访谈

---

① 周德民,张苏辉.社会调查方法教程[M].北京:中国劳动社会保障出版社,2013:173-174.

五、设计问题

1. 当初您选择在乡村小学任教的原因是什么?
2. 您能简单介绍一下您任职学校的实际情况吗?
3. 关于教师培训,您听说过吗?学校鼓励学校教师参加过吗?您参加过吗?对教师培训您有什么想法?
4. 入职一年,关于教师的工作您有什么样的体会和感想?
5. 您接下来对自己的职业规划是什么?

结束语:感谢您对我们此次访谈的积极配合,辛苦您了!欢迎您对我们的访谈提出意见和建议。

资料来源:https://wenku.baidu.com/view/8bc0be7eb9d528ea80c77980.html.

(三) 确定访谈对象

确定访谈对象,应以有利于获得所需要的真实信息为原则。首先,选择的范围应当与问题的范围一致或相关。只有在与问题一致或相关的范围内,访谈者才可能获得所需要的信息。有时访谈者希望获得的信息可以直接确定访谈对象的选择范围。例如,希望了解高校女教师对素质教育的看法,就只能在"高校教师,且是女性"的范围内进行选择。有时访谈者希望获得的信息与许多群体相关,例如访谈者希望了解农村失学儿童失学的原因,相关的群体就包括了失学儿童、失学儿童以前的老师、失学儿童以前的同学、失学儿童的家长、失学儿童的邻居等多个群体。其次,在与问题的范围一致或相关的范围内,访谈对象的选择可以是随机选择,也可以是人为指定,两种方式各有利弊。随机选择可以比较客观地了解该群体内的各种不同观点、态度,但实施的可行性会遇到一些问题(如某些随机选择的访谈对象可能会拒绝接受访谈),而人为指定可以提高实施的可行性,但人为指定有可能有意或无意地排除了某些类别的对象,从而使访谈结果的信度和效度降低。再次,在人为指定的范围内,对访谈对象的选择应主要考虑以下两个因素:所选择的访谈对象应该不会坚决拒绝访谈;应该能够为访谈者提供所需要的信息。

(四) 了解访谈社区

了解访谈对象所属社区的特性,包括社区的人文环境和文化传统,即群体行为所表现的模式,是访谈成功的一个必要条件。每个社区都有自己的特点,社区文化传统、环境等因素会影响个人和集体的行为。若事先不了解这些特点,不仅会给访谈工作带来困难,而且还会造成不必要的误解。例如,我国许多少数民族地区都有一些特殊的禁忌,在访谈过程中若不了解而触犯了这些禁忌,就可能引起被访谈者的反感而不配合访谈。又如,被访谈地区刚进行过某类调查,若对此一无所知而实施一次类似调查,就可能因重复调查,而引起被访谈者的厌倦。若不了解被访谈地区发生过一些可能影响回答率的特殊事件,如自然灾害、政治事件等,就无法对回答率低或答案中的某些现象做出解释。

(五) 确定访谈的时间、地点

为了访谈能顺利进行,应确定好访谈的时间、地点和场合。访谈是两个人或多个人之间的互动,所以需要事先确定访谈的时间,包括确定访谈的次数、每次访谈的日期、每次访谈的开始时间、每次访谈的持续时间。

确定访谈时间,主要应考虑以下因素:第一,访谈时间应以能够满足调查目的的需要(要有足够的信息量)为度。第二,以访谈对象方便为原则,访谈时间应选择在访谈对象工作、劳动和家务都不太繁忙的时候,例如在农村进行调查,不宜在农忙时进行。

访谈地点和场合的选择,应以有利于被访谈者准确回答问题和畅所欲言为宜的原则。如果想了解农民个人或家庭情况,最好是在农民家中与农民单独进行访谈,若是向基层干部了解农村发展情况,则在其办公地点进行比较适宜。这一方面是为了取得融洽的访谈气氛,另一方面有利于被访谈者寻找或核查准确回答问题的有关背景资料。此外,如果访谈是公共场所,需要事先"踩点",以确定该地点是否适宜进行访谈。

(六)选择访谈人员

访谈调查能否成功很大程度上取决于访谈人员的个人品质、业务水平和交谈能力。对一些需要抽调专人进行的大规模法庭调查,调查组织者还需对访谈人员进行选择和业务培训。访谈人员的选择一般应考虑以下几个方面:应具有实事求是的优良品质和认真负责的工作态度;应有对访谈问题的一定兴趣和一定的认识;应注意言谈举止、以诚待人。

(七)培训访谈人员

调查组织者在挑选访谈人员以后,要对访谈员进行必要的业务培训。培训内容包括访谈调查研究的目的、意义、访谈范围、被访对象、发通知的每日工作量、访谈步骤、工作要求、时间安排、规章制度等访谈调查工作事项,还要组织学习访谈人员手册、访谈提纲、访谈问卷等相关资料,进行必要的方法训练,并实施模拟访谈等。

(八)拟定访谈计划

访谈计划是访谈者对整个访谈活动的整体安排,访谈调查的组织者在上述准备工作完成后,应拟定一个内容详细的访谈计划,以使访谈者在实际访谈工作中能有章可循,是对相关事项的归纳,是实施访谈的依据。访谈计划一般包括以下内容:第一,对访谈目的、必要性和可行性的说明;第二,对访谈项目的说明;第三,对访谈对象的说明;第四,对访谈时间和地点的安排;第五,对访谈记录方式的说明;第六,对访谈资料整理的安排以及对访谈包括资料整理、访谈资料的分析和撰写访谈报告的日程安排;第七,对访谈所需要的资金和其他物质条件(如记录仪器)的说明;第八,对访谈中可能存在的信度和效度问题的说明。

(九)准备访谈工具

进入实施访谈之前,还需准备访谈工具。访谈工具包括四类:一是询问工具,诸如访谈过程中所需要的访谈提纲、访谈表格、问卷等;二是记录工具,如笔、纸等;三是器械工具,诸如照相机、录像机、计算器等;四是访谈身份证明,如介绍信、调查证件等。

访谈的记录方式包括手工记录和机器记录(录音记录、录像机记录等)。手工记录的优点是访谈所需要的经费较少(省去了购置记录仪器、设备的经费),缺点是记录的信息量较少,在访谈对象语速较快时,访谈者往往连语言信息都无法记录完整,更不用说记录非语言信息了。机器记录的优点是记录完整,有利于访谈者对访谈对象进行观察,有利于访谈者集中精力进行提问,缺点是访谈的成本较高。

三、进入访谈现场

良好的开端是成功的关键。访谈调查成功与否很大程度上取决于访谈者与被访谈者最初接触时的表现,如果一开始就引起被访谈者的反感,整个访谈就难以顺利进行。为了和被访谈者从毫无联系的陌生人变成相互有所了解的交谈对象,访谈员进入访谈现场应当做到:

(一)约定要提前

访谈首先遇到的是如何进入现场的问题,因为访谈员对被访者是一个完全陌生的人。

经验表明,事先打招呼或约定后再进入现场,一般不易遭到拒绝,访谈关系也能顺利形成。因此,实地访谈前,应当与被访者所在地区或单位取得联系,以争取支持和帮助,比如由一位熟悉被访者的人带路或陪同,能明显增强被访者对访问者的信任感,如有关部门能派人参加联合调查,则效果更佳。

(二) 称呼要恰当

接近被访谈者的第一句话是如何称呼的问题。一般来说,称呼恰当,就为接近被访者开了一个好头,称呼搞错了,就会闹笑话,甚至引起对方的反感,影响访谈的正常进行。那么,要做到恰当称呼被访谈者就应当注意:① 要符合访谈双方的亲密程度和心理距离。人们的亲密程度不同、心理距离不同,相互之间的称呼也不一样。例如初次接触用职务称呼,如"刘主任",双方较熟可称"刘姐"。② 要入乡随俗,亲切自然。③ 必须对人尊重恭敬,但又要恰如其分,否则难免引起对方的厌恶和反感。④ 要注意称呼习俗的发展和变化。例如,过去习惯称"同志",后来一度称"师傅",现在又喜用"先生""女士"等。

(三) 衣着要得体

进入访谈现场给人的第一印象很重要。被访者往往是从访谈者的衣着、服饰、打扮等外部形象获取第一印象的。访谈者要给被访谈者良好的第一印象,一方面要注意自己的衣着、打扮,尽可能地与被访者相类似,给对方一个易于接近和交往的感觉。例如,在发达地区访谈,穿戴应该比较整齐和讲究;而在经济落后地区访谈,衣着应尽可能朴实。另一方面,要根据被访者的衣着和打扮,来确定自己接触对方时应采取的态度,对穿着比较随意的被访者可以坦率和随意一点,对打扮讲究的被访者,言谈举止则应庄重、彬彬有礼。

(四) 接近要积极

访谈员与被访谈者接触之后,就应采取各种有效的方法进一步接近被访谈者。一般来说,积极接近的方式有下列几种可供选择。

(1) 正面接近。即开门见山,访谈者先做自我介绍,并直接说明来访目的,调查的意义和内容。请求被访谈者的支持与合作。也可由陪同人介绍,直接说明来意,这种方式虽显得简单生硬,却高效节时。

(2) 自然接近。这是在某种共同活动过程中接近对方。例如,在与被访者一起工作、劳动、开会、学习、乘车、住宿、就餐等活动中与对方攀谈,待建立了初步感情之后再说明来意,进行正式访谈。这种方式有利于消除被访者的紧张、戒备心理,但是,在公开说明来意之前,很难进行深入系统的访谈。

(3) 求同接近。这是在寻求与被访谈者的共同语言中接近对方。例如,遇到同乡、同学、同行,可以将共同的经历、共同的兴趣与爱好,作为最初交谈的话题;也可以将对方最熟悉的事情、感兴趣的问题作为谈话的起点。

(4) 友好接近。这是从关怀、帮助被访者入手,来联络感情、建立信任。例如,被访者家里有病人,就谈疾病医疗、买药和调养;若被访者遇到挫折,便需安慰和开导;若被访者遭遇不幸,需要给予同情;被访者工作、生产发生困难,应帮助出主意,条件允许,还可以采取具体行动帮助对方解决实际困难。

(5) 隐蔽接近。这是以某种伪装的身份接近对方,了解情况,如微服私访、化装侦查等。一般来说,这种方式不得滥用,只有在特殊情况下,对特殊对象才能采用,否则,可能引起不良后果。

四、正式进行访谈

访谈者在做好访谈前必要的准备，进入访谈现场，接近被访谈者，建立了访谈关系后，便要转到访谈主题上来，进行正式访谈。访谈的目的是根据调查课题收集资料，因而整个访谈过程，需要在理论的指导下，运用各种访谈技术，包括提问技术、引导技术、追问技术、倾听技术、回应技术和记录技术等，控制访谈过程，同时访谈中除了通过语言交流外，还可通过非语言进行交流，达到对访谈过程的控制。非语言控制包括表情、目光、动作、姿态等。表情是传达思想感情的一种重要方式，访谈中访谈员自始至终都要使自己的表情有礼、谦虚、诚恳、耐心。目光是访谈中重要的非语言交流，运用目光时应注意观察被访谈者的表情，同时又不致引起被访谈者的不快。访谈中既要通过自己的行为来表达一定的思想和感情，又要通过观察被访谈者的衣着、服饰、打扮、表情、目光、动作、手势、姿态、行为，以及其周围环境，诸如各种用具、器物陈设、活动、状态等来捕捉被访谈者的思想、感情及各种非语言信息。总之，访谈者要运用各种语言和非语言方式与被访谈者进行交流，使双方的互动过程变成情感交流过程，从而顺利获得各种所需信息，包括各种语言信息和非语言信息。

【知识小贴士】7.2

访谈中的投射技术法

投射技术法是一种无结构、非直接的调查方法。运用投射法，调查人员可以挖掘出被调查者潜在动机、态度和情感。心理学认为，个人会把自己的思想、态度、愿望、情绪或特征等，不自觉地反应与外界的事物。投射法的工作原理就是通过观察、挖掘被调查者对测试的反应来揭示被调查者真实的情感、意图和动机。一般情况下，投射法使用结构松散、刺激模糊的材料测试被调查者，然后根据被调查者的反应作出调查结论。投射法能够穿透人们的心理防御机制，尤其适合于敏感性问题的调查。投射法常常采用字词（眼）联想法、句子完成法、故事完成法、漫画测试法、主题统觉测试法、消费者画画法、角色扮演法、第三人称法等。

资料来源：https://wenku.baidu.com/view/4253193ea32d7375a417807e.html.

五、实时结束访谈

结束访谈是访谈活动的一个必经环节，访谈者应善于实时结束访谈。实时结束访谈应把握两个原则：第一，适可而止的原则。一般情况下，每次访谈的时间不宜过长，一般以一个小时左右为宜，但也不能过于机械，整个访谈过程的持续时间应根据访谈内容和访谈过程中的具体情况灵活掌握。访谈时机和场合比较合适，访谈气氛融洽，被访谈者兴趣比较高时，交谈的时间可长一些；反之应短一些。但应注意不要妨碍被访谈者的正常职业活动和正常生活秩序。第二，把握时机的原则。访谈者在所要了解的问题得到了较为圆满的回答以后，应实时结束访谈；或者当被访谈者疲劳、厌倦，或者良好的交谈气氛被破坏，被访谈者难以合作下去时，应实时结束访谈。

访谈结束的方式应尽可能是轻松、自然的。访谈者可有意地给被访谈者一些语言上和行为上的暗示，如"您对今天的访谈有什么看法？""您今天还有什么活动安排？"也可作出准备结束访谈的姿态，如收拾录音机和记录本，以表示访谈可以结束了。结束访谈时，访谈者要对被访谈者对工作的支持表示衷心的感谢。必要的时候,还应表示可能再次登门求教,为以后的调查打下一个良好的基础。

六、再次访谈

访谈调查应尽可能通过一次访谈完成调查任务,特别是对一些非质性研究课题,一般不要将一次访谈分多次进行,否则很难保证访谈情境的一致性,从而降低资料的可比性。但某些访谈调查再次访谈是必要的。再次访谈情形有:一是补充性访谈,在由于一些特殊的原因导致访谈中止,或访谈后发现遗漏或错误之处,未能获得足够的、真实的调查资料的情况下,往往必须进行再次访谈。以确保资料的完整性、全面性和真实性。二是深入性再次访谈,按调查计划,第一次访谈只是了解一般情况、熟悉被访谈者,需要第二次或更多次的进行再次访谈,以做深入研究。三是追踪性再次访谈,根据课题要求和计划,间隔一段时间后,按照第一次访谈的基本内容对原被访谈者进行再次访谈,旨在进行追踪调查。四是检验性再次访谈,为了监督考察访谈人员的行为和鉴定所获得资料的真实性与正确性,可以从调查对象中抽取少数几个人进行回访,以核实是否进行过调查,并且询问部分问题以辨明资料是否记录准确。[①]

七、处理访谈结果

对访谈的记录进行整理,以便对访谈记录进行分析。对访谈录音记录的整理,应按照时间顺序将声音信号变为文字信号进行记录,应严格按照访谈时的原话进行整理,而不能任意进行省略。整理访谈录音记录时,对访谈双方同时出现的语句、访谈对象语气的变化、节奏的变化、访谈对象动作、访谈对象的表情等,均应以括号或其他形式加以标注。对访谈手头记录的整理,应根据访谈时记录的要点回忆当时的情景、当时的对话,根据回忆最大限度地补齐记录。由于人的记忆随着时间的流逝而急剧衰减,所以访谈手头记录的整理是访谈之后最急迫的事情。

对访谈的记录进行分析,主要是要解决以下问题:第一,访谈对象的表述有哪些是可信的,有哪些是不可信的,理由是什么;第二,访谈对象的陈述哪些方面可以证明访谈之前的理论假设,哪些方面不能证明这些理论假设,哪些方面可以证明这些理论假设;第三,访谈所得到的结论可以在多大范围内适用,理由是什么。

第三节 访谈法的运用技巧及注意事项

一、访谈法的运用技巧

为了使访谈获得成功,访谈者需要掌握一定的访谈技巧。访谈技巧包括:开场白的技巧、提问的技巧、记录的技巧和收尾的技巧。

(一)开场白的技巧

访谈者在开始访谈时,可以采取下列几种方式开场。

[①] 周德民,张苏辉.社会调查方法教程[M].北京:中国劳动社会保障出版社,2013:172-178.

第一,说明访谈的目的和必要性。说明访谈的目的和必要性,是为了使访谈对象对访谈的意义和访谈者的动机有所了解,能够在一定程度上认同该动机,从而在一定程度上自觉地与访谈者进行配合。

第二,说明访谈的一般规则。访谈以了解访谈对象真实的看法或说法为目的,所以在访谈时,访谈对象应该尽可能直率,知无不言,言无不尽,即使是不愿说明的事情,也需要公开地说明不愿意告知,尽可能不说假话。进行访谈规则的告知,可以在一定程度上提高访谈的信度,但也不能解决所有的信度问题。而且,因为有了访谈规则的告知,有的访谈对象反而会觉得自己有可能被访谈者怀疑为是说假话者,从而不愿意接受访谈。

第三,承诺保密或在有限的场合使用。承诺对访谈得到的信息进行保密,或在使用该访谈得到的信息时不公开访谈对象的个人信息(隐匿姓名、单位等),或只在有限的场合使用访谈得到的信息(如不在公开出版的报刊上发表),可以使访谈对象消除顾虑。但访谈者作出承诺,会使访谈信息的使用受到限制。如果访谈者确实能够履行承诺,就应该进行说明。

第四,告知录音。为了使访谈的记录比较完整,访谈者最好进行录音。访谈者应该告诉访谈对象自己需要录音,访谈者进行"需要进行录音"的告知,有可能使访谈对象有所顾虑。如果不告知,有违访谈对象的"知情权",且一旦被发现暗中录音后有可能使访谈中断。因此,访谈者应该尽量选择告知并取得访谈对象的同意。

第五,告知有赠品或报酬。如果访谈者告知被访谈对象此次访谈有赠品或货币报酬,有可能会使一些访谈对象出于利益的动机接受访谈,但也会使另一部分人因为怕被金钱玷污而不愿意接受访谈。访谈者应该根据访谈对象的具体情况进行选择。

上述五种开场白,每一种既可以单独使用,也可以与其他开场白组合使用。访谈者可以根据具体情况进行选择。

(二) 提问的技巧

提问的技巧主要有提纲法、追问法、延伸法、对比法。

提纲法,即按照访谈之前拟订的提问提纲中问题的顺序进行访谈。此种方式的优点是不容易冷场,访谈者可以从容地按照既定的问题一个接一个地提问,特别适合于访谈经验不足的人使用。该方式的缺点是,访谈之前拟订的提问顺序与访谈的话题走向、话题宽度等往往不一致,使访谈者事先拟订的提问顺序失效。按照既定的顺序进行提问,有时会显得十分生硬,不利于访谈者与访谈对象之间的互动。

追问法,即对访谈对象刚刚进行的陈述中的疑点或未能充分阐明的内容进行追问。此种方式可以使访谈顺着访谈对象的思路展开,使访谈者充分了解访谈对象的观点,可以使访谈更加深入,使访谈者和访谈对象真正互动起来。但此种方式对访谈者有一定难度,需要访谈者随时发现访谈对象陈述中的疑点。有时追问式的提问会使访谈对象感到厌烦,尤其是该问题涉及访谈对象的隐私时。

延伸法,即对访谈对象没有陈述的内容进行追问。例如,访谈对象谈到在某种情况下会如何行动,访谈者可问在相反情况下会如何行动。此种方式可以拓宽访谈的范围,避免访谈的片面性,但需要访谈者随时发现访谈对象没有涉及的领域,有一定的难度。

对比法,即比较访谈对象在不同段落(常常是对不同提问的回答)中的陈述,发现疑点,进行询问。此种方式可以比较深入地了解访谈对象的观点,但实施起来的难度较大,需要访谈者反应敏锐,对整个访谈的进程有总体的把握。

拓展阅读7.3

访谈中提问的艺术

访谈提出的问题千变万化,依研究的问题、访谈者的习惯、受访者的个性以及当时的具体情境不同,问题也有所不同。访谈的问题有三种类型:开放型与封闭性问题;具体性与抽象性问题;清晰型与含混性问题。在开放型访谈开始的时候一般使用开放型的问题,问题的结构和内容都应较为灵活、宽松,为受访者用自己的语言表达自己的想法留有余地。但需要掌握好"开放"的度。对"开放",会使受访者对访谈的意图感到不解,因此产生心理上的焦虑。在一些特殊的情况下访谈者可以适当地使用一些封闭性问题。一般情况下,如果受访者在结束访谈时还没有谈及一些访谈者认为十分重要的问题,访谈者可以采用相对封闭的方式对这些问题进行比较有针对性地提问。封闭型问题一定要慎用,以免约束受访者的思维,影响回答的质量。

如果研究的目的是了解受访人的独特经历和想法或探寻某一事件的来龙去脉,访谈者应该尽量使用具体型问题。抽象型问题应慎用。由于思维理性化的影响,人们习惯在理性层面探讨问题,不习惯落到具体的实处。如果访谈问题抽象,受访者往往在理性层面回答问题,而实际情况并非如此。访谈者应该从具体细节着手,进行情境化的、过程化的、多角度的分析,然后加以概括化,而不是听受访者的"大道理"。访谈问题大多带有抽象性,在访谈中这种抽象的问题需要被具体化,然后在归纳的基础上进行抽象。如果直接从抽象到抽象,是不可能获得"真实""生动"的访谈内容的。抽象的问题应该通过具体的访谈问题而体现出来。具体的问题还可以调动受访者的情绪和情感反应。具体的问题可以将受访者的注意力集中在可见、可触、可闻的细节上,以此将他们浸润在其中的情感引发起来。

一般来说,访谈者提问的方式、词语的选择以及问题的内容范围都要适合受访者的身心发展程度、知识水平和谈话习惯。要能够使对方听得懂。在访谈中应遵循口语化、生活化、通俗化和地方化的原则,尽量熟悉受访者的语言,用他们听得懂的语言进行交谈。

在访谈中,想对有关问题进行深入的探讨,一般要使用追问这一手段。追问是指访谈者就受访者前面所说的某一观点、概念、语词、事件、行为进行进一步探询,将其挑选出来继续向对方发问。访谈中最忌讳的追问方式是,访谈者不管对方在说什么或想什么,只是按照自己事先设计的访谈提纲挨个地把问题抛出去。要想追问适度,访谈者必须首先将自己的"前见"悬置起来,全身心地倾听对方谈话。

资料来源:杨威.访谈法解析[J].齐齐哈尔大学学报,2001(7).

(三) 记录的技巧

机器记录的技巧主要包括:事先实验录音机的效果;如果可能,录音机应放在比较隐蔽的地方,以免影响访谈对象的发挥;最好边录音,边用纸笔记录疑点,以便继续进行提问;应准备好备用的录音带;尽可能在问答的间歇更换录音带。手工记录的技巧主要包括:不记录提问,记录回答,因为不记录提问可以加快记录的速度,提问可以根据回答回忆起来;记录回答的要点(关键词、关键句,尽量不用整句记录),因为说话的速度通常快于记录的速度;尽量不要因为记录速度慢而打断访谈对象的话;边记录边记下疑点,可以采用"?"或字下划线的方式;可以在提问的间歇略微停顿,以记录更多的内容。

(四) 收尾的技巧

收尾可以采用以下方式：

第一，告知对方此次访谈已经取得了预期的结果，对访谈对象的配合表示感谢。感谢应该真诚，因为对方确实因为自己的访谈而耽误了时间，花费了精力。

第二，告知对方此次访谈尚有信息不足之处，还需要继续访谈，邀约对方进行进一步的访谈，并与对方商定以后访谈的时间、地点等。

第三，告知访谈结束，取得了预期的效果，并向访谈对象提供赠品（酬劳）。

二、访谈法的局限性

任何调查方法都有一定的局限性，访谈法也不例外。作为一种偏重获得语言信息的调查方法，访谈法主要有以下局限性：

第一，被访谈者的说法有可能是假的。虽然在访谈时，访谈对象好像是在访谈者面前打开的"白箱"，但是，客观地说，访谈对象仍然是"黑箱"，至少，访谈对象是一个"准黑箱"。首先，访谈对象可以为了某种目的而故意隐瞒自己的真实看法或说法。其次，访谈对象可能因为社会"强势"的道德、认识等与自己的道德、认识等相冲突，自己又不敢公开反对社会"强势"的道德、认识等，而故意伪装自己的看法。再次，访谈对象可能会因为潜意识的作用而不自觉地扭曲自己的看法。因此，如果访谈者只了解访谈对象的表述，而没有其他信息的佐证，就无法判断或无法验证该表述是否真实地表达了访谈对象的看法和真实的感受。

第二，被访谈者的说法有可能是不全面的。访谈对象的表述即使都是真实的，但由于种种原因，被访谈者的表述可能是不全面的，从而在整体上仍然可能引起访谈者的误解。① 访谈对象有可能会隐瞒一些想法，即被访谈者的表述是经过自己严格筛选的，从而使表述不完整。② 访谈对象有可能受多种动机或潜意识的作用，而在自己的表述中"缺失"了某些内容，而被访谈者并没有意识到他的表述是不完整的。③ 访谈者的提问范围也在一定程度上限制了访谈对象的表述，使其表述不完整而打断访谈对象的陈述。有时，访谈者提问的技巧也会使访谈对象的表述不完整。没有经验的访谈者往往在访谈中急于表达自己的看法，打断访谈对象的陈述，从而使访谈对象没有机会完整地表达自己的看法。

第三，被访谈者的说法有可能与做法是不同的。访谈可以了解访谈对象的看法、说法。但是，访谈对象的看法、说法是不可以与访谈对象的行为画等号的。首先，如前所述，访谈对象的表述有可能不是自己的真实想法。若如此，访谈对象的行为必然与被访谈者在访谈时的表述脱节。其次，即使访谈对象某种说法确实是他的真实看法，但看法也并不等于做法。因此，访谈只是"听其言"，"听其言"不能代替"观其行"，因此，访谈法不能完全代替其他调查方法。

第四，被访谈者的说法有可能得不到答案。访谈者试图从访谈对象嘴里得到某些看法、说法，但是很多时候访谈者可能无法得到所需要的东西。首先，访谈对象可能有无意识的行为或下意识的行为，从而无法理性地进行表述；其次，访谈对象有可能不愿意暴露自己的看法，从而装作没有看法；再次，访谈对象有可能对某些话题有羞耻感，特别是当话题涉及自己的隐私时，不愿意或者不习惯于直截了当地进行讨论。

三、访谈法的优缺点

(一) 访谈法的优点

1. 灵活

访谈调查是访谈员根据调查的需要,以口头形式,向被访者提出有关问题,通过被访者的答复来收集客观事实材料,这种调查方式灵活多样,方便可行,可以按照研究的需要向不同类型的人了解不同类型的材料。

访谈调查是访谈员与被访者双方交流、双向沟通的过程。这种方式具有较大的弹性,访谈员在事先设计调查问题时,是根据一般情况和主观想法制定的,有些情况不一定考虑十分周全,在访谈中,可以根据被访者的反应,对调查问题作调整或展开。如果被访者不理解问题,可以提出询问,要求解释;如果访谈员发现被访者误解问题也可以适时地解说或引导。

2. 准确

访谈调查是访谈员与被访者直接进行交流,可以通过访谈员的努力,使被访者消除顾虑,放松心情,作周密思考后再回答问题,这样就提高了调查材料的真实性和可靠性。

访谈调查事先确定访谈现场,访谈员可以适当地控制访谈环境,避免其他因素的干扰,灵活安排访谈时间和内容,控制提问的次序和谈话节奏,把握访谈过程的主动权,这有利于被访者能更客观地回答访谈问题。

由于访谈流程速度较快,被访者在回答问题时常常无法进行长时间的思考,因此所获得的回答往往是被访者自发性的反应,这种回答较真实、可靠,很少掩饰或作假。

由于访谈常常是面对面的交谈,因此拒绝回答者较少,回答率较高。即使被访者拒绝回答某些问题,也可大致了解他对这个问题的态度。

3. 深入

访谈员与被访者直接交往或通过电话、上网间接交往,具有适当解说、引导和追问的机会,因此可探讨较为复杂的问题,可获取新的、深层次的信息。

在面对面的谈话过程中,访谈员不但要收集被访者的回答信息,还可以观察被访者的动作、表情等非言语行为,以此鉴别回答内容的真伪,被访者的心理状态。

(二) 访谈法的缺点

1. 成本较高

访谈调查常采用面对面的个别访问,面对面的交流必须寻找被访者,路上往返的时间往往超过访谈时间,调查中还会发生数访不遇或拒访,因此耗费时间和精力较多;另外较大规模的访谈常常需要训练一批访谈人员,这就使费用支出大大地增加。与问卷相比,访谈要付出更多的时间、人力和物力。由于访谈调查费用大、耗时多,故难以大规模进行,所以一般访谈调查样本较小。

2. 缺乏隐秘性

由于访谈调查要求被访者当面作答,这会使被访者感觉到缺乏隐秘性而产生顾虑,尤其对一些敏感的问题,往往会使被访者回避或不作真实的回答。

3. 受访谈员影响大

由于访谈调查是研究者单独的调查方式,不同的访谈员的个人特征,可能引起被访者的心理反应,从而影响回答内容;而且访谈双方往往是陌生人,也容易使被访者产生不信任感,以致影响访谈结果;另外,访谈员的价值观、态度、谈话的水平都会影响被访者,造成访谈结果的偏差。

4. 记录困难

访谈调查是访谈双方进行的语言交流，如果被访者不同意用现场录音，对访谈员的笔录速度的要求就很高，而一般没有进行专门速记训练的访谈员，往往无法很完整地将谈话内容记录下来，追记和补记往往会遗漏很多信息。

5. 处理结果难

访谈调查有灵活的一面，但同时也增加了这种调查过程的随意性。不同的被访者回答是多种多样的，没有统一的答案，这样，对访谈结果的处理和分析就比较复杂，由于标准化程度低，就难以做定量分析。

四、访谈法的注意事项

（一）访谈的目的是了解而不是表达

访谈的目的是调查访谈对象的看法、说法，而不是陈述访谈者的看法。如访谈者在进行访谈时急于表达自己的意见，就可能产生以下结果：其一，由于访谈者夸夸其谈，使访谈对象没有机会表达自己的观点；其二，由于访谈者先陈述了自己的观点，使访谈对象受其影响，被迫顺着访谈者的思路谈话；其三，访谈对象虽然不同意访谈者观点，但因为访谈者先陈述了观点，访谈对象不愿意与其争论，从而不谈自己的观点。这些结果，都会使访谈者无法了解访谈对象的真实想法，从而使访谈者了解到扭曲的信息，从而无法实现访谈的初衷。

（二）访谈者不能诱导访谈对象

访谈的目的是使访谈对象说出真实的看法或想法，是从访谈对象身上了解客观的（访谈对象的看法等主观因素对访谈者而言是客观的）的信息。而如果访谈者在进行访谈时对访谈对象进行诱导，就无法了解到客观的信息。诱导常用的手段是：① 先陈述自己的观点，然后问访谈对象的看法。② 先陈述一些进行判断的"大前提"，然后让访谈对象说出"结论"。③ 先说出某些著名人物，如正面的人物或反面的人物的观点，然后让访谈对象说出看法。这时，访谈对象往往会"因人兴言"而对著名的正面人物的话加以赞同，或"因人废言"而对著名的反面人物的话加以批驳。无论访谈者采用何种诱导的手法，所达到的结果都是相同的，因为诱导使访谈者不能了解访谈对象的真实想法，而只能了解到访谈者希望访谈对象说出的想法。

（三）访谈者不能在访谈时对访谈对象进行价值判断

没有经验的访谈者在进行访谈时往往忍不住对访谈对象的看法或说法进行价值判断。进行价值判断的主要形式是：其一，访谈者先陈述自己对某个事物的价值判断之后，再询问访谈对象对该事物的看法；其二，访谈者对第三者的观点进行价值判断，而第三者的观点与访谈对象的观点有逻辑联系；其三，访谈者对访谈对象的观点进行批驳。其结果是：访谈者的价值判断使访谈对象产生戒备心理，从而不敢、不愿或不屑于真实地表达自己的看法；由于访谈者的观点与访谈对象的观点不一致，使访谈对象三缄其口，不能深入陈述自己的观点；由于访谈者批驳了访谈对象的观点，使访谈对象不得不违心地放弃自己的观点。这些结果都与访谈的初衷相违背。

（四）访谈应辨别真相与假象

如前所述，访谈法存在着种种局限性，访谈对象向访谈者提供的信息有可能是虚假的、片面的，访谈对象有可能言行不一。因此，访谈者要随时对访谈对象的陈述进行真伪判断。

(五)访谈中任何信息都是有意义的

没有经验的访谈者往往认为,在访谈中只有访谈对象的语言信息是有意义的,甚至认为只有去掉了种种"不规范"的语言信息(如语气、节奏、重复、结巴、语病等)的"纯粹的"语言信息才是有意义的。事实上,访谈对象的任何表述都是有意义的,只不过其需要访谈者进行发掘。例如访谈对象顾左右而言他、访谈对象对访谈者的提问方式本身进行批驳、访谈对象的沉吟不语、访谈对象的自相矛盾的表述、访谈对象对某些细节的不厌其烦的描述、访谈对象的某个稍纵即逝的眼神或动作等,往往都隐藏着访谈对象的内在动机、价值判断等,都是访谈对象经过理智选择或下意识选择的结果。这些信息,往往是最真实地接近访谈对象的心理活动,最有助于访谈者对访谈对象的语言信息进行真伪判断。

五、访谈法的适用范围

访谈法是一种通过沟通而获得资料的调查方法,它不仅可以了解当时当地正在发生的社会现象,而且可以了解过去和外地曾经发生过的社会现象;不仅可以采用标准化的访谈方式进行定量研究,而且可以采用非标准化的访谈方式进行定性研究;不仅可以了解被访谈者的主观动机、感情、价值观念等方面的问题,而且可以了解被访谈者的各种行为、事实方面的客观问题;不仅可以获得访问提纲所涉及的信息,有时还可以得到一些超出提纲范围的被访问者的自发性回答的意外资料。因而,与其他调查方法相比,访谈调查的应用范围更广泛。

(1)访谈法适用于多种被访谈者。访谈法不仅适用于有一定文化程度的人,而且对一些文盲、半文盲等文化程度较低的被访谈者,通过直接的访谈交流,也可以取得满意的调查结果。同时,对一些特殊的访谈对象如盲人等,也可以采用访谈法。一般说来,只要没有语言表达障碍,无论什么人都可能作为被访谈对象。在这一点上,访谈调查具有问卷调查不可比拟的优越性。

(2)访谈法比较适用于小范围内的调查。访谈法由于需要投入较多的人力、物力、财力和时间,大规模的访谈调查受到一定限制,所以,访谈法一般在调查单位较少的情况下采用,且常与问卷法、测验法等结合使用。

本 章 小 结

1. 访谈法是由访谈者根据调查研究所确定的要求与目的,按照访谈提纲或问卷,通过个别访问或集体交谈的方式,系统而有计划地收集资料的一种调查方法。

2. 访谈法收集信息资料是通过研究者与被调查对象面对面直接交谈方式实现的,具有较好的灵活性和适应性,广泛适用于社会调查、求职、咨询等,既有事实的调查,也有意见的征询,更多的是用于个性、个别化的研究。

3. 按照不同的划分标准,访谈法可分为结构式访谈与非结构式访谈;个别访谈与集体访谈;直接访谈与间接访谈;横向访谈与纵向访谈等。

4. 访谈法的基本程序包括以下几个方面:(1)确定访谈的目的、必要性和可行性;(2)做好访谈准备;(3)进入访谈现场;(4)正式进行访谈;(5)实时结束访谈;(6)再次访谈;(7)对访谈结果的处理。

5. 访谈调查应尽可能通过一次访谈完成调查任务,特别是对一些非质性研究课题,一一般不要将一次访谈分多次进行,否则很难保证访谈情境的一致性,从而降低资料的可比性,但有时候为了确保资料的完整性、全面性和真实性,某些调查进行再次访谈是必要的。

6. 为了使访谈获得成功,访谈者需要掌握一定的访谈技巧。访谈技巧包括:开场白的技巧、提问的技巧、记录的技巧和收尾的技巧。

7. 访谈者在进行访谈时必须注意以下几点:访谈的目的是了解而不是表达;访谈者不能诱导访谈对象;访谈者不能在访谈时对访谈对象进行价值判断;访谈应辨别真相与假象;访谈中任何信息都是有意义的。

即 测 即 评

一、单项选择题

1. 下列哪一说法不正确(　　)。
   A. 对调查对象的群体资料必须有明确的了解,这样才能确定群体的基本单位
   B. 遗失被试的资料可能会造成取样的偏差
   C. 访问者及介绍人的被信任程度,可能使被试的反应失真,使调查资料产生较大误差
   D. 访谈调查常常是个人之间进行的,样本的代表性不会影响访谈调查的资料价值

2. 下列说法中不属于访问前准备工作内容的是(　　)。
   A. 一切可用的记录工具,如:录音机、照相机、纸笔等
   B. 知识和心理方面的准备
   C. 交通工具
   D. 被访问者的合作

3. 下列说法中不正确的是(　　)。
   A. 创造友好的气氛,与被访问者谈得越投机越好
   B. 访谈时,要说明访问的目的
   C. 访谈时,要把握住方向和主题,随时记录
   D. 进行访谈时,要首先介绍自己的身份

4. 下列哪一说法不正确(　　)。
   A. 访谈法是研究者和被研究者的直接接触和相互作用
   B. 访谈法不需要做准备工作
   C. 访谈法对不适于书面语言的对象更容易接受和恰当
   D. 访谈法具有较好的灵活性

5. 在进行调查访问时,下面叙述正确的是(　　)。
   A. 在访问时,与被访者谈得越投机越好
   B. 在访问时,调查者用眼睛、神态与被调查者交流是不礼貌的
   C. 在访问时,座位的安排无关紧要
   D. 一般情况下,只要受访者允许,访谈者应该尽可能使用录音机

二、名词解释

1. 访谈法。
2. 结构式访谈。

3. 个别访谈。
4. 重点访谈。

思考与练习

一、思考题

1. 访谈与日常谈话是不是一回事？
2. 试述访谈法的运用技巧。
3. 如何把握结束访谈的时机？结束访谈应注意什么？

二、案例分析题

学校举行艾滋病知识竞赛，某研究性学习小组发现，同学们对艾滋病的相关知识了解很少，于是决定围绕艾滋病的预防做些研究。

1. 确定研究课题时，有的同学提出了"关爱艾滋病"的研究课题，作为小组成员，您认为该选题是否合适？请说明理由，并提出一个合适的课题。（不可使用本大题已经提出的有关课题）

2. 下面是该小组成员设计的"走近艾滋病人"访谈方案。

"走近艾滋病人——与感染者的对话"访谈（节选）

资料收集：利用网络收集有关艾滋病的知识。

访谈记录：

病人姓名：　　年龄：　　职业：　　性别：

访谈内容：

① 您是什么时候感到身体不适的？
② 当时有什么感受？
……
④ 您已经知道了毒品的危害，为什么还要吸毒呢？
……

问题：

(1) 您认为访谈方案中第1、2项是否存在缺陷？请提出修改意见。

(2) 方案的第3项中缺少第③个问题，请补充完整。

(3) 指导教师认为访谈内容中的第4个问题设问不当。您认为有什么问题？怎样修改？

(4) 为了进一步获取艾滋病人的有关情况，您认为还需要调查哪些人？

3. 出于课题成果展示的需要，该小组制作了一个"艾滋病知识介绍"的展板，其中展板不可缺少的部分应该是什么？

4. 研究结束时，该小组要利用学校的"学子论坛"举行结题报告会，您能否帮助他们做好相关准备工作（列举三条即可）。

本章实训

实训内容：
(1) 以"××老师？您是如何走向教育之路的"为题访问你的班主任或其他老师。写出访谈提纲；进行访谈实践；写出访谈小结。
(2) 选一个话题，五至七分钟内提四至五个问题，并做好访谈记录。比如最喜欢的广告、电影、节目和书。

实训目的：
(1) 培养学生在日常对话中获取信息和收集资料的能力。
(2) 通过访谈的实训形成学生的访谈交际能力。
(3) 掌握访谈的关键性技巧，即对话的交流方式。

实训要求：
(1) 各调查小组选择与确立访谈主题。
(2) 各调查小组讨论制定访谈提纲。
(3) 各调查小组具体实践访谈过程并进行访谈记录。
(4) 各调查小组写出访谈小结。

实训组织：学生3～5人分组，确定本小组的访谈主题，在此主题下由每组总结访谈过程，进行课堂交流，教师点评，优秀选题论证报告可纳入本校该课程的教学资源库。

延伸阅读

1. 熊莹,张宝龙.刘长江.基于访谈法的非正规就业员工薪酬满意度探究[J].重庆科技学院学报(社会科学版),2017(7):40-43.
2. 郑震.社会学方法的综合：以问卷法和访谈法为例[J].社会科学,2016(11):93-100.
3. 陈羽洋.访谈法在市场调研中的运用[J].现代商业,2015(14):273-274.
4. 集体访谈法[J].中国护理管理,2015,15(3):279.
5. 张伟.质的研究：访谈法探析[J].南昌教育学院学报,2013,28(5):123,132.
6. 李静.深度访谈法在市场调查中的运用[J].中国集体经济,2011(36):30-31.
7. 王萌.浅谈访谈法中的提问技巧[J].现代教育科学,2006(10):105-107.
8. 朱谚.跟毛泽东学调查研究的方法：关于访谈对象和访谈人数的确定[J].办公室业务,2018(6):103.
9. 胡浩.焦点小组访谈理论及其应用[J].现代商业,2010(26):282.

即测即评答案

一、单选题

1．D 2．C 3．A 4．B 5．D

二、名词解释

1．访谈法是由访谈者根据调查研究所确定的要求与目的，按照访谈提纲或问卷，通过个别访问或集体交谈的方式，系统而有计划地收集资料的一种调查方法。

2．结构式访谈又称标准化访谈、问卷访谈，是按照统一设计的、有一定结构的问卷所进行的访谈。

3．个别访谈是指对访谈对象逐一进行单独访谈。是访谈法最基本和最常用的类型。

4．重点访谈又称为集中访谈，是集中于某一特定问题、经验及其影响的访谈。

思考与练习参考答案

一、思考题

1．访谈与谈话或聊天具有本质的区别：

（1）访谈作为一种交谈，包括两个或两个以上的当事人。在特殊情况下，一个访谈者也可以面对多个访谈对象进行访谈。

（2）访谈中的双方当事人的地位是不同的。访谈者是主动者，访谈对象是被动者。

（3）访谈是出于一定的研究目的而进行的谈话。访谈与毫无目的的聊天不同，即试图通过访谈得到某种有利于访谈者进行研究的信息，通过访谈得到某种能够对研究者的理论假设进行验证的信息。

（4）访谈是按照计划进行的谈话。访谈者按照整个研究计划的需要实施访谈，通过访谈得到信息。

2．(1) 开场白的技巧；(2) 提问的技巧；(3) 记录的技巧；(4) 收尾的技巧。

3．访谈时间不宜过长，访谈者应把握时机结束访谈。访谈者在所要了解的问题得到了较为圆满的回答以后，应实时结束访谈；或者当被访谈者疲劳、厌倦，或者良好的交谈气氛被破坏，被访谈者难以合作下去时，应实时结束访谈。

访谈结束的方式应尽可能是轻松、自然的。访谈者可有意地给被访谈者一些语言上和行为上的暗示，如"您对今天的访谈有什么看法？""您今天还有什么活动安排？"也可作出准备结束访谈的姿态，如收拾录音机和记录本，以表示访谈可以结束了。结束访谈时，访谈者要对被访谈者对工作的支持表示衷心的感谢。必要的时候，还应表示可能再次登门请教，为以后的调查打下一个良好的基础。

二、案例分析题

1．不合适。首先，艾滋病不能关爱，关爱的是艾滋病人；其次是研究对象模糊、不具体、可行性差。可行性课题如：艾滋病防治的文献研究，艾滋病感染者生活状况的调查等。

2．(1) ① 资料收集方式单一，还需要查阅书籍、杂志、请教老师及有关专家。② 病人姓名不该出现,为保护艾滋病人的隐私,应该采用匿名的方式。

(2) ③你是怎样感染艾滋病的(或是通过什么途径感染艾滋病的)?

(3) 访谈问题4带有质问的性质,会引起病人反感。可以调整为:当时你是否知道吸毒有害? 又是怎样没有控制住去吸毒的?

(4) 病人家属,医护人员,艾滋病科研人员等。

3. 展板不可缺少的内容是艾滋病防治国际性标志:

4. 根据研究成果,制作展示课件;向学校提出申请,并联系有关老师做指导;制作海报或张贴通知,邀请广大同学前往。

第八章　资料收集(三):观察法

本章知识结构图

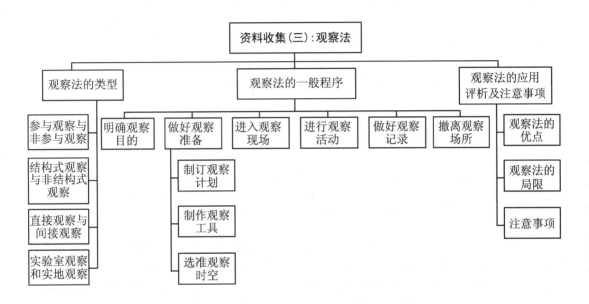

知识目标:了解观察法的步骤和类型;掌握观察记录表的设计;理解观察法的特征和优缺点。

能力目标:明确观察法的适应范围,掌握观察调查的技巧。

实训目标:设计观察方案,进入观察地点进行观察,整理并完成观察报告。

本章重点:观察表的设计与解读。

本章难点:观察计划的制订,观察表的设计,如何减少观察误差。

案例导入

大班幼儿与一年级小学生 24 小时活动观察比较

幼儿园与小学的衔接是一个长期没有解决的问题。幼儿园与小学的衔接涉及教学内容、教学方法、学习习惯、作息制度等许多问题。根据小学低年级老师和家长反映,学生入学后学习负担和思想负担较重,健康状况下降,对小学学习生活不习惯的现象十分明显,儿童入学前后活动安排上的差别已成为幼儿园与小学衔接上急待研究解决的问题之一。

我们拟通过对幼儿园大班幼儿与小学一年级学生在 24 小时内各类活动时间(儿童活动名称归类标准见表 8.1)的调查获得数量资料,为幼儿园与小学儿童活动安排的衔接提供依据。

表 8.1 儿童活动名称及归类标准

类别	名称	归类标准
第一类	休息	指体力与脑力均处于静息状态,包括晚上睡眠和午休
第二类	一般生活活动	指日常生活活动,一般不需要明显的脑力活动,但也不是明显的体力活动。如起床、穿衣、梳洗、大小便、吃饭、吃点心、闲谈……
第三类	明显的体力活动	指明显地需要消耗较多体力的运动性活动。如:上体育课时的运动活动,玩各种运动器具,与同伴追逐,走比较长的路,运动性游戏……
第四类	自由的智力活动	属于智力活动,需要动脑筋来接受知识,认识事物解决问题,但这一智力活动过程不需要意志的控制,是在无意注意状态下进行,自由而不受约束。如向别人提出智力性的问题,并听别人这方面的解答,观看电影、电视,阅读儿童读物,听故事……
第五类	需要意志控制的智力活动	属于智力活动,并且是要求在有意注意状态下进行的紧张的智力活动,活动时受到纪律的约束或是成人对儿童有一定的要求而非完成不可的。如上晨会课、文化课、完成作业、家庭辅导……

研究对象:在本区九所幼儿园大班幼儿中随机选择 50 余名幼儿,并从本区五所小学中,选择 50 余名去年从这九所幼儿园中毕业、现在小学一年级学习的小学生。与家长联系,排除一小部分由于其他原因使家长无法配合观察的对象。原则上定为幼儿与小学生各 40～50 名。

研究方法:

(1) 观察内容为一天 24 小时内的全部活动内容。

(2) 儿童在幼儿园或小学内的活动情况由教师跟踪观察并作详细记录,在园外、校外活动情况由家长进行观察记录(记录表见表 8.2)。

(3) 观察日期不统一定为哪一天,但是,对每一个儿童的观察,教师与家长,应在同一天进行。观察日子应排除星期天、幼儿园或小学组织半天以上校外活动的日子,小学还须排除周六(因为那天下午不上课)。

(4) 为了熟悉观察分类与要求,并形成及时记录的习惯,要求观察者特别是家长在正式观察前三天之内至少应试观察一小时以上。

资料的收集与整理：

(1) 记录时间准确到分钟。

(2) 资料汇集后，先制成对比图表，然后进行差异显著性检验。

组织工作：

(1) 课题由××同志全面负责和协调。

(2) 由幼儿园或小学班主任根据抽取的对象与家长商量，落实观察事宜。

定于12月10日前全部收回观察记录资料。

观察表的印制与数据的分析处理由××同志落实。

表8.2　24小时活动观察记录表

第___页

观察对象姓名_____　所在小学、幼儿园_____　班级_____　性别___

起始时间	活动内容	花费时间				
		一类	二类	三类	四类	五类
小计						

观察人_____　观察日期___年___月___日___

思考一：社会研究中的观察法与一般的观察有何区别？

思考二：观察设计的科学之处体现在哪里？

资料来源：江芳.教育研究与实践[M].合肥：中国科学技术大学出版社，2017：162.

案例解读：

这是一个典型的观察计划。幼儿园与小学的衔接问题是一个困扰小学教育工作者的大问题。所以，设计者以大班幼儿与一年级小学生24小时活动的观察比较为切入点，为幼儿园与小学儿童活动安排的衔接提供依据，选题新颖、设计规范，具有可行性。

研究者把儿童活动分为休息、一般生活活动、明显的体力活动、自由的智力活动，需要意志控制的智力活动等5类，并分别给这5类活动以操作性定义，这些类别涵盖了儿童的所有活动，彼此之间不交叉、不重复。按照这些操作性定义，儿童的任何一个活动都是这5类中的1类活动，且不会出现既是这一类活动又是那一类活动的情况。

由于观察需要24小时不间断，所以研究者要求家长也参加观察，并在事先进行培训。所设计的观察记录表也比较简洁，使用方便，而且有利于观察资料的整理与分析，即按观察计划制成对比图表，然后进行差异显著性检验，在此基础上即可撰写观察报告。

总的来说，本计划框架可操作性强，步骤设计合理，可供初涉教育观察法的教师制订观察计划时参考。

第一节　观察法的类型

观察是社会研究最基本的方法之一。观察法是一种有目的有意识的认识活动，观察结果是研究者形成判断和推理的依据，主要用于描述性研究中。观者，看也；察者，思考、比较、鉴别也。社会研究中的观察法就是根据一定的研究目的、研究提纲或观察表,利用自己的感觉器官和其他辅助工具有目的地对研究对象进行考察,以取得研究所需资料的一种方法。

就观察法来说,我们要区别两种情况。首先,将科学观察与日常的观察区分开来,观察是人们日常生活中最普遍的行为,如早晨起来先了解天气情况,到公园里观察花草树木,一般是无意识无系统的观察。作为科学观察则要具有如下各种特征:① 首先具有研究的目的或假设;② 有系统、有组织地进行;③ 借用科学工具;④ 避免主观和偏见;⑤ 可重复查证等。其次,需要区分的情况是,科学观察本身可分为两种:一种是实验观察,另一种是自然观察。实验观察是对观察的环境与条件作严密的控制,然后观察其结果,而自然现象则是对研究对象在自然状态下进行观察。

研究人员为了取得合适的资料,可以根据不同的情况,采取不同的观察方法。作为收集资料的方法,观察方法可以根据不同的标准划分不同的类型。其中主要的分类是:① 根据观察者的角色,可分为参与观察与非参与观察;② 根据是否有详细的观察计划和严格的观察程序,可分为结构式观察与无结构式观察;③ 根据观察者是否直接接触到被观察者,可分为直接观察与间接观察;④ 根据观察环境不同,可以分为实验室观察和实地观察。

一、参与观察与非参与观察

这种分类是根据研究人员作为一名观察者的具体身份,根据观察者是否参加到被研究的社会群体或单位之中,是否参与被观察者的活动而划分的。

所谓参与观察是指观察者为了达到深入了解情况的目的,直接加入到某一社会群体之中,以内部成员的角色参与他们的各种活动,在共同生活中进行观察,收集与分析有关的资料。这种观察方法在社会学、人类学的调查研究中应用最多。这种方式事先不需要对观察的具体项目、观察进程和步骤作严格规定,也不采用标准化的表格进行记录。它常用于有深度的专题调查,或用来研究社区和群体活动。

要真正做好参与观察,获得研究所需要的资料,首先,要熟悉观察对象,与被观察者打成一片,真切地体验他们的情感,分享他们的痛苦与欢乐。这样才能使观察对象向观察者倾诉心里话,反映出真实情况。其次,研究者在群体中只能充当该群体的普通一员。一方面要接近所研究的群体,详细地观察他们的工作、娱乐、家庭生活常规等,即使是粗俗的争执、吵架、家务琐事、粗言粗语也不能放过;另一方面,对群体中发生的事情应不露声色,不表现出明显的倾向和兴趣,发言应持中立的态度,不加评论,尽量做到多听、多看、少发表意见。也就是说,观察者应有效地掌握参与的深度以及客观的立场。

根据参与的不同程度,参与观察也可分为完全参与和不完全参与。它们的区别在于:"完全参与"是观察者长期生活在被观察的群体中,甚至"隐瞒"或改变自己的身份,成为群体中的一员,完全进入角色并被当成"自己人"。"不完全参与"是指观察者不改变身份进入群体中,观察者的身份虽然显露,但他至少被群体中的人视为可接纳或可容忍的"客人"。当然,"友好的客人"与"自己人"毕竟有所不同。不完全参与虽然可以参加群体和社区的某些形式的活动或仪式,但其细节或较隐秘的材料则往往难以获得。尽管如此,它与问卷、走访、座谈等方式相比,可获得更深入、更详细的信息。它有助于深入、全面地了解实际发生的社会事件、社会活动及其意义,认识人们的社会关系和生活环境,因此它在实地研究中被广泛采用,"蹲点调查"也可视为一种非完全参与观察。

非参与观察是指观察者以旁观者的身份,置身于调查群体之外进行的观察。在非参与观察中,观察者像记者一样进行现场采访和观察,他们不参与被观察者的任何活动。作为一名旁观者,他们只是在某些场合才有机会同被观察者交往,后者将他们视为外人;但在一定程度上允许他们参观某些活动,如业余活动、日常工作等。这种观察方式虽然比较客观,但是却不能了解到被观察者的内心世界,不能深入到实际生活的各个方面。一些短期社会调查和"走马观花"式的视察或检查工作也属于这一类型。它的作用是对具体生活现象作一般性的观察,以取得某些感性认识,了解现场工作情况,并由此发现问题,得出某些概括性的结论或假设。但是由于外人或上级机关的人员在场会对观察对象造成某些影响,因此获得的信息也有可能是虚假的或歪曲的。另外,有些缺乏专业训练的观察者往往从一些表面现象中主观地推出错误的结论。为避免这种主观性,目前多采用有结构的非参与观察,即按照预先规定好的观察项目进行观测,观察者只是记录或描述观察对象的语言、姿势和行为而不加以解释。例如,心理学家到工厂车间对工人的操作动作、姿态和互动行为进行记录和统计,或在实验室里观察被试者的行为。这种观察方式有助于克服主观因素的影响,但是仍不能避免观察者的在场对被观察者的影响。

非参与观察的优点是,获得的资料比较客观、真实,能增加感性认识,它一般用于探索性研究,即通过实地考察来发现问题、提出问题。它的缺点是,观察时间较短,观察范围有限,因而只能获得某些表面现象或公开行为的信息。

拓展阅读8.1

参与观察法的理解与思考

参与观察法就是马林诺夫斯基(B. K. Malinowski)在1914年跟随蒙德人类学考察队到新几内亚和美拉尼西亚去进行实地调查期间所创立的田野工作标准。这一方法的创立给人类学和民族学的田野工作奠定了方法论的基础。他在其著作《科学的文化理论》中指出,在研究方法上,人类学"必须从事民族志田野工作,即经验型的研究……必须同时谙熟观察艺术,即民族学田野工作,同时又是文化理论的专家,……两者齐头并进。否则,其中任何一者都毫无价值。观察就是在理论的基础上进行选择、归类和分析。建构理论就是总结过去观察到的相关性,并预见其对现有理论难题的经验证实或证伪"。鉴于以上的观点,我们可以看出参与观察法主要是对某个地域或族群的文化特性进行分析而实施的一种田野工作方法,是开展人类学和民族学研究所必须进行的重要方法之一。参与观察的整个过程,就是对某个地域或族群的文化特性的再认识过程。前提是观察者要能融入到这个地域的文化特性中去并被该族群所接纳和信任。这样才有可能顺利开展有目的性的田野工作并取得有价值性的田野资料。

资料来源:任瑞羾.对人类学研究田野调查中参与观察法的理解与思考[J].黄冈职业技术学院学报,2014(1).

二、结构式观察与无结构式观察

结构式观察是事先制定好观察计划并严格按照规定的内容和程序实施的观察。这种观察方法的最大优点是观察过程标准化,它对观察的对象、范围、内容、程序都有严格的规定,一般不得随意改动,因而能够得到比较系统的观察材料,供解释和研究使用。当然,要制定一个既实用又科学的观察计划很不容易,这本身就需要做许多探索性的调查研究。

无结构式观察是指对观察的内容、程序事先不作严格规定,依现场的实际情况随机决定的观察。人们平时所作的观察,大多属于无结构式观察。无结构式观察的优点是比较灵活,调查者在观察过程中可以在事先拟定的初步提纲的基础上充分发挥调查者的主观性、创造性,认为什么重要就观察什么。缺点是得到的观察资料不系统、不规范,受观察者个人因素影响较大,可信度较差。

三、直接观察与间接观察

这种分类是根据观察者是否直接接触到被观察者来划分的,即观察者直接"看"到被观察者的活动,还是通过观察一些事物来间接反映被观察者的行为。

以上所述的各种观察均属于直接观察,因为不管是"参与"还是"非参与"、是"结构式"还是"非结构式",都是直接对"人"进行观察,而不是对"物"进行观察。

所谓间接观察是指观察者对自然物品、社会环境、行为痕迹等事物进行观察,以便间接反映调查对象的状况和特征。例如,通过对各个城市的市容卫生的观察,就能从侧面了解人们的精神风貌;通过对城市建筑、农村住房、公路上的车辆等方面的观察也可反映人们生活水平的变化。此外,间接观察中比较有特色的两种类型是"损蚀物观察"与"累积物观察"。

在"损蚀物观察"中,有的研究者举例说,我们可以通过观察展品周围地面花瓷砖的磨损和裂缝来估价博物馆中不同图画作品受人喜爱的程度。同样,我们也可以根据图书馆中书籍的封面、内页的磨损情况,如书中记号的多少或通过检查其流通记录来判断各类书籍的普及程度,由此可反映读者的兴趣、爱好或社会时尚。

"损蚀物观察"是一种对磨损程度的观察,"累积物观察"则与此相反,它是观察某些堆积物或积聚物。例如,考古学家通过区分废墟堆积层来研究历史现象,社会学家也把某类城市垃圾堆中的酒瓶进行分类整理来度量"禁酒"城的酒类消费量。在地铁墙壁上、公共厕所、宿舍以及其他地方的墙上,随便涂写的内容是另一种可度量的"累积物"。有些研究人员通过对厕所文字或教室课桌上涂写物的观察记录来分析人们的某种倾向。同样,从食堂的剩饭桶、垃圾筒、公园里的野餐包装纸等物品都可分析出某些行为倾向。

物质表征也是我们对物质环境进行观察的一种重要方式。一些政治研究人员认为,"政治信息可表露的方面很多,如汽车保险杠上的广告、印在人们短袖衫上或徽章上的口号,以及在草坪上的、商店橱窗上的标语等,都有大量的这种表征。在竞选期间这种表征会更加注目……通过服饰、家具,一般的生活方式所反映出来的阶级地位更加微妙"[①]。

上述例子说明,对物品和环境的观察,特别是对"损蚀物"、"积累物"和物质表征等事物的观察可以收集到有关人类行为的资料。因此,间接观察也是社会调查收集资料的一种重要手段。它的缺点是,由"物"的迹象来推论人的行为或思想倾向是不太可靠的,而且也很难进行客观检验。间接观察可作为调查方法的补充或辅助手段。

四、实验室观察和实地观察

实验室观察是在设有各种观察设施的实验室内对观察对象进行的观察。它可以控制其他因素或变量对观察对象的干扰,观察存在研究对象身边的现象之间的因果关系,这种观察不一定体现自然场景中的真实状态。这种方法多在心理学中使用。

---

① 齐斯克. 政治学研究方法举隅[M]. 沈明明,等译. 北京:中国社会科学出版社,1985:286.

实地观察是在现实生活场景中不借助其他工具直接地对观察对象进行观察。它可以观察研究对象在自然场景中较为真实的生活或发展状态。实地观察的观察工具大体可分为两类：一类是人的感觉器官，一类是科学的观察仪器。它的观察对象是当前正在发生的、处于自然状态下的社会现象。因此，通过实地观察法所获得的信息较为真实、生动。实地观察法的不利方面在于成本较高，开展量化研究较为困难，调查的广度受限制，同时，对调查者自身的理论素养和能力要求较高。党的十九大报告中提出，构建养老、孝老、敬老政策体系和社会环境，推进医养结合，加快老龄事业和产业发展，这为新时代中国特色养老事业指明了方向。不断制定和完善各类养老政策和工作机制，就需要在大量的实地观察和调查中，发现影响养老事业发展的各类因素，从而为明确养老需求、培育老龄产业新的增长点和完善相关规划与扶持政策做好工作准备与支持。

1954年，加拿大一所大学的心理学家进行了一个实验：心理学家招募志愿者做被试。给其戴上半透明的护目镜，使其难以产生视觉；用一个装置发出的单调声音限制其听觉；手臂戴上纸筒套袖和手套，腿脚用夹板固定，限制其触觉。让被试单独待在实验室里，观察反应变化。几小时后被试开始感到恐慌，进而产生幻觉，在实验室里连续待了三四天后，被试会产生许多病理心理现象，如出现错觉、注意力涣散、思维迟钝、紧张、焦虑、恐惧等，实验后需数日方能恢复正常。这就是有名的"感觉剥夺"实验。这个实验采用的就是实验观察法，对被试的视觉、听觉、触觉施加控制因素，然后观察其反应变化。

当然还有其他类型的观察，如自我观察。自我观察就是个人按照一定的观察提纲自行记载自己的行为及正在成为现实行动的关系。进行自我观察，观察者既是主体，又是观察对象。在实际调查研究中，采用何种类型的观察方法可以据研究目的和现场条件来决定。

【知识小贴士】8.1
观察法在市场调查中的应用

第一，在消费需求调查中，对消费者购物时对商品品种、规格、花色、包装、价格等的要求进行观察。

第二，在商场经营环境调查中，对商品陈列、橱窗布置、所临街道的车流、客流量情况进行观察。

第三，品牌观察，即用于调查消费者对某品牌产品的需要强度以及其他品牌同类产品的替代强度。譬如，消费者在某商店需要某一品牌的商品，而销售人员并没按要求提供，却代之以其他品牌的同类产品，从而可用多个消费者接受替代品的情况来确定某一品牌的替代强度。

第四，在城乡集贸市场调查中，对集贸市场上农副产品的上市量、成交量和成交价格等进行观察。

第五，在商品库存调查中，对库存商品直接盘点记录，并观察库存商品情况。

此外，观察法还可用于产品质量调查、广告调查等领域。

资料来源：杜明汉.市场调查与预测：理论、实务、案例、实训[M].大连：东北财经大学出版社，2011：57.

第二节　观察法的一般程序

一、明确观察目的

明确观察目的,是指需要通过观察解决什么问题。观察目的是根据调查任务和观察对象的特点而确定的。为了明确观察目的,首先可做粗略的调查和探索性研究,目的是掌握一些基本情况,了解观察对象的特点,以便确定通过观察要获得什么资料,弄清什么问题,然后确定观察的范围、对象和观察的重点,具体计划观察的步骤。

二、做好观察准备

(一) 制订观察计划

制订观察计划,目的是使观察能有计划、按步骤地进行。一般来说,观察计划包括观察目的、观察对象、观察重点与范围、通过观察需要获得的资料、观察的途径、观察的时间、观察的次数和位置、选择观察的方法,列出观察的注意事项、观察人员的组织分工、观察资料的记录和整理、观察的应变措施等内容。

观察内容应根据调查的目的来确定,一般包括四个方面:

(1) 情景条件。被观察者活动的舞台及其背景,包括自然条件和社会环境两个方面。情景条件对人的行为、思想有很大的制约作用。"存在决定意识",要了解人的行为,首先要观察他们的活动情景条件。

(2) 人物活动。人是社会行为的主体,参与观察主要是观察人的活动,包括被观察者的工作、学习、娱乐、生活、言谈举止、行为习惯、喜怒哀乐、悲欢离合等。

(3) 人际关系。人是社会的动物,人际、群际的关系是社会关系的重要反映,也应是参与观察的重要内容。研究者应该观察各类人之间的关系如何,有没有形成非正式群体,群体中谁是核心、谁最活跃、谁较孤立等。

(4) 目的动机。要了解人的活动目的及动机虽然比较困难,但只要深入观察还是可以有所收获的。我们可以通过观察了解被观察者的某种行为是否有明确的目的,在表面的目的后面有什么深层动机,各观察对象的目的和动机是否一致等。

(二) 制作观察工具

有结构的实地观察,都要设计和制作观察记录工具,即观察表格、观察卡片,以便迅速、准确和有条理地记录观察情况,便于日后核对、比较、整理和应用。观察表格、观察卡片等记录工具,是根据实地观察需要而设计的,表8.3就是可供参考的观察记录工具。

表 8.3　某次会议观察卡片

被观察单位：　　　　　　　　　　会议主题：
观察地点：　　　　　　　　　　　观察日期
观察时间：　　　　　　　　　　　编号：

项目		人数	备注
会议人数	会议开始时		
	迟到		
	中途退场		
	会议结束时		
会议情况	发言		
	参与讨论		
	看书报杂志		
	闭目养神		
	闲聊		
	做其他事情		
主要观感			

观察员：

【知识小贴士】8.2

表 8.4　市场调查中的感觉和观察工具

感觉	人的器官	在市场调查中的作用	辅助手段
视觉	眼睛	行为观察（广告牌效果检验）	望远镜、显微镜、照相机
听觉	耳朵	谈话观察（顾客的言谈）	助听器、录音机、噪声测量仪
触觉	手指、手掌	表面检验（纹路、结构、皮肤）	触式测验仪、盲视仪、金相仪
味觉	舌、口腔	品味	化学分析仪、味料专用分析仪
嗅觉	鼻	食品、香料检验	香料分析仪

（三）选准观察时空

实地观察要选准最佳观察时间和最佳观察场合，因为观察时间场所不同，往往会得到不同的观察结果。有时，要完成某项调查研究，只有在特定的时间和场所进行观察，才能收集到所需要的资料，观察结果就可能比较真实、具体、准确。例如，了解机关工作人员上班迟到现象问题，早上 7 点 30 分至 8 点 30 分和办公楼门前，便是观察的最佳时间和最佳场所。

三、进入观察现场

观察者进入现场应取得有关人员的同意，或出示证件说明观察目的，或通过熟人介绍，或通过内线，或取得观察对象团体中关键人物的支持而进入。一旦进入观察现场，观察者要尽量取得被观察者的信任。信任关系建立的方法有很多，诸如反复向有关人员讲解调查的目的、意义,消除被观察者可能存在的各种顾虑,积极主动地以自己的言行去化解各种隔阂,与观察对象打成一片,遵守当地的风俗习惯,不违反当地的禁忌,帮助被观察者解决困难,等等。好奇、信任、友好关系的建立有助于观察的顺利进行和有价值资料的获得。

四、进行观察活动

观察活动应按计划进行。观察者不要轻易地更换观察的重点,超出原定的范围,致使背离了原定的观察目的,如果发觉原定计划有不妥之处,或观察现象有所变更,则应按计划中的应变措施或实际情况随机应变,目的只有一个,即力求妥善地完成原定的任务,使观察取得最好的效果。

观察应与思考相结合。只有把观察与思考紧密地结合起来,在观察中思考,在思考中观察,才能在社会现象的琐屑细微处捕捉到更多有价值的观察资料。观察应灵活安排观察程序。观察程序有三种安排方法:一是主次程序法,即根据观察的目的和任务,先观察主要对象,后观察次要对象。二是方位程序法,即根据观察对象的地理位置,按节约、便利的原则安排观察路线和地点。三是分析综合法,即先观察事物的整体,后观察事物的局部现象,然后再进行综合与分析,作出观察结论。三种观察程序各有利弊,应根据观察目的、观察对象的实际情况以及观察者自身条件灵活掌握和运用。

事件取样观察法

关于儿童行为发展的相关研究大都采用事件取样观察法[①]。目前这种方法的取样标准通常为两种:行为、事件之一是否发生,观察中一旦发生即进行记录的一种方法。事件取样观察法有很大的开放度和选择度,在很大程度上可以解释推论。事件取样法是对观察的目标行为进行操作性定义,研究行为的一般特质。但许多研究表明,事件取样观察法存在一些不足与局限,如可能缺乏测量的稳定性;无法保持行为的完整性;由于事件取样法经常伴有文字描述记录,在分析时难免会繁琐一些等;并且,以事件进行取样的一种观察法,并不适合所有研究,有些研究采用此方法是不合适的。因此,如果用于估计实际行为出现的次数、频率和持续时间以及测量群体或个体的差异时,研究者可以选择更为有效的观察法中的时间取样观察法[②]来进行研究。

资料来源:马新新.事件观察法应用浅析[J].求知导刊,2016(5).

---

① 事件取样观察法:从被试者各种各样的行为中选出一种有代表性的行为进行观察,在自然情景中,等待所要观察的行为出现,然后记录这一行为的全貌,即为事件取样观察法。H·Dave对学前儿童争执事件的研究,就是采用事件取样观察法。他对学前儿童在自由游戏中发生的争执事件进行观察,在观察前设计了观察记录表,等待争执事件发生。儿童争执事件一发生,他就按照记录表一一进行观察记录,从争执开始发生到争执结束,他都详细记录。他在四个月的研究中,对学前儿童争执发生的原因、频率、发生的年龄、性别差异以及终止争执的有效条件等进行观察,从中获得了较全面有价值的资料。

② 时间取样观察法:是指研究者根据事先确定的观察维度,有选择地在某些时间段内观察某一特定行为,并把观察的结果记录在事先拟定的记录表上。帕顿于1932~1933年发表的《儿童游戏的研究》就是采用时间抽样观察法的最著名早期成果之一。

五、做好观察记录

观察记录有两种方式:当场记录和事后追记。当场记录最常用的方法是手工记录,即当场在笔记本上连续记录,或在事先准备的观察表、卡片上填适当的数字、文字、相应的符号。表8.3是一张根据调查目的事先设计好的某次会议的观察记录卡片。现代科学技术为社会调查提供了许多先进的调查手段,其中有一些是用于当场观察记录的,如录音机、摄像机、数码相机等。但社会调查中使用这些技术手段要慎重,因为使用这些仪器会在一定程度上干扰被观察者的正常活动,影响其行为。事后追记多在不适合或不可能当场记录时采用,如观察的是敏感问题,被观察者对当场记录会有疑虑,又如遇上突发事件,观察者手头无记录工具等情况,就需要事后追记。追记要及时,并且是有把握的内容。这种方法仅为一种补救措施,其真实性和说服力均不如当场记录。但在有些场合,只能使用这种方法。无论是当场记录还是事后追记,都应符合准确性、完整性、有序性的要求。

以教学过程中学生活动的行为进行观察为例,表8.5是观察记录的统计结果:

表8.5 观察记录统计结果

实验班 \ 不集中注意人数 \ 时间段(分钟)	0~5	5~10	10~15	15~20	20~25	25~30	30~35	35~40	40~45
1	0	1	2	0	0	2	2	0	1
2	1	2	0	1	1	3	4	1	2
3	1	1	1	2	3	1	5	2	3
4	0	0	2	1	2	0	1	0	0
5	1	0	3	2	0	2	4	5	6
6	1	1	1	1	2	0	3	2	0
合计	4	5	9	7	8	8	19	10	12
注意人数	92	91	87	89	88	88	77	86	84
注意率	96	95	91	93	92	92	80	90	88

注意率=实际注意人数/理论应注意人数×100%

理论应注意人数 $N=6×16=96$(人)

根据表8.5可以画出学生的注意力分布曲线,如图8.1所示。

六、撤离观察场所

撤离观察现场,是观察实施过程的最后一步。无论何种情况,观察者在撤离现场时,不能一走了之,而应以友好的态度辞别当地的被调查者与有关部门,同时要考虑到有可能会再次来观察,因而应将可能再来的信息表达出来。这既是社会调查工作本身的需要,也是对社会调查执业证职业道德的要求。

我们选择怀特对波士顿的工人区的"街头孩子"所做的小群体社会互动的研究对参与观

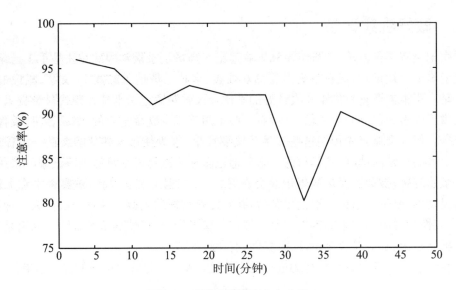

图 8.1 学生的注意率分布曲线

察法进行说明。[①]

（一）明确观察目的

怀特是哈佛大学的学生，毕业时得到了一笔奖学金，利用这笔钱，他可以在三年的时间里选择一些人和他喜欢的项目进行研究。他对社会改革很感兴趣。于是就决定用这笔钱去研究波士顿的贫民区。（这句话是最具体的设想，但非常粗略。）

（二）选择观察对象

他选择了当地较大的、历史较悠久的意大利贫民区。（这种选择方式并非完全科学，但并非常不重要。）

（三）选择观察环境

1. 深入观察环境

他通过当地的一个社会界朋友的介绍，认识了当地青年帮会中的一个头头，名叫"多克"。多克允许他作为"多克的朋友"进入这个社区，参加各种活动。（通过权威人士的引见，使他很快、很容易地进入了一个陌生的社会。这一招往往很管用。）

2. 与观察对象建立关系

首先由多克带领进入社区，将他介绍给一些人。（这是一个必要的步骤。）

人们知道他是来写一本关于本社区的书的。（让别人了解他来的目的，以减少别人的戒备心理。）

他告诉多克自己写书的目的是为了帮助社区改变面貌。（增加与观察对象的亲和关系，以获得信任和帮助。）

怀特放弃了研究基金会为他准备的高级住宅，而到贫民区中，与一个意大利家庭住在一起，与他们在一起吃饭，有空就帮助干家务，建立了良好的关系；开始学习意大利语，尝试着与人们进行交谈；上街散步，尝试了解人们；进入赌场；进入居民委员会；参加舞会。（住在一起是一个最重要的观察步骤，只有这样才有可能完全融入他们的生活。此外，适应他们的饮

---

① 洪瑾. 社会调查方法：社区工作与管理专业 [M]. 北京：中国轻工业出版，2008.

食习惯,参加理性的活动都是很好的交流机会。)

怀特写道:"当我在街角站稳脚跟时,用不着花多少力气,资料就能够到手。当我关心某个特殊的问题,需要从某些人那里得到更多的信息时,我就找机会与当事人谈话,进行较为正式的访谈。"

(四) 界定观察的内容

习俗:"如果一个男子与一个姑娘单独约会,就表示要娶她。"

态度:对敲诈者的态度——"这些敲诈者败坏了我们的名声,应当将他们从这里清除出去","这些敲诈者的确不错,当你需要帮助时,它们将给你以帮助,而合法的商人甚至连一天的时间都不给你。"

游戏:一个人在游戏中的表现同他在帮会中所处的地位有关系。

(五) 观察及记录

1. 记录

最初观察:简单地把所有的记录按编年顺序放在一起。

后来,发现必须按照某个体系进行分类。他选择了按照社会群体进行分类:诺顿人、意大利人、社区俱乐部等等。

最后,材料越来越多,必须设计一个索引体系:一页纸包括两个栏目;每次访问写观察报告(写明被访问或被观察日期);访问或观察记录的简短总结。

2. 同步分析

怀特在一次与人交谈时碰了壁,多克与他在一起分析原因,认为怀特问话的方式不妥当,使用了过多的"谁?""什么?""为什么?""什么时候?""什么地点?"当他有意问这些问题时,人们很可能不会开口。而如果你认真地倾听,一言不发,在长时间的随意交谈中,即使他不提问题也能够得到答案。怀特听取了意见,改变了交流方式。

(六) 退出

三年的观察结束时,怀特已经与该社区的许多人建立了非常良好的关系,有了很多的朋友。怀特与他们一一道别,并且在离开了他们之后还与他们进行经常的电话联系。在他的研究报告写完之后,他还送了本书给多克,听取他的意见。这本书就是他的成名作《街角社会》。

第三节 观察法的应用评析及注意事项

观察法无疑是社会调查研究中一种重要的方法,当然不是唯一的方法。在社会调查研究中常用的还有访谈法、问卷法、文献法等,将观察法与其他各种方法进行比较,可以发现观察法有许多显著的优点,但也有不可避免的局限性。

一、观察法的优点

观察法最大的优点就在于可以实地观察现象或行为的发生,观察者到现场观察现象或事件的实际过程,不但可以了解事情的来龙去脉,而且可以注意当时当地的特殊环境和气氛,直接感知客观对象,所获得的是直接的、具体的、生动的感性认识,特别是参与观察更能获得大量的第一手资料。这些资料都不是事件发生过后,用访谈法所能得到的。同时观察者置身于观察对象之间,与观察对象融为一体,收集到的资料既原始又真实,比较可靠,有时还具有相当的稳定性。

观察法的另一重要的优点是能够得到观察对象不能直接报道或不便报道的资料,特别是非参与观察,一般不依赖语言交流。例如,婴儿、哑巴等不能直接说出他的感想或体会;有的调查对象不愿接受访谈或没有空闲时间进行访谈。在诸如此类的情况下,自然不能采用访谈或问卷方法,而往往只能用观察法来弥补。

观察法简便易行,可以随时随地进行,灵活性大,观察人员可多可少,观察时间可长可短,资料也比较可靠,只要到达现场就能获得一定的感性知识。而且在采用非参与观察时,观察者处于"局外旁观"的地位,不容易引起别人注意,可了解到被观察者在自然状况下的真实行为,这样得到的资料是比较准确的。例如:在街头、商店、住宅区观察人们的日常生活状况。

二、观察法的局限

(1) 表面性。在观察中,观察者所观察到的都是事物的表面现象或外部联系,因此对观察结果的判断、结论要十分慎重,绝不能仅仅根据观察到的部分事实就轻易做出完全肯定或完全的否定。

(2) 偶然性。观察者对所要观察的时间有时是可遇而不可求的,因此观察者只能消极地、被动地等待所要研究的现象发生,有时会"乘兴而来,败兴而归"。例如,一位研究丧葬仪式的人类学家,他可能住在某个村落中好几个月都等不到有人过世。对那些偶然发生或难于预见的事件,如骚乱、地震、飞机失事、大火等,使用结构式观察或参与观察都是不现实的,研究者只能在事件发生之后迅速赶到现场进行实地观察。

(3) 并非全部社会现象都可能观察。在日常生活中有许多社会现象不能、不宜或不可能直接观察。例如,家庭纠纷、个人的隐私等,因此观察范围有很大的局限性。

还有一个局限性是观察者本意不想干涉被观察者的活动,但通常情况下,观察者的参与在某种程度上往往会影响被观察者的正常活动。加之个人进行观察时有时难免带有主观性和片面性;此外,观察结果也不易量化,不易被重复验证。因此很难判断观察结果是否具有代表性或典型性,难于推论全局。

【知识小贴士】8.3
观察法的一般原则

(1) 客观性原则。观察的客观性是进行实地观察首要的、最基本的原则。因此观察时要做真实的记录。

(2) 全面性原则。观察的全面性是观察客观性原则的内在要求,即在观察过程中不要主观地突出某一方面,而忽视其他方面。

(3) 深入性原则。观察的深入性,即要求观察要深入、细致,做到面面俱到。

(4) 持久性原则。要真正了解观察对象,往往一次观察的结果是不够的,要进行多次的观察。

(5) 法律和道德原则。这是指观察者在观察时,不要违反法律和道德原则。

三、注意事项

使用观察法收集信息必须具备三个条件:第一,所需信息必须是能观察到的,或者能从观察到的行为中推断出来。例如,如果调查者想知道消费者购买某产品的原因,就不能通过观察法来收集信息,因为人们的态度、意见是不能直接观察到的。第二,所要观察的行为必须具有重复性或者在某些方面具有可预测性。如果不具备这样的条件,观察法实施的成本将非常高。第三,所要观察的行为必须在相对短的时间内完成,例如购买住宅的整个决策过程需花费很长的时间,这方面的信息就不能用观察法来收集。

观察法应注意以下事项[①]:

(1) 科学抽样,使观察对象富有代表性。
(2) 隐秘观察,确保被观察者的反应、行为和感受真实自然。
(3) 谨慎运用,不妨碍被观察者的正常活动,不引起被观察者的反感和拒绝。
(4) 观察时做到实事求是、客观公正,不带主观偏见。
(5) 观察前,对调查人员的培训和选拔非常重要。基本要求是调查员应具有敏锐的观察力、良好的记忆力和对现代化设备的使用能力。另外,调查员还必须掌握一些基本的心理学知识。

拓展阅读8.3

努力减少观察误差

产生观察误差的原因很复杂,就观察主体或者观察者而言,存在着思想方面的因素,观察者的立场、观点、方法不同,观察同一对象的感受就会大不相同。同时存在着知识因素。观察者的知识水平和结构不同,实践的经历和经验不同,观察问题的参照系就会不同,因而对同一对象的观察重点、观察结果就会发生很大的差异;还存在着心理因素,观察者的兴趣、爱好和情绪等心理因素,也会对观察结果产生一定影响。就观察客体即观察对象而言,可能由于客观事物发展不成熟,其本质尚未通过现象充分暴露出来,观察就很难避免会产生某些误差;也可能由于观察活动引起的被观察者的反应性心理和行为,必然会造成反应性观察误差;还有可能人为的假象也是造成观察误差的一个重要原因。

减少观察误差的途径和方法:第一,做好必要的知识准备。第二,不断加强感官训练。第三,进行纵横对比观察。对比较复杂的事物或比较重要的社会现象,应该选择不同类型的观察对象进行横向对比观察,或者对同一观察对象进行纵向重复对比观察。

本 章 小 结

1. 观察法就是根据研究课题,观察者利用眼睛、耳朵等感觉器官和其他科学手段及仪器,有目的地对研究对象进行考察,以取得研究所需资料的一种方法。

2. 按照观察中研究者所处的位置或所采取的角色,我们可以将观察区分为局外观察和

[①] 许以洪,彭光辉. 精编市场调研[M]. 2版. 武汉:武汉理工大学出版社,2012:75.

参与观察。根据观察地点的不同可以将观察分为实验室观察和实地观察。可以根据观察方式的结构程度将其区分为结构观察和无结构观察。根据观察环境不同,可以分为实验室观察和实地观察。

3. 在参与观察过程中研究者可以采取两种不同的角色:(1)作为观察者的参与者;(2)完全的参与者。前者是指研究者的身份对所研究的群体来说是公开的,后者则是将研究者真实的身份隐藏起来,而以某种虚假的身份参与到所研究的社区或群体中进行观察。

4. 参与观察者往往要经历一个"先融进去""再跳出来"的过程,即参与观察过程中有一个角色转换的问题。

5. 观察法的一般程序包括:明确观察目的,做好观察准备,进入观察活动,做好观察记录和撤离观察场所。

6. 做好观察准备要做的工作包括制定观察计划、制作观察工具和选准观察时空。

7. 观察法的优点是观察法收集到的资料既原始又真实,比较可靠,有时还具有相当的稳定性;观察法的另一重要的优点是能够得到观察对象不能直接报道或不便报道的资料;观察法简便易行,灵活性大。

8. 观察法的局限是观察内容的表面性、观察活动的偶然性和并非全部社会现象都可能观察。

即 测 即 评

一、名词解释

1. 观察法。
2. 参与式观察。
3. 间接观察。

思考与练习

一、思考题

1. 从居民的垃圾中分析居民的消费水平和派人观察汽车上收音机的指针停留的位置,以便选择受司机欢迎的电台做广告这两种方法是否均属于痕迹观察法?为什么?
2. 观察法调查能够收集到什么类型的数据?

二、案例分析题

一家拥有众多售货员的连锁商店准备对商店的营业员进行一次评价,作为今后对售货人员进行培训的依据,为此聘请了调查人员作为观察者,让他们在购买物品的过程中对各商店情况进行观察评定,评定的内容主要包括:① 当以顾客身份的观察人员进入商店时售货员做了些什么? ② 他们是如何接待这位"顾客"的? ③ 商店里商品布置怎样? ④ 售货员提供商品咨询的能力如何? ⑤ 如果这位观察人员什么也不买,售货员是否还那么热情?

问题:对售货员的观察应具体如何实施?

本 章 实 训

实训内容:以商品类别划分调查组,组织学生分别就所选商品的消费市场进行调查,并选取某个商场作为观察对象,以便了解关于该产品的顾客购买满意度的相关信息,要求写出调查计划书和观察报告。

实训目的:通过本单元实训,要求学生形成以下能力:

(1) 根据调研课题,能确定观察对象和观察内容。
(2) 能将观察内容具体化,做出详细分类,确定观察变量和指标。
(3) 能依据观察指标设计观察表格、卡片或拟定观察提纲,并确定标准化的观察方法和记录方法。
(4) 能够较规范地做好观察记录。

实训要求:

(1) 各调查小组初步讨论确定本组所选商品种类,拟定初步的调查计划并进行小组讨论。
(2) 各调查小组讨论拟定观察计划,确定观察内容,并进行详细分类。
(3) 各调查小组按照观察计划具体实施观察。
(4) 各调查小组认真规范做好观察记录。

实训组织:学生5～8人分组,确定1名组长,进行组内分工,各组调查计划书和观察报告初稿必须先经小组讨论,然后才能提交班级交流讨论。经过班级交流讨论的调查计划书和观察报告由各小组进一步修改和完善。

延 伸 阅 读

1. 马骏.双重演绎:论证观察法的可操作性[J].上海教育科研,2014(2).
2. 练宏.注意力竞争:基于参与观察与多案例的组织学分析[J].社会学研究,2016,31(4).
3. 蔡宁伟,于慧萍,张丽华.参与式观察与非参与式观察在案例研究中的应用[J].管理学刊,2015,28(4).
4. 梁莉.量表:开启观察之门的"金钥匙"[J].江苏教育研究,2014(20).
5. 于奥然.参与调查法的典型案例:街角社会[J].内蒙古科技与经济,2016(15).
6. 马新新.事件观察法应用浅析[J].求知导刊,2016(13).
7. 马德峰,李梅.透视街角社会:对苏北小镇一街角青年群体的调查[J].社会,2002(9).
8. 风笑天.论参与观察者的角色[J].华中师范大学学报(人文社会科学版),2009(3).
9. 艾菊红.观察参与者的参与观察:一项经验性宗教研究的实例[J].世界宗教文化,2009(3).
10. 李营.课堂观察量表设计中的偏失及改进策略[J].中国教育学刊,2013(5).

即测即评答案

一、名词解释

1. 观察法就是根据一定的研究目的、研究提纲或观察表,利用自己的感觉器官和其他辅助工具有目的地对研究对象进行考察,以取得研究所需资料的一种方法。

2. 参与观察是指观察者为了达到深入了解情况的目的,直接加入到某一社会群体之中,以内部成员的角色参与他们的各种活动,在共同生活中进行观察,收集与分析有关的资料。

3. 间接观察是指观察者对自然物品、社会环境、行为痕迹等事物进行观察,以便间接反映调查对象的状况和特征。

思考与练习参考答案

一、思考题

1. 分析说明:从居民的垃圾中分析居民的消费水平和派人观察汽车上收音机的指针停留的位置,是否属于痕迹观察法,应根据痕迹观察法的含义来回答。

理解要点:痕迹观察法是在调查现场观察和分析被调查者活动后留下的痕迹。观察居民消费后的垃圾属于分析被调查者活动后留下的痕迹,观察汽车上收音机的指针停留的位置可以分析受司机欢迎的电台,这两者均符合痕迹观察法的内涵,所以都属于痕迹观察法。

2. 观察法是指研究者根据一定的研究目的、研究提纲或观察表,用自己的感官和辅助工具去直接观察被研究对象,从而获得资料的一种方法。观察法可以快捷、准确地收集数据。需要注意的是,观察法所能收集到的数据必须满足三个条件:所需信息必须是能观察到的,或者能从观察到的行为中推断出来;所要观察的行为必须具有重复性或者在某些方面具有可预测性;所要观察的行为必须在相对短的时间内完成。在观察法下,调查人员无法了解人们的动机、态度、目的和感觉方面的信息。

二、案例分析题

分析提示:① 观察人员是引人注目且训练有素的人员;② 观察手段是看、听;③ 实施方式为隐蔽的、参与的,在某个时间内有第三者进行实际观察(即现场观察);④ 观察对象为售货员及商品的布置。

第九章 资料处理

本章知识结构图

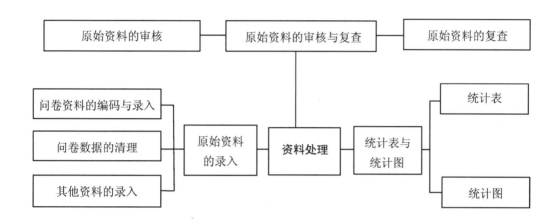

知识目标:熟悉原始资料审核与复查的具体方法;明确问卷数据编码的处理方式及数据录入要求;掌握数据分组的步骤与统计图表的制作。

能力目标:能够对原始问卷资料进行审核与复查,剔除乱填、空白和严重缺答的问卷;能够对问卷中的各种题项进行正确的编码,将数据录入到 Excel 中;能够运用 Excel 对数据进行分组,并制作统计表和图。

实训目标:结合前期调查的问卷数据,进行数据编码,将数据录入到 Excel 中,制作出合格的统计图表。

本章重点:数据编码与录入;异常值处理;数据分组与统计表、图的制作。

本章难点:数据编码及数据分组。

案例导入

地质资料数字化将地灾应急响应时间从3天缩至2小时

地质资料广泛应用于地质调查、地球科学研究、矿产资源勘查开发、工程建设、生态环境保护、防灾减灾、国土空间开发、城乡规划建设等国民经济建设和社会发展的方方面面。我国馆藏地质资料总量约1500万件,但其中的大部分历史形成的地质资料,以纯纸质形式存在,不利于长期保存和社会化服务。为此,我国开启了地质资料的数字化管理时代。经过多年努力,目前已完成了1041万件历史形成的地质资料的数字化工作,加上2002年以来各级馆藏机构已接收数字化地质资料存档,馆藏数字化地质资料共计1497万件,数字化率超过99%。

地质资料的数字化,带来了便捷的社会化服务。依托数字化成果,我国对地质灾害的应急响应时间从3天缩短为2个小时,在新疆塔什库尔干地震和四川茂县山体垮塌等重大灾害发生时,快速提供应急数字化地质资料包服务。特别是2017年8月8日,在四川九寨沟县7.0级地质发生后,仅35分钟,就快速提取超过300档震区地质资料,在互联网发布了地质资料专享服务,为震后救援、灾情预测、重建等提供应急支持和辅助决策,同时根据现场需求及时进行其他地质资料数据处理,全力支撑应急搜救工作,应急响应速度已经达到世界领先水平。

另外,我国的地质资料服务产品也被充分丰富,除了建设有专门的区域地质、水文地质、地质钻孔、矿产资源潜力等空间数据库服务产品,同时还开展了定制服务,如为库格线铁路选线集成了基础地质、环境地质、地质灾害等资料,为国家地下水水质监测工程提供了黄河、淮河、海河、长江中下游等地区集成水文地质数据信息,为国家生态环境建设和保障民生等重大工程提供了数据支撑。而历史留存下来的纸质资料,也在数字化过程之中得到了更好的保存。由于纸质地质资料会出现字迹模糊、纸张变脆和破损等问题,历史最长的已有百年之久,有的已无法提供查阅服务。但是,目前已通过技术手段对这类地质资料数字化后,延长了馆藏珍贵地质资料的保管和使用寿命,抢救了一批非常珍贵的地质资料。

思考一:什么是资料的数字化?

思考二:原始资料的数字化过程该如何实现?

资料来源:根据新华网(http://news.xinhuanet.com/expo/2017-08/31/c_129693690.htm)资料整理而成。

案例解读:

对收集到的各类信息资料(如问卷、调查表等),按照一定的程序和方法,进行审核、选择、录入、分类和汇总等使之成为适用的可以长久保存的数字化信息资料的过程,便是资料的处理。具体来说,在实施一项调查后,资料(如问卷)回收上来,我们都将考虑以下问题:资料中的哪些信息是完整的?哪些存在明显的错误?资料中的信息应该如何录入到计算机中以便于进一步地处理和保存?等等。带着这些问题,我们将进入本章内容的学习。

第一节　原始资料的审核与复查

调查资料收集工作完成后,即进入资料的处理阶段。资料处理包括对原始资料进行审核、复查、编码、输入、清理、汇总以及图表制作等一系列工作。它不仅要对定量资料进行处理,也要对定性资料进行处理。首先要对原始资料进行审核和复查,以便研究者发现并纠正原始资料中所存在的错误,剔除那些无法重返调查但又有明显错误的问卷,了解与衡量整个资料收集工作的质量。

一、原始资料的审核

原始资料的审核是指研究者对调查所收集到的原始问卷资料进行初步的审查与核实,内容上主要包括完整性审核和准确性审核。所谓完整性审核,是指检查应调查的单位或个体是否有遗漏?所有的调查项目或指标是否填写齐全?而准确性审核是检查数据是否真实反映客观实际情况,内容是否符合实际;检查资料是否有错误,如问卷中涉及的计算是否正确,并将乱填、空白和严重缺答的问卷剔除出来,作为废卷处理。这样做的目的在于使原始资料具有更高的准确性和完整性,提高资料的效度,为资料转换、数据录入与资料统计分析工作打下良好的基础。

原始资料的审核方法主要有两种:一种是实地审核,另一种是集中审核。

(1)实地审核是指资料审核工作与实地调查工作同时进行,在完成问卷调查之后离开调查所在地之前,就对已经填写好的问卷进行现场审核。审核中常见的问题有:在同一份问卷中,有相当一部分题目没有作答;答案记录模糊不清,如字迹不清楚,无法辨认,或把"√"打在两个答案之间等等。实地审核有利于提高调查资料的质量,而且当调查资料的收集工作全部完成时,资料的审核工作也随即完成了。不足的是,实地审核会在一定程度上影响资料收集工作的进度,延长实地调查的时间。

(2)集中审核也称为系统审核,是指先将调查资料全部回收回来,再由审核员统一进行审核,如果可能的话,最后还需要调查员返回原调查地点,就审核中发现的问题对被调查者再次进行访问,以核实那些有矛盾的问题,补填缺答的问题。这种审核的优点在于,审核工作是在研究者的指导下集中而统一进行的,审核标准相对一致,审核质量也相对较高。不足之处是,对审核中所发现的问题,很多时候已经没有办法补救了。集中审核完后要对有问题的问卷进行分类:一是有的问卷可退回重新填写;二是含有缺失值的问卷可采用一些方法进行补救,后面将会专门介绍缺失值的处理方法;三是有的问卷可以作废。

二、原始资料的复查

原始资料的复查是指研究者按照一定的方法,从所回收的调查资料中随机抽取一定比例(一般为5%～15%)的个案资料,并由研究者自己或委派另外的调查员对个案资料进行第二次调查。其目的在于:

(1)核实第一次调查的真实性程度,以便研究者对调查资料的真实性程度进行衡量。在通过临时招聘调查员进行的市场调查中,基于这一目的的复查工作是非常必要的。

(2)复查第一次调查的质量。研究者可以将复查资料所得结果与全部调查资料所得结果进行对比,以衡量全部调查的质量。

需要特别强调的是,为了资料的复查工作能够顺利进行,研究者在设计调查方案、抽样方案以及问卷的时候,应当有意识地创设一些可以进行复查的条件。例如,调查某市大学生的生活费支出时,可以考虑采用多阶段抽样,先从某市所有大学中抽取若干所大学,再从被抽中的大学中抽取几个系,最后用整群抽样的方法,从被抽中的系中抽取若干个班级,对被抽中班级的所有学生都进行调查。这样,只要知道被抽中班级的名称,就可以从中抽取部分学生进行复查了。又如,在进行问卷设计时,可以在问卷中设置一个调查质量监控信息栏,用于记录调查对象详细居住地址和调查对象联系电话、调查员、审核员、调查时间等信息[①]。

第二节　原始资料的录入

一、问卷资料的编码与录入

(一) 问卷编码

由于问卷中各题项的答案多以文字来表述,不利于后期数据的整理和分析工作,因此,在 Excel 录入数据之前都要对问卷题项进行编码。所谓数据编码是指对问卷题项的答案进行统一设计数字代码的过程。编码的作用主要有:一是减少数据录入和分析的工作量,节省费用和时间,提高工作效率;二是将定性数据转化为定量数据;三是为各项信息资料提供一个概要而清楚的认定,便于存储和检索。

不同的问卷题型,编码操作上略有不同,下面具体介绍几种常见题型的编码。

1. 单项选择题的编码

单选题的数据编码有两种方法:第一种方式是单选题有几个备选项就设置几个变量,并以 0、1 数据设置变量值,0 代表未选,1 代表选中;第二种方式是一个单选题设置一个变量,并以整数设置变量值。

例如,您对国内外大事的了解主要来源于?(单选题)

A. 电视　　B. 报纸杂志　　C. 广播　　D. 网络　　E. 人际传播

按照第一种编码方式,可设置如表 9.1 的 5 个变量。

表 9.1　单选题的第一种编码方式

变量名	电视		报纸杂志		广播		网络		人际传播	
变量值	0	1	0	1	0	1	0	1	0	1
含义	未选	未选	未选	未选	未选	未选	未选	未选	未选	未选

按照第二种编码方式,则设置如表 9.2 的 1 个变量。

[①] 赵淑兰. 社会调查方法[M]. 北京:机械工业出版社,2013:132.

表 9.2　单选题的第二种编码方式

变量名	您对国内外大事的了解主要来源于				
变量值	1	2	3	4	5
标签	电视	报纸杂志	广播	网络	人际传播

2. 多项选择题的编码

多项选择题的编码只有一种方式,即单选题的第一种方法,每个可选项作为一个变量并以 0、1 数据设置变量值,0 表示未选,1 代表选中。

例如,请问您当初购买手机的原因是什么?(可多选)
□方便与家人联络　　□方便与朋友同学联络　　□追求流行
□工作需要　　　　　□别人赠送　　　　　　　□其他

按照单选题的第一种方法,需要设置如表 9.3 的 6 个 0、1 变量。

表 9.3　多选题的编码方式

变量名	联络家人		朋友同学联络		追求流行		工作需要		别人赠送		其他	
变量值	0	1	0	1	0	1	0	1	0	1	0	1
含义	未选	选中	未选	选中	未选	选中	未选	选中	未选	选中	未选	选中

3. 填空题的编码

填空题也称开放题,不提示任何答案,要求被调查者直接填写。对数值型的数据,为了取得其真正的数字(如:55),而非只取得区间(如:41~60),会采用填空题的方式取得数据(定量数据,数值型数据)。定量数据可不经任何转换,即可计算各种统计量:均值、标准差、最大值、最小值等,而且也可以直接进行均值比较与检验,甚至可以作为回归分析的因变量或自变量。因此,填空题在编码时,通常不做任何处理,直接将被调查者填写的内容录入到 Excel 中。例如:请问您平均每个月手机的话费约_____元?若第 203 号问卷中填写的是"50",则在对应的该题项上录入"50"。

4. 量表的编码

量表的种类有很多,常见的也是应用最广的是李克特量表。李克特量表将人的心理感受分成 3~9 等,等级越多测量的越详细,一般来说最常用的五级量表最能反映出人们主观感受之间的差异。现以李克特五级量表为例介绍量表的编码,其他等级的量表可以类推。李克特量表分为题干和代表好恶程度的选项组成,每一个横行都可以独立看做一个单项选择题。与单选题的区别在于题干的表述有正向和反向表述的区别。正向表述是指程度越高越符合调查者或调查单位自身的意愿,有利于促进组织机构的发展,通俗地讲就是"好的方面";反向表述则相反,指的是"坏的方面"。

量表的数据编码一般可以将每个题干拆解成一个单项选择题来对待,但是不可设置成 0、1 变量,只能采用单选题编码的第二种方法。对正向表述的量表,依次从程度低到程度高开始编码,程度越高,编码数值越大;而反向表述的量表,则相反,从程度高到程度低开始编码,程度越高,编码数值越小。表 9.4 给出一个正向表述的量表的编码:请根据贵公司对本地产业集群区位条件的评价打分,各个分值代表下列描述与实际情况的符合程度,其中:1 很不符合、2 不太符合、3 一般、4 比较符合、5 很符合。

表 9.4　量表的编码

序号	题项	符合程度赋值：低→高				
		很不符合	不太符合	一般	比较符合	很符合
1	本地区同行或相关行业公司集聚,市场信息灵通	1	2	3	4	5
2	本地区同行或相关行业公司集聚,技术转移迅速	1	2	3	4	5
3	本地区同行或相关行业公司集聚,采购原料(含本部件)容易	1	2	3	4	5
4	本地区同行或相关行业公司集聚,购置机械设备容易	1	2	3	4	5
5	本地区同行或相关行业公司集聚,寻找发包商容易	1	2	3	4	5
6	本地区同行或相关行业公司集聚,寻找分包商容易	1	2	3	4	5
7	本地区同行或相关行业公司集聚,客户群规模大,层次高	1	2	3	4	5
8	本地区同行或相关行业公司集聚,有利于该行业新公司的创办	1	2	3	4	5

(二) 问卷资料录入

问卷资料录入就是将问卷中各题所对应的编码通过扫描或用键盘输入计算机,建立数据文件的过程。目前,资料录入的主要方式有两种:人工输入和计算机辅助系统转换(如问卷星调查系统)。

人工输入一般是将编码数据输入到常用办公软件 Excel 中,输入过程中需要注意:第一,统一规定数据文件名。第二,数据输入时要为每一个输入人员提供一份有关输入内容和格式的手册。第三,要为每个输入人员提供足够的空间摆放问卷,避免不同输入人员的问卷或者同一输入人员已输入和未输入的问卷发生混淆,造成漏输或重复输入,影响问卷的质量。第四,每个输入人员在完成各自负责的问卷的输入任务后,由研究者把他们的数据合并成一个总的数据文件,以供统计分析使用。为了避免数据丢失,要把每个输入人员输入的数据单独存档,以备查找。

【知识小贴士】8.1
网络调查平台的使用步骤——以"问卷星"为例

第一步,在线设计问卷:问卷星提供了所见即所得的设计问卷界面,支持多种题型以及信息栏和分页栏,并可以给选项设置分数(可用于量表题或者测试问卷),可以设置跳转逻辑,同时还提供了数十种专业问卷模板供使用者选择。

第二步,发布问卷并设置属性:问卷设计好后可以直接发布并设置相关属性,例如,问卷分类、说明、公开级别、访问密码等。

第三步,发送问卷:通过发送邀请邮件,或者用 Flash 等方式嵌入到贵公司网站或者通过 QQ、微博、邮件等方式将问卷链接发给被调查者填写。

第四步,查看调查结果:可以通过柱状图和饼状图查看统计图表,卡片式查看答卷详情,分析答卷来源的时间段、地区和网站。

第五步,创建自定义报表:自定义报表中可以设置一系列筛选条件,不仅可以根据答案来做交叉分析和分类统计,还可以根据填写问卷所用时间、来源地区和网站等筛选出符合条件的答卷集合。

第六步,下载调查数据:调查完成后,可以下载统计图表到 Word 文件保存、打印,或者下载原始数据到 Excel 导入 SPSS 等调查分析软件做进一步的分析。

二、问卷数据的清理

问卷资料录入之后,形成了问卷数据,这时需要对问卷数据中的异常值与缺失值进行清理。异常值、缺失值产生的原因多种多样,主要分为机械原因和人为原因。机械原因是由于机械故障导致的数据收集或保存的失败造成的数据缺失,比如数据存储的失败,存储器损坏,机械故障导致某段时间数据未能收集(对定时数据采集而言)。人为原因是由于人的主观失误、历史局限或有意隐瞒造成的数据缺失,比如,在市场调查中被访人拒绝透露相关问题的答案,或者回答的问题是无效的,数据录入人员失误漏录了数据。

对异常值、缺失值的处理,从总体上来说分为删除存在异常值、缺失值的个案和异常值、缺失值插补。

(一) 删除含有缺失值、异常值的个案

主要有简单删除法和权重法。简单删除法是对缺失值进行处理的最原始方法。它将存在缺失值的个案删除。如果数据缺失问题可以通过简单的删除小部分样本来达到目标,那么这个方法是最有效的。当缺失值的类型为非完全随机缺失的时候,可以通过对完整的数据加权来减小偏差。把数据不完全的个案标记后,将完整的数据个案赋予不同的权重,个案的权重可以通过 logistic 或 probit 回归求得。如果解释变量中存在对权重估计起决定性因素的变量,那么这种方法可以有效减小偏差。如果解释变量和权重并不相关,它并不能减小偏差。对存在多个属性缺失的情况,就需要对不同属性的缺失组合赋不同的权重,这将大大增加计算的难度,降低预测的准确性,这时权重法并不理想。

(二) 插补缺失值、异常值

它的思想来源是以最可能的值来插补缺失值比全部删除不完全样本所产生的信息丢失要少。在数据挖掘中,面对的通常是大型的数据库,它的属性有几十个甚至几百个,因为一个属性值的缺失而放弃大量的其他属性值,这种删除是对信息的极大浪费,所以产生了以可能值对缺失值进行插补的思想与方法。常用的有如下几种方法:

1. 均值插补

数据的属性分为定距型和非定距型。如果缺失值是定距型的,就以该属性存在值的平均值来插补缺失的值;如果缺失值是非定距型的,就根据统计学中的众数原理,用该属性的众数(即出现频率最高的值)来补齐缺失的值。

2. 利用同类均值插补

同类均值插补的方法都属于单值插补,不同的是,它用层次聚类模型预测缺失变量的类型,再以该类型的均值插补。假设 $X=(X_1,X_2\cdots X_p)$ 为信息完全的变量,Y 为存在缺失值的变量,那么首先对 X 或其子集进行聚类,然后按缺失个案所属类来插补不同类的均值。如果在以后统计分析中还需以引入的解释变量和 Y 做分析,那么这种插补方法将在模型中引入其相关,给分析造成障碍。

3. 极大似然估计

在缺失类型为随机缺失的条件下,假设模型对完整的样本是正确的,那么通过观测数据的边际分布可以对未知参数进行极大似然估计(Max Likelihood Estimate)。这种方法也被称为忽略缺失值的极大似然估计,对极大似然的参数估计实际中常采用的计算方法是期望值最大化(Expectation Maximization,EM)。该方法比删除个案和单值插补更有吸引力,它的一个重要前提:适用于大样本。有效样本的数量足够以保证 ML 估计值是渐近无偏的并服从正态分布。但是这种方法可能会陷入局部极值,收敛速度也不是很快,并且计算很复杂。

4. 多重插补

多重插补(Multiple Imputation,MI)的思想来源于贝叶斯估计,认为待插补的值是随机的,它的值来自于已观测到的值。具体实践上通常是估计出待插补的值,然后再加上不同的噪声,形成多组可选插补值。根据某种选择依据,选取最合适的插补值。

多重插补方法分为三个步骤:① 为每个空值产生一套可能的插补值,这些值反映了无响应模型的不确定性;每个值都可以被用来插补数据集中的缺失值,产生若干个完整数据集合。② 每个插补数据集合都用针对完整数据集的统计方法进行统计分析。③ 对来自各个插补数据集的结果,根据评分函数进行选择,产生最终的插补值。

假设一组数据,包括三个变量 Y_1,Y_2,Y_3,它们的联合分布为正态分布,将这组数据处理成三组,A 组保持原始数据,B 组仅缺失 Y_3,C 组缺失 Y_1 和 Y_2。在多值插补时,对 A 组将不进行任何处理,对 B 组产生 Y_3 的一组估计值(作 Y_3 关于 Y_1,Y_2 的回归),对 C 组作产生 Y_1 和 Y_2 的一组成对估计值(作 Y_1,Y_2 关于 Y_3 的回归)。

当用多值插补时,对 A 组将不进行处理,对 $B、C$ 组将完整的样本随机抽取形成 m 组(m 为可选择的 m 组插补值),每组个案数只要能够有效估计参数就可以了。对存在缺失值的属性的分布作出估计,然后基于这 m 组观测值,对这 m 组样本分别产生关于参数的 m 组估计值,给出相应的预测,即这时采用的估计方法为极大似然法,在计算机中具体的实现算法为期望最大化法(EM)。对 B 组估计出一组 Y_3 的值,对 C 将利用 Y_1,Y_2,Y_3 它们的联合分布为正态分布这一前提,估计出一组(Y_1,Y_2)。

以上四种插补方法,对缺失值的类型为随机缺失的插补有很好的效果。两种均值插补方法是最容易实现的,也是以前人们经常使用的,但是它对样本存在极大的干扰,尤其是当插补后的值作为解释变量进行回归时,参数的估计值与真实值的偏差很大。相比较而言,极大似然估计和多重插补是两种比较好的插补方法,与多重插补对比,极大似然估计缺少不确定成分,所以越来越多的人倾向于使用多值插补方法。

必须说明的是,对主观数据,被调查者的主观感受、态度都将影响数据的真实性,因此,存在缺失值的样本,即使其他属性值填写完整,但考虑到其真实性是难以保证的,那么依赖于这些属性值的插补也是不可靠的,所以对主观数据一般不推荐插补的方法。插补主要是针对客观数据,它的可靠性有保证。

三、其他资料的录入

在社会调查中,除了问卷资料,还有其他资料,主要包括研究者从实地研究中所得到的各种观察记录、访谈记录,以及其他类似的记录材料,它们通常是以文字、图片、录音、录像等非数字形式表现出来的研究资料,如表 9.5 所示。

表 9.5 社会调查中的其他资料形式及来源

形式	正式资料来源	非正式资料来源
文本	深度访谈记录、报纸、广播节目、个案记录	聊天
影像	图片、相片、录像带	儿童绘画
音频	音乐、音乐带	唱歌

对这类资料,先给每一份资料编号,建立编号系统。编号系统通常包括以下几方面信息:① 资料的类型,如文本、影像、音频等;② 资料提供者的姓名、性别和职业等;③ 收集资料的时间、地点和情境等;④ 研究者的姓名、性别和职业等资料的排列号,如对某人的第一次访谈。所有的资料都应标上编号,并根据资料的类型进行分类归档,图片、录音、录像等电子资料应该用专门的存储设备(U 盘、硬盘等)保存;而文本资料不仅需标上编号、标上页码,还需全部录入到电脑中,以文档形式保存,以便使用现代化的分析手段分析以及更长久的保存。

第三节 统计表与统计图

统计表与统计图是数据资料经过汇总、分组统计后所得结果的表现形式,在社会调查报告中常常使用到它们。因此,本节对统计表和统计图的结构与制作做出详细介绍。

一、统计表

(一) 统计表的概念和结构

1. 统计表的概念

统计调查所得来的原始资料,经过整理,得到说明社会现象及其发展过程的数据,把这些数据按一定的规则排列在表格中,就形成了"统计表"。统计表可分为广义统计表和狭义统计表两种。广义的统计表,包括统计工作各阶段中所用的一切表格;狭义的统计表专指分析表和容纳各种统计资料的表格,即通常所说的统计表。狭义的统计表是统计分析的重要工具,这是因为,它清楚地、有条理地显示统计资料,并能直观地反映统计分析特征[①]。

2. 统计表的结构

统计表的结构,从形式来看,其构成要素包括:总标题、横行标题、纵列标题、数字资料四个部分。此外,必要时可以在统计表的下方加上附加。总标题放在表的上方,是统计表的名称,它简明扼要地说明统计表的主要内容;横行标题,又称主词,位于统计表左侧第一列,表示研究问题的类别名称;纵列标题,又称宾词,位于统计表的右上端第一行,表示研究问题的变量名称,如果是时间序列数据,行标题和列标题也可以是时间;表的其余部分是数字资料;表外附近通常放在表的下方,主要包括数据来源、变量的注释和必要的说明等。统计表的一般结构如下表 9.6 所示。

---

① 管于华.统计学[M].3 版.北京:高等教育出版社,2013:52.

表 9.6　2013～2015 年国有农场基本情况

项目	单位	2013	2014	2015
农场数	个	1779	1789	1785
职工人数	万人	324	229	288
耕地面积	千公顷	6211	6243	6315
农业机械总动力	亿瓦	262	273	284

资料来源:《中国统计年鉴(2016)》(电子版),本表为农垦系统数据。

(二) 统计表的分类与设计规则

1. 统计表的分类

(1) 简单表,是指主词未经任何分组的统计表,也叫做一览表。简单表的主词一般按时间顺序排列,或者按个体的名称排列。它是对原始资料进行初步整理所采用的形式,如表 9.6 所示。

(2) 简单分组表,是指主词按照一个标志分组形成的统计表,也叫做分组表。运用简单分组表可以说明不同类型现象的特征,以揭示现象内部的结构,以便分析现象之间的相互关系。如表 9.7 所示,将某地区工业企业按照"固定资产规模"分组得到工业企业个数和职工人数的分布表,能够看出该地区工业企业的规模分布以及就业分布情况。

表 9.7　2016 年某地区工业企业按固定资产分组的企业与职工数统计表

按固定资产分组(百万元)	企业个数	职工人数
400 以下	50	22500
400～600	100	60290
600～800	120	92800
800 以上	30	31400
合　计	300	206990

(3) 复合分组表,是指主词按两个或两个以上标志进行分组的统计表,也叫做复合表。复合分组表可以通过更多的标志,对总体进行更深入地分析与研究。如表 9.8 所示,对某高校的专任教师群体先按照职务进行分组,再按照年龄进行分组,能够清楚地看出不同职务类别下该高校专任教师的年龄分布情况。

表 9.8　某高校专任教师的复合分组表

第一标志(职务)	第二标志(年龄)	人数
高级职称 (教授、副教授)	45 岁以上	565
	45 岁以下	335
非高级职称 (讲师、助教)	45 岁以上	123
	45 岁以下	724

2. 统计表设计规则

具体来说,统计表在设计时应遵循如下规则:

(1) 统计表的各种标题,特别是总标题的表达,应该十分简明、确切,概括地反映出表的基本内容。总标题还应该标明资料所属的地点和时间。

(2) 横行标题和纵列标题,一般先列各个项目,后列总体。若无必要列出全部项目时,就应先列总体,后列其中一部分重要项目。

(3) 如果统计表的栏数较多,通常要加以编号,并说明其相互关系。在横行标题各栏与计量单位各栏可用甲、乙、丙等文字标明;纵列标题各栏可用(1)、(2)、(3)等数码标明。

(4) 表中数字应该填写整齐,对准位数。当数字为 0 或因数小可略而不计时,要写上 0;当缺乏某项资料时,用符号"…"表示;不应有数字时用符号"—"表示。

(5) 统计表中必须注明数字资料的计量单位。有三种情况:① 当全表只有一种计量单位时,可以把它写在表体的右上方;② 如果表中有不同计量单位时,横行标题的计量单位可以专设一栏;③ 不同计量单位的纵栏的计量单位,要与纵栏标题写在一起,用小字标写。

(6) 必要时,统计表应加注说明或注解。例如,某些指标有特殊的计算口径,某些资料只包括一部分地区,某些数字是由估算来插补等,都要加以说明。此外还要注明统计资料的来源,以便查考。说明或注解一般写在表脚,即表的下方。

此外,统计表的格式一般是"开口"式的。即表的左右两端不划纵线。好的统计表,也应该是外形美观的,一般设计成矩形,不要设计成正方形。

拓展阅读9.1

定性数据的统计表制作

一般统计数据有两大类,即定性数据和定量数据。定性数据制作统计表,要使用 Eecel 中的数据透视表功能。数据透视表是 Excel 提供的针对定性数据(分类或顺序数据)的整理办法,是一种可以对大量的数据快速汇总和建立交叉表的动态工具。

[资料]

某商店在某天调查了前来购买饮料的 30 位顾客喜欢喝的饮料类型及顾客性别,数据资料如表 9.9 所示。

表 9.9 调查统计表

顾客性别	饮料类型	顾客性别	饮料类型	顾客性别	饮料类型
女	碳酸饮料	女	矿泉水	女	碳酸饮料
男	绿茶	女	其他	男	绿茶
男	矿泉水	男	碳酸饮料	男	绿茶
女	矿泉水	男	绿茶	女	碳酸饮料
男	碳酸饮料	男	碳酸饮料	男	碳酸饮料
男	矿泉水	女	其他	女	绿茶
女	碳酸饮料	男	矿泉水	男	矿泉水
女	绿茶	女	碳酸饮料	女	绿茶
男	果汁	男	绿茶	女	碳酸饮料
男	碳酸饮料	男	其他	女	矿泉水

[步骤]

第一步:将代表同一变量的数据放到同一列中,见图9.1,然后选择数据库表区域,选中当前数据库表中的任一个单元格,系统会自动把整个数据库表作为数据来源区域。

第二步:启动数据透视表指南:单击菜单条中的"数据"—"数据透视表与数据透视图",系统弹出一个数据透视表向导对话框,见图9.1。

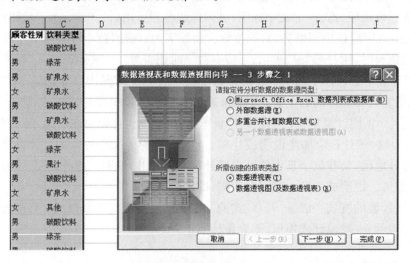

图9.1 数据透视表向导对话框

第三步:单击"下一步"按钮,系统弹出一个对话框要求确认数据源区域,如图9.2所示。

图9.2 确认数据源区域对话框

第四步:单击"下一步"按钮,系统弹出一个对话框要求指定结果存放的地点,如图9.3所示。

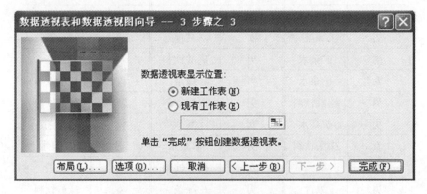

图9.3 要求指定结果存放的地点对话框

第五步：单击"布局"按钮,在工作表上出现数据透视表的布局操作区域,如图9.4所示。

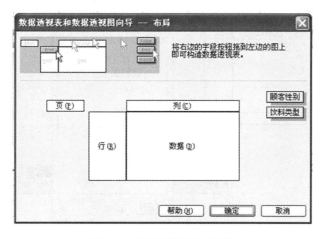

图 9.4　布局操作区域对话框

第四步：按提示将"顾客性别""饮料类型"字段名拖拽到相应的位置。若是制作关于某一个变量的简单列联表,则只需将该变量字段拖拽到"行(R)",再将该字段拖拽到"数据(D)",以"饮料类型"为例,如图9.5所示。若是制作二维列联表,则将某一字段拖拽到"行(R)",另一字段拖拽到"列(C)",再将两者之一拖拽到"数据(D)",如图9.6所示。

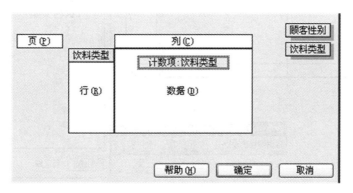

图 9.5　简单列联表对话框

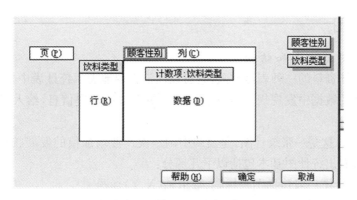

图 9.6　二维列联表对话框

[结果]点击确定后,重新回到图9.3的对话框,点击"完成",即会出现统计表,简单列联表结果见图9.7,二维列联表结果见图9.8。

图9.7 简单列联表结果

图9.8 二维列联表结果

二、统计图

(一)统计图的概念和结构

统计图是统计资料的一种表达方式,它可以简洁直观地表示统计表中枯燥的数据,可以帮助我们从众多的数据中发现规律,可以更迅速、更有效地传递信息,给人以明确而深刻的印象。

我们看图9.9,这是一张统计图,是反映中国三次产业增加值的发展状态的趋势图。观察图形我们可以看出统计图基本包括以下几部分:

(1) 标题,统计图一般包括图表标题、数值轴(X、Y)标题。

(2) 坐标轴和网格线,坐标轴和网格线构造了绘图区的骨架,借助坐标轴和网格线,我们可以更容易读懂统计图。

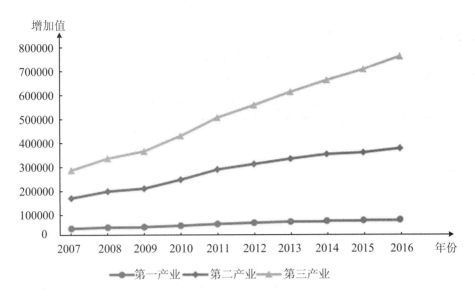

图 9.9　2006～2015 年中国三次产业的增加值

（3）图表区和绘图区，统计表的所有内容都在图表区内，包括绘图区。统计图绘制在绘图区内。

（4）图例，图例用来标明图表中的数据系列。图 9.9 有三个序列，我们用不同颜色的线条来区别不同的数据系列，在图例中对其进行说明。

（二）统计图的种类

统计图的种类很多，有用于辅助统计分析的直方图、趋势图、散点图；有擅长直观表现数据的柱形图、饼图、圆环图等。Excel 提供了 14 种标准图表类型，见图 9.10，每种标准图表类型还可以包含几种不同的子类型，我们可以根据自己的要求决定采用哪种图形来表现数据。下面仅介绍几种最常用的统计图。

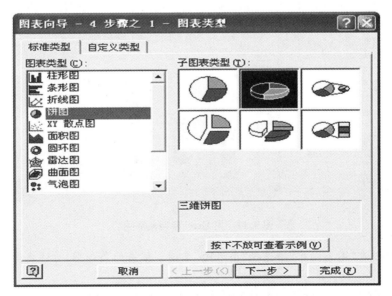

图 9.10　Excel 中标准图表类型

1. 条形图

条形图(Bar Chart)是用宽度相同的条子的高低或长短表示数据变动特征的图形。条形图可以横置也可以竖置,有单式、复式和分段式等多种形式。

【例9.1】 某公司2016年度职工考核情况如表9.10,绘制条形图。

表9.10　2016年度职工考核情况表

考核等级	人数
优	54
良	53
中	98
合格	5
不合格	4
合计	214

【解】 图9.11是Excel工作表与制图结果的部分截图。

(1) 打开文件或者键入数据,准备好建立图表的数据。
(2) 调用菜单"插入"—"图表"或单击"常用"工具栏中"图表向导 "按钮。
(3) 选择"柱形图"的第一个子类型,按"下一步"。
(4) 数据区域选点A1:B6,按"下一步"。
(5) 填写标题、选择图例和数据标志等,按"下一步"。
(6) 选"作为其中的对象插入",按"完成"后在工作表中生成一个粗糙的竖着的条形图。
(7) 双击感觉不满意的地方,进行修饰。

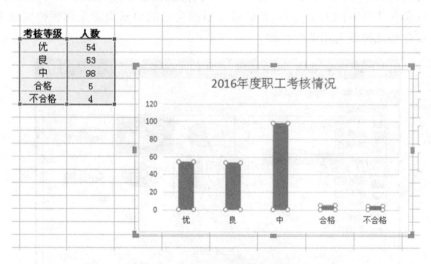

图9.11　用Excel绘制条形图

我们还可以在"图表向导"中选择"条形图"来绘制横着的条形图,方法类似。

2. 饼图

饼图(Pie Chart)是用圆内扇形的面积来表示数据值大小的图形。在饼图的绘制中,每个圆面积代表100%,然后分别绘制各部分所占的百分比并换算成扇形的角度。

【例9.2】 根据2015年我国三次产业增加值的数据(见表9.11)绘制饼图,以反映产业的结构比例。

表9.11 2015年我国三次产业增加值　　　　　单位:万元

年度	第一产业增加值	第二产业增加值	第三产业增加值
2015	60862.1	282040.3	346149.7

【解】 图9.12是Excel工作表与制图结果的部分截图。
(1) 打开文件或者键入数据,准备好建立图表的数据。
(2) 调用菜单"插入"—"图表"或单击"常用"工具栏中"图表向导📊"按钮。
(3) 选择饼图第二个子类型,按"下一步"。
(4) 数据区域选点B1:D2,按"下一步"。
(5) 填写标题、选择图例位置、选择数据标志的表现方式,按"下一步"。
(6) 选"作为其中的对象插入",按"完成"后即在工作表中生成一个粗糙的立体饼图。
(7) 双击感觉不满意的地方,进行修饰。

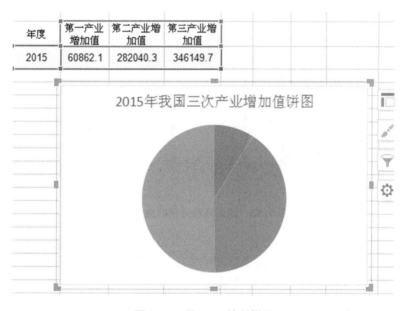

图9.12　用Excel绘制饼图

3. 直方图

直方图(Histogram)是在平面坐标上,横轴根据各组组距的宽度标明各组组距,以纵轴根据频数的高度标示各组频数绘制成的统计图。纵轴的左侧标明频数,右侧标明频率,如果没有频率,直方图只在左侧标明频数。如图9.13所示。

【例9.3】 某园林管理公司对110株树苗的高度进行测量(单位:厘米),整理出数据表如下表9.12,根据表中数据绘制直方图、折线图和曲线图。

表 9.12 树苗高度的频数分布表

树苗高度 x(厘米)	树苗数 f
80~90	8
90~100	9
100~110	26
110~120	30
120~130	18
130~140	12
140~150	5
150~160	2
合计	110

【解】 图 9.13 是 Excel 的制图结果,具体操作步骤与过程详见拓展阅读 9.2。

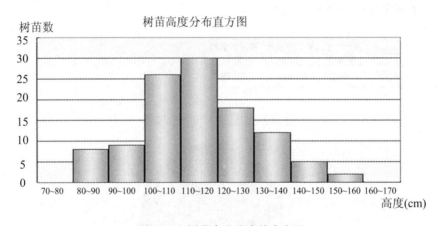

图 9.13 树苗高度分布的直方图

必须指出的是,直方图和条形图很相似,但两者是有区别的:条形图的"条"是可以分开的,而直方图的"条"是紧靠在一起的;条形图的宽度没有任何意义,多用于反映定性数据,直方图的宽度代表组距,多用于反映定量数据。

【知识小贴士】9.2

数据分组的常用概念术语

频数(Frequent):落在各组中的数据个数。
频率(Percentage):某一组中的数据个数占全部数据个数的比值。
累积频数(Cumulative Frequencies):各组频数的逐级累加。
累积频率(Cumulative Percentages):各组频率的逐级累加。
下限(Low Limit):一个组的最小值。
上限(Upper Limit):一个组的最大值。
组距(Class Width):上限与下限之差。
组中值(Class Midpoint):下限与上限之间的中点值。

图 9.13 是依据等组距式分组数据绘制的直方图,其横坐标即为数据分组。对不等组距式分组数据,由于组距不同,频数的差异不能直接表明变量分布的特征。绘制直方图时,应先计算出各组的频数密度,之后再以组距为宽度,以频数密度为高度绘制,频数密度=频数÷组距。从表面上看,直方图是以直方条的高度表示频数,但实际上直方图是以面积来表示频数的。

在 Excel 的数据分析工具中有"直方图"功能,它可以帮助我们快速地进行数据分组,做出直方图,并计算各组的频数、累积频率等,具体操作过程见拓展阅读 9.2。

拓展阅读9.2

定量数据的分组统计表与直方图

利用 Excel 处理定量数据,主要使用"数据分析"工具库中的"直方图"功能模块。下面主要通过例子来说明如何利用 Excel 对定量数据进行分组,并作频数分布表和直方图。

[资料]

现有某管理局下属 40 个企业产值计划完成百分比资料如下:97、123、119、112、113、117、105、107、120、107、125、142、103、115、119、88、115、158、146、126、108、110、137、136、108、127、118、87、114、105、117、124、129、138、100、103、92、95、127、104

[步骤]

第 1 步:打开 Excel 界面,输入 40 个企业的数据,从上到下输入 A 列(也可分组排列)。

第 2 步:选择"工具"下拉菜单,如图 9.14。

图 9.14 工具对话框

第 3 步:选择"数据分析"选项,如果没有该功能则要先行安装。"数据分析"的具体安装方法,选择"工具"下拉菜单中"加载宏",在出现的选项中选择"分析工具库",并"确定"就可自动安装。

第 4 步:在分析工具中选择"直方图",如图 9.15。

第 5 步:当出现"直方图"对话框时,在"输入区域"方框内键入 A2:A41 或 $A$2:$A$41("$"符号起到固定单元格坐标的作用,表示的是绝对地址),40 个数据已输入该区域内,如果是分组排列的,就应选择整个分组区域。在"接收区域"方框内键入 C2:C9 或 $C

$2:$C$9,所有数据分成8组(主要根据资料的特点,决定组数、组距和组限),把各组的上限输入该区域内。在"输出区域"方框内键入E2或$E$2,也可重新建表在其他位置。对话框中,还选择"累积百分率""图表输出"(如图9.16所示)。

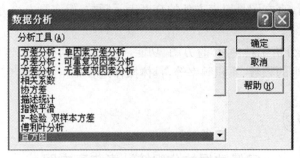

图9.15　数据分析对话框

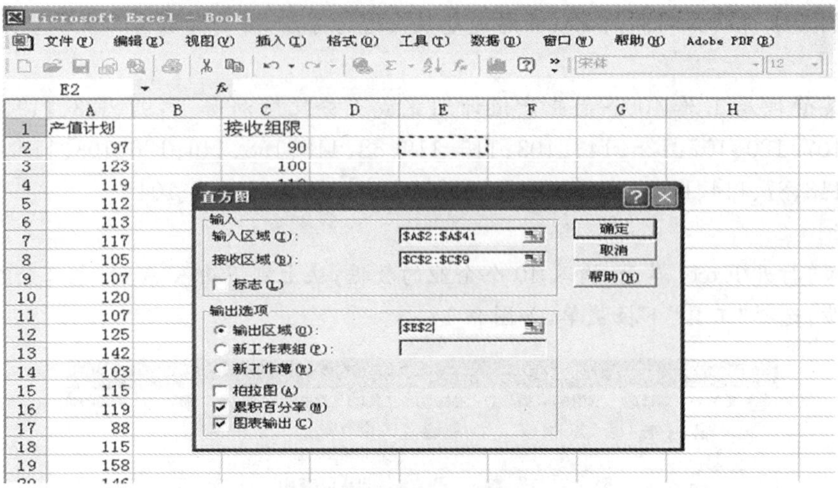

图9.16　直方图对话框

最后:点"确定",就可得到结果。

对话框内主要选项的含义如下:

输入区域:在此输入待分析数据区域的单元格范围。

接收区域(可选):在此输入接收区域的单元格范围,该区域应包含一组可选的用来计算频数的边界值。这些值应当按升序排列。只要存在的话,Excel将统计在各个相邻边界值之间的数据出现的次数。如果省略此处的接收区域,Excel将在数据组的最小值和最大值之间创建一组平滑分布的接收区间。

标志:如果输入区域的第一行或第一列中包含标志项,则选中此复选框;如果输入区域没有标志项,则清除此复选框,Excel将在输出表中生成适宜的数据标志。

输出区域:在此输入计算结果显示的单元格地址。如果不输入具体位置将覆盖已有的数据,Excel会自动确定输出区域的大小并显示信息。

柏拉图:选中此复选框,可以在输出表中同时显示按升序、降序排列频率数据。如果此复选框被清除,Excel将只按升序来排列数据。

累积百分比:选中此复选框,可以在输出结果中添加一列累积百分比数值,并同时在直方图表中添加累积百分比折线。如果清除此选项,则会省略以上结果。

图表输出:选中此复选框,可以在输出表中同时生成一个嵌入式直方图表。

[结果]

有关结果如图 9.17 所示。完整的结果通常包括三列和一个频数分布图,第一列是数值的区间范围,第二列是数值分布的频数(不是频率),第三列是频数分布的累积百分比。

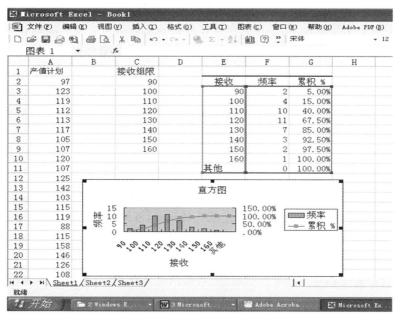

图 9.17 直方图结果

直方图是用矩形的宽度和高度来表示频数分布的图形。绘制直方图时,将所研究的变量放在横轴上,频数、频率放在纵轴上。每组的频数、频率在图上就是一个长方形,长方形的底在横轴上,宽度是组距,长方形的高就是对应的频数或频率。应当注意,图 9.17 实际上是一个条形图,而不是直方图,若要把它变成直方图,可按如下操作:

用鼠标左键单击图中任一直条形,然后右键单击,在弹出的快捷菜单中选取"数据系列"格式,弹出数据系列格式对话框。在对话框中选择"选项"标签,把"分类间距"宽度改为0,按确定后即可得到直方图,如图 9.18 所示。

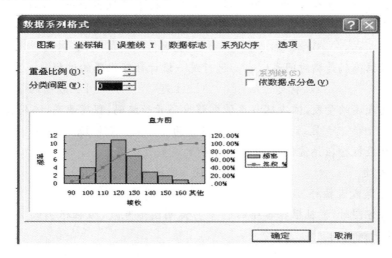

图 9.18 数据系列格式对话框

本 章 小 结

1. 原始资料的审核主要包括完整性审核和准确性审核。所谓完整性审核,是指审核调查的单位或个体是否有遗漏、所有的调查项目或指标是否填写齐全。准确性审核是指检查数据是否真实反映客观实际情况,内容是否符合实际;检查数据是否有错误,计算是否正确,并将乱填、空白和严重缺答的问卷剔除出来,作为废卷处理。

2. 原始资料的复查是指研究者按照一定的方法,从所回收的调查资料中随机抽取一定比例(一般为5‰~15‰)的个案资料,并由研究者自己或委派另外的调查员对个案资料进行第二次调查。

3. 数据编码是指对问卷题项的答案进行统一设计数字代码的过程,不同的问卷题型,编码操作上略有不同。

4. 对正向表述的量表,依次从程度低到程度高开始编码,程度越高,编码数值越大;而反向表述的量表,则相反,从程度高到程度低开始编码,程度越高,编码数值越小。

5. 数据清理即对数据中的异常值与缺失值进行处理,从总体上来说分为删除存在异常值缺失值的个案和异常值缺失值插补。

6. 异常值缺失值插补主要有均值插补、利用同类均值插补、极大似然估计、多重插补四种方法。

7. 统计表的构成要素包括:总标题、横行标题、纵行标题、数字资料四个部分。

8. 统计图的种类很多,有用于辅助统计分析的直方图;有擅长直观表现数据的条形图、饼图、圆环图等。

即 测 即 评

一、单项选择题

1. 对原始资料的复查,通常从所回收的调查资料中随机抽取一定比例(一般为5‰~15‰)的个案资料,进行第二次调查,主要是为了核实第一次调查的真实性和(   )。
　　A. 数量　　　　B. 质量　　　　C. 内容　　　　D. 时间

2. 所谓数据编码是指对问卷(   )进行统一设计数字代码的过程。
　　A. 题项　　　　B. 标题　　　　C. 主题　　　　D. 题项的答案

3. 对正向表述的量表,依次从程度低到程度高开始编码,程度越高,编码数值(   )。
　　A. 越小　　　　B. 为0　　　　C. 为1　　　　D. 越大

4. 若主观数据存在异常值、缺失值,应该(   )。
　　A. 删除个案　　　　　　　　　B. 插补
　　C. 删除个案或者插补　　　　　D. 不处理

5. 绘制直方图时,横轴根据各组的(   )标明图形宽度,纵轴根据频数的高度标示各组频数绘制成的统计图。
　　A. 组限　　　　B. 多少　　　　C. 组距　　　　D. 频数

6. 条形图的宽度表示（　　）。
   A. 组距　　　　B. 频数　　　　C. 无意义　　　　D. 组限

三、多项选择题

1. 原始资料审核方法包括（　　）。
   A. 可靠性审核　　B. 准确性审核　　C. 实地审核　　D. 逻辑性审核
   E. 集中审核

2. 资料处理包括哪些工作？（　　）
   A. 编码　　　　B. 审核　　　　C. 清理
   D. 复查　　　　E. 汇总　　　　F. 制作统计表或统计图

3. 编码的作用有（　　）。
   A. 减少工作量　　　　　　　B. 节省费用和时间
   C. 提高工作效率　　　　　　D. 将定性数据转化为定量数据
   E. 便于存储和检索

4. 插补异常值的方法有（　　）。
   A. 均值插补　　B. 众数插补　　C. 利用同类均值插补
   D. 极大似然估计　　E. 多重插补

5. 正式统计表的组成，一般有（　　）。
   A. 总标题　　　B. 宾词　　　　C. 主词　　　　D. 数字资料
   E. 内容

6. 下列有关直方图和条形图说法中，正确的有（　　）
   A. 条形图是用宽度相同的条子的高低或长短表示频数的图形
   B. 直方图以横轴宽度表示各组组距，以纵轴高度标示各组频数绘制成的图形
   C. 条形图和直方图很相似，但两者是有区别的
   D. 条形图的"条"是可以分开的，而直方图的"条"是紧靠在一起的
   E. 条形图多用于反映分类数据，直方图多用于反映数值型数据

三、判断题

1. 原始资料的审核主要从完整性和准确性两个方面去审核。（　　）
2. 完整性审核就是检查数据是否有错误，是否存在异常值。（　　）
3. 对主观数据有缺失的样本，可以采用插值的方法进行弥补。（　　）
4. 饼形图是以圆内各扇形的面积来表示数值大小或总体内部结构的一种图形。（　　）
5. 直方图与条形图一样，都是用条形的高度表示频数多少，宽度则是固定的，没有特定意义。（　　）

思考与练习

一、思考题

1. 什么是原始资料复查？复查的目的是什么？
2. 简要说明几种常见题型的编码方法。

二、案例分析题

对以下网络课程调查表中各题项的答案进行编码,请将编码结果写入表 9.13 右边空格区域。

表 9.13 网络课程调查表

题项	答案	选项编码
你的性别	A. 男　　B. 女	
你的年龄	(　　)岁	
你的专业	A. 文史哲法类　B. 理工农医类　C. 社政经管类　D. 艺术体育类　E. 其他	
你了解网络课程吗?	A. 非常了解　B. 比较了解　C. 基本了解　D. 不太了解　E. 完全不了解	
你了解网络课程的主要渠道是?(多选)	A. 传单或海报　B. 同学朋友　C. 公众平台　D. 老师推荐　E. 其他	
到目前为止,你是否学过一门网络课程?	A. 是　　B. 否	
请您对网络课程进行总体性的评价	A. 非常满意　B. 比较满意　C. 基本满意　D. 不太满意　E. 非常不满意	

本 章 实 训

实训内容:请对你自己设计的第四章中有关大学生社交焦虑的量表进行编码,并根据收集上来的量表,将数据录入到 Excel 中,然后绘制统计表和统计图。要求:至少录入不少于 100 份量表,绘制出不少于 5 个题项对应的统计表和统计图。

实训目的:熟悉编码和统计图表的制作。

实训要求:要求能够对量表中的各种题项进行恰当的编码;能够绘制常见的统计图表。

实训组织:5 人一组,分组完成。

延 伸 阅 读

1. 曹洁冰. 读者问卷调查中选择题的简易编码设计和数据分析[J]. 上海高校图书情报工作研究,2007(2):55-57.

2. 余益兵. 复选题的 SPSS 数据编码技巧分析[J]. 统计教育,2005(7):7-8.

3. 王锋,吴秋云,等. 调查问卷中多选题数据转换的 SAS 程序设计[J]. 中国卫生统计,2012,29(2):291-291.

4. 贾士杰,范慧敏,等. 应用 Excel 实现调查问卷中多选题答案编码的拆分[J]. 数理医药学杂志,2013(4):466-468.

5. 陈丽.SPSS软件中不同类型多选题的编码和分析方法[J].市场研究,2010(11):29-32.

6. 张文红.Excel在统计工作中的应用[J].统计与信息论坛,1999(1):22-25.

7. 黄鹂.科技期刊论文中频数(或频率)分布直方图的编辑加工[J].编辑学报,2013,25(4):334-336.

8. 徐梅,王雨蒙.基于符号时间序列直方图的高频金融波动预测[J].系统管理学报,2014,23(3):331-338.

9. 温德成.供应商质量供应能力的直方图分析[J].统计与决策,2006(2):158-160.

10. 黄超,龚惠群.时间序列数据流直方图构造方法研究[J].统计与决策,2009(4):24-25.

即测即评答案

一、单选题
1. B 2. D 3. D 4. A 5. C 6. C

二、多项选择题
1. CD 2. ABCDEF 3. ABCDE 4. ACDE 5. ABCD 6. ABCDE

三、判断题
1. √ 2. × 3. × 4. √ 5. ×

思考与练习参考答案

一、思考题

1. 答:(1)原始资料的复查是指研究者按照一定的方法,从所回收的调查资料中随机抽取一定比例(一般为5%~15%)的个案资料,并由研究者自己或委派另外的调查员对个案资料进行第二次调查。(2)目的在于:① 核实第一次调查的真实性程度,以便研究者对调查资料的真实性程度进行衡量。在招聘调查员所进行的市场调查中,基于这一目的的复查工作是非常必要的。② 检查第一次调查的质量。研究者可以将复查资料所得结果与全部调查资料所得结果进行对比,以衡量全部调查的质量。

2. 答:(1)单选题的数据编码有两种方法:第一种方式是单选题有几个备选项就设置几个变量,并以0、1数据设置变量值,0代表未选,1代表选中;第二种方式是一个单选题设置一个变量,并以整数设置答案。(2)多项选择题的编码只有一种方式,即单选题的第一种方法,每个可选项作为一个变量并以0、1数据设置变量值,0表示未选,1代表选中。(3)填空题在编码时,通常不做任何处理,直接将被调查者填写的内容录入到Excel中。(4)量表的数据编码一般可以将每个题干拆解成一个单项选择题来对待,但是不可设置成0、1变量,只能采用单选题编码的第二种方法,即一个整数值代表一个答案。

二、案例分析题

答:需根据各个题项的类型进行适当的编码(略)。

第十章　资料统计分析

本章知识结构图

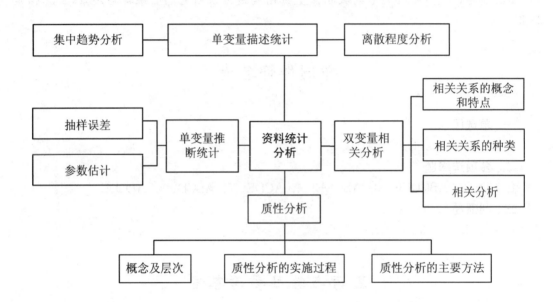

知识目标：熟悉单变量描述统计的分析方法，包括集中趋势分析和离散程度分析；明确双变量相关分析的过程；掌握单变量推断统计，即参数估计的方法。

能力目标：能够运用Excel的统计模块计算数据的描述统计量，包括集中趋势和离散程度；能够根据样本数据对总体参数进行区间估计；能够运用Excel计算两个变量的相关系数，进行相关关系分析。

实训目标：运用Excel对收集的数据进行数据的描述统计分析和推断统计分析；对两组数据进行相关性分析。

本章重点：集中趋势分析；离散程度分析；推断分析；相关分析；质性分析。

本章难点：抽样估计误差的计算；相关系数的计算。

案例导入

老龄与健康——中国老龄健康影响因素跟踪调查

中国老年健康影响因素跟踪调查（CLHLS）的基线调查于1998年进行，随后的跟踪调查分别在2000年、2002年、2005年、2008年、2011年和2014年进行。调查对老龄健康的定义和量测指标主要包括日常生活自理能力（ADL）、躯体功能、认知功能、自评健康、社会参与和社会网络等方面。

北京大学社会学系陆杰华教授运用该调查数据对影响老年人健康的因素做了详细的分析，得到如下结论：① 研究表明长寿老人一般都比较健康，否则难以长寿。与普通人群相比，健康长寿老人的生活习惯、性格、心理素质、饮食、家庭、周围环境有可能更利于老年健康；他们比较有可能携带有利于健康的基因或他们的社会行为营养环境有利于抑制疾病基因的表达和作用。健康长寿老人是"健康老龄化"典范，从他们身上可找到老龄健康社会行为环境示范干预模式和靶标。② 研究发现与同龄男性相比，中国女性老人在日常生活自理能力、器具性日常生活自理能力、认知功能和自评健康等方面也处于明显劣势，性别差异大多随着年龄的增大愈发显著，这就需要我们全社会应更加关注女性高龄老人弱势群体。③ 调查数据也显示乐观心态是健康长寿的秘诀之一，因此帮助老人提高心理健康水平是应对人口老化挑战的关键之一。④ 儿童健康与老龄健康密切相关，实现老龄健康必须从儿童健康抓起，投资儿童健康将终身（直至高龄）受益。⑤ 与子女同住（或近邻）老年人的认知功能会显著改善，这就是说三代同堂居住（或近邻）模式对老人及其成年子女是双赢选择，政府应采取措施予以鼓励。⑥ 调查数据显示中国老年人照料需求总量2030年达到最高，且心理照料需求高于身体照料需求。

中国老龄健康影响因素跟踪调查遵循以下三个基本原则：一是旨在改善老年健康而深入研究的科学性；二是关爱老人的服务性；三是有利于基层疾病预防与老年健康促进工作的应用性。该研究也是世界上规模最大、最具应用开发潜力的老龄健康研究资源，对深入开展老龄健康社会环境行为影响因素及其与遗传交互作用研究，提高改善老龄健康干预效益，应对我国人口老化严峻挑战具有重要的价值。

思考一：有关老年人健康因素的分析结论是如何得出的？

思考二：对调查数据的分析主要有哪些方法？

资料来源：根据中国社会科学网《中国老龄健康影响因素跟踪调查：背景、案例与应用》综述（http://soci.cssn.cn/shx/shx_xsdt/201703/t20170321_3459880.shtml）资料整理而成。

案例解读：

数据资料以图表形式整理之后虽然能够体现一些特征，然而还只是停留在表面层次，有待我们进一步挖掘出潜藏的规律和信息。资料的统计分析就是运用一定的统计分析方法去揭示数据的分布特征、探索现象的变化规律和相互关系等。那么，数据资料的统计分析方法具体包括哪些？如何体现数据的一般性水平？差异化程度如何展示？两组数据的相关性大小该如何测度？等等。带着这些问题，我们将进入本章内容的学习。

第一节 单变量描述统计

通过调查获得、经过整理后展现的数据已经可以反映出被研究对象的一些状态与特征，但认知程度还比较肤浅，反映的精确度不够，为此，我们要使用各类代表性的数量特征值来准确地描述这些数据。对单变量数据的特征描述，主要有集中趋势和离散程度。

一、集中趋势分析

集中趋势分析指的是用一个典型值或代表值来反映一组数据的一般性水平，或者说反映这组数据向这个代表值集中的情况。最常见的集中趋势分析包括计算平均数（也称为均值）、众数和中位数。

（一）平均数

在社会调查中，平均数是使用得最多的集中趋势指标。平均数的定义是：总体各单位数值之和除以总体单位数目所得之商。在统计分析中，习惯以 $\bar{x}$ 来表示平均数。其计算公式如下：

$$\bar{x} = \frac{x_1 + x_2 + \cdots + x_n}{n} = \frac{\sum x}{n}$$

下面我们举例说明在不同情况下计算平均数的方法。先看看如何从原始数据计算平均数。

【例1】 有5名学生的身高分别为1.65、1.69、1.70、1.71和1.75米，求他们的平均身高。

【解】 $\bar{x} = \dfrac{\sum_{i=1}^{n} x_i}{n} = \dfrac{\sum_{i=1}^{5} x_i}{5} = \dfrac{1.65 + 1.69 + 1.70 + 1.71 + 1.75}{5} = 1.70$（米）

如果是分组资料，计算平均数时首先要将每一组的代表值（组距分组时，该代表值为组中值 M_i）乘以所对应的频数 f_i，得出各组的数值之和，然后将各组的数值之和全部相加，最后除以单位总数（也即各组频数之和）。其计算公式是：

$$\bar{x} = \frac{M_1 f_1 + M_2 f_2 + \cdots + M_k f_k}{f_1 + f_2 + \cdots + f_k} = \frac{\sum_{i=1}^{k} M_i f_i}{\sum_{i=1}^{k} f_i}$$

在调查收入、年龄等方面情况时，常常得到组距分组形式的资料。比如，人口普查的许多数据就是以年龄分组的形式给出的。我们常常知道的是0～4岁、5～9岁、9～14岁等段的人数、他们的各种特征等等，却很少知道其中每一个个人的准确年龄。这时，若要计算他们的平均年龄，就需要先计算出各组的组中值作为各组的代表值，然后代入上述公式计算。

组中值的计算公式为：组中值 M_i =（上限＋下限）/2，当组中值为小数时，通常采取四舍五入的办法将其化为整数后再计算。

【例2】 根据企业200名工人加工零件的资料，计算平均每个工人的零件生产量，资料见表10.1。

表 10.1 工人加工零件数分组资料

按零件数分组(个)	职工人数(人)f	组中值 x	xf
40~50	20	45	900
50~60	40	55	2200
60~70	80	65	5200
70~80	50	75	3750
80~90	10	85	850
合计	200	—	12900

【解】 根据公式,得

$$\bar{x}=\frac{\sum_{i=1}^{k}M_{i}f_{i}}{\sum_{i=1}^{k}f_{i}}=\frac{12900}{200}=64.5(\text{个})$$

(二) 众数

众数是一组数据中出现次数最多的变量值,一般用 M_0 表示。众数与平均数一样,也可用来概括反映总体的一般水平或典型情况。如何求众数呢?一般而言有如下步骤:首先通过直接观察频数分布表找出最高的频数;然后根据最高的频数找到它所对应的组;最后求出该组的代表值(组距分组是,该代表值一般为组中值)即为众数。

【例3】 根据某商店调查的 100 名顾客购买饮料各类资料(见表 10.2),找出众数。

表 10.2 顾客购买饮料各类资料

饮料种类	频数	比例	百分比
果汁	6	0.12	12%
矿泉水	10	0.2	20%
绿茶	11	0.22	22%
其他	8	0.16	16%
碳酸饮料	15	0.3	30%
合计	50	1	100

【解】 这里的变量为"饮料种类",这是个分类变量,不同类型的饮料就是变量值。所调查的 50 人中,购买碳酸饮料的人数最多,为 15 人,占总被调查人数的 30%,因此众数为"碳酸饮料"这一种类,即 M_0=碳酸饮料。

例 2 中,最高频数为 80,它所对应的组为第三组(60~70),该组对应的零件数组中值 = $\frac{60+70}{2}$ = 65,因此,M_0 = 65。

(三) 中位数

把一组数据按值的大小顺序排列起来,处于中央位置的那个数值就叫中位数,用 M_e 表示。如何求中位数?对原始数据,首先确定中位数的位置为 $\frac{n+1}{2}$,若位置计算的结果是整数(n 为奇数时),则中位数等于该位置上对应的变量值,若位置计算结果是非整数(n 为偶数

时),中位数位于两个变量值之间,此时中位数的值应等于这两个变量值的简单平均数。用数学符号 M_e 来表示,即

$$M_e = \begin{cases} x_{(\frac{n+1}{2})} & n \text{ 为奇数} \\ \frac{1}{2}\{x_{(\frac{n}{2})} + x_{(\frac{n}{2}+1)}\} & n \text{ 为奇数} \end{cases}$$

对分组数据,首先确定中位数的位置,然后找到中位数所在的组,若是单变量值分组,则中位数就等于该组变量值,若是组距式分组,则中位数通过以下公式计算:

$$\text{中位数} = L + \frac{n/2 - cf_{m-1}}{f_m} \times i$$

其中,L 为中位数所在组的下限值,cf_{m-1} 为中位数所在组的前一组的向上累积频数,f_m 为中位数所在组的频数,i 为中位数组的组距。

二、离散程度分析

离散程度分析指的是用一个特别的数值来反映一组数据相互之间的差异化程度。它与集中趋势分析一起,分别从两个不同的侧面描述和揭示一组数据的分布情况,共同反映出资料分布的全面特征。同时,它还对相应的集中趋势(如平均数、众数、中位数)的代表性作出补充说明。

常见的离散程度测度指标有:极差、平均差、标准差和离散系数。

(一)极差

极差(R)又称全距,它是总体各单位标志值中最大值与最小值之差,用 R 表示,其公式表示为:

$$R = \text{最大标志值} - \text{最小标志值}$$

对组距数列,极差可用最高组上限减最低组下限来求得。

在实际工作中应用十分广泛,如在工业企业的产品质量管理中、证券市场的行情分析中等都有广泛应用。但当分组数据有开口组时,无法计算其极差,更重要的是由于它计算时只考虑了极端值,没有涉及中间的数值,故不能全面反映各个数据的差异化程度。

(二)平均差

平均差(A.D)是数据中各变量值与其平均数之间绝对离差的算术平均数,这是反映各变量值平均离散程度的一个综合指标。计算平均差的目的是测算各变量值与算术平均数离差的大小。因为离差有正、有负,还可能是零,所以,为了避免加总过程中的正负抵消,计算平均差时要取离差的绝对值。由于掌握的资料不同,平均差可以分为简单平均差和加权平均差。

1. 简单平均差

如掌握的资料未分组时,可用简单平均差来计算。其计算公式:

$$A \cdot D = \frac{\sum_{i=1}^{n} |x_i - \bar{x}|}{n}$$

2. 加权平均差

如果掌握的资料分组时,应采用加权平均法计算平均差,其计算公式为:

$$A \cdot D = \frac{\sum_{i=1}^{k} |M_i - \bar{x}| f_i}{n}$$

从上述公式可以看出,平均差是根据全部变量值计算出来的,可以全面地反映所有数据的差异化程度,但由于其计算时涉及绝对值,数学性质较差,使用起来不方便,因此,在统计分析中很少使用。

(三)标准差(方差)

标准差(方差)则是在平均差的基础上进行的改进。方差实际上是平均差中的绝对值符合变为平方后的结果,而标准差则是方差的平方根。具体来说,标准差就是总体各变量值对其算术平均数离差的平方的算术平均数的平方根。它是数据离散程度的最常用测度值,反映了各变量值与均值的平均差异。通常,根据总体数据计算的,称为总体方差(标准差),记为 $\sigma^2(\sigma)$;根据样本数据计算的,称为样本方差(标准差),记为 $s^2(s)$。

由于在社会调查中,收集的数据往往都是样本数据,因此,下面仅给出样本标准差的计算公式。

1. 简单标准差

如掌握的资料未分组时可用简单标准差来计算,其计算公式为:

$$s = \sqrt{\frac{\sum_{i=1}^{n}(x_i - \bar{x})^2}{n-1}}$$

2. 加权标准差

如掌握的资料为分组资料时,可采用下面公式计算加权标准差:

$$s = \sqrt{\frac{\sum_{i=1}^{k}(M_i - \bar{x})^2 f_i}{n-1}}$$

式中,f_i 是各组的频数,M_i 为各组的组中值,其他符号与简单标准差计算式中的意义相同。

【例4】 对分组资料:已知甲车间工人的平均日产量42千克,其标准差为5.6千克。乙车间工人的产量资料如下,计算乙车间工人的平均日产量及标准差。相关数据见表10.3。

表10.3 乙车间工人的平均日产量标准差计算表

工人按日产量(千克)	工人数(人)	组中值	总产量	离差平方	离差平方 x 数
20～30	10	25	250	289	2890
30～40	70	35	2450	49	3430
40～50	90	45	4050	9	810
50～60	30	55	1650	169	5070
合计	200	—	8400	516	12200

【解】:

$$乙车间平均产量:\bar{x} = \frac{\sum_{i=1}^{k} M_i f_i}{\sum_{i=1}^{k} f_i} = \frac{8400}{200} = 42(千克)$$

$$乙车间标准差:s = \sqrt{\frac{\sum_{i=1}^{k}(M_i - \bar{x})^2 f_i}{n-1}} = \sqrt{\frac{12200}{199}} \approx 7.83(千克)$$

计算结果表明在两个车间平均日产量相同的情况下,乙车间的标准差7.8千克,大于甲车间的标准差5.6千克,说明乙车间工人平均日产量的代表性小于甲车间。

标准差就其统计意义来讲,与平均差基本相同,也是根据总体所有变量值计算出来的,可以全面反映所有数据的离散程度。由于它避免了绝对值的计算,在数学处理上比平均差更合理,也更优越。所以在统计分析中,它是测定数据变异程度的最重要、最常用的指标。

(四) 离散系数

前面介绍的各种离散程度测度指标如全距、平均差、标准差等,其计量单位均与原有数据的计量单位相同。这些测度指标的大小,不仅与数据的离散程度有关,也与原有数据的水平大小有关。可通过下面例子来说明。

【例5】 在某车间调查了6个工人,分别带了1个徒工,其日产量(件)数据如下,请比较两组数据的离散程度。

甲组(6个工人组):62　65　70　73　80　82

乙组(6个徒工组):8　13　17　19　22　24

【解】 由以上资料可以算出:

甲组平均数为:$\bar{x} = \dfrac{\sum x}{n} = \dfrac{432}{6} = 72$(件)

乙组平均数为:$\bar{x} = \dfrac{\sum x}{n} = \dfrac{103}{6} = 17.17$(件)

甲组标准差为:$s = \sqrt{\dfrac{\sum_{i=1}^{n}(x_i - \bar{x})^2}{n-1}} \approx 8$(件)

乙组标准差为:$s = \sqrt{\dfrac{\sum_{i=1}^{n}(x_i - \bar{x})^2}{n-1}} \approx 6$(件)

计算结果发现:甲组标准差大于乙组标准差,似乎可得出甲组平均数比乙组平均数代表性差的结论,然而,这与事实不符。

当我们仔细观察两组数据,可以看出甲组日产量最多的是82,最少的是62,相差0.3倍,而乙组日产量差异性较大,最多的产量是24件,最小的产量是8件,相差2倍。可见,事实上,甲组数据的离散程度更小些。那为何标准差的计算结果正好相反呢?

究其原因,是因为两组数据的水平大小不一样,而标准差的计算大小受到数据水平的影响,通常,数据水平高的那组离散程度往往越高,因此,不能用标准差来比较两组数据的离散程度。当两组数据水平不一样或计量单位不同时,要比较其离散程度,评价其平均数代表性,可进一步计算其相对离散程度,这个相对离散程度指标就是离散系数,也称标准差系数,它是数据的标准差与其平均数对比后的相对数,其计算公式为:

$$v_s = \dfrac{s}{\bar{x}} \times 100\%$$

就上例,我们来计算标准差系数。

$$v_{s甲} = \dfrac{s}{\bar{x}} \times 100\% = \dfrac{8}{72} \times 100\% = 11.11\%$$

$$v_{s乙} = \dfrac{s}{\bar{x}} \times 100\% = \dfrac{6}{17.17} \times 100\% = 34.95\%$$

因为 $v_{s乙} > v_{s甲}$，故乙组的离散程度更大，平均数的代表性差，而甲组的离散程度相对较小，平均数的代表性更高。

综上，离散系数的重要特点是，不受计量单位和数据水平的影响，消除了不同组数据之间在计量单位、水平方面的不可比性。

拓展阅读10.1

用 Excel 计算描述统计量

我们学习和掌握了测定数据的集中趋势和离散程度的常用统计量，下面将利用 Excel 来计算这些统计量。为了说明该方法，用实例来讲解操作过程。

（一）利用 Excel 中的"描述统计"功能模块计算

[资料]

设某班 40 名学生《统计学》考试成绩分别为：66　89　88　84　86　87　75　73　72　68　75　82　97　58　81　54　79　76　95　76　71　60　90　65　76　72　76　85　89　92　64　57　83　81　78　77　72　61　70　81

对该班学生的考试成绩进行描述统计分析。

[步骤]

第 1 步：在 Excel 的工作表界面中，输入 40 个学生的成绩数据，从上到下输入 A 列，放入区域"A1:A40"的单元格中。

第 2 步：选择"工具"下拉菜单，再选择"数据分析"选项。

第 3 步：在分析工具中选择"描述统计"，如图 10.1 所示。

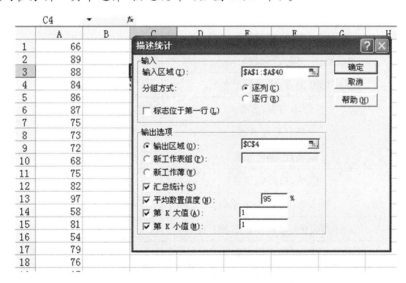

图 10.1　描述统计对话框

第 4 步：当出现对话框时，在"输入区域"方框内键入 A1:A40（或用鼠标选择这区域），在"输出选项"中选择输出区域（在此选择 C4），再选择"汇总统计"（该选项给出全部描述统计量）。

第 5 步：选择确定。

[结果]

其计算结果如图10.2所示。

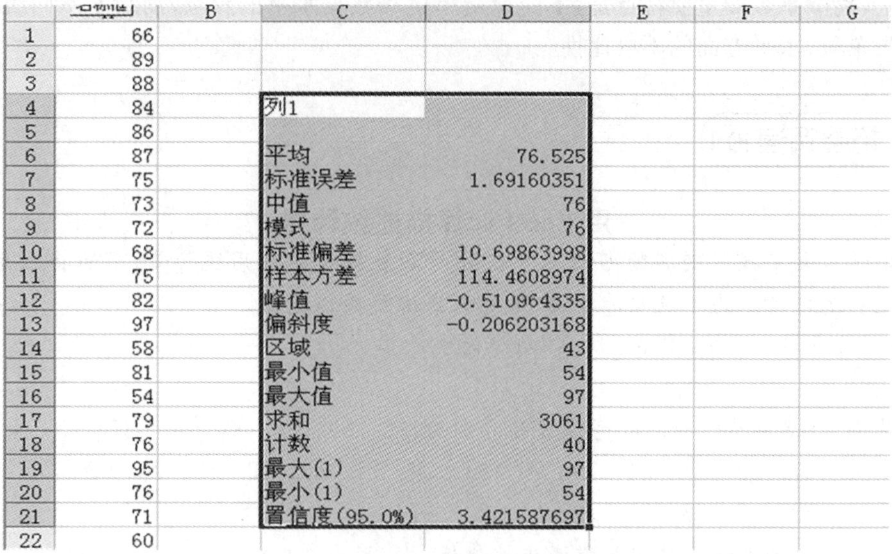

图 10.2 计算结果

[结果分析] 描述统计输出如表10.4所示。

表 10.4 描述统计输出表

平均（算术平均值）	76.525
标准误差（抽样标准误差）	1.69160351
中值（中位数）	76
模式（众数）	76
标准偏差（样本标准差）	10.69863998
样本方差（方差）	114.4608974
峰值（峰度系数）	−0.510964335
偏斜度（偏度系数）	−0.206203168
区域（极差或全距）	43
最小值（第 K 个最小值）	54
最大值（第 K 个最大值）	97
求和（标志值总和）	3061
计数（总频数）	40
置信度（95.0%）	3.421587697

（二）利用"统计函数"工具计算

描述统计量除上述"数据分析"功能计算外，还可采用Excel的函数工具计算。仍以40名学生《统计学》考试成绩为例进行计算。

[步骤]

第1步：在 Excel 的工作表界面中，输入 40 个学生的成绩数据，从上到下输入 A 列，放入区域"A1:A40"的单元格中。

第2步：选择"插入"下拉菜单，再选择"函数"选项，如图 10.3 所示。

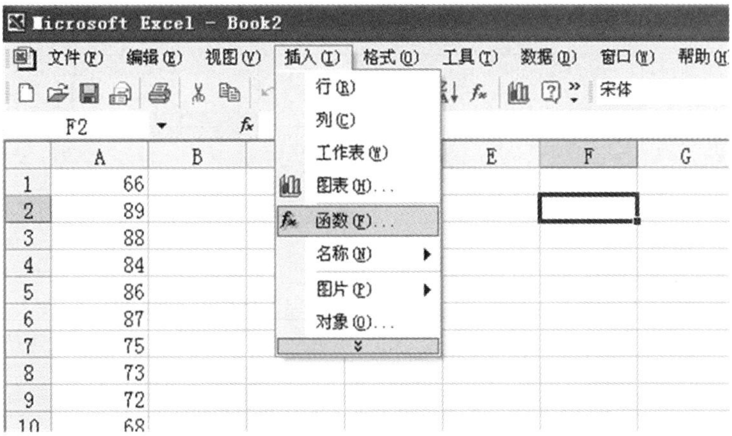

图 10.3　插入对话框

第3步：出现的"插入函数"界面中，在"或选择类别"选项中，选"统计"。再在"选择函数"中，选"AVERAGE"（算术平均数），点击确定如图 10.4 所示。

第4步：出现"AVERAGE 函数参数"界面中，在"Number1"中键入 A1:A40（或用鼠标选择这区域），然后点"确定"，就能得出"算术平均数＝76.525"。

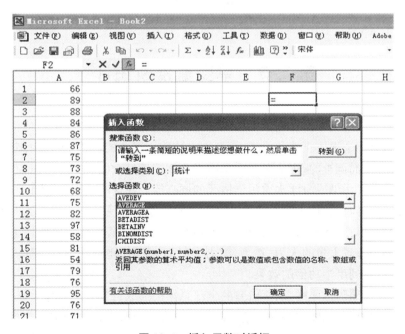

图 10.4　插入函数对话框

重复上述各步骤，还可计算"调和平均数"、"几何平均数"、"样本标准差"和"总体标准差"等统计量，只是要分别选择相应的函数。常用描述统计量函数如表 10.5 所示。

表 10.5　EXCEL 中常用描述统计量函数对照表

函数名称(英语)	函数名称(中文)	计算公式或取值说明
AVEDEV	平均差	$A.D = \frac{1}{n}\sum|x-\bar{x}|$
AVERAGE	算术平均数	$\bar{x} = \frac{\sum x}{n}$
GEOMEAN	几何平均数	$G = \sqrt[n]{\prod x}$
HARMEAN	调和平均数	$H = \dfrac{n}{\sum \frac{1}{x}}$
MAX	最大值	找出数据的最大值
MEDIAN	中位数	M_e
MIN	最小值	找出数据的最小值
MODE	众数	M_o
STDEV	样本标准差(标准偏差)	$S = \sqrt{\dfrac{\sum(x-\bar{x})^2}{n-1}}$
STDEVP	总体标准差	$\sigma = \sqrt{\dfrac{\sum(x-\bar{x})^2}{n}}$
VAR	样本方差	s^2
VARP	总体方差	σ^2

第二节　单变量推断统计

由于种种原因,现实中很多现象不可能进行全面调查,如对具有破坏性或消耗性的产品进行质量检验、对某个地块土壤的检测、笔记本电脑使用寿命的检验、人体白细胞的检验等,都是不可能进行全面调查的;再如对无限总体或总体容量过大的现象进行研究,也很难进行全面调查,如对大气污染或海洋水质污染情况的调查等。在这些情况下,人们只能从研究的总体中抽取部分个体作为样本进行观测或实验(或者是根据现有能够收集到的数据),根据这部分样本的数据对总体的数量特征作出统计推断。另外,某些现象即使理论上可以进行全面调查,但为了节省大量的人力、物力、财力和时间,在不影响精度和可靠度的前提下,采用抽样推断可以达到事半功倍的效果。

抽样推断是按照随机原则,从所研究的全部总体中抽取一部分单位作为样本进行调查,并依据所获得的数据对总体的某一数量特征做出具有一定可靠程度的估计与推断的一种统计方法。抽样推断的全过程,就是抽样调查,它的特点总结起来主要包括三个方面:一是样本单位的抽取是按照随机原则抽取的;二是抽样调查的目的在于推断总体,而不是对样本数据的描述;三是抽样调查的误差往往是可以事先计算并加以控制,具体计算方法在本节后面部分将进行论述。

一、抽样误差

事实上,样本毕竟只是总体的部分个体,即使其代表性较好,也不能完全包含总体的全部信息。无论抽样方法多么先进、抽样过程多么仔细,总体的信息在样本中总会有损失。因此,不管采用什么推断方法,由样本推断总体的真实情况时,必定会存在差异,这种总体未知参数(或数字特征)和相应的基于样本的统计量之间的差异称为抽样误差。具体地讲,就是样本指标与总体指标之间的离差,如样本平均数与总体平均数的离差(即 $\bar{x}-\mu$),或样本比例与总体比例的离差(即 $p-\pi$)。

必须指出,抽样误差是抽样所特有的误差,凡进行抽样就一定会产生抽样误差。它不同于调查误差,调查误差是在调查过程中由于观察测量、登记、计算上的差错所引起的误差,也不同于系统偏误,即由于违反随机原则,有意地选择较好或较差单位进行调查,造成样本代表性不足所引起的误差。调查误差和系统偏误这两种误差是可以防止和避免的,而抽样误差是不可避免的,但它可以控制,所以又被称为可控制误差。通常测度抽样误差的指标有两个:抽样平均误差和抽样极限误差。

(一) 抽样平均误差

抽样平均误差是反映抽样误差一般水平的指标。由于从一个总体中可以抽出很多个不同的可能性样本集合,由每一个样本集合计算的样本指标(如样本平均数、样本比例等)就会有许多不同的可能性数值。这就是说,从理论上讲,可以计算出很多个误差,这些误差有大有小。因此,要反映抽样误差的一般水平,就有必要计算抽样平均误差。

1. 样本平均数($\bar{x}$)的抽样平均误差

如果 $\sigma_{\bar{x}}$ 表示样本平均数的抽样平均误差,其理论上的计算公式为:

(1) 重复抽样条件下

$$\sigma_{\bar{x}} = \frac{\sigma}{\sqrt{n}} \quad 或 \quad \sigma_{\bar{x}} = \sqrt{\frac{\sigma^2}{n}}$$

(2) 不重复抽样条件下

$$\sigma_{\bar{x}} = \sqrt{\frac{\sigma^2}{n}\left(\frac{N-n}{N-1}\right)}$$

其中,n 为样本容量,σ 为总体标准差,σ^2 为总体方差,N 为总体容量。

该公式表明了抽样平均误差的意义。上述公式中用到了总体方差或标准差,实践中往往是不知道的,在实际应用中需要根据抽样调查推算出,在大样本情况下,通常以样本方差标准差代替计算。

我们把 $\left(\frac{N-n}{N-1}\right)$ 式子叫做修正因子。不难看出当 N 较大时,$\left(\frac{N-n}{N-1}\right)$ 与 $\left(1-\frac{n}{N}\right)$ 的计算结果是十分接近。因此,当 N 较大时在不重复抽样条件计算抽样平均误差的公式可采用 $\sigma_{\bar{x}} = \sqrt{\frac{\sigma^2}{n}\left(1-\frac{n}{N}\right)}$。

【例6】 从某厂生产的 10000 只日光灯管中随机抽取 100 只进行检查,假如该产品平均使用寿命的标准差为 100 小时,试计算该厂日光灯管平均使用寿命的平均误差。

【解】 在重复抽样条件下:

$$\sigma_{\bar{x}} = \frac{\sigma}{\sqrt{n}} = \frac{100}{\sqrt{100}} = 10 \text{(小时)}$$

在不重复抽样条件下：

$$\sigma_{\bar{x}} = \sqrt{\frac{\sigma^2}{n}\left(1-\frac{n}{N}\right)} = \sqrt{\frac{100^2}{100}\left(1-\frac{10}{100000}\right)} = \sqrt{99.9} = 9.995(\text{小时})$$

2. 样本比例(p)的抽样平均误差

如用 σ_p 表示样本比例的抽样平均误差，其公式为：

在重复抽样条件下，$\sigma_p = \sqrt{\frac{\pi(1-\pi)}{n}}$ 总体比例 π 未知，用样本比例 p 代替，即 $\sigma_p = \sqrt{\frac{p(1-p)}{n}}$。

在不重复抽样条件下，$\sigma_p = \sqrt{\frac{\pi(1-\pi)}{n}\left(1-\frac{n}{N}\right)}$，用样本比例 p 代替，即 $\sigma_p = \sqrt{\frac{p(1-p)}{n}\left(1-\frac{n}{N}\right)}$。

【例7】 从某厂生产的 10000 件产品中，随机抽取 1000 件进行调查，测得有 85 件为不合格，试求产品合格率的抽样平均误差。

【解】 根据条件可知，样本的合格率 $p = \frac{1000-85}{1000} = 91.5\%$，总体比例 π 未知，用样本比例 p 代替。

(1) 在重复抽样条件下

$$\sigma_p = \sqrt{\frac{p(1-p)}{n}} = \sqrt{\frac{0.915 \times (1-0.915)}{1000}} = 0.88\%$$

(2) 在不重复抽样条件下

$$\sigma_p = \sqrt{\frac{p(1-p)}{n}\left(1-\frac{n}{N}\right)} = \sqrt{\frac{0.915 \times (1-0.915)}{1000} \times \left(1-\frac{1000}{10000}\right)} = 0.877\%$$

（二）抽样极限误差

1. 概念

抽样极限误差是指样本指标和总体指标之间抽样误差的可能范围。由于总体指标是一个确定的数，而样本指标则是围绕着总体指标左右变动的量，它与总体指标可能产生正离差，也可能产生负离差，样本指标变动的上限或下限与总体指标之差的绝对值就可以表示抽样误差的可能范围，我们将这种以绝对值形式表示的抽样误差可能范围称为抽样极限误差。

设 $\Delta_{\bar{x}}$、Δ_p 分别表示抽样平均数极限误差和抽样成数极限误差，则有

$$\Delta_{\bar{x}} = |\bar{x} - \mu|$$
$$\Delta_p = |p - \pi|$$

上面等式可以变换为下列的不等式关系：

$$\mu - \Delta_{\bar{x}} \leqslant \bar{x} \leqslant \mu + \Delta_{\bar{x}}$$
$$\pi - \Delta_p \leqslant p \leqslant \pi + \Delta_p$$

上面第一式表明样本平均数 $\bar{x}$ 是以总体平均数 μ 为中心，在 $\mu - \Delta_{\bar{x}}$ 至 $\mu + \Delta_{\bar{x}}$ 之间变动，区间 $[\mu - \Delta_{\bar{x}}, \mu + \Delta_{\bar{x}}]$ 称为样本平均数的变动区间，区间的总长度为 $2\Delta_{\bar{x}}$，在这个区间内，样本平均数和总体平均数的绝对离差不超过 $\Delta_{\bar{x}}$。同样，上面第二式表明，抽样比例 p 是以总体比例 π 为中心，在 $\pi - \Delta_p$ 至 $\pi + \Delta_p$ 之间变动，区间 $[\pi - \Delta_p, \pi + \Delta_p]$ 称为样本比例的变动区间，

区间的总长度为 $2\Delta_p$，在这个区间内，样本比例与总体比例的绝对离差不超过 Δ_p。

由于总体平均数 μ 和总体比例 π 是未知的，它要用实测的样本平均数和样本比例来估计。因而抽样极限误差的实际意义是希望总体平均数 μ 落在样本平均数 $\bar{x}\pm\Delta_{\bar{x}}$ 的范围内。总体比例 π 落在样本比例 $p\pm\Delta_p$ 的范围内。因此，上述不等式可推导为

$$\bar{x}-\Delta_{\bar{x}}\leqslant\mu\leqslant\bar{x}+\Delta_{\bar{x}}$$
$$p-\Delta_p\leqslant\pi\leqslant p+\Delta_p$$

上述两式即为总体平均数 μ、总体比例 π 的估计区间。分别是由样本平均数 $\bar{x}$、抽样比例 p 加减抽样极限误差 $\Delta_{\bar{x}}(\Delta_p)$ 构成，区间的总长度为 $2\Delta_{\bar{x}}(2\Delta_p)$。

2. 抽样极限误差的计算公式

基于概率估计的要求，抽样极限误差通常需要以抽样平均误差 $\sigma_{\bar{x}}$ 或 σ_p 为标准单位来衡量。把极限误差 $\Delta_{\bar{x}}$ 或 Δ_p 分别除以 $\sigma_{\bar{x}}$ 或 σ_p，得相对数 t，它表示误差范围为抽样平均误差的若干倍，t 是测量估计可靠性程度的一个参数，称为抽样平均误差的概率度，即

$$t=\frac{\Delta_{\bar{x}}}{\sigma_{\bar{X}}}=\frac{|\bar{x}-\mu|}{\sigma_{\bar{X}}} \text{ 或 } \Delta_{\bar{x}}=t\sigma_{\bar{X}}$$

$$t=\frac{\Delta_p}{\sigma_p}=\frac{|p-\pi|}{\sigma_p} \text{ 或 } \Delta_p=t\sigma_p$$

抽样估计的概率度 t 是确定概率保证程度大小的指标。由于抽样指标值随着样本的变动而变动，它本身是一个随机变量，因而抽样指标和总体指标的误差仍然是一个随机变量，并不能保证误差不超过一定范围这个事件是必然事件，而只能给以一定程度的概率保证。因此，就有必要来计算抽样指标和总体指标的误差不超过一定范围的概率大小，即计算抽样指标落在一定区间范围内的概率，这种概率即概率保证程度。所谓概率保证程度，又称为置信程度，即表明抽样指标和总体指标的误差不超过一定范围的可靠性程度，用 $F(t)$ 表示。必须说明的是，概率度 t 与概率保证程度 $F(t)$ 之间的关系，为一一对应的概率函数关系，即给定概率度 t，可以求出 $F(t)$，或者给定 $F(t)$，则可以求出 t，通常我们可以根据概率表查得。下表 10.6 列出了正态分布的概率度 t 和概率保证程度 $F(t)$ 对应值。

表 10.6　正态分布概率度与概率保证程度对照表

t	0	0.01	0.02	0.03	0.04	0.05	0.06	0.07	0.08	0.09
0	0	0.80%	1.60%	2.39%	3.19%	3.99%	4.78%	5.58%	6.38%	7.17%
0.1	7.97%	8.76%	9.55%	10.34%	11.13%	11.92%	12.71%	13.50%	14.28%	15.07%
0.2	15.85%	16.63%	17.41%	18.19%	18.97%	19.74%	20.51%	21.28%	22.05%	22.82%
0.3	23.58%	24.34%	25.10%	25.86%	26.61%	27.37%	28.12%	28.86%	29.61%	30.35%
0.4	31.08%	31.82%	32.55%	33.28%	34.01%	34.73%	35.45%	36.16%	36.88%	37.59%
0.5	38.29%	38.99%	39.69%	40.39%	41.08%	41.77%	42.45%	43.13%	43.81%	44.48%
0.6	45.15%	45.81%	46.47%	47.13%	47.78%	48.43%	49.07%	49.71%	50.35%	50.98%
0.7	51.61%	52.23%	52.85%	53.46%	54.07%	54.67%	55.27%	55.87%	56.46%	57.05%
0.8	57.63%	58.21%	58.78%	59.35%	59.91%	60.47%	61.02%	61.57%	62.11%	62.65%
0.9	63.19%	63.72%	64.24%	64.76%	65.28%	65.79%	66.29%	66.80%	67.29%	67.78%
1.0	68.27%	68.75%	69.23%	69.70%	70.17%	70.63%	71.09%	71.54%	71.99%	72.43%
1.1	72.87%	73.30%	73.73%	74.15%	74.57%	74.99%	75.40%	75.80%	76.20%	76.60%
1.2	76.99%	77.37%	77.75%	78.13%	78.50%	78.87%	79.23%	79.59%	79.95%	80.29%
1.3	80.64%	80.98%	81.32%	81.65%	81.98%	82.30%	82.62%	82.93%	83.24%	83.55%

续表

t	0	0.01	0.02	0.03	0.04	0.05	0.06	0.07	0.08	0.09
1.4	83.85%	84.15%	84.44%	84.73%	85.01%	85.29%	85.57%	85.84%	86.11%	86.38%
1.5	86.64%	86.90%	87.15%	87.40%	87.64%	87.89%	88.12%	88.36%	88.59%	88.82%
1.6	89.04%	89.26%	89.48%	89.69%	89.90%	90.11%	90.31%	90.51%	90.70%	90.90%
1.7	91.09%	91.27%	91.46%	91.64%	91.81%	91.99%	92.16%	92.33%	92.49%	92.65%
1.8	92.81%	92.97%	93.12%	93.28%	93.42%	93.57%	93.71%	93.85%	93.99%	94.12%
1.9	94.26%	94.39%	94.51%	94.64%	94.76%	94.88%	95.00%	95.12%	95.23%	95.34%
2.0	95.45%	95.56%	95.66%	95.76%	95.86%	95.96%	96.06%	96.15%	96.25%	96.34%

二、参数估计

抽样推断是用样本数据来估计相应的总体的数量特征（即总体指标），所以这种估计也可以称为参数估计。总体参数的估计有点估计和区间估计两种方法。

（一）点估计

点估计是以样本指标数值直接作为总体指标估计值的一种估计方法。例如，以实际计算的样本平均数 $\bar{x}$ 作为相应总体平均数 μ 的估计值，以实际计算的样本比例 p 作为相应总体比例 π 的估计值等等。

例如，从某地区的 1000000 亩小麦中随机抽取 100 亩进行抽样调查，测得平均亩产量 $\bar{x}=300$ 千克，我们就说，全地区 1000000 亩小麦的平均亩产量为 300 千克。

点估计的方法优点是简便易行，原理直观，常为实际工作采用。但不足之处是没有表明抽样估计的误差，更没有表明误差在一定范围内的概率保证程度有多大。要了解这个问题，就必须采用区间估计的方法。

（二）区间估计

1. 定义

区间估计就是根据概率保证程度的要求，选定概率度 t，以及极限抽样误差 $\Delta_{\bar{x}}=t\sigma_{\bar{x}}$（或 $\Delta_p=t\sigma_p$），再利用样本指标 $\bar{x}$ 或 p，计算出估计上限 $\bar{x}+\Delta_{\bar{x}}$ 或 $(p+\Delta_p)$ 和估计下限 $\bar{x}-\Delta_{\bar{x}}$（或 $p-\Delta_p$），即指出总体指标可能存在的区间范围。我们把区间 $(\bar{x}-\Delta_{\bar{x}},\bar{x}+\Delta_{\bar{x}})$ 或 $(p-\Delta_p,p+\Delta_p)$ 称为置信区间，概率保证程度称为置信程度。

2. 区间估计的模式

在进行区间估计的时候，根据所给定条件的不同，总体平均数和总体比例的估计有两套模式，下面分别举例说明。

（1）根据已给定的抽样误差范围，求概率保证程度 $F(t)$。具体步骤是：

第一步，抽取样本，计算抽样指标，即计算样本平均数 $\bar{x}$ 和抽样比例 p，作为总体指标的估计值，并计算样本标准差 s 以推算抽样平均误差。

第二步，根据给定的抽样极限误差范围 Δ，估计总体指标的上限和下限。

第三步，将抽样极限误差 Δ 除以抽样平均误差 $\sigma_{\bar{x}}$、σ_p，求出概率度 t，再根据 t 值查正态分布概率表求出相应的概率保证程度。

【例8】 对一批某型号的电子元件进行耐用性能检查，按重复随机抽样的资料分组列表如表 10.7 所示，要求估计耐用时数的允许误差范围 $\Delta_{\bar{x}}=10.5$ 小时，试估计该批电子元件的平均耐用时数。

表 10.7 电子元件耐用时数分组表

耐用时数	组中值	抽样检查结果(只)
900 以下	875	1
900~950	925	2
950~1000	975	6
1000~1050	1025	35
1050~1100	1075	43
1100~1150	1125	9
1150~1200	1175	3
1200 以上	1225	1
合计	—	100

【解】 第一步,计算 $\bar{x}, s, \sigma_{\bar{x}}$:

$$\text{样本平均耐用时数 } \bar{x} = \frac{\sum M_i f_i}{\sum f_i} = \frac{105550}{100} = 1055.5(\text{小时})$$

$$\text{样本标准差 } s = \sqrt{\frac{(x-\bar{x})^2 f}{\sum f}} = 51.91(\text{小时})$$

$$\text{样本抽样平均误差 } \sigma_{\bar{x}} = \frac{\sigma}{\sqrt{n}} = \frac{s}{\sqrt{100}} = \frac{51.91}{10} = 5.191(\text{小时})$$

第二步,根据给定的 $\Delta_{\bar{x}} = 10.5$ 小时,计算总体平均数的上下限:

下限 $= \bar{x} - \Delta_{\bar{x}} = 1055.5 - 10.5 = 1045$(小时)

上限 $= \bar{x} + \Delta_{\bar{x}} = 1055.5 + 10.5 = 1066$(小时)

第三步,根据 $t = \frac{\Delta_{\bar{x}}}{\sigma_{\bar{x}}} = \frac{10.5}{5.191} = 2.02$,查正态分布概率表得概率 $F(t) = 95.66\%$。

推断的结论是:以 95.66% 的概率保证程度,估计该批电子元件的耐用时数在 1045~1066 小时之间。

【例 9】 仍用上例资料,设该厂的产品质量检验标准规定,元件耐用时数达 1000 小时以上为合格品,要求合格率估计的误差范围不超过 4%,试估计该批电子元件的合格率。

【解】 第一步,计算 p, σ_p:

$$\text{样本中合格品的比例 } p = 1 - \frac{9}{100} = 91\%$$

$$\text{抽样平均误差 } \sigma_p = \sqrt{\frac{p(1-p)}{n}} = \sqrt{\frac{0.91 \times (1-0.91)}{100}} = 2.86\%$$

第二步,根据给定的 $\Delta_p = 4\%$,求总体合格率的上下限:

下限 $= p - \Delta_p = 91\% - 4\% = 87\%$

上限 $= p + \Delta_p = 91\% + 4\% = 95\%$

第三步,根据 $t = \frac{\Delta_p}{\sigma_p} = \frac{4\%}{2.86\%} = 1.4$,查正态分布概率表得概率 $F(t) = 83.85\%$。

通过计算得出如下估计:即可以 83.85% 的概率保证程度,估计该批电子元件的合格率在 87%~95% 之间。

(2) 根据已给定的置信度,求抽样极限误差。具体步骤是:

第一步,抽取样本,计算抽样指标,即计算样本平均数 $\bar{x}$ 和抽样比例 p,作为总体指标的估计值,并计算样本标准差 s 以推算抽样平均误差。

第二步,根据给定的置信度 $F(t)$ 的要求,查正态分布概率表求得概率度 t 值。

第三步,根据概率度 t 和抽样平均误差 $\sigma_{\bar{x}}$、σ_p,推算抽样极限误差 Δ,并根据抽样极限误差求出被估计总体指标的上下限。

【例10】 对我国某城市进行居民家庭人均旅游消费支出调查,随机抽取 400 户居民家庭,调查得知居民家庭人均年旅游消费支出为 350 元,标准差为 100 元,要求以 95% 的概率保证程度,估计该市人均年旅游消费支出额。

【解】 第一步,根据抽样资料已算得:

样本每户年人均消费支出 $\bar{x}=350$(元)

样本标准差 $s=100$(元)

样本抽样平均误差 $\sigma_{\bar{x}}=\dfrac{\sigma}{\sqrt{n}}=\dfrac{s}{\sqrt{400}}=\dfrac{400}{20}=5$(元)

第二步,根据给定的概率保证程度 $F(t)=95\%$,查得正态分布概率表得 $t=1.96$。

第三步,计算 $\Delta_{\bar{x}}=t\sigma_{\bar{x}}=1.96\times 5=9.8$(元),则该市居民家庭年人均旅游消费支出额:

下限 $=\bar{x}-\Delta_{\bar{x}}$ $350-9.80=340.20$(元)

上限 $=\bar{x}+\Delta_{\bar{x}}=350+9.80=359.80$(元)

结论:我们可以 95% 得概率保证程度,估计该市居民家庭年人均旅游消费支出额在 340.20~359.80 元之间。

【例11】 某市电视台为了解观众对某电视栏目的喜爱程度,在该市随机对 900 名居民进行调查,结果有 540 名喜欢该电视栏目,要求以 90% 的概率保证程度,估计该市居民喜欢该电视栏目的比率。

【解】 第一步,根据抽样资料计算:

样本喜欢程度比率 $p=\dfrac{540}{900}=60\%$

抽样平均误差 $\sigma_p=\sqrt{\dfrac{p(1-p)}{n}}=\sqrt{\dfrac{0.6\times(1-0.6)}{100}}=1.63\%$

第二步,根据给定的置信度 $F(t)=90\%$,查正态分布概率表得概率度 $t=1.64$。

第三步,计算 $\Delta_p=t\sigma_p=1.64\times 1.63\%=2.67\%$,则总体比例的上下限为:

下限 $=p-\Delta_p=60\%-2.67\%=57.33\%$

上限 $=p+\Delta_p=60\%+2.67\%=62.67\%$

结论:我们以概率 90% 的保证程度,估计该市居民对此电视栏目喜爱的比率在 57.33%~62.67% 之间。

第三节 双变量相关分析

一、相关关系的概念和特点

(一) 概念

现象间可测定关系一般分为两种:一种为函数关系,另一种为相关关系。相关关系指现象与现象之间客观存在但又不具有确定性、不严格的相互依存关系。如体重与身高之间，子女身高与父母身高之间，家庭收入和消费支出之间，施肥量与稻谷收获量之间，广告费支出与商品销售额之间等等，都存在着一定的相互依存关系，但并不是一一对应的函数关系，这些关系便是相关关系。

（二）特点

第一，现象之间确实存在数量上的相互依存关系。现象之间数量上的相互依存关系表现在：一个现象发生数量上的变化，另一个与之相联系的现象也会相应地发生数量上的变化。

例如：商品流通费用增加，一般地讲，商品销售额也会随之而增加。反过来，如果商品销售额增加，一般情况下商品流通费用也会相应地增加；再如：身材较高的人，一般体重也较重，反过来体重较重的人，一般来说身材也较高。

在表现现象相互依存关系的两个变量之中作为原因的变量叫做自变量，随自变量变化发生对应变化的变量叫做因变量。例如可以把身高作为自变量，则体重就是因变量，也可以把体重作为自变量，此时，身高就是因变量。

第二，现象之间数量上不确定、不严格的依存关系。

相关关系的全称为统计相关关系，它属于变量之间的一种不完全确定的关系。这意味着一个变量虽然受另一个（或一组）变量的影响，却并不由这一个（或一组）变量完全确定。

例如，身高为1.7米的人其体重有许多个值；体重为60公斤的人，其身高也有许多个值。再如，产品单位成本和劳动生产率的水平变动之间存在着一定的依存关系，但是除了劳动生产率的水平变动以外，它还会受到原材料消耗，固定资产折旧，能源耗用以及管理费用等诸因素变动的影响。故身高与体重之间，产品单位成本和劳动生产率的水平变动之间，均没有完全严格确定的数量关系存在。

二、相关关系的种类

（一）按相关的程度可分为完全相关、不完全相关和不相关

当一个变量的变化完全由另一个变量所决定时，称变量间的这种关系为完全相关关系，这种严格的依存关系实际上就是函数关系。当两个变量的变化相互独立、互不影响时，称这两个变量不相关（与下面的不线性相关或线性无关不同），实际上，这里的不相关就是概率中的独立，即变量间没有任何关系。当变量之间存在不严格的依存关系时，称为不完全相关。不完全相关关系是现实当中相关关系的主要表现形式，也是相关分析的主要研究对象。

（二）按相关的方向可分为正相关和负相关

当一个变量随着另一个变量的增加（减少）而增加（减少），即两者同向变化时，称为正相关，例如家庭收入与家庭支出之间的关系，一般随着家庭收入的增加，家庭支出也会随之增加。当一个变量随着另一个变量的增加（减少）而减少（增加），即两者反向变化时，称为负相关，如产品产量与单位成本之间的关系，单位成本会随着产量的增加而减少。

（三）按相关的形式可分为线性相关和非线性相关

当变量之间的依存关系大致呈现为线性形式，即当一个变量变动一个单位时，另一个变量也按一个大致固定的增（减）量变动，就称为线性相关。当变量间的关系不按固定比例变化时，就称为非线性相关。

上述的这些相关关系我们可以用图10.5来示意。

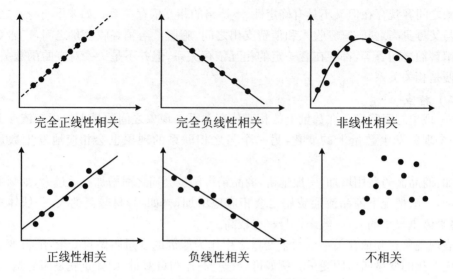

图 10.5 相关关系分类示意图

三、相关分析

(一) 相关图

分析变量间相关关系最简单的方法是图形法。所谓相关图,以直角坐标系的横轴代表自变量,纵轴代表因变量,将两个变量间相对应的变量值用坐标点的形式描绘出来,用来反映两变量之间相关关系的图形,又称散点图或散布图或相关点图。通过观察散点图所呈现出的特征,来判断变量之间是否存在相关关系,以及相关的形式、相关的方向等。

【例 12】 在研究我国城镇居民人均消费水平的问题时,把城镇居民人均消费记为 y,把城镇居民人均可支配收入记为 x。根据表 10.8 的数据集样本数据 (x_i, y_i), $i=1,2,\cdots,9$,做出两者的散点图,并回答两者之间存在什么样的相关关系?

表 10.8 我国城镇居民人均可支配收入与人均消费金额数据

(单位:元)

年份	人均可支配收入	人均消费金额
2008	17067.78	11242.85
2009	18858.09	12264.55
2010	19109.4	13471.5
2011	21809.8	15160.9
2012	24564.7	16674.3
2013	26467.0	18487.5
2014	28843.9	19968.1
2015	31194.8	21392.4
2016	33616.2	23078.9

【解】 根据表 10.8,画出 (x_i, y_i), $i=1,2,\cdots,n$ 的散点图,见图 10.6。

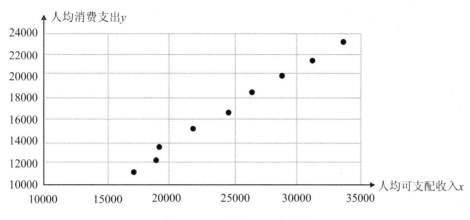

图 10.6 相关关系的散点图

从图 10.6 中我们看到本例的样本数据 (x_i,y_i) 大致分别落在一条直线附近,这说明变量 x 与 y 之间具有明显的线性相关关系。另外,所绘制的散点图呈现出从左至右的上升趋势,它表明 x 与 y 之间存在着一定的正相关关系,即随着人均可支配收入的上升,我国城镇居民人均消费的金额也会增加。

图形法虽然有助于识别变量间的相关关系,但它无法对这种关系进行精确的计量。因此在初步判定变量间存在相关关系的基础上,通常还要计算相关关系的度量指标。下面我们缩小研究的范围,仅仅研究两个变量间的线性相关关系。两个变量间线性相关关系的度量指标有很多,应用最广泛的是相关系数。

(二) 相关系数

相关系数是对两个变量之间线性相关强度的度量,也称为简单相关系数。衡量两个定量变量之间线性相关程度的常用指标是皮尔逊(Pearson)相关系数,通常用 r 代表样本数据计算的皮尔逊相关系数。其计算公式为

$$r = \frac{\sum(x-\bar{x})(y-\bar{y})}{\sqrt{\sum(x-\bar{x})^2}\sqrt{\sum(y-\bar{y})^2}}$$

相关系数的性质如下:

其一,相关系数 r 的取值范围在 -1 和 $+1$ 之间,即:$-1 \leqslant r \leqslant 1$;若 r 为正,则表明两变量为正相关;若 r 为负,则表明两变量为负相关;相关系数 r 的数值越接近于 $1(-1$ 或 $+1)$,表示相关系数越强;越接近于 0,表示相关系数越弱。如果 r 为 1 或 -1,则表示两个现象完全直线性相关。如果 $r=0$,则表示两个现象完全不相关(不是直线相关)。

其二,r 具有对称性。即 x 与 y 之间的相关系数和 y 与 x 之间的相关系数相等,即 $r_{xy}=r_{yx}$。

其三,r 数值大小与 x 和 y 原点及尺度无关,即改变 x 和 y 的数据原点及计量尺度,并不改变 r 数值大小。

其四,r 仅仅是 x 与 y 之间线性关系的一个度量,它不能用于描述非线性关系。这意味着,$r=0$ 只表示两个变量之间不存在线性相关关系,并不说明变量之间没有任何关系。

其五,r 虽然是两个变量之间线性关系的一个度量,却不一定意味着 x 与 y 一定有因果关系。

最后,由于我们判断两变量线性相关密切程度依据的是样本相关系数,这是需要建立在

对总体相关系数的显著性检验基础上的。另外,我们也有一些经验判断标准:$|r| \geqslant 0.8$ 时,可视为两个变量之间高度相关;$0.5 \leqslant |r| < 0.8$ 时,可视为中度相关;$0.3 \leqslant |r| < 0.5$ 时,视为低度相关;$|r| < 0.3$ 时,说明两个变量之间的相关程度极弱,可视为不相关。

【例 13】 根据例 12 的资料,计算人均消费与人均国内生产总值的线性相关系数。

【解】 首先列表计算出公式中所需要的有关数据(见表 10.9),再带入公式计算:

表 10.9 相关系数的计算表

年份	人均可支配收入 x	人均消费金额 y	x^2	y^2	xy
2008	17067.78	11242.85	291309114.1	126401676	191890490.4
2009	18858.09	12264.55	355627558.4	150419187	231285987.7
2010	19109.4	13471.5	365169168.4	181481312	257432282.1
2011	21809.8	15160.9	475667376	229852889	330656196.8
2012	24564.7	16674.9	603424486.1	278032280	409599177.2
2013	26467	18487.5	700502089	341787656	489308662.5
2014	28843.9	19968.1	831970567.2	398725018	575957879.6
2015	31194.8	21392.4	973115547	457634778	667331639.5
2016	33616.2	23078.9	1130048902	532635625	775824918.2
合计	221531.67	151741	5726834809	2696970421	3929287234

$$r = \frac{n\sum xy - \sum x \sum y}{\sqrt{n\sum x^2 - (\sum x)^2}\sqrt{n\sum y^2 - (\sum y)^2}}$$

$$= \frac{9 \times 3929287234 - 221531.67 \times 151741}{\sqrt{9 \times 5726834809 - 221531.67^2} \cdot \sqrt{9 \times 2696970421 - 151741^2}} = 0.9969$$

因此,我国城镇居民人均消费与人均可支配收入呈现高度正相关。

拓展阅读10.2

用 Excel 计算相关系数

用 Excel 进行相关分析有两种方法,一是利用相关系数函数计算,如"CORREL 函数"和"PERSON 函数";另一种是利用"数据分析"中的"相关系数"功能相关分析宏计算。这里主要介绍后者。

[资料] 根据例 12 的数据资料,运用 Excel 的计算我国城镇居民人均消费与人均可支配收入的线性相关系数。

[步骤]

第 1 步:将数据输入工作表中。

第 2 步:点击"工具"下拉菜单,选择"数据分析"选项,在分析工具中再选择"相关系数",如图 10.7 所示。

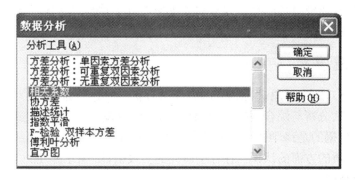

图 10.7　数据分析对话框

第 3 步:当出现对话框时,点击"输入区域"方框,在 excel 中选中人均消费和人均可支配收入的数据,注意,若是将标题也选中,则应该在"标志位于第一行"前打钩,然后在"输出选项"中选择输出区域(在此我们选择"新工作表"),如图 10.8 所示。

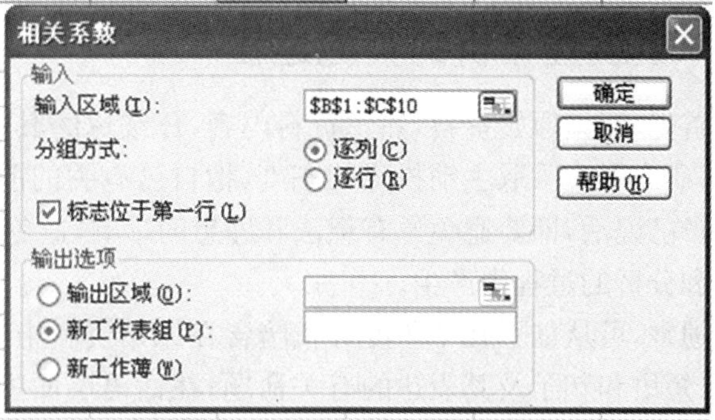

图 10.8　相关系数对话框

[结果]　最后:点击"确定",得出图 10.9 的数据。

图 10.9　相关系数计算结果

根据上述步骤计算的相关系数矩阵如图 10.9 所示,得出了两个变量之间的相关系数,即"城镇居民人均消费(元)"与"城镇居民人均可支配收入(元)"的相关系数为 0.99689,属于高度正相关。

第四节　质　性　分　析

随着计算机技术的不断应用,定量分析(统计分析)逐步成为我们每个人通过学习都可以统一掌握的技术,所以学习社会调查研究方法时,在资料分析方面重点讲的是统计分析。

然而，作为社会调查研究对象的社会现象有其质和量两个方面，我们对其也必须展开量和质两个方面的分析，缺一不可。

一、概念及层次

质性分析就是对研究对象进行"质"的方面的分析。具体地说，就是对所获得的各种资料进行归纳与演绎、分析与综合，从一个个具体的个别现象，概括和抽象到普遍理论认识的过程。质性分析依据的是科学的哲学观点、合理的逻辑判断及推理，其结论是对现象的本质、趋势及规律等质的方面的认识。在社会研究的实践中，质性分析方法主要应用在实地研究和历史比较研究中。

质性分析从内容层次上来看，可以划分为两个不同的层次，一是没有或缺乏定量分析的纯质性分析，结论往往具有概括性和较浓的思辨色彩；二是建立在统计分析（定量分析）的基础上的、更高层次的质性分析。在实际研究中，质性分析与统计分析常配合使用。在进行统计分析研究之前，研究者须借助质性研究确定所要研究的现象的性质；在进行统计分析过程中，研究者又须借助质性分析确定现象发生质变的数量界限和引起质变的原因。

二、质性分析的实施过程

首先，阅读原始资料，熟悉资料内容，仔细琢磨其中的意义和相关关系。阅读原始资料之前，研究者应采取主动投降的态度，把自己有关的前设和价值判断暂时悬置起来，让原始资料自己说话，即要避免原有想法和思想的影响，避免先入为主。概念和关系的发现都是在阅读和分析的过程中产生。

通常，可从如下几个角度寻找暗含在原始资料中的重要信息：在语言层面中，寻找重要的词、短语和句子及其表达的有关命题；在话语层面中，探询文本的结构以及文本内部各部分（句子间、段落间）的联系；在语义层面中，探讨有关词语和句子的意义；在语境层面中，考察词语出现的上下文以及资料产生时的情境；在语用层面中，寻找有关词语和句子在具体语境中的实际用途；在主题层面中，寻找与研究问题有关的、反复出现的行为和意义模式；在内容层面中，寻找资料内部的故事线、主要事件、次要事件及它们彼此间的关系；在符号层面中，探讨资料内容与相关的符号系统及其社会、文化、政治、经济背景间的关系。随着大数据技术的发展和应用，对文本资料的语言、语义、内容等层面的分析，目前已有能够辅助判断的文本挖掘技术——词云图，该技术主要包括文本分词、词频统计、主题模型、文本分类等。

其次，根据阅读资料形成新的概念或主题，提炼概念，明确主题。概念或主题的形成是质性分析过程中一个重要的部分。研究者通过对资料提出评论性的问题来进行概念化或者形成主题。这种评论性的问题可以来自于社会学的抽象术语。如通过在资料中寻找"这是家庭责任心的一种表现吗？"问题的答案，提炼出"家庭责任心"的概念等。概念的形成为定性分析提供了很好的基础和框架。

第三，从一组初步的概念或主题出发，分析各概念或主题之间的各种联系，包括因果关系、语义关系、时间关系等。在这个过程中，往往会产生新的观点、新的思想、新的主题。比如，通过对"家务分工"和"子女教育"两个概念之间联系的分析，可以产生诸如"性别角色"这样的新的主题。

最后，撰写定性分析备忘录。为每个概念或主题都做好一份专门的分析型备忘录。在写某个概念或主题的备忘录时，要注意标明它与其他概念或主题之间的相似性、差异性及因果关系。

必须要说明的是,质性分析往往也伴随着资料整理和编码的过程,实际操作中常常会根据质性分析的结果,对有关概念或主题的相关资料进行重新整理和再次编码。

三、质性分析的主要方法

(一) 比较分析法

比较分析法,是确定认识对象之间相异点和相同点的逻辑思维方法。在调查资料的质性分析中,当需要通过比较两个或两个以上事物或者对象的异同来达到对某个事物的认识时,就需要采用比较分析的方法。按照比较的方向,可以分为:

(1) 横向比较法,就是根据同一标准对不同认识对象进行比较的方法。它可以是同类事物之间的比较;也可以是不同类的事物之间的比较;可以是同一事物不同方面的比较等。

(2) 纵向比较法,就是对同一认识对象在不同时期的特点进行比较的方法。它可以是同一事物不同时期之间的比较。

(3) 理论与事实比较法,就是把某种理论观点与客观事实进行比较的方法。理论与事实的比较过程,实质上就是用客观事实检验理论的过程。

(二) 因果分析法

因果分析法,是探求事物或现象之间因果联系的方法。分析的内容主要包括找出构成因果关系的事物、确定因果关系的性质、对因果关系的程度作出解释。按照因果分析法的不同原则,可以分为以下三类:

(1) 求同法。求同法的规则是:如果在所研究的现象中出现两个或两个以上的场合,其中只有一个是共同的,那么这个共同的情况可能是所研究现象的原因。

(2) 求异法。求异法的原则是:如果所研究的现象出现的场合与它不出现的场合之间只有一点不同,即在一个场合中有某个情况出现,而在另一个场合中这个情况不出现,那么这个情况可能是被研究现象的原因。

(3) 同异并求法。同异并求的法则是:如果在出现所研究的现象的几个场合中,都存在着一个共同的情况,在所研究的现象不出现的几个场合中,都没出现这个情况,那么这个情况可能是所研究的现象的原因。

(三) 归纳法

归纳法,是从个别的、特殊的到一般的思维方法。根据归纳对象的不同特点,归纳法可分为完全归纳法和不完全归纳法。

(1) 完全归纳法,就是根据某类事物中每一个对象都具有或不具有某种属性,从而概括出该类事物的全部对象都具有或不具有某种属性的方法。运用完全归纳法必须具备两个条件:一是必须确知某类事物全部对象的具体数量;二是必须确知每一个对象有或不具有被研究的那种属性。

(2) 不完全归纳法,就是根据某类事物的部分对象具有或不具有某种属性,从而推论出该类事物的全部对象都具有或不具某种属性的归纳方法,不完全归纳法有两种形式:简单枚举法和科学归纳法。简单枚举法,就是根据某类事物中部分对象具有或不具有某种属性而又没有发现相反的事例,从而推论出该类事物都具有或不具有某种属性的归纳方法。科学归纳法,就是根据某类事物中部分对象与某种属性之间的必然联系,推论出该类事物的所有对象都具有某种属性的归纳方法。

本章小结

1. 集中趋势分析指的是用一个典型值或代表值来反映一组数据的一般水平,或者说反映这组数据向这个代表值集中的情况。最常见的集中趋势分析包括计算平均数(也称为均值)、众数和中位数。

2. 离散程度分析指的是用一个特别的数值来反映一组数据的差异化程度。常见的用来衡量一组数据离散程度的指标有极差、平均差、标准差。当比较两组数据离散程度大小时,则应使用消除了计量单位和数据水平大小影响的离散系数。

3. 抽样推断是按照随机原则,从所研究的总体中抽取一部分单位作为样本进行调查,并依据所获得的样本数据对总体的某一数量特征(总体指标)做出具有一定可靠程度的估计与推断的一种统计方法。

4. 总体参数的估计有点估计和区间估计两种方法。点估计是以样本指标数值直接作为总体指标估计值的一种估计方法,区间估计则是根据概率保证程度给出总体指标估计值的一个区间。

5. 区间估计首先根据概率保证程度 $F(t)$ 的要求,选定概率度 t,计算出极限抽样误差 $\Delta_{\bar{x}}=t\sigma_{\bar{x}}$(或 $\Delta_p=t\sigma_p$),再利用样本指标 $\bar{x}$ 或 p,计算出估计上限 $\bar{x}+\Delta_{\bar{x}}$ 或 $(p+\Delta_p)$ 和估计下限 $\bar{x}-\Delta_{\bar{x}}$(或 $p-\Delta_p$),即指出总体指标可能存在的区间范围。

6. 相关关系指现象与现象之间客观存在但又不具有确定性、不严格的相互依存关系。

7. 相关关系按相关的程度可分为完全相关、不完全相关和不相关;按相关的方向可分为正相关和负相关;按相关的形式分为线性相关和非线性相关。

8. 相关系数是对两个变量之间线性相关强度的度量,也称为简单相关系数。

即 测 即 评

一、单项选择题

1. 用一个典型值或代表值来反映一组数据的一般性水平称为(   )。
   A. 推断分析   B、相关分析   C. 集中趋势分析   D. 离散程度分析

2. 用以概括描述数据间差异程度的统计指标是(   )。
   A. 均值   B. 比率   C. 众数   D. 离散系数

3. 若两组数据的标准差相等而平均数不等,则(   )。
   A. 平均数小代表性大   B. 平均数大代表性大
   C. 代表性也相等   D. 无法判断

4. 以样本的实际资料为依据,计算一定的样本指标,并用以对总体指标做出数量上的估计和判断的方法是(   )。
   A. 预测分析   B. 综合评价分析   C. 抽样推断   D. 相关分析

5. 对两个或两个以上变量的依存关系进行分析,这种统计分析是(   )。
   A. 回归分析   B. 相关分析   C. 集中趋势   D. 离散程度分析

6. 集中趋势指标中,最容易受极端值影响的是( )。
   A. 众数　　　　B. 中位数　　　　C. 分位数　　　　D. 平均数
7. 抽样推断是建立在( )基础上的。
   A. 有意抽样　　B. 随意抽样　　　C. 随机抽样　　　D. 任意抽样

二、多项选择题

1. 资料分析中常见的描述性分析有( )。
   A. 回归分析　　B. 集中趋势分析　C. 离散程度分析　D. 参数估计
   E. 相关分析
2. 集中趋势分析包括的方法有( )。
   A. 平均数　　　B. 标准差　　　　C. 平均差　　　　D. 众数
   E. 中位数
3. 离散程度分析包括的方法有( )。
   A. 平均数　　　B. 标准差　　　　C. 平均差　　　　D. 全距
   E. 中位数
4. 影响抽样误差的因素有( )。
   A. 总体方差 σ^2　B. 样本容量 n　C. 概率保证程度　D. 抽样时间
   E. 抽样内容
5. 抽样推断的特点是( )。
   A. 随机取样　　　B. 有意选取有代表性的单位进行调查
   C. 以样本推断总体　D. 运用概率估计方法
   E. 抽样误差可以计算和控制

三、判断题

1. 在正态分布情况下,平均数与众数、中位数三者相等。( )
2. 两个企业的职工平均工资比较,若 $\bar{x}_甲 < \bar{x}_乙$、$\sigma_甲 > \sigma_乙$,则甲企业职工工资的离散程度一定比乙企业高。( )
3. 调查误差是可以避免的,而抽样误差是不可避免的。( )
4. 点估计就是以样本指标值直接作为相应总体指标的估计值。( )
5. 相关关系和函数关系都属于完全确定性的依存关系。( )
6. 如果两个现象的变动方向一致,同时呈上升或下降趋势,则两者是正相关关系。( )
7. 假定变量 x 与 y 的相关系数是 0.8,变量 m 与 n 的相关系数为 -0.9,则 x 与 y 的相关程度更高。( )
8. 当直线相关系数 $r = 0$ 时,说明变量之间不存在任何相关关系。( )

思考与练习

一、思考题

1. 简述算术平均数、中位数、众数的区别。
2. 什么叫参数估计? 有哪两种估计方法?

二、案例分析题

1. 某高校某系学生的体重资料如表 10.10 所示,试根据所给资料计算学生体重的算术平均数、中位数和众数。

表 10.10 学生体重资料表

按体重分组(公斤)	学生人数(人)
52 以下	28
52~55	39
55~58	68
58~61	53
61 以上	24
合计	212

2. 随机抽取 400 只袖珍半导体收音机,测得平均使用寿命 5000 小时。若已知该种收音机使用寿命的标准差为 595 小时,求概率保证程度为 99.73% 的总体平均使用寿命的置信区间。

本章实训

实训内容:请收集近 10 年来我国城镇居民人均收入和人均消费的数据,运用 Excel 对人均收入和人均消费分别进行描述性分析,再进行相关性分析。

实训目的:熟悉描述性分析的 Excel 操作、相关系数的测算。

实训要求:要求能够对操作结果进行详细的集中趋势和离散程度分析;能够对相关系数的结果进行意义的解释。

实训组织:1 人一组,独立完成。

延伸阅读

1. 陈珍珍,孙小素. 感悟集中趋势与平均水平的统计测度方法[J]. 云南财经大学学报,2010,26(3):42-26.
2. 王文森. 变异系数:一个衡量离散程度简单而有用的统计指标[J]. 中国统计,2007(6):41-42.
3. 蔡一鸣. 几种方差概念的比较[J]. 统计与信息论坛,2008,23(4):20-22.
4. 王超. 离散系数的一种改进方法[J]. 统计与咨询,2010(3):49-50.
5. 陈嘉鸿,韩九强,张忠华. 统计参数点估计性能评价的新方法[J]. 统计与决策,2008(10):4-5.
6. 孙慧玲,胡伟文,刘海涛. 小样本情况下参数区间估计的改进方法[J]. 哈尔滨理工大学学报,2017,22(1):109-113.

7. 杨耀武,杨澄宇.中国基尼系数是否真地下降了:基于微观数据的基尼系数区间估计[J].经济研究,2015(3):75-86.

8. 王艳艳,廖大庆,段红梅.定时截尾数据缺失场合下双参数指数分布参数的点估计及区间估计[J].云南大学学报(自然科学版),2009(S2):358-361.

9. 李勇,张维,陈正伟.随机样本中正态均值的灰色区间估计研究[J].统计与决策,2010(13):153-154.

10. 余红梅,罗艳虹,萨建,等.组内相关系数及其软件实现[J].中国卫生统计,2011,28(5):497-500.

即测即评答案

一、单选题
1. C 2. D 3. A 4. C 5. B 6. D 7. C
二、多项选择题
1. BC 2. ADE 3. BCD 4. ABC 5. ACDE
三、判断题
1. √ 2. √ 3. × 4. √ 5. × 6. √ 7. × 8. ×

思考与练习参考答案

一、思考题

1. 答:(1) 首先,由于计算平均数时要求用到数据中所有的数值,而求中位数、众数时只用到数值的相对位置,因而平均数比中位数利用了更多的有关数据的信息。它对数据总体的描述和反映,在一般情况下比众数、中位数更加全面和准确。

(2) 其次,平均数与中位数、众数有一点很重要的差别,这就是:平均数非常容易受到极端值的变化的影响,而中位数、众数则不会受到这种影响,除非众数、中位数值本身变化。

(3) 第三,对抽样调查来说,平均数是一种比众数、中位数更为稳定的量度,它随样本的变化比较小。

(4) 最后,平均数具有众数、中位数所不具备的另一个重要性质:它比较容易进行算术运算。

2. 答:(1) 抽样推断是用样本数据来估计相应的总体的数量特征(即总体参数),所以这种估计也可以称为参数估计。总体参数的估计有点估计和区间估计两种方法。(2) 点估计是以抽样指标数值直接作为总体指标估计值的一种估计方法。(3) 区间估计是根据概率保证程度的要求,选定概率度 t,利用抽样指标给出总体指标可能存在的区间范围。

二、案例分析题

1. 解:

表 10.11 学生体重计算表

按体重分组(kg)	组中值(x)	学生人数(f)	xf	向上累积频数
52 以下	50.5	28	1414.0	28
52～55	53.5	39	2086.5	67
55～58	56.5	68	3842.0	135
58～61	59.5	53	3153.5	188
61 以上	62.5	24	1500.0	212
合计	—	212	11996.0	—

(1) 学生平均体重：

$$\bar{x} = \frac{\sum xf}{\sum f} = \frac{11996}{212} = 56.58 (\text{kg})$$

(2) 学生体重中位数：

$$M_e = L + \frac{\frac{\sum f}{2} - S_{m-1}}{f_m} \times d = 55 + \frac{\frac{212}{2} - 67}{68} \times 3 = 56.72 (\text{kg})$$

(3) 学生体重众数：

$$M_o = L + \frac{f_m - f_{m-1}}{(f_m - f_{m-1}) + (f_m - f_{m+1})} \times d$$

$$= 55 + \frac{68 - 39}{(68 - 39) + (68 - 53)} \times 3 = 56.98 (\text{kg})$$

2. 解：已知 $n = 400$，$\bar{x} = 5000$，$\sigma = 595$，$F(t) = 99.73\%$，查正态分布概率表得 $t = 3$。

抽样极限误差：$\Delta_\mu = t * \frac{\sigma}{\sqrt{n}} = 3 \times \frac{595}{\sqrt{400}} = 89.25$

总体平均使用寿命的置信区间为：

$$\bar{x} \pm \Delta_\mu = 5000 \pm 89.25 = (4910.75, 5089.25)$$

该批半导体收音机平均使用寿命的置信区间是 4910.75～5089.25 小时。

第十一章　调查报告的撰写

本章知识结构图

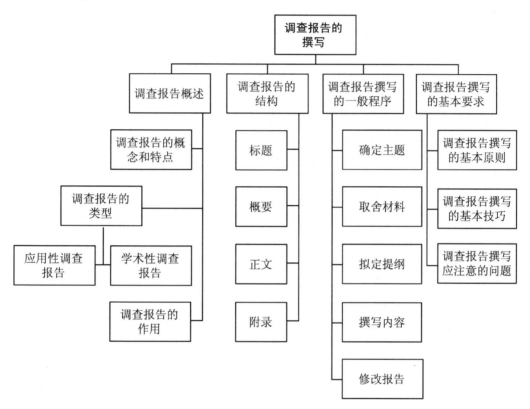

知识目标：了解调查报告的概念与作用，明确调查报告的种类。
能力目标：掌握调查报告撰写的一般程序、原则和要求。
素质目标：培养学生在社会调查过程中将所学知识和技能进行综合运用，训练学生提高认识和观察社会并分析和解决实际问题的能力。
本章重点：调查报告的基本格式。
本章难点：调查报告撰写的特点和步骤。

案例导入

《大学生社会调查提纲——网络发展对大学生的影响》报告示例

一、调查主题:网络发展对大学生的影响

二、调查对象:××大学在校大学生

三、调查时间:2016年5～6月

四、调查方法:

(1) 以问卷调查为主,通过设计好的问卷,在学校随机抽取大学生进行调查。

(2) 以访谈调查为辅,通过事前准备好的访谈提纲,在访谈过程中引导大学生回答相关问题,获取第一手真实信息。

(3) 通过网上或资料查询获取统计资料,查找具有权威性的调查结果,获取相对确切的结果。

五、调查目的:在我国网络科技迅速发展之际,网络对大学生道德、心理健康、学业以及人际交往等都产生了极大的影响。通过调查让学校或家庭及时掌握网络发展对大学生生活学习带来的负面影响,以便采取相应措施,进行制度的完善和心理矫正,使网络成为大学生生活学习的有利工具。

六、调查背景:网络是双刃剑,在为人们的生活提供高效快捷的信息的同时,也为许多不道德的行为提供了新的场所,网络的使用冲击了传统道德规范。遨游在网络中的大学生不需要真实的姓名、身份,可以隐瞒性别、年龄、身份。在虚拟的空间里,人与人的交往没有责任也没有义务。高校学籍管理资料显示,心理障碍和网络成瘾是大学生休学、退学的两大主要原因。网上聊天使一部分学生陷入虚幻的世界不能自拔,使美好的心灵扭曲,给大学生的身心健康带来了极大的危害。

七、调查组织:跟学校相关老师和部门联系,取得支持,利用课后时间,对被调查者说明调查意图,取得大家的信任与支持,发放调查表格——收集调查表格;发放问卷——回收问卷。

八、数据处理:分析并整理问卷调查结果,运用统计分类汇总表等统计工具进行数据加工处理,得出结论。

九、调查结果及分析:总结此次调查,写出调查报告。

十、调查心得及建议:(略)。

十一、附件:是对正文报告的补充或更详尽的说明,包括数据汇总表及原始资料、背景材料和必要的工作技术报告。例如,我们可以把相应的问卷选一部分作为调查报告的附件。

思考:如何拟定一份详细的社会调查提纲?

案例解读:

调查提纲是调查报告的"骨架",拟定提纲是调查报告构思中的一个关键环节。拟定提纲的过程实际上就是把调查材料进一步分类、构架的过程。构架的原则是:"围绕主题,层层紧逼,环环相扣"。提纲或骨架的特点是它的内在的逻辑性,要求必须纲目分明,层次分明。调查报告的提纲有两种,一种是观点式提纲,即将调查者在调查研究中形成的观点按逻辑关系一一列举出来。另一种是条目式提纲,即按层次意义表达上的章、节、目,逐一地一条条地写成提纲。也可以将这两种提纲结合起来制作提纲。

第一节 调查报告概述

一、调查报告的概念和特点

（一）调查报告的概念

调查报告是针对某一现象、某一事件或某一问题进行深入细致的调查，对获得的材料进行认真分析研究，发现其中的本质特征和基本规律之后写成的书面报告。调查研究是调查报告的写作基础，调查报告则是调查结果的书面形式。调查报告是认识客观事物的手段，又是解决实际问题的起点，还是制定方针政策的依据。

调查报告作为调查成果的一种主要形式，与调查资料不同。调查资料是调查实施的客观反映，它不掺杂调查研究者主观分析的成分，而调查报告是对调查事实进行分析的结果，不像调查资料那样直接反映调查事实，调查报告具有主客观相结合的性质。

作为一种说明性文体，调查报告是作者通过深入实际，对希望了解的事物进行认真的调查研究、综合分析，揭示出事物的本质，寻找出事物的规律，然后写成的书面报告。调查报告主要包括两个部分：一是调查情况，二是分析研究。

调查情况，必须真正进行实地调查，准确地反映客观事实，不能主观臆想，要按事物的本来面目了解事物，详细地占有第一手材料。调查报告的主要特点是用事实说话，对事物加以剖析和评论，因此真实性是它的生命。它一般运用叙述和议论这两种基本的表现手段。与一般新闻通讯比，它侧重用事实说明问题，不需要故事性、形象性；与一般工作总结比，它多用第三人称。从用途来说，调查报告有的可以发表，有的则只是作为领导机关了解情况、制定政策的参考和依据，并不公开发表。

分析研究，即在掌握客观事实的基础上，进行分析，"去粗取精、去伪存真、由此及彼、由表及里"地透过现象揭示事物的本质和规律。调查报告中可以提出一些对策，但不是主要的。因为，对策的制定是一个深入的、复杂的、综合的研究过程，调查报告提出的对策正确与否还需要实践的验证。

调查报告是针对社会现实提出的具有明确观点和事实根据的书面报告，反映具有普遍意义或带有关键性问题的情况，内容比较复杂，深度广度的要求也比较高。它既具有较高的学术价值，又对社会实践具有指导意义。社会调查目的的实现，需要借助调查报告，因为调查报告揭示出来的科学结论是整个调查活动的结晶，它为人们认识社会现象、解决社会问题提供了基础条件。因此，调查报告撰写之后，需要将社会调查的这一成果以不同的形式应用到社会实践中去，真正发挥社会调查在认识社会现象、探索社会规律中的重要作用。

（二）调查报告的特点

调查报告是十分注重信息量的管理文体。如果说注重信息量是许多准公文的共同特点的话，那么可以说调查报告对信息量的重视就显得更加突出。调查报告主要有以下4个特点：

1. 文体的两栖性

调查报告既是准公文，又因其具有新闻性而被当作新闻文体的一种。它既被国家机关、党政部门、社会团体和企事业单位的管理部门广为运用，又常常受到新闻宣传机构的重视，被当作大众传播的一个重要形式。不过,作为新闻文体的调查报告,往往只是用来反映对一新闻事件或社会问题所作的专题性调查研究。而实际上调查报告所反映的内容相当宽广,不光反映新闻事件、社会问题。所以从整体来看,调查报告是一种能够经常被用作新闻文体的准公文。

2. 内容的纪实性

调查报告寓理于事,靠事实说话。人们对事物通过调查研究得出了某些道理,形成了某些见解、观点,主要是通过叙述事实本身来证明这些道理、见解、观点的。人们必须运用正确的思想方法、科学的调查手段来进行调查研究。这绝不是什么主题先行。正确的思想方法、科学的调查手段不等于人们对被调查事物的观点,但能引导人们从被调查事物中引出正确的观点。调查研究的主要成果,即对被调查事物形成的基本看法,只能产生于调查之后,而决非调查之前,作为反映调查研究成果的调查报告,是运用调查所得事实来证明事理的言之有据。在调查报告中,这种言之有据的"据"贯穿全文,自成体系,成为一个有序的系统,因而具有很明显的纪实性。这与一般论说文中论据的广为引证、相对独立有很大的不同。也与一般记叙文中多以情节线索、感情线索有序地连贯叙述有很大的不同。调查报告可以有感情色彩,其感情色彩是蕴藏于事理之中的,蕴藏于纪实之中的,调查报告以纪实性为其显著特色。

3. 叙述的客观性

调查报告纪实之中有达意,有时还有传情,显然,纪实是基础。所以,调查报告特别尊重事实,事实有多大就写多大,不夸大,不缩小。所以,调查报告讲究事理吻合,尊重事实,这样才容易做到持论公允。这正是调查报告在叙述事实中具有客观性特征的反映。有些调查报告,作者尚未对调查对象形成肯定的见解。这种主要是反映事实现象的调查报告,叙述的客观性更为明显。有些调查报告,作者虽然已对调查对象形成了确定的见解,但是表达时不明确点出来,而是让读者通过阅读去体会文中的观点。这种表达形式的调查报告,叙述的客观性也特别明显。大量的调查报告则是观点明确,纪实性强。即使这类调查报告,它们的叙述,也有着客观性的特点。调查报告格外忌讳将观点强加于人。强加于人往往使人产生拒绝接受的逆反心理。为了使读者信服文章观点,调查报告必然在注重内容纪实性的同时,也注重叙述的客观性。纪实性,决非罗列现象;客观性,决非没有观点。纪实性、客观性,正是调查报告容易让人接受其观点的两个有效手段、两个重要特点。

4. 过程的完整性

调查报告十分重视报告出客观事实的完整过程。这是内容的纪实性、叙述的客观性得以充分体现出来的一个重要手段。由于过程是完整的,所以内容上前后连贯有序就容易办到,内容就有了整体感、立体感,自然就增强了内容的纪实性;由于过程是完整的,所以叙述就比较全面,事理比较公允,自然就增强了叙述的客观性。

除了以上特点,调查报告还有一个特点是信息传播具有两重性。许多调查报告既能用作系统内传播,又能用作大众传播,即能定向传播,又能非定向传播。这个特点,可以看作是从调查报告文体的两栖性这个特点派生出来的。有些人认为调查报告还有实用性、针对性等特点。实用性、针对性等特点是所有实用性文体均具备的共同特征,不宜列入调查报告不同于其他实用文体的特点之中。[①]

---

① 李宝森.刍议调查报告的作用、特点和分类[J].江苏经贸职业技术学院学报,1991(2).

二、调查报告的类型

调查报告属于应用性文体,它的分类较为复杂。由于对象、目的、标准和侧重点不同,分类也就不同。按照不同的标准,调查报告可以分成许多不同的类型,同时每一种分类又有交叉。如有的将调查报告分为普通调查报告与学术性调查报告、描述性调查报告与解释性调查报告、综合性调查报告与专题性调查报告六大类;有的将调查报告分为学术性调查报告和应用性调查报告、综合性调查报告与专题性调查报告四大类等。为了理解和叙述的方便,从调查目的和对象出发,结合最终形成的书面报告的内容综合评述,将调查报告分为应用性调查报告和学术性调查报告。

(一)应用性调查报告

应用性调查报告是针对社会生活中的某一情况、某一事件、某一问题,进行深入细致地调查研究,然后把调查研究得来的情况真实地表述出来,以反映问题,揭露矛盾,揭示事物发展的规律,向人们提供经验教训和改进办法,为有关部门提供决策依据,为科学研究和教学部门提供研究资料和社会信息的书面报告。社会工作者、党政机关和企事业单位中的调研咨询部门撰写的调查报告多属于此种类型。应用性调查报告主要分为以下几种:

1. 反映基本情况的调查报告

这是用于反映某一地区、某一领域、某一单位或某一事物的基本情况、基本面貌的调查报告,目的在于报告全面的情况,为决策者制定方针政策、规定任务、采取措施提供决策依据和参考。这类报告是在深入、系统地研究某一方面基本情况的基础上写成的,其内容比较全面,篇幅也比较长,常常用作对上级汇报工作,或作为党政机关正确制定方针政策和事业发展规划,以及部门和单位领导下基层了解面上情况后所写的调查报告,又称为专题调查报告。

此类调查报告因不同的调查目的、不同的调查范围和不同的用途又可以分为两种不同的情况:一种是反映具体情况的个案性质的调查报告。其目的是为了界定某一个具体问题,调研范围单一而具体,报告的内容一般用来作为处理某一具体问题的依据或参考;另一种是反映基本情况的综合性调查报告,调研的目的是为了掌握某一领域或某一方面的概貌,调研范围相对宽广,涉及的对象较多,报告的内容主要用于领导和有关部门进行宏观决策时作参考,也可用于说明某种客观现象、某一学术观点。

该类调查报告的写法偏重于反映客观情况,分析研究的成分相对少一些,一般也不要求提出理论性的主题思想。在写作过程中,这类调查报告的标题,一般要点明是关于什么单位或者地区、什么问题的调查。其前言一般是介绍调查的缘由、目的、时间、地点、范围和方式等。由于这类调查报告的主体内容涉及面一般都比较宽,因此,这类调查报告在写作上往往采用横向结构。如综合反映一个地区的情况,可从经济建设、政治建设、文化建设、社会建设、组织领导等若干方面来撰写;如反映某一方面的情况,则可分为基本概况、主要成绩、突出问题等若干层次。当然,每个大的部分中还可以分为若干个小的问题来写。

2. 介绍新生事物的调查报告

这是用于报告和评价新生事物,帮助人们提高对新生事物的认识的调查报告。新生事物往往代表着事物的发展趋势,因此,在写作这类调查报告时要抱着满腔热情的态度给予充分肯定和积极支持。此类调查报告写作的特殊性,都源于一个"新"字,不仅要说明新生事物的孕育、产生和发展过程,而且要指出它的背景,也就是说要指出它是在什么样的环境和条件下产生的,经历了什么样的发展过程,遇到了哪些矛盾、困难和问题;不仅要说明它的性质和特点,而且要指明它的作用和意义,包括对其发展前景的预测和未来发展方向的展望。由于新生事物处于不断发展和完善的过程中,往往不够成熟,甚至存在某些弱点和不足,所以在结尾时,一定要如实地指出它需要进一步完善的地方和可能带来的新问题,以便进一步改进和完善。

介绍新生事物的调查报告主要是起到肯定和支持新生事物、扶持新生事物发展的作用。这类调查报告既要求比较具体而完整地反映新生事物产生的时代背景及自身发生、发展过程与所遇到的各种问题,还要求阐明它在整个现实生活中的意义和作用,揭示它的成长规律和发展方向,以促进新生事物的成长和推广。

3. 总结典型经验的调查报告

这是通过分析典型事例,总结工作中出现的新经验,从而指导和推动某方面工作的一种调查报告。典型是指有代表性的个别事物,这类报告要求把一个地区、一个部门、一个单位、一个方面的成功经验,全面地总结、介绍出来,找出其中带有规律性的东西,供有关方面学习借鉴。其调研对象是一个或一类特定的先进典型,此类调查报告的写作应着重说明其产生的历史条件,叙述其发展经历和过程,着重介绍在发展过程中遇到的问题和解决这些问题的具体做法以及所取得的成绩和指导意义,对先进典型进行深入调查分析后,提炼出成功的经验和有效措施。

此类报告要起到示范引路的作用,写成之后,要衡量所概括的经验是否可以为有关人员或单位所借鉴,以指导和推动面上的工作,或可以使读者从中受到启发、教育。因此,此类调查报告的写法应包括基本情况、突出成绩、具体做法、主要体会、现实意义等。标题一般要反映主题。前言大多采用概述主要成绩、发展变化,并提示基本经验的写法。主体部分需要充分展开,不仅要写具体做法,而且要写切身体会;不仅要写感性认识,而且要上升到理性认识。这两方面是相辅相成、缺一不可的,没有具体做法,体会就是空的;不上升到理性认识,感性认识就难以具有广泛的指导意义和推广价值。结尾可以归纳全文、强调主旨,或者指出不足、展望未来。在行文的语气上,经验调查报告格式与经验总结不同,经验总结用第一人称,行文语气必须谦虚,而调查报告则用第三人称,可以热情赞扬,以促进经验的推广。

【知识小贴士】11.1
调查报告与工作总结的区别

调查报告和工作总结在写作上有许多相通之处,特别是介绍典型经验的调查报告和专题性的工作总结,无论从反映的内容或表达的形式上来看,都非常接近。这两种文体的相同点反映在:它们都是紧密配合形势,宣传党的任务,有较高的政策性;它们都是抓住点上材料,推动面上工作,有较广的指导性;它们都是运用事实说话,揭示事物本质,有较强的针对性。其不同点,主要表现在:

(1) 从取材的范围看,调查报告反映的面较广,可以推广经验,可以反映情况,也可以研究、揭露问题,而总结往往是总结本单位某个阶段贯彻执行党的路线、方针、政策的情况,或某项工作的具体经验。

(2) 从反映的内容看,调查报告比较集中地说明一个问题、一项事情,或者是阐述成绩,或者是揭露矛盾,一般不是既全面写成绩,又详细写问题的。而总结一般要考虑全过程,既要有基本情况的回顾,又要写取得的成绩、经验、存在的问题和教训,还要写今后的努力方向,这些方面都要有所交代,当然也要注意重点突出,主次分明,详略得当。

(3) 从反映的时效来看,一般来说,调查报告配合形势的宣传要比总结迅速、及时,因为总结要到一定阶段才能撰写。

(4) 从使用的人称看,调查报告通常是调查组或记者去别单位采写的,常常用第三人称。而总结通常是本单位自己动笔撰写的,常常用第一人称。

资料来源:https://wenku.baidu.com/view/1b346e60dd36a32d737581c8.html?from=search。

4. 揭露问题的调查报告

这是针对暴露出来的问题,进行深入、细致、全面的调查,弄清问题发生的原因,分析问题的实质、危害,并提出今后如何避免同类问题发生的调查报告。它既可作为公正严肃处理问题的依据,又能起到用典型教育他人的作用,从而引起人们的警觉,接受教训,少犯或不犯错误。这种调查报告有的公开发表,有的只作内部公文的附件发至有关单位,促进问题的解决。

揭露问题的调查报告一般有两类:一类是为了研究解决工作中存在的缺点和问题,以及不良倾向等而撰写的调研报告,其目的在于揭示问题、反映情况,而不在于追究责任者。另一类是为了处理违法乱纪事件或严重事故等而撰写的调研报告,这一类调查报告的写法不仅要以确凿的事实分清是非,而且要弄清性质、分清责任,提出解决和处理的具体意见。揭露问题的调查报告在格式上,其标题往往多采用揭露式的,有的标题甚至还带有一定的感情色彩,如《主城区违法建筑触目惊心》,这个标题不仅表明了调查报告的主旨,而且也表明了作者对这一问题的态度,能够起到强烈的警示与提示作用,吸引读者的眼球。主体部分所反映的如果是一个具体事件,一般采用纵向结构;如果反映的是一种倾向和状况,多采用横向结构。在叙述完问题的主要事实后,要写出问题产生的原因、性质和危害程度。结束语有的可呼吁对问题予以重视或关注,有的可扼要提出解决办法或处理意见。

5. 考查历史事实的调查报告

这是用于对某一历史现象或某一历史事件进行重新调查,用确凿的事实,揭示历史真相,作出正确的评价,还原历史本来面目的调查报告。如为平反历史冤假错案所写的调查报告,就属于这种调查报告格式。这类调查报告格式的政策性和针对性较强,反映的事件往往也比较复杂。这类调查报告正文的内容一般包括三个方面:一是事实的本来面目;二是被歪曲的情况;三是纠正和处理的意见。这类调查报告在写作时,事实真相与被歪曲的情况相矛盾的地方,尤其要叙述清楚,要说明事实被歪曲的原因和有关的责任者。写处理意见时,态度要明确,办法要具体。如果问题正在处理和解决中,就要把进展情况写出来;如果尚有阻力,就要把问题尖锐地提出来,敦促有关部门尽快予以解决。这类调查报告重证据、重史实,观点鲜明,具有很强的说服力。

(二) 学术性调查报告

学术性调查报告是以学术或学科研究为出发点,主要以专业研究人员为读者对象,着重于对社会现象的理论探讨。绝大多数学术性调查报告重在调查、分析各种社会现象之间的相互关系和因果关系。目的是通过对实地调查资料的分析,或归纳提出、证明学术、学科的某一理论观点,或就某一学术观点提出质疑或补充,或揭示某一事物、某一社会现象的本质和发展规律。这类调查报告的特点是学术性、理论性和科学研究性很强,往往需要运用各个学科的有关理论和概念,运用科学理论去分析、理解,从理论的高度揭示所调查了解的事物或社会现象中的矛盾、规律。

在写作上,学术性调查报告要求对调查对象、调查程序、调查方法做出具体说明,它一般不就实际工作提出太多的具体建议,但在调查研究过程中,特别注重资料的真实、系统和完整;在论证上,它讲究严密的逻辑体系和科学的分析,要求对不同的理论观点作出评论;在形式上,它有比较固定、比较严格的格式,结构更加严谨,论述的语言也更加客观、更加严密。

需要强调的是,学术性的调查报告和应用性调查报告有时难以有准确的界限。一方面,调查报告的任何具体意见和建议,都必须通过一定深度的理论研究才能提出来,而应用性的调查报告也往往要作出理论性的分析与概括;另一方面,任何学术性调查报告的理论研究都必须为实际服务,研究的目的最终是为了指导实际。

三、调查报告的作用

调查报告有着重要的社会作用。它可以通过树立典型、总结经验,起到指导工作、推动和贯彻党的方针政策的作用;可以通过对新事物的发展规律的揭示,起到扶植新事物的作用;可以通过揭露问题,引起社会的注意,起到纠正不正之风的作用;也可以通过调查社会情况为党和政府制定方针政策提供依据。它的运用十分广泛,大到可以针对全国的情况或者某一个阶级或阶层的情况(如恩格斯的《英国工人阶级状况》,毛泽东的《湖南农民运动考察报告》),小的可针对某一单位或某一问题、某一专题进行调查。调查报告的社会功能和作用十分广泛,因调查目的的不同而不同,就一般而言,其作用主要为以下几个方面:

(一) 认识世界、指导社会实践的显著作用

社会调查,无论其课题大小,也不论其属于何种类型,其根本的出发点都在于认识世界,指导社会实践,进而改造世界。调查报告的这种作用集中地表现在发现问题、反映情况、总结经验、树立典型上,进而得出具有方向性的普遍经验来指导和推动工作。如毛泽东的《湖南农民运动考察报告》就曾对中国革命的具体实践起到了巨大的指导作用;费孝通的《小城镇大问题》,则对我国小城镇的建设起到过极大的指导作用,由此推动了我国小城镇的快速发展。

(二) 对有关部门决策、制定政策的参考作用

社会的发展有赖于科学的决策以及政策的正确制定、调整与实施。而科学决策、政策制定的前提必须是随时掌握新情况、发现新问题、总结新经验,它植根于社会实际,来源于及时、深入的调查研究。调查报告是在调查研究的基础上,针对社会现实提出的具有明确观点和事实根据的书面报告,它从不同的侧面和角度真实地反映了社会情况和存在的问题。因而,调查报告不仅可为科学决策、政策制定提供事实的和理论的依据,而且可以改变单凭经验、想当然决策的情况,更重要的是,它把决策建立在科学研究的基础之上,为决策的科学化奠定了基础。

(三) 促进科学理论丰富发展的重大作用

调查报告是社会调查成果的集中体现,它不仅为理论研究提供大量的客观事实和有价值的资料,更重要的是,它通过对客观事实的分析,揭示了社会现象的本质和社会发展的规律,从而不断促进科学理论的丰富和发展。如毛泽东的《湖南农民运动考察报告》丰富与发展了马克思主义理论;美国社会学家威廉·怀特根据自己亲自参与观察写成的《街角社会》,丰富与发展了社会学关于小群体研究的理论;费孝通的《小城镇大问题》,促进了我国城市化

理论的发展。大量事实说明,调查报告是人们发现真理、推动真理发展的重要途径和形式。①

第二节 调查报告的结构

撰写调查报告,是在认真调查研究、充分占有材料的基础上,对材料进行分析研究,根据调查目的和调查材料特点选择适当的结构,把思想观点、调研成果变成布局完美的文字的重要过程。调查报告的结构一般由标题、概要、正文(前言、主体、结语)、附件组成,如图 11.1 所示。

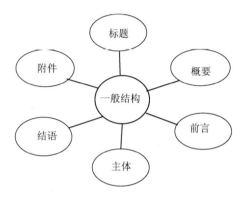

图 11.1 调查报告的结构

一、标题

(一) 标题的要求

标题就是调查报告的题目,由报告内容来决定,常见的有公文标题和新闻标题两种。公文标题一般由调查对象、事由、文种三要素组成。

(1) 它必须准确揭示调查报告的主题思想,做到题文相符。

(2) 高度概括,具有较强的吸引力。

(二) 标题的写法

标题包括单行标题与双行标题,单行标题就是调查报告只有一行的标题,一般是通过标题把被调查单位和调查内容明确而具体地表现出来。单行标题又可分为文件式标题和一般文章式标题。文件式标题与行政公文的标题写法基本相同,即"调查机关+事由+文种"。如《中国人民银行××分行关于对银行职工心理素质的调查》,有时也可以去掉"调查机关"这部分,如《关于农村深化改革的调查》《盐城市民间借贷情况的调查》等。一般文章式标题,既可以是问题式标题,又可以是内容式标题。问题式标题是针对调查的关键点,在标题中提出问题,引起读者注意。如《怎样管理才能出效益?》《解放牌汽车为什么滞销?》等。内容式标题是在标题中标明调查的中心内容。如《当前金融职工队伍建设的误区及出路》《澳大利亚的畜牧业》等。

双行标题就是调查报告有两行标题,由正标题和副标题组成,一般正标题表达调查主

---

① 周德民,张苏辉.社会调查方法教程[M].北京:中国劳动社会保障出版社,2013:296.

题,副标题用于补充说明调查对象和主要内容。由于这种标题形式优点很多,正标题突出主题,副标题交代形势、背景,有时还可以烘托气氛,两者互相补充,因此成为调查分析报告中常用的形式之一。如《高校发展重在学科建设——××大学学科建设实践调查》《山重水复疑无路,柳暗花明又一村——我市乡镇企业扭亏为盈的调查报告》等,都属于正、副标题组成的双行标题。

(三) 标题的形式

(1) 直叙式的标题,即反映调查意向或调查项目或地点的标题。这种标题简明、客观,一般调查报告多采用这种标题。

(2) 表明观点式的标题。直接阐明作者的观点、看法,或对事物进行判断、评价。

(3) 提出问题式的标题,即以设问、反问等形式,突出问题的焦点和尖锐性,吸引读者,促使读者思考。例如《中学生早恋问题说明了什么》等。

二、概要

概要是调查报告的内容摘要,一般简要介绍以下三方面内容:

(1) 调查目的,即简要说明调查的原因。

(2) 调查对象和调查内容。包括调查时间、地点、对象、范围、调查要点及所要解答的问题。

(3) 调查研究的方法。介绍调查研究的方法,有助于确信调查结果的可靠性,并说明选用该方法的原因。

概要示例:关于农村居民对社会热点问题关注程度的调查

第一,调查背景:在我国政府对农村建设日渐关注的大背景下,按照《中国地质大学团委关于寒假安排的通知》中"根据自身情况开展社会实践活动"的要求,结合自己的实际情况展开此项调查。

第二,调查目的:为了了解农村居民对国家新政策、社会新热点的关注程度,了解农民对各种政策的执行满意度,增加自己对农村的了解,对一些农村问题进行量化和理性的分析并从中思考一些解决办法,同时调查过程也会对自己的实践能力的提高有很大的好处。

第三,调查方法:

1. 问卷调查(问卷附件一:关于农村政策的相关调查)

(1) 农民对国家农村政策的了解程度。

(2) 农民对社会热点问题的了解程度。

(3) 农民对村委会及其他基层组织工作的了解程度。

(4) 农民平时关心的问题。

2. 当面访谈(因农民知识程度等原因,本次调查采用随机交谈的方式)

(1) 按照问卷进行。

(2) 访问较熟悉的人。

(3) 随机调查陌生人。

三、正文

正文即调查报告的内容,它一般包括前言、主体和结语三部分。

(一) 前言

前言是调查报告的开头，一般是联系调查报告主体部分的结构顺序撰写前言，主要是概述调查对象的基本情况、说明调查工作的基本情况、揭示全文主题，把调查结论或主题内容表达出来，指出某地出现了哪些新事物与情况，或对主题做具体介绍。

1. 前言的写作形式

前言的形式有以下几种：

（1）开门见山，揭示主题。文章开始先交代调查的目的或动机，揭示主题。例如，2015年3月我们对2013级电子商务专业的学生进行有关心理障碍调查研究，目的是要有针对性地对学生进行健康教育，矫正疏导各种不良心理，使学生健康成长。

（2）结论先行，逐步论证。即将调查结论写出来，然后再逐步论证，这种开头形式，观点明确，使人一目了然。例如，2016年3月，对××高中400名高二学生的心理健康进行了调查，调查结果表明，很多学生存在不同程度的心理问题（结论），大致可以分为以下几类……

（3）交代情况，逐层分析。文章开头可先介绍背景，然后逐层分析，得出结论。也可交代调查时间、地点、对象、范围等情况，然后分析。这样可使读者有一个感性认识，然后再深入分析研究。例如，《放眼未来之路：1011名专家人士眼里的中国数据通讯网络》的开头，"中国邮电电信总局与北京新华信息商业风险管理有限公司于今年4、5月间在北京、上海、广州进行了一次大规模的抽样调查，力图考查我国通讯网络的现状，并展望未来之路。"在这次调查中，除了涉及特定专业问题外，还围绕着网络化的大趋势设计了许多问题，包括用户目前的网络使用情况、意见、需求等，调查对象是各种单位中通讯网络或计算机方面的技术人员……

2. 前言部分撰写应把握的原则

开头部分的写作方式很多，可根据情况适当选择，但不管怎样，开头部分应围绕这样几个问题：为什么进行调查、怎样进行调查、调查的结论如何。

前言示例：农村义务教育现状的调查与分析

前言：目前，我国农业在总体上实现了温饱、进入小康的前两步目标，已经开始向基本实现农业现代化的战略目标迈进。然而，中国农村的现状也存在一定的问题。目前，我国农民整体文化素质较低，难以适应现代化农业需要的状况，这将成为阻碍我国农业进一步发展的最大障碍。如何培养大批安心在农村的专业人才和具有较高素质的农村劳动者，适应农村经济改革和社会发展的需要，就成为农村教育改革和发展的重要任务。而农村教育改革和发展的重要内容就是普及农村义务教育。

这篇调查报告范文的前言介绍了为何进行农村义务教育的调查，提出了大家普遍关心的问题，很有吸引力。

(二) 主体

调查报告的主体部分是调查报告内容重点展开的部分。这一部分要以大量的事实、数据反映调查的真实情况，并通过作者的真实视野，对所调查的现象作出提纲挈领的分析和评价，给读者以启迪。主体部分与前言部分是相衔接的，往往根据调查得来的事实和有关材料进行叙述，对其进行分析、综合，对调查研究结果和结论进行说明。把调查的主要情况、经验或问题归纳为几个问题，分为几个小部分，每个小部分有一个中心，或加小标题来提示、概括这部分的内容，使之眉目清楚。应该有条理、有系统地集中阐明各种有关论据和见解，但也要注意有所侧重，突出重点，不能平铺直叙、面面俱到。

主体内容可以使用图表进行说明。一般来说,与使用任何文字去说明某种变化趋势及各个因素的相互关系比较,使用图表通常可以收到更为明显的效果。一般表的标题放在表上,图的标题放在图下,注明资料来源。示例如表11.1、图11.2、图11.3。

表11.1 就业基本情况

年份 项目	2012	2013	2014	2015	2016
劳动力(万人)	78894	79300	79690	80091	80694
就业人员合计(万人)	76704	76977	77253	77451	77603
第一产业(万人)	25773	24171	22790	21919	21496
第二产业(万人)	23241	23170	23099	22693	22350
第三产业(万人)	27690	29636	31364	32839	33757
就业人员构成(合计＝100)					
第一产业	33.6	31.4	29.5	28.3	27.7
第二产业	30.3	30.1	29.9	29.3	28.8
第三产业	36.1	38.5	40.6	42.4	43.5

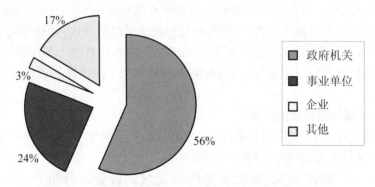

图11.2 被调查者的工作单位类别

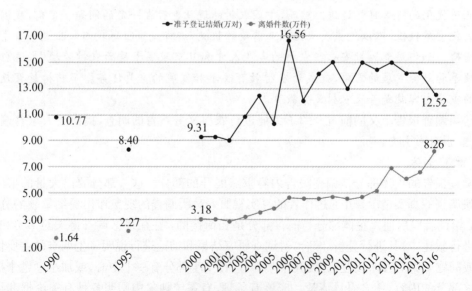

图11.3 上海登记结婚数量和离婚数量

数据来源:2017年中国统计年鉴。

调查报告的主体部分可以根据调查意图和材料情况采用下面几种写法：

1. 以观点串联材料

调查报告以事实说话，但是调查报告又不是简单的事实记录，作者的观点和认识要从材料中透析出来。因此，有的写作者在调查后，对材料进行整理分析，并从材料中梳理出观点，用观点来串联材料，用小标题标出观点，将调查报告自然分割成几个部分，每一部分再用具体的材料说明。这种写法理论性较强，材料与观点有机结合，容易写出深度。咨议型调查报告、指导型调查报告常用此方法。如《关键是强化管理——河南宋河酒厂调查》这篇调查报告就是用观点来串联材料。全文由四层观点连接全篇：第一，提高认识、动真碰硬是强化管理的前提；第二，争创优质是强化管理的目标；第三，分级核算是实现强化管理的手段；第四，联利无级别分配是强化管理的保证。这四层观点层次清晰，一目了然。给读者留下了深刻的印象。

2. 以材料的性质归类分层（也称横式结构）

这是一种以逻辑顺序安排材料的结构形式，即把调查得到的事实和形成的观点根据材料内容的内在联系，按照所反映的性质和类别分成几个并列的部分加以分叙，从不同的角度共同说明调查报告的主题内容。其优点在于问题展得开，论述较集中，条理更清楚，观点易突出。那种总结经验、政策研究、思想教育等非时序类逻辑关系的调查报告适合用这类结构写作。

从有些材料提炼出观点较困难，作者要清晰地表达内容，可以按调查的材料性质进行归类，再用序码号或分成几点来叙述，也可以不用序码号，直接分层叙述。例如：××省××市金融学会课题组撰写的《××市民间借贷情况的调查报告》，就是采用了这一结构顺序。作者对××市近两年来民间借贷情况调研分析后，从民间借贷的发展新态势，民间借贷升温的成因，民间借贷的发展对经济、金融运行的影响，对民间借贷行为的对策和建议等几个方面进行归类叙述。这种写法一般用于调查主题比较单纯、材料相对集中的调查报告。

3. 以调查的过程为顺序（也称纵式结构）

这是一种以调查者调查的自然线索为顺序的组织材料的结构方式。即按事物发生、发展的先后顺序或调查过程进行的顺序来组织材料、叙述事实。其优点是事实完整、过程清晰，易于做到历史与逻辑的统一，通常用于一事一议的调查报告、反映新生事物的调查报告、典型调查报告、个案调查报告和考察历史的调查报告。特别是围绕一个中心事件进行的调查，常用这种方法组织结构。《"保护区"何以"没保护"？！——对开封柳园口省级湿地自然保护区遭破坏状况的调查》这篇调查报告的主体部分就属于纵式结构写法。循着调查者的足迹。按调查的先后顺序安排主体内容的结构，展示了调查的结果。其主体内容的脉络如下：① 作者首先驻足保护区西部的沙门村采访，获悉南背堤村有野味卖。② 作者前往南背堤村暗察，发现数家"黄河野味店"，内有煮熟的大雁、野鸭等。③ 来到保护区的核心区中王庄调查所看到的情况：村民虽已集体搬迁，但烧掉了大片芦苇荡，翻地种麦，流水的冲刷根本不能保证收成，而鸟禽失去了生存的"天堂"。④ 在保护区管理站的所见所闻：管理站苦于经费少、人手少，交通、通讯及科研等各种设备匮乏，对保护区的保护，实在是心有余而力不足。作者采用以调查的自然线索为顺序的方法组织主体内容的结构，告诉了人们保护区严重遭到破坏的严峻事实，发出呼吁，要关注重视保护区工作，敦促有关问题的尽快解决。按照调查的顺序安排调查报告的主体内容，可以让读者循着调查者的视线，观察生活，对事件作出正确判断。这种写法现场感强，容易组织材料，写起来相对容易。但是如果对材料剪裁不当,很容易写成"流水账",因此,应十分重视对材料的剪裁,详略要得当。这种写法,一般用于定性型调查报告的写作。

【知识小贴士】11.2

表11.2 纵式、横式结构比较

	纵式结构	横式结构
描述	以时间为序,或以事物发展过程为序,或以事物因果关系为序,或按照认识的逻辑顺序来组织材料,说明和分析问题,从事物发展的过程中找出规律性的东西	按照事物内在联系,把调查所得的材料(信息)进行概括、分类,从几个不同侧面或角度说明问题,突出报告的主旨
特点	"直线性"或"递进式"行文,先摆材料,后析原因,再作结论	"并列式"行文,分条列项,从不同角度和侧面说明问题
优点	行文清晰,衔接自然。可以让读者或听众弄清事情发展的来龙去脉,有助于对事物进行全面深入的了解	观点明确,分析全面,条理清楚,重点突出,便于了解作者的观念
适用	常用于内容比较简单、集中的调查报告	常用于涉及面广、内容层次丰富、问题比较复杂的调查报告

资料来源:https://wenku.baidu.com/view/b1677989cc22bcd126ff0c96.html.

4. 以纵横交错式组织材料

有时单独使用纵式或横式结构往往不利于材料的组织和主题的表述。我们可以采用纵横交错式结构形式,如在运用横式结构时,按问题的逻辑顺序来叙述,其中各个问题的发生、发展变化过程,可在横式结构下用纵式结构;同样在运用纵式结构时,按时间顺序交代事物的发展,对其中牵涉到的许多方面的问题,诸如一因多果、一果多因等,可在纵式结构下用横式结构。这种结构形式集前两种结构的优点于一体,既有利于按照历史轨迹交代清楚问题的来龙去脉,又利于按问题的性质、类别展开深入的论述。综合性强的大型调查报告多采用这种形式。

(三)结语

结语部分是调查报告的结束语,是调查报告主旨的自然升华和内容的收束。结语一般有三种形式:第一,总结全文。综合说明调查报告的主要观点,深化文章的主题,属于总结性结语。第二,形成结论。在对真实资料进行深入细致的科学分析的基础上,得出报告结论,即结论性结语。第三,提出建议。通过分析,形成对事物的看法,在此基础上,提出建议或可行性方案,这是启发性、建议性、号召性结语。

结语是调查报告的有机组成部分,其具体写法应紧扣主体部分的写作内容和结构方式而定,常见有以下几种写法:

1. 总结全文,深化主题

有些以观点串联材料的调查报告,以分观点叙述后,需要在结尾处根据全文得出结论,借以强化主旨。如《关键是强化管理——河南宋河酒厂调查》一文的结尾,就是这种写法:宋河酒厂迅速崛起的事实表明,公有制企业特别是大中型企业蕴藏着巨大活力,只要转换经营机制,加强管理,企业的优越性就能充分发挥出来。

2. 形成结论,启发思考

调查报告是针对生活中问题的关注和思考,但写出了调查报告不是问题的终结,作者往往在结尾处,要有针对性地提出一些结论性问题,引发读者思考。

例如:一份由中国社会科学院经济研究所收入分配课题组,经过数年长期跟踪,分别于1988年、1995年、2002年展开三次全国范围的住户调查,并完成的调查报告《中国城乡收入差距调查》,就中国城乡收入差距问题得出如下结论:

(1)中国城乡收入差距世界最高。从1994年开始城乡之间收入差距出现了下降的趋势,但是从1997年起又逐步扩大。2001年城镇居民的人均收入几乎是农村居民的3倍。2002年全国的基尼系数相对1995年上升了大概两个百分点。如果把非货币因素考虑进去,中国的城乡收入差距是世界上最高的。

(2)城乡收入差距仍在扩大。从1995年到2002年,城镇内部的基尼系数的上升幅度最大,农村的基尼系数反而有所下降,然而城乡之间的收入差距却在扩大,城乡之间人均收入比率由1995年的2.8提高到2002年的3.1。

(3)高收入人群收入超常增长。全国收入差距的扩大并不是表现为低收入人群收入状况的恶化,而是表现为高收入人群收入超高速增长。值得欣慰的是,农村的低收入人群组的状况都有某种程度的改善。

(4)落后地区收入差距最为明显。从城乡之间收入差距的相对贡献率来看,西部地区最高,高达58.3%,而东部地区最低,为37%。也就是说,越是相对落后的地区,城乡之间的收入差距就越加明显。

(5)劳动力自由流动是关键性的解决之道。解决城乡收入差距问题,当务之急是从体制上解决劳动力市场的分割问题。

3. 提出建议,引起注意

咨议型的调查报告常常在结尾处,针对调查的内容提出一些建议,以引起有关领导的注意,敦促问题的解决。例如《左云之路》一文,主体部分总结了左云县使资源优势变为经济优势的成功经验,结尾写道:"山西省80%的县有煤炭资源优势,它们的经济、资源条件大多与左云县类似,左云之路对山西其他类似的县以及我国许多具有丰富地下资源的地区,都具有重要的借鉴意义。"作者适时运用了提出建议、引起注意的结尾方法,达到了较好的表达效果。

总之,善于撰写调查报告是领导干部和公务人员必备的基本功,调查报告写作水平能体现出写作者的综合素质能力,调查人员必须研究调查报告的写作技巧,熟练掌握其结构布局方法,并且注意将直接调查和间接调查相结合;观点和材料相统一;处理好叙述和议论的关系,才能提高调查报告的写作水平。[①]

四、附录

调查附录又称为调查后记,虽然也是一种文体,但没有独立性,它依附于正文而存在,是调查报告的附加部分,是对正文报告的补充或更详尽的说明。由于主题、篇幅、表述等原因的限制,调查者对在调查过程中获得的一些有价值的资料或遇到一些基本情况,未能将其收

---

① 孙健.调查报告结构布局探讨[J].河南金融管理干部学院学报,2001(2).

入报告中去,可以在报告正文之后以附录的形式写出来,以便参考。

在有些情况下,如果知情者所提供的材料比较具体实在,并能充分说明问题,这时便以原件为主,在原件后附上调查附录或后记,起证明情况的作用。一般调查报告的附录都比较简短,在写法上,往往首先是对原件所反映的问题表示明确的看法,并说明经过调查,原件完全属实或基本属实等。接着可以就其中某一关键问题作补充说明或有所强调。必要时也可以指出当事人或单位目前的认识和行动。由于原件所反映的问题,有可能与事件的发展情况不同,可能已圆满解决,或正在解决,或尚未着手解决,因此,附录的结束语应针对不同的情况采用不同的写法。

附录部分的内容包括:部分原始资料、少数典型个案资料、调查统计图表的诠释和说明,正文中有关材料的出处,参考文献,旁证材料,以及作者对调查的评价或其他必须说明的问题或情况。

第三节 调查报告撰写的一般程序

调查报告是社会经济活动中广泛使用的一种文体。在社会各项工作中,政策和措施的制定需要以深入的调研为依据,社会运行中的问题和矛盾需要通过调研来揭示,工作中好的做法和经验需要通过调研来总结。如何写出一份出色的调查报告,已成为党政机关、企事业单位、社会团体必备的基本能力。而从写作的技术层面讲,关键是要遵循调查报告的写作原则,把握好调查报告写作的一般程序。

一、确定主题

主题是调查报告的灵魂,对调研报告写作的成败具有决定性的意义。它是作者基本思想和观点的体现,它的地位十分重要。主题一经确定,就必须贯穿全文,起统帅全篇的作用。只有主题明确,才能围绕主题组织材料,安排结构。因此,精心选题是写好调查报告的前提环节,主题是调查报告的中心思想和生命力所在,调查报告的撰写应在选题上下功夫,要从实际出发,精心选题。

确定主题时要注意报告的主题应与调查主题一致;要根据调查和分析的结果,重新确定主题;主题宜小,且宜集中;与标题协调一致,避免文题不符。

在确定主题时要注意调研的最初目的,认真分析调研中所得到的基本材料,联系实际深入细致地加以思考,找出调查中发现的、现实中急需解决的问题之规律性的东西,从而得出正确结论,确立调查报告的主题。

提炼和确定主题,要考虑以下因素:

(1) 正确。即要反映调查对象的现状、本质和规律,站在全局的高度思考问题,立足局部想全局,所选主题从宏观上要对社会有积极进步的作用,从微观上要对具体工作有指导、借鉴的意义。

(2) 集中。即调查报告的内容要精炼,突出主题,要小而实,以中心主题贯穿报告始终,使所选主题重点突出,主线明确。

(3) 鲜明。即调查报告的主题及其基本思想要十分明确,并用其统帅整篇报告,使所选主题观点鲜明、思路清晰。

（4）新颖。即要善于选取好的角度提炼主题，在广泛收集资料、研究前人经验的基础上有所发展，发掘他人没有研究或尚未深入研究的东西。要敢于解放思想，善于开拓创新，善于把上级的精神与调查的实际情况有机结合，跟上时代步伐。

（5）深刻。调查报告要深入提示事物的本质，挖掘调查材料的内在联系，不能停留在对某些事情和问题的表面现象的认识上。要由表及里，透过现象看本质，使揭示的主题击中要害，寓意深远。

二、取舍材料

认真分析研究选鉴材料是写好调查报告的基础性环节。调查报告的价值在于用材料来说明观点，用事实说话来指导工作，如果材料取舍不当，就缺乏了支撑和表现主题的根基。选鉴材料要讲求真实、准确、新颖、生动，以充分适应表现主题的需要。一般情况下，选择和运用以下材料会有助于报告主题的表达：

（1）定向材料。这是指围绕主题来选择材料。调查初期所得材料一般比较杂乱，需要作者根据主题的需要加以选择，必须经过去粗取精、去伪存真的过程，才能选择出与主题有关的材料。凡是与主题有关系的材料都可以暂且留下，而且越丰富越好；与主题无关或关系不大，可用可不用的资料都要剔除。在这一过程中要有"慧眼识珠"的智慧和"忍痛割爱"的精神。

（2）典型材料。这是指能表现调查对象的本质和发展趋势的代表性材料，选用这种材料，说服力强，揭示问题和主题深刻，这种材料可以以少胜多，起到"以一当十"的作用。能促人深思，使人耳目一新。

（3）综合材料。这是指能概括全面的情况、事物的总体面貌和发展趋势的综合材料，综合材料的目的就是反映事物的广度，选用这种材料有助于认识整体、掌握全局，典型材料反映的是深度，两种材料有机结合，可增加表现主题的广度、深度和厚度，能从整体上反映事物的全貌和全面客观地反映事物的本质。

（4）对比材料。这是指那些把历史与现在、成与败、新与旧、先进与落后等进行比较的材料，选用这种材料可以使调查报告的主题更加突出，给予人以深刻的印象。

（5）统计材料。这是指定量的数字统计材料，运用这种材料可以提高调查报告的概括力和说服力，增强主题表达的科学性、准确性，起到锦上添花、画龙点睛的效果。

（6）排比材料。这是指从不同角度、不同侧面多方位说明观点的若干材料的集合，运用这种材料既可使调查报告观点更加深刻有力，也可达到更好的语言表达效果。

在分析研究材料的基础上要对材料进行具体的取舍。首先，要讲求针对性，即围绕主题从调查的材料中寻求与主题有相关因素的材料，特别是选取最能反映事物本质规律的材料。其次，要注意材料的多样性和新颖性，选择能表现时代气息、别人从未用过的材料。若要用别人已经使用过的材料，则一定要注意转换角度，或巧妙地与现实结合，赋予材料以新意。再次，对材料要进行认真检验，舍去不可靠、虚伪的材料，留下真实的、可靠的材料。选择材料要本着客观、中肯、实事求是的态度，不凭个人好恶去取舍，也不要因某个权威人士的意见去取舍。最后，选择的材料必须充足，这样才能使事实清晰，结论有力，令人信服，真正起到解决问题、指导工作的作用。

拓展阅读11.1

选择调查资料的几点要求

对经过统计分析与理论分析所得到的系统的完整的"调查资料",在组织调查报告时仍需精心选择材料:① 选取与主题有关的材料,去掉无关的、关系不大的、次要的、非本质的材料,使主题集中、鲜明、突出;② 注意材料点与面的结合,材料不仅要支持报告中某个观点,而且要相互支持,形成面上的"大气";③ 在现有的材料中,要反复比较、鉴别、精选材料,选择最有说服力的材料来支持作者的观点、意见,使每一材料以一当十。

资料来源:https://wenku.baidu.com/view/0a539ac8a1c7aa00b52acb31.html.

三、拟定提纲

围绕主题需要,拟定提纲是写好调查报告的重要环节。布局是指调查报告的表现形式,它反映在提纲上就是文章的"骨架"。拟定提纲的过程实际上就是把调查材料进一步分类,构架的过程。构架的原则是:"围绕主题,层层进逼,环环相扣"。提纲或骨架的特点是它的内在的逻辑性,要求必须纲目分明,层次分明。

调查报告的提纲有两种,一种是观点式提纲,即将调查者在调查研究中形成的观点按逻辑关系一一地列出来。另一种是条目式提纲,即按层次意义表达上的章、节、目,逐一地、一条条地写成提纲。也可以将这两种提纲结合起来制作提纲。

拟定提纲的过程也就是对调查材料做进一步分析研究的过程,拟好提纲就基本确定了调查报告的大致轮廓和框架。拟定提纲实际上是围绕调查研究的主题,按照调查研究的内在逻辑和内容,对具体材料进行排队、分类和综合。提纲是调查报告逻辑网络的集中体现,一般应包括本篇调查报告的论题,说明论题的材料,结构或层面的内容及安排,各部分的标题、分论点及内容概述等。

提纲的拟定有详略粗细之分,没有固定不变的格式,从步骤上说应首先拟定概略的提纲,将调查报告大致分为几部分定下来,然后分部分详细列出较细的提纲。

四、撰写内容

这是调查报告写作的行文阶段。要根据已经确定的主题、选好的材料和写作提纲,有条不紊地行文。写作过程中,要从实际需要出发选用语言,灵活地划分段落。在行文时要注意结构合理(标题、导语、正文、结尾、落款);报告文字规范,具有审美性与可读性,如:"制定优惠政策,引进急需人才""运用竞争机制,盘活现有人才"(文章段落的条目观点);通俗易懂。注意对数字、图表、专业名词术语的使用,做到深入浅出,语言具有表现力,准确、鲜明、生动、朴实。

精心构思谋篇,动笔撰写是写好调查报告的关键环节。这个阶段要提炼观点、选择例证,真正使观点与材料达到有机结合和统一;通过完整地谋划篇章、安排内容结构,才能形成完整的调查报告;使主题和观点得到充分的揭示和论证,使文章表达完全到位。在写作过程中,要注意两个问题,一是科学地使用材料,二是注意语言表达。

(一)科学地使用材料

1. 对调查材料进行初步加工

即依据社会调查的目的,运用科学的方法,对调查的原始材料进行初步加工,使之系统化和条理化的过程。运用各种调查方法所取得的资料一般都是零碎的、不集中的、不系统的。通过这些资料,我们很难发现资料中所包含的规律性的东西,也难以对总体对象进行推断。因此,对资料进行初步加工使之明确化、条理化是十分必要的。

对社会调查报告材料的初步加工,一般分成三个步骤:

(1) 审核原始资料,检查鉴别材料真伪。资料的审核主要是对原始调查资料的审查和核实。其工作是看是否存在虚假现象,看是否存在差错,重点检查资料的真实性、准确性和完整性。首先检查社会调查报告材料是否切合研究的需要,其次要鉴别事实材料的真实性,数据的准确性,保证材料的真实可靠,确实反映客观实际。如果是调查问卷,则鉴别是否为有效问卷,剔除废卷。鉴别是否为有效问卷的主要方法是看:问卷是否按要求全面作答,个人基本信息是否完备,回答是否前后逻辑一致,回答不全、个人基本信息不完备、前后不一致的问卷,都不能作为有效问卷。统计出问卷回收率,有效问卷率。

(2) 对材料进行分组、分类。如果是文字资料,则进行分类;如果是数字资料,则进行分组。不论是分类或分组,都要遵循互斥和完备的原则。社会调查报告材料分类的标准,依研究目的,可按材料性质分为记录资料、文献资料、问卷资料、统计调查资料等。可根据研究的目的按年龄、性别分类,或按职业分类,也可分为背景材料、统计材料、典型(人或事例)材料等。

(3) 汇总和显示资料。首先,用一定的组织形式和方法对经过分类分组的资料进行汇总,计算各类各组的单位数和合计数。计算各组指标和综合指标。汇总时,既要完整和系统,又要简明和集中。其次,显示资料整理结果。文字资料的整理结果一般用汇编的形式来显示,即根据调查目的和要求,确定合理的逻辑结构,以反映调查对象的真实情况。另外,还要对文字资料进行初步加工。数字资料的整理结果一般用统计图表、数表来显示。

2. 对调查材料进行分析

社会调查报告材料分析,就是用科学的方法审查、剖析调查材料中包含的被研究对象的状况、特点、社会背景、基本结构、本质属性与成因、组成因素与相互关系,以及运动机制和结论的过程。对社会调查报告的调查材料进行分析研究,最基本的类型是定性分析和定量分析,应该用辩证的观点对待事物,对质和量两个方面进行综合考察。

(1) 定性分析。社会调查报告材料的定性分析是据事论理,用思辨的方式,依靠个人经验判断能力和直观材料,确定社会现象或事物发展变化的性质和趋向,以划清事物性质界限的方法。定性资料分析的内容和方法主要有:

定性分析的根本的方法是哲学方法,即揭示事物发展的一般规律的方法。除此之外,还可采用系统方法、逻辑方法,常用的方法有:

第一,分析存在的问题(矛盾分析法)。即运用唯物辩证法对立统一的原理,具体分析事物内部矛盾及其运动状况,从而认识客观事物的方法。

其具体做法分三个步骤:① 从调查所得的大量材料中找到事物的矛盾,即找到问题。因为问题即是应该消除或缩小的差距,差距就是矛盾。② 对事物存在的矛盾进行分类,看它们是属于历史遗留还是现实产生;客观存在还是主观思想;自然条件还是人为造成;局部还是全局;根本还是枝节;眼前的矛盾还是长远的矛盾。③ 分析矛盾的对立面,考察矛盾的主要方面与矛盾其他方面互相依存、斗争、转化的条件,从而把握矛盾的特性。

第二,分析问题存在原因(因素分析法)。即指从社会调查报告材料中寻找出对事物产生、发展、运动起作用的要素,通过系统分析和科学的归纳,探寻到对事物变化起着关键作用的要素系列,掌握决定事物变化的原因,从而了解事物的本质及其运动规律的方法。

运用因素分析法,首先应进行总体分析。第一步是把蕴藏在现象之中的各个方面的基本因素清理出来,并在初步分析的基础上,将它们按一定的标准组成一个有机的多层面的网络结构。影响事物变化有种种因素,归纳起来可以划分为外因(客观因素)和内因(主观因素)两大因素系列,在这一层面下,又可以从不同角度将因素分为:主要因素、次要因素;积极因素、消极因素;一般因素、特殊因素;直接因素、间接因素;必然因素、偶然因素;历史因素、现实因素;起始因素、终极因素;潜在因素、诱发因素;阶级因素、经济因素、社会因素、学校因素(或工作单位因素)、家庭因素、个人因素等。各个系列因素有可能相互交织,错综复杂,显现出一种网络状态。第二步就是通过对这一网络的分析,从总体上考察研究对象,分析出现某一社会现象的综合原因。这就要求实事求是地把握诸因素的内部联系,把握其特征和转化规律,对事物的总体进行多维的、系统的,内因与外因,客观与微观相结合的辩证的分析。其次是进行关系分析。即对因素与因素之间的各种关系进行分析。要着重分析因素之间的因果关系、功能关系、转化关系、共因关系。共因往往是事物存在或变化的最根本的原因,如诸多腐败现象的产生,其共因是私欲恶性膨胀,再进一步深究,就可找出其根本原因是权力作祟,从而找到问题的关键,抓住了事物的本质。再次是进行因素树分析。即以某一种关键性的因素系列为主要分析目标,予以系统的多层次的剖析,按因素之间的联系绘出因素树图,如图11.4所示。

这样逐层深入,直至找出最基础的原始性要点,即具体行为表现。

除了以上的分析方法外,还有分析综合法、归纳演绎法、科学抽象法、社区研究法(是以分析社区人口集体与特定生活、社会条件之间的相互关系,探讨社区的社会构成、社会功能、价值观念、日常生活及发展变化的方法)、历史研究法等多种方法。①

第三,分析问题或因素的类属关系(比较分析法)。"类属分析"是将材料出现的问题或现象,以及可以解释这些问题或现象的重要因素予以分类的一个过程。在这个过程中,具有相同属性的资料被归入同一类别,并且以一定的概念命名。类属的属性包括组成类属的要素、内部的形成结构、形成类属的原因、类属发挥的作用等。

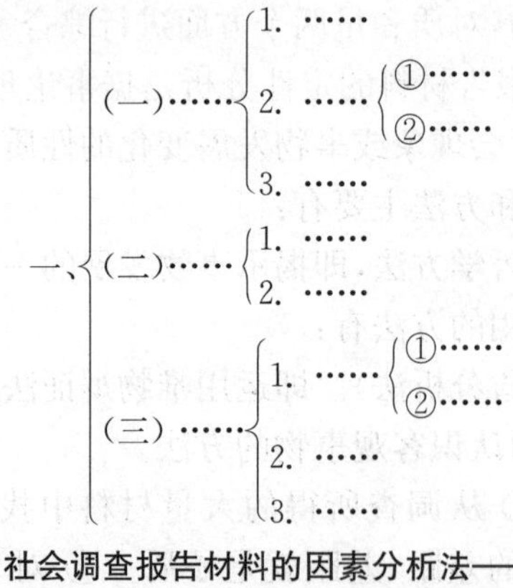

图11.4 社会调查报告材料的因素分析法——因素树图

---

① 侯平.社会调查报告写作刍议[J].文史天地,1999(5).

类属分析的基础是比较,因为有比较才有鉴别,才能区别此事物与他事物的异同。比较可以采取很多不同的方式,如同类比较(根据资料的同一性进行比较)、异类比较(根据资料的差异性进行比较)、横向比较(在不同的资料之间进行比较)、纵向比较(对同一资料中的各个部分进行前后顺序的比较)、理论与证据比较(将研究者的初步结论与后续收集到的资料进行比较)等。

通过比较设定了有关的类属以后,我们需要对类属之间存在的关系进行识别,如因果关系、时间前后关系、语义关系、逻辑关系、平行关系、包含关系、下属关系,等等。将类属之间存在的关系建立起来以后,我们还可以发展出一个或数个"核心类属"。核心类属是所有类属中最上位的意义单位,可以在意义上统领所有其他的类属。与此同时,每一个类属下面还可以进一步发展出下属类属,表示的是该类属所包含的意义维度和基本属性。为了使材料分析直观、明了,我们在建立不同类属之间的关系时可以使用画图的方式,如树枝形主从属结构、网状连接形结构等。例如,在一项对大学毕业生就业的调查中,北京大学课题组对北京市的一些人才洽谈会进行了现场观察和访谈,结果发现用人单位在挑选大学生时使用了很多重要的概念,如"做人""做事""敬业精神""团队精神""职业道德"等。经过讨论和画图(见图11.5),我们将"做人"与"做事"作为"合格的大学生"的两个核心类属,在"做人"这个类属下面我们列出了"敬业精神""团队精神"和"职业道德"等下属类属;在"职业道德"这个下位类属里我们又分出了"自我定位"(即不轻易"跳槽")、"自我评价"(即正确评价自己的能力,不认为自己大材小用)、"自我约束"(即不打招呼就"跳槽"了)等。

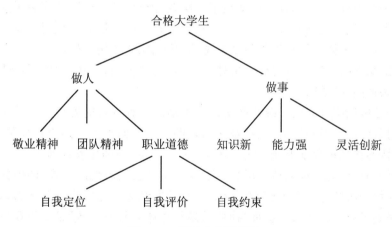

图11.5 类属分析图举例

第四,对材料进行情境分析。"情境分析"指的是将材料放置于研究对象所处的自然情境之中,按照故事发生的时序对有关事件和人物进行描述性的分析。这是一种将整体先分散然后再整合的方式,首先看到资料的整体情形,然后将资料打碎、进行分解,最后将分解的部分整合成一个完整的、坐落在一个真实情境中的故事。情境分析强调对事物作整体的和动态的呈现,注意寻找将资料连接成一个叙事结构的关键线索。

情境分析的结构可以有很多不同的组成方式,如前因后果排列、时间流动序列、时空回溯、圆周反复等方式,情境分析的具体内容也十分丰富,可以是研究对象中的主题、事件、人物、社会机构、时间、地点、状态、变化等。内容的前后顺序可以按照当事人的言语、事件发生的时间或语意上的联系进行组织。情境分析的具体手段包括轮廓勾勒、片段呈现、个案、访谈片段、观察事件、故事等。对资料进行情境分析的具体操作方式因资料的特性不同而有所不同,我们既可以将一次访谈或一次观察的内容写成一个个情境片断,也可以将对一个人的几次访谈写成一个故事,还可以将几个人的故事连成一体,组成一个综合个案。

对材料进行情境分析的主要思路是:把握资料中有关的重要信息,找到可以反映资料内容的故事线,发展出故事的有关情节,对故事进行详细的描述。进行情境分析时应该特别注意资料的语言情境和社会文化情境、故事发生的时空背景、叙述者的说话意图、资料所表达的整体意义以及各部分意义之间的相关联系。

(2)定量分析。社会调查报告的定量分析是对社会现象或事物的规模、范围、程度、速度等方面数量关系的情况和变化,进行变量计算和考察分析,弄清其数量特征的方法。简言之,就是从事物数量方面入手进行分析研究。目前,在调查研究中进行定量分析已越来越普遍,使用定性、定量相结合的方法已成为大势所趋,也是调查研究走向完善的标志。定量分析的基本方法有统计分析法,它包括描述分析和统计推论两个部分。

第一,描述性统计方法。描述分析,是把收集到的数据整理加工,找出其中的规律以及现象之间的关系,并用统计量表对这些资料进行描述。简单地讲,描述统计是将研究中所得的数据加以整理、归类、简化或绘制成图表,以此描述和归纳数据的特征及变量之间的关系的一种最基本的统计方法。它主要包括:编制次数分布表,绘制次数分布曲线,测绘现象的集中趋势的离散趋势以及现象之间的相关关系等。例如:我们研究城市居民近五年来生活水平提高的情况,根据调查所得的材料,把每户居民年收入划分为6个等级:20000元以上;17000~20000元;14000~17000元;11000~14000元;8000~11000元;8000元以下。然后计算每一个等级中有多少户居民,这就是事件次数分布统计。计算各等级居民在全体居民中所占的比重,这就是比例分布统计。计算全体居民的平均收入,这就是对这个数列的集中趋势的统计。计算全体居民平均相差多少钱,这就是离散趋势的统计。

最常见最基本的方法是:百分比、相对比、比率、平均数、标准差,最常见的表达形式是图表(圆形图、条形图、曲线图)。

第二,变量推论统计方法。统计推论适用于抽样调查资料的处理。所谓统计推论就是根据局部资料(样本资料)对总体的特征进行推断。一方面由于局部资料来源于总体,因此局部资料的特性在某种程度上能反映总体的特性。例如,总体中女性所占的比例高,那么样本中女性比例高的可能性也大些。但另一方面由于社会资料的随机性,即抽样的结果不是唯一的,又使得一次抽样结果不能恰好就等于总体的结果。更何况当总体参数不知道的情况下,即便碰到了也未必知道。这种"抽样结果与总体参数不一致"是随机现象在推论中所特有的,也是进行推论的难点所在。正因如此,需要做好以下两点:一是通过样本对总体的未知参数进行估计,简称参数估计。二是通过样本对总体的某种假设(例如参数或分布情况)进行检验,简称假设检验。

(二)恰当地使用语言

要注重调查报告的语言表述。语言是连缀资料、表达思想的重要工具,语言表达是调查报告的基本功。要写好调查报告,可从以下角度去提炼调查报告的语言:

1. 把握语言表达的准确性

调查报告最主要的、最基本的表现手段是用事实说话,即对事实予以客观的描述并加以剖析和评判,也就是叙事和议论。行文时多用夹叙夹议方式,一方面要系统地交代调查的背景、目的、时间、对象以及方法、经过等;另一方面要注意在叙述中做到详略结合,点面结合、数字与文字的结合。在写作调查报告中较容易出现的问题是罗列杂陈、缺少分析,或空发议论、无的放矢。调查报告行文表达要力求语言准确,做到文字简洁地"推事论理",这是衡量一篇调查报告质量高低的重要标准。

2. 把握语言表达的鲜明性

语体是由于交际对象、内容、目的、方式和环境的不同而采用的不同语言风格类型。调查报告的写作要注意语体色彩。在人称使用上,一般应以第三人称或被动语态为宜,如"调查表明""调查结果显示"等。假如在调查报告中使用"我们认为"等第一人称语言,就会减弱其客观性、可信性。调查报告讲究依据事实下断语,结论应准确、适当、明白清楚,避免用"也许""可能""大概"等模糊的词语。还要把握语言的分寸,对事实决不可任意拔高、贬低,表述意思要鲜明,不可模棱两可。

3. 把握语言表达的简洁性

调查报告有针对性强、观点鲜明的特点,因而在语言表达上要力求简洁、通俗易懂。在写作时一要忌使用生僻术语或华而不实的辞藻。否则会使读者望文生畏。二要忌文字冗长。重在精华,给人以启迪和思考。三要忌过多的背景材料。为说明问题,必要的背景交代是可以的,但力求文字表达言简意赅。

4. 把握语言表达的生动性

调查报告不宜作过分的铺陈,但在准确的前提下,力求整体效果的生动是十分必要的,语言生动活泼是调查报告可读性的重要前提。因此,首先要避免语言的枯燥干瘪,令人不能卒读;其次可在事实基础上适当发挥,准确表明作者的思想倾向,以引起读者共鸣。再次,学会运用比喻、对比、引用等修辞手段,有助于增强生动性和说服力。另外,可在叙述观点时结合产生这一观点的案例或生活实践的感性材料来论述发挥,增强报告的可读性。

五、修改报告

调查报告的修改是完成调查报告的最后一项工作,也是写好调查报告不可缺少的环节,报告起草后,要认真修改,无论是对内容还是形式的修改,都要认真进行,不可忽视,只有精心修改,才能使调查报告获得成功。修改主要是对报告的主题、材料、结构、语言文字和标点符号进行检查,加以增、删、改、调。在完成这些工作之后,才能定稿。修改调查报告的主要方法有以下几种:

(一)检查标题

调查报告的标题和文章内容是互相作用、互相影响的。题目是调查报告的"眼睛",如果标题精炼、鲜明,就能传神生辉,吸引读者,使人一看就有兴趣。对初稿的题目进行检查和修改时,一是要看文是否切题,题是否配文,如果文不对题,就要仔细推敲、修改,尤其要仔细推敲题目是否能覆盖全文;其次是要琢磨题目的表现力是否鲜明、精炼,能否概括地表达调查报告的中心内容,或有力地表达主题。

(二)检查主题

主题是调查报告的灵魂,一篇调查报告的成功与否,取决于思想表达的如何。主题明确,调查报告才有灵气。一般来说,修改调查报告应首先检查主题是否明确、突出,表达的思想、认识、观点、态度、感受等是否鲜明准确。此外还应检查主题是否积极、健康、正确、深刻、新奇、别致。积极健康是指调查报告的主调应健康向上,具有关注国事民生的热情和胸怀;正确深刻是指调查报告立意要符合客观事物的特点和规律,思维应超越感性化的认识,具有理性的分析和探究,发掘出现实事件中最具有价值的东西,或揭示了事物的矛盾本质;新奇别致是指调查报告主题的确立应打破惯有的框框,突破常规。修改主题要纵观全局,立足全篇,看是否准确地把握了中心论点,是否揭示出了最典型、最具本质意义的思想和规律,有无失误或偏颇,有无新意。如果存在上述问题,则应根据需要重新构思和概括,或改变论证角度,进一步挖掘和提高。

(三) 检查观点

主题正确,并不说明所有观点都正确。观点是否正确和深刻,主要取决于调查研究是否全面深刻,是否具备实事求是的科学性。因此,检查观点是否正确,首先要看观点是否是从材料和事实的分析中自然提炼出来的,是否有错误或偏颇,是否符合实事求是的科学原则,能否经得起推敲。其次要看观点和主题是否一致。如果违背或偏离了主题,就必须删去,重新构思或改变论证角度。

(四) 检查材料

调查报告的观点是从大量材料中提炼出来的,但观点一旦形成就要统率材料,做到观点与材料的一致,检查材料一是要查核材料本身是否真实、可信、准确,包括对初稿中的数据、典型材料、引文出处等进行核对,发现疑点和前后矛盾的地方,一定要弄明白,一切失误、失实和有出入的材料都要删除或改写准确,保证调查报告建立在坚实可靠的基础之上;二是要根据主题和各观点的要求,对材料进行增补、删除或调换;三是对缺少材料或材料单薄不足以说明主题的,就要增补有代表性、有典型性的新材料,使论据更加充实,使论证变得更充分有力;四是对材料杂乱、重复,或材料与观点不一致的,则要删除,以突出观点;五是对陈旧、平淡、一般化的材料,则要换上新颖、鲜明的材料。

(五) 检查结构

修改结构首先应从全篇着眼,看层次是否清楚,思路是否通畅。一般可以先从大小标题之间的关系来看文章的思路和层次,如果未设小标题,则必须从内容去判断,看全文的布局、层次和段落的安排是否有条理,层次的脉络是否分明、顺畅,各段的分论点是否明确、协调,对杂乱无章的阐述要进行梳理,对重复和矛盾的地方要进行删除,缺少的部分则应补上,使全文意思连贯通畅。其次要看结构是否完整。调查报告要有一个完整的结构,要有引人入胜的开头,有材料、有分析的论证,有鲜明、正确的观点和深刻有力的结尾,同时还要审视各部分的主次、详略是否得当。再次要看结构是否严密。一篇调查报告必须是论点与论据之间,大论点与小论点之间有严密的逻辑性。如果结构松散,应使其紧凑,删去多余的材料,删去离题太远或无关紧要的句、段。为使结构严谨和谐,对全文各部分的过渡和照应、结构的衔接、语气的连贯等方面,也要认真地考虑和修改。

(六) 检查语言

语言是表达思想的工具,要使调查报告写得准确、简洁、生动,就不能不在语言运用上反复推敲修改。调查报告的作者在形成调查报告之时,往往将主要精力用在全文整体加工上,而语言、文字的加工往往较多地留到修改阶段来完成。所以,当调查报告形成后,一定要注重对语言的修炼和加工。

修改调查报告的语言,一是要尽可能利用准确、生动、简洁的语言,对那些生造词语、词类误用、词义混乱等用词不当、词不达意的语、词进行修改;二是要消灭错别字和不规范的简化字、自造词;三是改正结构残缺、结构混乱、搭配不当等不合语法的句子,使之合乎语言规范;四是要注意句子之间的逻辑关系,力求上下贯通,语气一直通顺流畅。

（七）检查文面

文面是指文章的外表面貌。检查文面即指检查调查报告文字、标点符号、行款格式等。一是检查调查报告是否符合行款格式要求；二是检查是否符合标点符号书写规定；三是检查数字的书写有没有不合要求规定；四是要把潦草的字和不规范的字改正，抄写时要书写工整、字迹清楚；五是检查调查报告中的图表、符号、公式是否合乎规范，对比较复杂的、容易出错的，更应仔细校正。凡检查出的错误，都要认真改正。[①]

第四节 调查报告撰写的基本要求

一、调查报告撰写的基本原则

调查报告是以叙事为主的说明性应用文体。它是根据调研所得材料，经整理研究，用以反映实际情况、提供政策论据、总结经验教训、指导有关工作的一种书面报告，调查报告的写作必须遵循说明性文体的几点写作原则：

（一）求实性原则

调查报告写作是建立在大量事实材料基础上的一个用事实说话的过程。它既不靠抒情描写去感染人，也不用纯理论的思辨去说服人，而是要在对调查所得材料进行分析、概括和综合的基础上，以大量数据和事实材料说明问题并促进问题的解决。因此写作调查报告必须以事实为依据，这样才能得出符合实际的结论，写出的报告才有价值和生命力。

（二）针对性原则

调研是为了掌握、研究和解决问题，写调查报告必须针对需要研究和解决的问题，做到有的放矢。首先要根据调查的目的，紧紧围绕需要研究解决的问题这个中心，或针对某一思想倾向和具体事件，或针对某一实际问题和矛盾，或针对某一项工作和任务，使报告主题鲜明，重点突出，建议清楚，措施具体。其次要根据为谁调查，紧紧把握读者对象这个主体的脉搏，定好"位置"，把好"角色"。

（三）时效性原则

调查报告的写作意在指导当前的工作，回答现实的问题，写作调查报告必须注重时效性，抓住正在发生的事情，提示当前正面临的问题，提出切合当前实际的意见。否则没把握"当前的要害"，就会延误时间，错失时机，写出的调查报告就会失去其应有的价值和作用，甚至会给工作造成危害和损失。

（四）创新性原则

调查报告的写作应对调查获得的事实、信息情况和经验以合理的表现手法叙述出来，在对真实可靠的材料进行分析的基础上，找出规律性的东西，重在提出新的观点，形成新的结论。因此要选用新颖生动的材料，来表现新鲜活泼的内容，从而吸引和激励人们的兴趣；要善于观察新事物，研究分析新问题，并选择较新的视角说明问题，从而达到提高人们认识，指导人们行动的目的。[②]

[①] 周德民，张苏辉.社会调查方法教程[M].北京：中国劳动社会保障出版社，2013：309-311.
[②] 沈培玉.浅谈调查报告的写作[J].杭州金融研修学院学报，2002(4).

二、调查报告撰写的基本技巧

一篇调查报告从动笔到最后定稿,需要经过起草、修改、审稿、定稿等多个环节。作为调查活动的有形产品,调查报告越来越广泛地应用于行政管理、社情分析、学术研究、商业营销等各个领域。调查报告写作水平体现着写作者的综合素质。除了调查报告的基本写法和注意事项,调查报告的起草还要注意一些技巧。

(一) 巧用数据

数据是由数量概括了的客观事实。几乎所有的调查报告都有数据,少则几个,多则几十个甚至上百个,因此,数据的巧用就成为调查报告写作的"一招"。适量、适度、适当运用一些数据,客观准确地进行定量分析,有助于作者恰当地表达观点,使调查报告所呈现的内容更直观、更具体。当然,过分堆砌数据则会冲淡主题,失去它应有的作用,使文章枯燥乏味,使读者迷失在数据的海洋中。因此,数据的使用并非越多越好,特别要注意筛选与主题密切相关的、最能反映本质、最具有说服力的数据,并避免数据过分集中,使人应接不暇、难以消化。不能不用大量数据说明问题时,可采用表格式表达。经过归纳、精选的数据在调查报告中常会收到画龙点睛、举一反三的效果。

在《北京市居民时间利用情况调查报告》中有一段统计居民常规工作日和常规休息日所用时间的数据:调查表明,我市居民人均常规工作日工作时间为7小时35分钟,占一天时间的31.6%,剔除与工作有关的交通活动时间,实际工作时间为6小时12分钟;个人生活必需时间11小时10分钟,占一天时间的46.5%;家务劳动时间1小时46分钟,占一天时间的7.4%;可以自由支配时间3小时29分钟,占一天时间的14.5%。我市居民人均常规休息日工作时间为2小时43分钟,占一天时间的11.3%;个人生活必需时间12小时13分钟,占一天时间的50.9%,其中,睡眠时间9小时23分钟,比常规工作日长51分钟;家务劳动时间3小时19分钟,占一天时间的13.8%;可以自由支配时间5小时45分钟,占一天时间的24%,其中,"娱乐休闲"5小时3分钟,比常规工作日长1小时55分钟。

这些量化的数据再配以图表,既增强了文章的客观性,容易令人信服,又让读者对北京市居民常规工作日和常规休息日的时间利用情况一目了然。且这些数据都是围绕居民时间利用情况这一主题罗列的,与主题紧密相关,很好地体现了主题。

但《××县春耕备耕工作情况的调查报告》中的一段数据就让读者无法理清头绪了。原文如下:认真抓好农资筹备、调运及农资打假工作,满足春耕生产需要。现全县共储备杂交水稻良种110吨,已销售100吨,储备杂交玉米135吨,已销售132吨。储备各种化肥7060吨,已销售4400吨,其中氮肥储备4220吨,销售2360吨,磷肥储备900吨,销售880吨,钾肥储备1520吨,销售1160吨。储备农药40吨,销售15吨,储备农膜50吨,销售45吨。这里的数据又多又乱、杂乱堆砌,且化肥的吨数和销售数量与春耕备耕情况并无太大关系,冲淡了主题,也使文章枯燥无味。

(二) 设置悬念

悬念可以引起读者的期待,吸引读者的注意力去追根溯源。调查报告中也可以使用这一招来引出调查对象、点明文章主旨、进行过渡等。一篇优秀的调查报告,不仅要善于选择事实,更要善于将事实进行排列。把一些异常或者与目前应有情况不符的事实列在开篇,进行提示或暗示,将原因、详情暂时隐藏,用疑问的方式为读者设置悬念,诱发读者的探索欲,然后再在下文中为读者一一抖出缘由与实情。这样的调查报告不仅使读者产生阅读快感,增加与读者的心理互动,也可生发文章的深层意蕴,从而最大限度地实现文体功能。

例如,《农民工返乡就业调查报告》这篇文章的开头:目前,我国就业形势总体良好,但也出现不少新情况。由于国际金融危机的影响不断加深,国内部分企业生产经营遇到困难,造成部分农民工提前、集中返乡,出现了新型的农民"冬闲"现象。返乡农民工的就业问题,直接关系农村经济发展和农民增收,关系经济社会发展全局。农民工返乡呼唤更加积极的就业政策。国家及地方在扩大内需过程中新开工的一系列项目,其吸纳农民工就业的能力究竟怎样?各地如何因势利导,帮助返乡农民工重新就业?各地怎样扶持农民工积极创业和出现哪些创业典型?记者深入安徽、江西、重庆等地,展开了深入调查。作者将"我国就业形势总体良好,但也出现了农民集中返乡的'冬闲'现象"这一基本情况简要概述后,将原因、详情暂时隐藏起来,三个疑问句为读者设下疑团,诱发读者的探求欲望,直到后文将扩大内需项目对农民的吸纳力、各地如何帮助返乡农民工重新就业等缘由、实情一一为读者揭开,由此农民工返乡后的就业情况也就跃然纸上了。

(三) 善用对比

对比包括横向对比和纵向对比。将两组或更多对象的基本情况进行介绍,并加以横向对比,得出原因或启示,结构简明,主题鲜明。将同一个对象的过去和将来的基本情况进行介绍,并进行纵向对比,分析发生变化的原因或经验、教训。这两种对比都可以使调查报告起到既总结了经验、揭露了问题又给人以启示的功效。

例如,《同一地区的农村经济为什么发展有快有慢?——廊坊市郊区二百个村的调查》这篇调查报告的开头,用数字简介经济发展快的一百个村和经济发展慢的一百个村的基本情况:最近几年,河北省廊坊市郊区村庄的经济发展有快有慢,拉大了距离。发展快的村人均收入已达千元,慢的只有一两百元,甚至更低。为了弄清原因,实行分类指导,市委办公室组织了近百名干部,对经济发展快的一百个村和经济发展慢的一百个村进行了调查比较。第二部分从五个方面将发展快慢百村加以对比:经济结构不同,劳力结构不同,产业结构不同,经济发展速度不同,群众生活水平不同。第三部分分析对比产生以上差距的原因,归纳出五个不一样:① 领导班子的状况不一样;② 发展乡镇企业的劲头不一样;③ 对智力开发的认识和态度不一样;④ 优势发挥得不一样;⑤ 流通领域的状况不一样。通过这种横向对比,对经济发展速度不同的两类典型进行调查、分析、比较,揭示农村经济发展的客观规律。

(四) 引用俗语

俗语包括谚语、歇后语、惯用语、方言土语、民谣等,这些语言大多数是劳动人民创造出来的,反映了人民的生活、经验和愿望,简练而形象,是一种高度浓缩了的生活变迁的形象反映,具有时代特色。在调查报告中适当使用,可以使材料更为生动活泼。在调查报告中适当引用俗语,有助于克服调查报告单调乏味和概念化的倾向,使文章生趣盎然;同时还可还原事物本色,凸显调查报告的真实性。例如,《昔日荒山变绿洲:山西省右玉县绿化山区的调查》的开头是这样写的:山西省右玉县地处雁北地区的北端,北隔长城,与内蒙古自治区毗邻。全县总面积19.7万公顷,中华人民共和国成立前到处荒山秃岭,森林覆盖率仅0.3%。由于植被稀疏,水土流失严重。"一年一场风,从春刮到冬"。每逢风沙之日,室内白昼点灯,耕地被刮去表土。气候恶劣、环境荒凉、土地贫瘠,劳动人民挣扎在死亡线上,过着"男人走口外,女人挖苦菜"的悲惨生活。作者用了两个民谣,将右玉县在中华人民共和国成立前的恶劣的自然环境和人民穷困的生活景象如特写镜头一样呈现在读者面前,还原了实际情况,增强了文章的感染力,更凸显了调查报告的真实性,使文章趣味盎然、生动真实。同时,在调查报告的写作过程中,还要注意观点与材料的统一,处理好叙述和议论的关系,做到结构完整,语言准确、简洁、通俗,这样写出高质量的调查报告就为期不远了。①

三、调查报告撰写应注意的问题

调查研究是社会科学的重要任务,写一篇好的调查报告的基本要求是"四个有":有观点、有数据、有实例、有作用。从调查活动的开展到调查报告撰写的基本环节来讲,一般应注意六个方面:

(一)选题要"准"

所谓"准",一要有针对性,针对客观实际需要,面向现实,解决经济社会发展中迫切需要解决的问题,为发展社会主义市场经济服务;二要有开创性,紧跟时代步伐,站在实践前沿,研究新情况,解决新问题;三要有可行性,既要放得开,又要收得拢,开多大的口子非常关键。根据事情性质定口子,根据现实要求定口子,根据作者身份定口子。如关于农民增收问题的调查研究。例题:① 关于农民增收问题的调查研究。② 关于贫困山区农民增收问题的调查与思考。③ 调整产业结构,促进农民增收。④ 围绕农民增收,做好减法文章。⑤ 强力推进"三转",切实促农增收。

(二)调查要"实"

(1) 深入实地。提倡"零距离接触",贴近实际生活,深入群众,深入基层,蹲点调查,解剖"麻雀"。

(2) 摸清实情。要克服几种常见的毛病:一戒先入为主,坚持客观地看问题;二戒偏听偏信,坚持全面地看问题;三戒粗枝大叶,坚持细致地看问题;四戒道听途说,坚持本质地看问题;五戒故步自封,坚持发展地看问题。

(3) 贴紧实际。"反向求异",即在调研过程中,对初步获得的材料和形成的观点,敢于自己表示怀疑,提出异议或否定,运用反面论证的方法,多问几个为什么,来检验手中的材料到底可靠不可靠,自己的观点正确不正确,以减少片面性,避免失实和失误。

(4) 运用科学的方法,主要有:宏观调查法、专项调查法、普遍调查法、抽样调查法、对比调查法、民意调查法、专家调查法、追踪调查法等。要注意个别和一般相结合,既"走马观花"又"下马观花";下工夫分析一朵"花",解剖一只"麻雀"。

(三)分析要"深"

调查研究的目的不在于收集一大堆原始材料,而是通过材料,把事物内部最本质的带规律性的东西挖掘出来,从个别事物中找出同类事物的基本特征和共同规律。

(四)框架要"稳"

框架分为"三段式""两段式""一段式"。

"三段式"即现状—原因—对策;如调查报告"提高种粮效益,增加粮农收入"。全文分三部分:① ××县粮食生产现状;② 值得重视的几个问题;③ 几点建议。

两段式:如"新形势下制约安徽农业产业化发展的瓶颈分析与对策思考"。全文分为两个部分:① 制约安徽省农业产业化经营发展的瓶颈分析;② 深化安徽农业产业经营的对策。

一段式:如"强力推进'三转',切实促农增收"。全文结构是:引子/现状,正文重点谈对策。

---

① 陈娅,杨红星.调查报告写作"四招"[J].应用写作,2014(9).

（五）选材要"精"

怎样体现精？一是要选择最能反映事物本质特点的典型材料（典型事例、典型数字、典型语言）。如有一篇谈吸毒危害的文章，说毒品中含有生物碱，在人体发作时会造成"万蚁啮骨，万针刺心，万蛆吮血，万虫断筋，万刃裂肤。对人体生理作用超过了人类意志忍耐极限"。这几句话的劝诫作用很强，比喊一万句毒品有害要管用。二是要选择与观点相一致的典型材料。三是注重运用对比鲜明的典型材料。新与旧、美与丑、善与恶、真与假都是相比较而存在，对比材料选择得好，就非常鲜明，富有说服力。

除此之外，选材还要注意三点：一是点和面的关系。调查报告不同于工作总结，一般应以点为主，以面为辅。二是详和略的关系。意义很深的、生动感人和典型的例子应多写细写，一般性的说明应少写，尤其少写大话、空话、套话。三是人和物的关系。介绍一个单位的先进经验，不能只罗列一堆成绩，摆出一串数字，必须介绍这个单位的领导班子是怎么抓的，群众是怎么干的，根本经验是什么？就是说，要看到人的活动，人的精神面貌，人的典型言行。

（六）表达要"谨"

谨，就是严谨，逻辑严密，语言朴实，有说服力，令人可信。应注意这样几点：一是精心制作标题。标题制作有三点要求：第一，贴切、醒目；第二，精短，简洁；第三，有个性，有特色。如一篇反映财税工作的调查报告，几个小标题：（1）要以项目建设为中心，拓宽视野生财；（2）要以应收尽收为目标，畅通渠道聚财；（3）要以集中调控为手段，革新方法理财。拟定调查报告的标题，可从三个方面考虑：① 准确而概括地表达调查报告的性质和内容，研究的广度和深度，不扩大、不缩小；② 观点新鲜活泼，富有吸引力，最好与人们关心的社会问题联系起来；③ 指明作者思路，向读者提醒正在讨论的方向。二是准确选用语言。要求简洁、明白、准确、生动。表情达意要通俗易懂，要注意语体色彩，讲究平凡实在，不用文学描写人称使用，应尽量少用"我认为"等第一人称写法，多用第三人称或被动语态。三是反复锤炼，要有精妙之笔。正确处理几个关系：①叙和议的关系；②长和短的关系；③雅和俗的关系，多用通俗易懂群众性的语言。

拓展阅读11.2

调查报告应用范文
社会调查报告——关于学校网络教学的调查研究

×××　　×××

（×××学校学院专业　　邮编×××）

内容提要：我国教育部明确指出，要大力实施素质教育，在中小学推行网络教育教学方式，运用现代教育手段进行多媒体教学，图文并茂、声像结合，确保教育教学符合学生的发展需求。由此可见，以信息化实现教育现代化，将成为教育的时代强音。笔者在对××重点高中调查研究中发现，学校在网络教育的应用中存在一些问题，如网络平台不完善、师生交流局限化、培训形式单一等，并应用行政管理学理论提出了相应的解决措施，如加强团队合作精神，增强教师的工作态度和工作满意度等。

关键词：网络教学　行政管理　调查报告

一、引言

目前，教育部在《基础教育课程改革纲要（试行）》中提出："大力推进信息技术在教学过程的普遍应用，促进信息技术与学科课程的整合，逐步实现教学内容的呈现方式、学生的学习方式、教师的教学方式和师生互动方式的变革，充分发挥信息技术的优势，为学生的学习和发展提供丰富多彩的教育环境和有力的学习工具。"显而易见，网络环境下的多媒体教学已是新时期教学发展的创新模式和途径。那么，各大中小学在实践应用中出现了哪些弊端呢？为此，笔者走进××重点高中，进行社会实践调查，并在此基础上提出了相应的对策。

二、调查对象与手段

（一）学校简介

××高中是省级重点高中。学校不断增加资金投入，先后投资800余万元，配置500台计算机，武装了教师电子备课室、学生机房（六个），每个教师的办公室都配置了液晶电脑，80多个学生教室都安装了多媒体教学平台，配置了四台联想服务器，学校办公室配备彩色打印机、多功能复印机、传真、扫描仪、监控等，以确保现代教育技术手段在教学中正常运用。

为增强多媒体教学的实效性，学校购置了大量多媒体教学素材光盘，建立了多媒体教育教学资源库。同时，以年级学科组为单位，教师集体制作课件、分工合作、激发思维，最终整合资源、实现资源共享。如语文教师×××，自带笔记本电脑进入课堂。通过无线上网方式，灵活调出个人网站，有针对性地为学生提供大量的教学素材。

学校聘请专家进校园，对教师进行零距离指导。近几年学校先后聘请了多位知名人士进行辅导，提升教师优化多媒体资源的能力。同时，学校从辽师大、东北师大、大连东软等高校招聘计算机专业毕业生，从师资上解决现代教育技术应用于教学的技术培训问题。

（二）调查手段

采访实习教师；采访在校学生

三、调查结果与分析

（一）网络平台不完善

在教学过程中，互联网具有丰富的信息资源，能最大范围地提供最有用的教学资源，以便使用者进行检索整合为教学服务。

该高中在搭建网络平台方面，仍需与时俱进，如：教师仅依靠多年来购买的光盘资料是不够的，尤其是时下教学手段及思维日新月异。同时，×××老师年近60岁，仍在为教学资源竭心尽力，这种精神值得弘扬。但能创建个人网站的教师在该高中仍是凤毛麟角，搭建立体式网络共享平台势在必行。

（二）师生交流局限化

自主学习能力是培养创新能力的基础，信息素养是培养学生创新能力的基本要求，教学方法改革是培养学生创新能力的重要手段。

××高中在网络创新教学方面，方式方法值得推广。但由于该校是全天封闭式管理，农村学生实行住校制，且学校规定不允许学生出入网吧，为此，师生借助网络进行教与学的交流，存在现实问题，亟待解决。

（三）培训模式单一化

现代信息技术的飞速发展为大规模的教师培训提供了低成本的路径。

××高中师资队伍——年龄结构分析如图11.6所示。

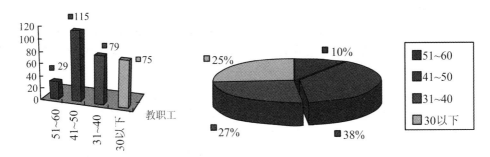

图 11.6 年龄结构分析图

30 岁以下青年教师比例不大,其他教师都是在传统教育环境下成长起来的,对现代教育技术的应用并不娴熟,这给学校教师培训增大了难度。该高中采用指定时间地点、集中人员培训的方式,在耗费了人力物力的同时,忽视了网络培训的意义与价值。

四、结论

对此,根据行政管理学的相关理论知识,如团队合作理念,工作态度与工作满意度的关系等,笔者提出了具体的解决措施:

(一)网络营销策略

随着信息技术的发展和国际互联网络在全球范围内的迅速普及和应用,一种融网络技术与市场营销于一体的新型营销方式——网络营销应运而生,成为当今以至未来社会营销领域一大新的发展趋势和潮流。

一是创建教师个人网站的必要性。

该高中是省重点高中,随着教学质量的提高,学校知名度不断提升,网络营销正是学校加大宣传、优化竞争、促进发展的最佳媒介。

二是创建教师个人网站的可行性。

师资基础:近年来,该高中招聘青年教师 80 余人,他们精力充沛、思想活跃、计算机应用水平均达省级标准,能熟练操作电脑,具备创建个人网站的基本能力。

硬件保障:该高中硬件设施齐全,每个办公室均配备液晶电脑,部分教师带手提电脑上班,且学校 24 小时联网,具备创建个人网络的物质基础。

网站支持:百度文库和豆丁网,是目前较好的网络平台。教师只需注册,即可最便捷最省时地共享资源。文库和豆丁网的营销策略是上传资源、赚得金币,相当于免费共享,这样有助于网站的持久性优质发展。教师只有贡献资源,才能共享资源,极大调动了教师交流的积极性,扩大了资源共享空间。百度文库提倡实名注册,实行积分排名,优秀教师的名字与所在学校同时呈现,既能扩大该高中对外交流学习的平台,又能激发教师为该高中发展献力的责任感和使命感。

(二)优化共享资源

推进"资源共享"是一项难度极大的工程,不能完全靠宣传、号召,重点要靠"机制"、靠"鼓励"政策。

针对该高中教师集体培训压力大的问题,可推行网络培训策略。在该高中的学校网站平台,添加"教师博客群"、"教与学"模块。"教与学"模块主要链接各类教育教学培训视频、专家讲座视频等,以方便教师随时随地可以自主培训。"教师博客群"模块,是一个庞大的资源共享平台,既促进教师交流、丰富教学资源,又有效地增强该高中的竞争力和凝聚力。

(三) 网络环境教学

基于网络环境教学,是教师指导下的学生建构学习,是基于多媒体技术的网络技术下的新的学习理论,这种理论是将学生看成是知识学习的主动建构者,外界信息环境经过教师的组织、引导,学生主动建构,转变成为自身的知识。

在该高中封闭管理的前提下,贯彻×××老师的网络教学方法,必须营造该高中网络教学环境,如建立校园网。该高中各班每周有8节微机课,因学校担忧无法约束学生网络运用,所以微机课是脱网教学。若学校成立了校园网,微机课上,可以专门开通校园网,链接本校教师网站,便能与各科教师展开交流、学习,从而达到提高教育技术水平、优化教学手段的双赢效果。

资料来源:http://www.docin.com/p-864774911.html.

本 章 小 结

1. 调查报告是针对某一现象、某一事件或某一问题进行深入细致的调查,对获得材料进行认真分析研究,发现本质特征和基本规律之后写成的书面报告。它具有文体的两栖性、内容的纪实性、叙述的客观性、过程的完整性等特点。

2. 调查报告属于应用性文体,它的分类较为复杂。由于对象、目的、标准和侧重点不同,分类也就不同。按照不同的标准,调查报告可以分成许多不同的类型,主要有应用性调查报告和学术性调查报告。

3. 撰写调查报告,是在认真调查研究、充分占有材料基础上,对材料进行分析研究,根据调查目的和调查材料特点选择适当的结构,把思想观点、调研成果、变成布局完美的文字的重要过程。调查报告的结构一般由标题、概要、正文(前言、主体、结语)、附件组成。

4. 调查报告写作的一般程序:(1) 确定主题;(2) 取舍材料;(3) 拟定提纲;(4) 撰写内容;(5) 修改报告。

5. 一篇调查报告从动笔到最后定稿,需要经过起草、修改、审稿、定稿等多个环节,调查报告写作水平体现着写作者的综合素质,除了调查报告的基本写法和注意事项,调查报告的起草还要注意巧用数据、设置悬念、善用对比、引用俗语等一些技巧。

6. 调查研究是社会科学的重要任务,写一篇好的调查报告的基本要求是"四个有":有观点、有数据、有实例、有作用。从调查活动的开展到调查报告撰写的基本环节来讲,一般应注意六个方面:选题要"准"、调查要"实"、分析要"深"、框架要"稳"、选材要"精"、表达要"谨"。

思考与练习

一、思考题

1. 调查报告有哪些主要类型?
2. 调查报告主体的写法有哪些?
3. 如何科学地使用调查材料?

4. 调查报告在语言上有哪些要求?
5. 试述修改调查报告的方法。
6. 调查报告撰写应注意哪些问题?

二、案例分析题

关于农村居民对社会热点问题关注程度的调查

(一)调查背景

在我国政府对农村建设日渐关注的大背景下,根据学校暑假社会实践的要求,结合自身的实际情况展开此项调查。

(二)调查目的

为了了解农村居民对国家新政策、社会新热点的关注程度,了解农民对各种政策的执行满意度,增加自己对农村的了解,对一些农村问题进行量化和理性的分析并从中思考一些解决办法,同时调查过程也会对自己的实践能力的提高有很大的好处。

(三)调查方法

1. 调查问卷

因经济和农民知识程度等原因,问卷直接由当面访谈进行。问卷如下:

附件一:关于农村政策的相关调查

(1) 农民对国家农村政策的了解程度。

(2) 农民对社会热点问题的了解程度。

(3) 农民对村委会及其他基层组织工作的了解程度。

(4) 农民平时关心的问题。

(5) 其他。

2. 口头调查

本次调查采用随机交谈的方式。

(1) 按照问卷进行。

(2) 较熟悉的人。

(3) 陌生人。

(四)调查过程

由于经济和时间问题,调查范围基于本人较熟悉的村民组;调查方法主要为口头问答(按照问卷设计进行)。

(1) 参与人员:本人。

(2) 日程安排:寒假期间。

(五)调查结果及分析(略)

(六)结论及建议(略)

思考:

1. 该调查报告正文主体应如何写作?
2. 简述调查报告正文引言的写作技巧。
3. 试写一段该调查报告的引言。
4. 试述调查报告结尾的写作方式。

本章实训

实训内容:结合所学专业实习实践工作实际,自主选题做一次社会调查,并形成调查报告。

实训目的:
(1) 学习与把握调查报告的作用、结构和内容等陈述性知识。
(2) 能运用所学知识指导调查报告撰写中的认知活动。
(3) 能运动所学实务知识指导调查报告撰写中的技能活动。

实训要求:
(1) 各调查小组对调查资料进行整理并拟定提纲要点。
(2) 各调查小组撰写调查报告并修改。
(3) 各调查小组注意调查报告中的写作规范和格式规范。

实训组织:学生 3~5 人分组,确定一名组长,各组调查报告初稿必须经过小组讨论,然后提交进行课堂交流,教师点评,优秀实训报告可纳入本校该课程的教学资源库。

延伸阅读

1. 杨春晓,刘桂芝.再谈调查报告写作训练的方法[J].金融理论与教学,2017(1):117-118.
2. 王翠荣.提高大学生调查报告写作能力的路径[J].应用写作,2016(7):44-47.
3. 张晓梅."90后"大学生生活调查报告[J].时代经贸,2016(13):81-83.
4. 邵培霖,孙鹤.黑龙江省农村土地流转情况调查报告[J].调研世界,2015(6):29-32.
5. 周静.以消费调查为例谈大学生调查报告写作的主要问题[J].应用写作,2015(3):31-34.
6. 杨明伟.毛泽东对调查研究的思考:以毛泽东早期的几个调查报告为例[J].毛泽东邓小平理论研究,2013(12):44-51,89.
7. 郑晓娜,辛斌.在校大学生手机依赖调查报告:沈阳5所学校为例[J].沈阳航空航天大学学报,2012,29(6):73-76,91.
8. 许贻斌.调查报告写作技巧谈[J].哈尔滨职业技术学院学报,2011(3):67-68.
9. 何京.怎样写市场调查报告[J].写作,2009(15):41-43.
10. 李杨.大学生调查报告写作存在的问题及对策初探[J].今日南国(理论创新版),2008(4):83-85.

思考与练习参考答案

一、思考题

1. 调查报告属于应用性文体,它的分类较为复杂。由于对象、目的、标准和侧重点不同,分类也就不同。按照不同的标准,调查报告可以分成许多不同的类型,同时每一种分类又有交叉。如有的将调查报告分为普通调查报告与学术性调查报告,描述性调查报告与解释性调查报告,综合性调查报告与专题性调查报告六大类;有的将调查报告分为学术性调查报告和应用性调查报告,综合性调查报告与专题性调查报告四大类等。

2. 调查报告的主体部分可以根据调查意图和材料情况采用下面几种写法:(1) 以观点串联材料;(2) 以材料的性质归类分层(也称横式结构);(3) 以调查的过程为顺序(也称纵式结构);(4) 以纵横交错式组织材料。

3. (1) 对调查材料进行初步加工:① 审核原始资料,检查鉴别材料真伪;② 对材料进行分组、分类;③ 汇总和显示资料。

   (2) 对调查材料进行分析:① 定性材料分析;② 定量材料分析。

4. (1) 把握语言表达的准确性;(2) 把握语言表达的鲜明性;(3) 把握语言表达的简洁性;(4) 把握语言表达的生动性。

5. 修改调查报告的主要方法有以下几种:(1) 检查标题;(2) 检查主题;(3) 检查观点;(4) 检查材料;(5) 检查结构;(6) 检查语言;(7) 检查文面。

6. (1) 选题要"准";(2) 调查要"实";(3) 分析要"深";(4) 框架要"稳";(5) 选材要"精";(6) 表达要"谨"。

二、案例分析题

1. (1) 较强的针对性:写出"农村居民对社会热点问题关注"的现状、实质,产生问题的原因、发展趋势。

   (2) 材料丰富翔实:调查报告需要列举大量的相关事例、统计数字和各方意见,用数据、材料、事例说明观点,提出新发现、新见解。叙述应一目了然、条理清晰,可采用图表式进行说明。调查结果与意图矛盾时应分析原因、作出解释。

   (3) 提供规律性认识:调查报告的价值不仅在于调查和报告,更在于研究,得出结果和结论,提出作者自己的意见和建议,即得出规律性的认识,并把这些规律性认识提供给读者参考。

2. 引言的写作方式很多,可根据情况适当选择,但不管怎样,开头部分应围绕这样几个问题:为什么进行调查;怎样进行调查;调查的结论如何。引言的写作技巧一般有:(1) 开门见山,揭示主题;(2) 结论先行,逐步论证;(3) 交代情况,逐层分析。

3. 略。

4. 结尾部分是调查报告的结束语。结束语的写作一般有三种方式:(1) 概括全文。综合说明调查报告的主要观点,深化文章的主题。(2) 形成结论。在对真实资料进行深入细致的科学分析的基础上,得出报告结论。(3) 提出看法和建议。通过分析,形成对事物的看法,在此基础上,提出建议或可行性方案。

参 考 文 献

[1] 风笑天.现代社会调查方法[M].武汉:华中科技大学出版社,2017.
[2] 侯典牧.社会调查研究方法[M].北京:北京大学出版社,2014.
[3] 巴比.社会研究方法[M].邱泽奇,译.北京:华夏出版社,2018.
[4] 黄奇杰,蔡罕.社会调查方法概论[M].杭州:浙江大学出版社,2007.
[5] 风笑天.社会研究方法[M].北京:人民大学出版社,2018.
[6] 赵淑兰.社会调查方法[M].北京:机械工业出版社,2015.
[7] 王高飞,李梅.社会调查理论与方法(实践)[M].哈尔滨:哈尔滨工程大学出版社,2016.
[8] 邬春芹.社会调查方法[M].南京:东南大学出版社,2012.
[9] 周宏敏.市场调研实训教程[M].北京:清华大学出版社,2011.
[10] 王学川,杨克勤.社会调查的实用方法与典型实例[M].北京:清华大学出版社,2011.
[11] 袁方.社会研究方法教程[M].北京:北京大学出版社,2013.
[12] 仇立平.社会研究方法[M].重庆:重庆大学出版社,2015.
[13] 罗清萍,余芳.实用社会调查方法与技能训练:从选题到实施的工作过程[M].北京:经济管理出版社,2013.
[14] 杨杜,等.管理学研究方法[M].大连:东北财经大学出版社,2013.
[15] 谢俊贵.社会调查理论与实务[M].北京:清华大学出版社,2014.
[16] 杜智敏.社会调查方法与实践[M].北京:电子工业出版社,2014.
[17] 吴增基,吴鹏森,苏振芳.现代社会调查方法[M].上海:上海人民出版社,2018.
[18] 杜明汉.市场调查与预测:理论、实务、案例、实训[M].大连:东北财经大学出版社,2011.
[19] 周德民,张苏辉.社会调查方法教程[M].北京:中国劳动社会保障出版社,2013.
[20] 范伟达,范冰.社会调查研究方法[M].上海:复旦大学出版社,2013.
[21] 边燕杰,李路路,蔡禾.社会调查方法与技术:中国实践[M].北京:社会科学文献出版社,2006.
[22] 赵勤,胡芳,刘燕.社会调查方法[M].北京:电子工业出版社,2012.
[23] 德威利斯.量表编制:理论与应用[M].3版.重庆:重庆大学出版社,2016.
[24] 斯佩克特.评分加总量表构建导论[M].上海:格致出版社,上海人民出版社,2017.
[25] 吴明隆.问卷统计分析实务:SPSS操作与应用[M].重庆:重庆大学出版社,2018.
[26] 刘全.统计数据处理概论[M].北京:中国统计出版社,2014.
[27] 王德发,刘小峰.统计学:数据处理与分析[M].2版.上海:上海财经大学出版社,2017.
[28] 耿勇.Excel数据处理与分析实战宝典[M].北京:电子工业出版社,2017.
[29] 陈惠源.市场调查与统计[M].北京:北京大学出版社,2017.
[30] 林德.商务与经济统计方法[M].北京:机械工业出版社,2015.
[31] 孟雪晖,朱静辉.社会调查与统计分析实验教材[M].杭州:浙江大学出版社,2016.
[32] 叶向,李亚平.统计数据分析基础教程:基于SPSS 20和Excel 2010的调查数据分析[M].北京:中国人民大学出版社,2015.
[33] 莱文,克雷比尔,斯蒂芬.商务统计学[M].7版.岳海燕,等译.北京:中国人民大学出版社,2017.
[34] 怀特.街角社会[M].黄育馥,译.北京:商务印书馆,2013.

[35] 蒋萍.市场调查[M].上海:上海人民出版社,2013.
[36] 汤杰,郭秀颖.市场调查与预测[M].哈尔滨:哈尔滨工业大学出版社,2011.
[37] 田志勇,罗有亮.社会调查实用教程[M].昆明:云南大学出版社,2010.
[38] 管于华.统计学[M].3版.北京:高等教育出版社,2013.
[39] 周荣辅.统计学原理[M].2版.北京工业大学出版社,2011.
[40] 贾俊平.统计学基础[M].6版.人民大学出版社,2016.
[41] 范明.浅谈财务管理目标的现实选择[J].企业会计,2015(12).
[42] 邵见远.互联网环境下的财务管理研究[J].财会学习,2015(3).
[43] 陈同峰,李忠轶,朱娟.社会责任视角下财务管理目标的选择[J].吉林工商学院学报,2015(2).
[44] 董晓白.企业财务管理目标研究与探讨[J].企业会计,2013(10).
[45] 最高人民法院课题组.我国互联网金融立法情况、立法规制与司法应对[J].金融服务法评论,2015(7).
[46] 范孟瑶.互联网金融对我国小微企业融资的影响分析[D].大连:东北财经大学,2015.
[47] 唐启明.量化数据分析:通过社会研究检验想法[M].任强,译.北京:社会科学文献出版社,2018.
[48] 陈卫,刘金菊.社会研究方法概论[M].北京:清华大学出版社,2015.
[49] 水延凯.中国社会调查简史[M].北京:中国人民大学出版社,2017.
[50] 谭祖雪,周炎炎.社会调查研究方法[M].北京:清华大学出版社,2013.
[51] 于莉,邓恩远.社会调查方法与实务[M].北京:北京大学出版社,2015.
[52] 唐丽娜.社会调查数据管理:基于Stata 14管理CGSS数据[M].北京:人民邮电出版社,2016.
[53] 戈茨.概念界定:关于测量、个案和理论的讨论[M].尹继武,译.重庆:重庆大学出版社,2014.
[54] 董海军.社会调查与统计[M].武汉:武汉大学出版社,2015.
[55] 乔金森.参与观察法[M].张小山,龙筱红,译.重庆:重庆大学出版社,2015.
[56] 张士玉.问卷调查数据分析实务[M].北京:首都经济贸易大学出版社,2015.
[57] 罗胜强,姜嬿.管理学问卷调查研究[M].重庆:重庆大学出版社,2014.
[58] 布拉德伯恩,萨德曼,万辛克.问卷设计手册[M].赵锋,译.重庆:重庆大学出版社,2011.
[59] 赫伯特·J·鲁宾,艾琳·S·鲁宾.质性访谈方法:聆听与提问的艺术[M].卢晖临,连佳佳,李丁,译.重庆:重庆大学出版社,2010.
[60] 卡斯尔.研究访谈[M].武敏,译.上海:格致出版社,2017.
[61] 李洁明,何宝昌.社会经济调查研究与写作[M].上海:复旦大学出版社,2010.